韓國 憲法과 共和主義

韓國 憲法과 共和主義

김동훈 저

경인문화사

서 문

이 책은 저의 법학박사 학위논문인 「한국 헌법과 공화주의」를 약간 다듬어 세상에 내놓는 것입니다. 법학에 입문한 이후 품었던 고민에 대한 제 나름의 답변이기도 합니다.

공부를 해나가면서 "왜 법은 이 지점에서 이렇게 밖에 할 수 없는가?" 안타까웠던 적이 많았습니다. 보다 나은 답이 보이는 경우에도 법은 하지를 않는 것인지 아니면 할 수 없는 것인지 뒷걸음질 치는 듯하였습니다. 법실무를 하면서는 정답은커녕 입장의 차이만이 최종적으로 남는 것을 확인하고 당혹스럽기도 하였습니다.

결국 화해하지 못하고 평행선을 그리는 법적 문제는 법의 문제에 그치는 것이 아니라 사실은 정치의 문제이고 세계관의 문제이기도 하다는 점을 깨닫게 되었습니다. 법기술에 의한 문제의 해결은 금새 한계에 이르며 보다 근본적인 지점에서 선결해야 할 문제가 있다고 생각하였습니다.

구미의 근현대 정치 및 법체제를 한 마디로 부른다면 자유주의 체제라고 할 수 있을 것입니다. 우리 역시 구미의 정치와 법체제를 수입한 결과 그 속에 살고 있습니다. 그 자유주의 법체제는 개인의 자유와 권리를 보장하는 데 있어 놀라운 성과를 이룩하였습니다. 그렇지만 이제 자유주의는 한계에 봉착해 있고 수많은 비판을 받고 있습니다. 그 비판의 지점 중 하나가 바로, 자유주의는 사적 개인의 자유와 권리만을 지나치게 중시한 나머지 공적 측면을 경시하였기에 공공성이 붕괴되고 말았다는 점입니다.

그런 문제의식에서 이 책은 '공화주의'의 관점으로 우리 법과 정치 체제를 다시 보려는 시도입니다. 공화주의는 극단적인 사익과 사적 자유에 대한 추구가 종횡하는 사회를 비판하고 공공성의 회복을 주장합니다. 그래서 res publica, 즉 '공화국'이란 어떤 것이어야 하는지에 대한 답을 구하고자 합니다.

이 책은 우선 공화주의가 비판하는 자유주의란 어떤 내용을 가진 것인지 알아보고, 그것이 우리 헌법에 반영되어 있는 모습을 확인합니다. 그리고 공화주의의 주요 내용을 살펴봄으로써 우리 헌법의 몇 가지 쟁점을 공화주의의 관점에서 검토합니다.

공화주의는 자유주의 법체제가 전제로 하고 있는 국가와 개인의 관계, 법과 자유에 대한 관념을 다시 돌아보게끔 합니다. 물론 구미에서도 '공화주의'에 대한 논의는 그리 오래지 않았고 우리나라에 소개된 것은 더더욱 근래의 일이라 공화주의적인 법해석이 어떤 의미있는 결과를 낳을지는 알 수 없습니다. 그렇지만 공화주의는 현재의 법과 정치체제가 가진 문제점을 적나라하게 보여주고, 길을 잃고 헤매고 있는 우리에게 최소한의 방향은 제시해 줄 것입니다.

박사논문을 쓸 당시는 거대 문제를 해결하겠다는 열의에 넘쳤으나 지금 되돌아보면 치기였다고 하지 않을 수 없습니다. 그 치기 덕분에 이 책이 쓰여질 수 있었다는 점을 다행으로 여길 따름입니다. 부족한 논거와 과도한 주장, 다듬어지지 않은 표현이 많을 것입니다. 그럼에도 세상에 조금이라도 도움이 되기를 감히 바랍니다.

끝으로 저자의 지도교수로서 자상하면서도 엄한 가르침을 주시는 성낙인 교수님, 언제나 진지하게 학문하는 자세를 보여 주시는 정종섭, 송석윤, 김도균, 이국운 교수님께 진심으로 감사를 드립니다.

2011년 8월

김 동 훈

목 차

제 1 장

서 론

제1절 연구의 목적

1. 현대 자유민주주의 국가의 모순과 한계

자유민주주의(自由民主主義, liberal democracy)는 지금 우리가 당연하게 여기고 있는 성과를 충실히 거두어 왔다. 우리는 법률에 의하지 않고는 형사 제재를 당하지 아니하며 세금 납부도 강제되지 않는다. 타고난 신분이나 계급에 관계없이 평등하게 인생을 영위할 기회가 보장된다. 국가나 타인에 의해 간섭당하지 않고 자유롭게 사고하고 행동할 수 있으며 자신만의 사생활을 가진다. 그리고 나를 대신하는 대표에 의해 법률을 제정하고 정치에 참여할 수 있다.

그렇지만 한편으로 우리는, 사적 즐거움을 넘어 공적 생활에 투신함으로써 가지게 되는 시민됨의 기상, 공동체 구성원과 소통하며 교감할 수 있는 능력을 잃어버렸다. 법률은 법적으로는 내가 만드는 것이라고 의제(擬制)되지만 실제로는 한 번도 본 적 없는 엘리트가 만들 뿐이고, 정치는 사적 이익 집단과 특정 계층을 대변하는 정치인들의 직업적 활동일 뿐이다. 가족과 친구들과 시간을 보내며 각자의 생활에 몰두하려고 노력을 다하지만 불안감과 공허감은 채워지지 않는다. 국가에 대해 이것저것 바라고 의지하는 바는 커가지만, 국가는 그럴 의지가 없는 것인지 능력이 없는 것인지 응답하지 않는다.

보다 구체적으로 현대인과 현대국가가 처해 있는 위기상황을 몇 가지 측면에서 살펴보기로 하자. 현대국가와 사회는 새로운 문제에 직면하고 있다. 국가의 지배장치는 비대해졌고 국가는 그 기능과 책임의 증대 때문에 과부하가 걸려 사회로부터의 요구에 대하여 유연성과 민첩성을 상실하게 되었다.

한편, 풍요와 성숙을 달성한 시민사회는 그 같은 국가에 대한 기대감을 포기하고 정치적 무관심에 빠지고 있다. 국가권력으로부터 시민사회가 해방되자, 시민사회는 국가에 대해 끝없는 요구를 하게 되었고 그 결과 민주주의 국가는 지배력을 상실하게 된 것이다. 그리하여 과거에는 권력의 남용을 문제 삼았지만 이제는 권력의 부족이 문제라고 하여 때로는 이른바 '민주주의의 과잉'을 문제 삼으며 민주주의에 대한 공격이 감행되기도 한다.

한편, 우리는 지나친 가치상대주의(價値相對主義)와 그로 말미암은 도덕적 허무주의(道德的 虛無主義)에 의해서도 고통받고 있다. 사회는 국가의 간섭으로부터 자율성을 보장받지만, 국가는 물론 사회 역시 우리에게 어떠한 규범을 제시해 줄 능력을 상실하였다. 우리는 자유를 얻었지만 동시에 외로운 개인이 되었다. 각자는 자신의 주관과 의견을 가지게 되었지만 그 결과 진리는 없어졌다. 모든 문제가, 심지어 진리와 사실의 문제까지도 의견의 차이로 변해 버린다. 고급문화와 저급문화, 대중문화는 구분되지 않으며 그것은 단지 취향의 차이일 뿐이다.

그리고 자본주의적 상업 사회에서 스스로를 가장 잘 팔리는 상품으로 만들고자 인격과 능력·외모를 가꾸는 가운데 우리는 비인간화(非人間化)되고 있다. 육체노동자는 육체 에너지를 팔고 정신노동자는 인격을 팔고 있기에 팔아 버리고 남은 자아는 공허하다. 자본주의 사회에서 인류는 역사상 유례없이 풍요로운 소비를 하고 있지만 기묘하게도 대다수의 사람들은 생존과 탈락의 불안 속에 살아가고 있다. 더 긴 노동시간과 더 단조롭고 지루한 작업환경을 위해 인류가 노력해온 것은 아닐 테지만, 우리는 풍요로운 소비가 이 모든 것을 보상해 준다고 스스로 위안할 뿐이다.

한편, 국가 권력의 제한이나 국가로부터의 자유 확보라는 자유주의의 지상과제를 달성하는 가운데, 우리는 국가를 고삐에 묶인 '리바이어던'으로 만들 수 있었지만 또 다른 주체가 '리바이어던'으로 등장하는 것을 묵과하고 말았다. 거대 기업과 거대 정당, 각종 조직과 단체들이 현대인의 생존과 삶을 규정짓는 주체가 된 것이다. 특히 한국 사회에서 대기업(大企業) 혹은 재벌(財閥)의 영향력은 말 그대로 가공(可恐)할 만하다. 국가의 정책과 법은 이른바 '경제'와 '산업'을 대변하는 대기업의 볼모가 되어 있고 시민들의 일상은 대기업에 지배당하고 있다. 현대인들은 현대 아파트에서 잠을 깨어 현대 자동차를 타고 출근하여 현대 건설이 주는 월급을 받고 퇴근해서는 현대 백화점에서 쇼핑하고 돌아와 잠드는 삶을 산다.[1]

일찍이 루소(J. J. Rousseau)가 '영국 인민들은 선거 때만 자유롭고 선거가 끝나면 노예로 돌아간다'고 말했듯이,[2] 현대 사회의 시민은 일 년에 몇 번 있는 선거일에만 이른바 '나라의 주인'이 될 뿐이다. 정치는 신문과 티비 속에서 정치인들이 하는 일종의 직업활동이지 자신이 국가와 정치를 형성해 나간다고 하는 감각은 상실해 버렸다. 민주주의의 초기에 사람들은 공공의 일을 결정하기 위해 혹은 선거를 하기 위해 적극적으로 회의에 참여하고 잘 알고 있는 사람들을 대표로 뽑았고, 그렇기에 정부와 대표는 멀리 있지 않고 구체적이었다. 그러나 지금의 정치 제도와 현실은 정치적 무력감을 심어주어 정치적 무관심에 빠뜨리기에 충분하다.

플라톤은 『국가』(Politeia)에서 이상적인 정체로부터 퇴락한 정체 중 하나로 과두정체(oligarchia)를 들면서 다음과 같이 묘사한다. 그 정체는 "재산에 근거한 정체로서, 이 정체에서는 부자들이 통치하고 가난한 사람은 통치에 관여하지 못한다."[3] 그리고 자산액을 산정하여 관직 참여의 기준으로 삼는데, 그에 미달하는 사람에겐 관직에 관여하지 못하도록 선언한 다음, 이를 무력에 의하여 관철하거나 또는 공포감을 조성하여 그 정체를 수립한다. 따

---

1) 박호성, 『공동체론』, 효형출판, 2009, 11면.
2) J. J. Rousseau, *Du contrat social*, 3부 15장; 장 자크 루소, 『사회계약론』, 이환 역, 서울대학교출판부, 1999, 123면.
3) Platon, *Politeia*, 550d; 플라톤, 『국가·政體』, 523면(이하 이 책에서 우리말 번역본을 인용할 때의 '플라톤, 『국가·政體』, 523면'과 같은 용례는 '플라톤, 『국가·政體』, 박종현 역, 서광사, 1997'의 523면을 가리킨다).

라서 그 나라는 "필연적으로 하나 아닌 두 나라, 즉 가난한 사람들의 나라와 부유한 사람들의 나라가 되는데, 같은 곳에서 거주하면서 언제나 서로에 대해 음모를 꾸미는 사람들의 나라"[4]가 된다.

이어서 플라톤은 그보다 한 단계 더 퇴락한 정체로 민주정체(demokratia)에 대해 설명한다. 민주정체는 "가난한 사람들이 다른 편 사람을 죽이거나 추방한 후 나머지 시민들에게 평등하게 시민권과 관직을 배정하고 관직은 대체로 추첨에 의해 할당"[5]하는 정체이다. 그것은 자유(eleutheria)와 언론 자유로 가득 차 있어 자기가 하고자 하는 바를 '멋대로 할 수 있는 자유'(exousia)가 있으며, 그 결과 어떤 시민적 의무를 다할 필요도 없어서 능히 통치할 수 있는데 꼭 통치해야 된다는 강요도 없고 원하지 않는데 통치를 받아야 하는 강요도 없으며 다른 사람들이 전쟁을 하고 있다고 해서 자신이 전쟁을 해야 한다는 강요도 없다.[6] 또한 사람들은 날마다 마주치게 되는 욕구에 영합하면서 살아가는바, "어떤 때는 술에 취해 살다가 어떤 때는 물만 마시며 신체단련을 하고, 게으름을 피우며 만사에 무관심하다가도 철학에 몰두하기도 하며, 자주 정사(政事)에 관여하기도 하여 벌떡 일어나 생각나는 대로 말하고 행하기도 한다. 그리고 전쟁에 숙달한 사람이 부러우면 그쪽으로 이동하고, 돈버는 사람이 부러우면 이번에는 그 쪽으로 이동한다."[7] 민주정체에서 사람들의 삶에는 "아무런 질서도 필연성도 없으나, 그 삶을 즐겁고 자유로우며 축복받은 것이라 부르며 평생토록 살아간다."[8]

플라톤이 보기에 한국 사회의 실상은 과두정체와 민주정체가 반반씩 섞여 있는 듯할 것이고, 정치체제는 민주정체보다는 오히려 과두정체에 더 가까운 모습일 것이다. 어쨌든 그가 지적하는 바와 같이, 어떤 국가가 '두 개의 국

---

4) Platon, *Politeia*, 551d; 플라톤, 『국가·政體』, 525면.
5) Platon, *Politeia*, 557a; 플라톤, 『국가·政體』, 536면.
6) Platon, *Politeia*, 557a-e; 플라톤, 『국가·政體』, 536-537면.
7) Platon, *Politeia*, 561d; 플라톤, 『국가·政體』, 545면.
8) Platon, *Politeia*, 561d; 플라톤, 『국가·政體』, 545면.

가', 예를 들면, 부유한 자의 국가와 가난한 자의 국가로 나누어진 경우 그 국가에서 시민들은 서로 대립하고 의심하며 공동선보다는 사적 이익만을 추구하여 그 공동체는 분쟁과 갈등으로 점철될 것이다. 현재 한국 사회는 부자와 빈자, 서울과 지방, 자본가와 노동자, 그리고 이른바 '진보'(進步)와 '보수'(保守)가 국가의 공적인 사안뿐만 아니라 사적인 사안을 두고도 격렬히 다투고 있다. 다원민주주의의 상정처럼 정치적·법적·경제적 경쟁을 통해 자연스럽게 이익의 조정과 균형이 이루어지는 것이 아니라, 작은 대립점도 부풀려지고 사익을 위해 모든 것을 거는 상황에 이르고 있는 것이다. 해롤드 라스키(Harold Laski)가 말하였듯이, 사회의 기초가 정의로울 경우 사람들은 작은 것을 놓고 다투려고 하지 않지만, 사회의 기초가 정의롭지 않을 경우에는 작은 것들에 대한 다툼도 원칙에 대한 다툼으로 확대되고 원칙에 대한 다툼은 결국 사생결단으로 변한다.[9]

지금까지 현대 국가와 사회 그리고 현대인이 처한 상황을 몇 가지 단면을 통해 살펴보고, 플라톤의 논의에 비추어 우리의 현실을 돌이켜 보았다. 현대 사회의 이러한 사정은, 분열되고 파편화된 다원주의적 사회에서는 권리와 권리의 충돌, 가치와 가치의 충돌, 원칙과 원칙의 충돌이 불가피하며 그것을 합리적으로 혹은 사람들이 납득할 만한 방식으로 조정하고 조화시킬 어떠한 수단도 없다고 공동체주의자들에 의해 비난받는 것들이다. 현대 자유민주주의 국가는 민주주의가 실현되는 만큼 오히려 지배력 상실에 시달리고, 대의제라는 메커니즘을 통해 민주주의가 실현되고 있다 하지만 자기통치의 감각은 점점 멀어지고 있다. 현대인들은 국가의 자의적인 강제와 간섭으로부터 자유를 얻게 되었지만 국가에 대한 의존과 사적 주체에 대한 종속은 오히려 더 심해졌으며, 사적 자유를 얻는 만큼 공적 자유를 상실하고 내적 공허에 시달리게 되었다.

---

9) 해롤드 라스키, 『현대 국가에 있어서의 자유』(*Liberty in the Modern State*, 1930), 김학준 역, 서울대학교 출판부, 1987, 222면.

우리는 이런 문제점을 익히 느끼고 있지만 그럼에도 어찌할 바를 모르고 냉소(冷笑)와 회의(懷疑)에 빠지고 있다. 이 책은 이런 상황의 근저에 자유주의(自由主義, liberalism)가 있다고 본다. 과거 우리 사회의 가장 시급한 법적·정치적 문제가 민주주의의 실현이었다면 이제 그것은 분출하는 권리 주장과 사익 추구로 분열된 사회에 다시 공공성(公共性)을 회복하는 일이다. 공공성의 붕괴는 우리나라만의 문제가 아니라 근대화된 국가·사회에서는 어디서나 발견되는 현상이다. 그 원인은 관점에 따라 다양하게 찾을 수 있겠지만, 본서는 그 근원을 (자본주의 체제와 같은 정치·경제 체제에 대한 비판은 일단 미루고) 자유주의라는 근현대의 정치철학·도덕철학에서 찾고자 한다. 그리고 그 정치철학·도덕철학이 법체계와 법이론에도 투영되어 있다고 보는 바, 근현대의 법체계와 법이론이 어떤 점에서 정치철학·도덕철학을 반영하고 있는지, 그리고 그 결과는 무엇인지 살피려고 한다. 자유주의는 단순한 도덕철학의 한 사조를 넘어 근대의 공공철학이 되었기에 그러한 자유주의를 각종 문제들의 근원(根源)으로 지목하는 것이다. 따라서 자유주의가 법에 구현된 형태를 확인하고 자유주의 법체계의 빈곤을 풍요로 바꾸기 위해 공화주의적 접근을 시도하려 한다. 공화주의는, 공동선을 외면한 채 사익만을 추구하고 또 정치에 무관심하며 사적 영역에 몰두하는 사적 개인으로 왜소화된 시민들로 이루어진 자유주의 사회를 재검토하는 것이다.

그런데, 근대와 전근대가 공존하고 국가주의적 측면과 개인주의적 측면이 대립하는 한국적 현실에서 공화주의 논의가 과연 어떤 의미를 가질 것인가 자문(自問)하지 않을 수 없다. 우리 사회가 충분히 자유주의화 되었다고 보기도 어려울 뿐더러 자유주의화 되기 이전에도 공공정신이 충만했다고 보기는 힘들다는 점에서 공공성의 미발달, 권리 주장의 극단화 등의 원인을 개인주의적 자유주의에 그 화살을 돌리기도 애매한 것이다.

그럼에도 자유주의를 문제 삼고 공화주의를 돌아보는 것은, 우리 사회의 전근대성과 서구의 자유주의 정치철학이 동시에 우리의 공적·사적 생활에 미치는 영향 때문이다. 특히, 근래 대한민국은 국가라는 공적 존재가 인간사의 한 부분일 뿐인 '경제'(經濟)라는 존재에 완전히 종속되고 말았다. 국가의 항에다 정치를, 경제의 항에다 기업, 특히 대기업을 대입해도 동일하다. 공화주의는 공공성을 가진 국가와 공민으로서의 시민을 회복하려 한다. 우리의 실제 행동은 법을 무시하고 공공성을 경시하고 사익을 맹목적으로 추구하기도 하지만, 반면 아무도 공공성(이라는 주장)이 무의미하다고 하지 않으며 누구나 그 부족을 개탄한다. 이러한 우리 사회의 두 얼굴을 모두 살핀다면, 어떤 부분에서는 더 많은 자유주의가 어떤 부분에서는 더 많은 공화주의가 요청된다고 할 수 있다.

공화주의는 불화(不和)가 없는 이상향을 꿈꾸는 것이 아니라 갈등과 분쟁을 인정하되 시민적 덕성을 가지고 공공성에 헌신하는 시민들의 적극적인 참여에 의해 더 나은 합의점에 도달하자는 주장이다. 공화주의 주장의 핵심은, 고대 그리스의 폴리스 혹은 로마 공화정에서 유래하여 서구 정치사상과 현실에서 간헐적으로 표출되어온 '공화주의'(共和主義, republicanism)라는 교설(doctrine)이 현재의 정치에 있어 작동가능한 모델을 제공하는 방식으로 재요청되고 있으며 또 재형성될 수 있다는 것이다. 자기지배(자치, 자기통치), 비지배, 더 활력적인 개인의 자유라는 관념이 강제적 간섭의 부재라고 하는 자유에 대한 소극적 묘사에 도전하기 위해 전면에 도입된다. 공화주의는 공동체와 개인의 관계에 대한 재설정, 자유에 대한 새로운 관념의 발굴, 법과 정치의 관계에 대한 재검토, 시민성(시민적 덕성)의 요청과 함양 등의 주장을 펼친다. 공화주의를 주장하는 논자에 따라 고대 그리스의 아테네나 스파르타 혹은 로마 공화정 또 가까이는 르네상스 시기 피렌체와 독립혁명기 미국으로부터, 아리스토텔레스 혹은 마키아벨리 그리고 해링턴, 루소 등으로부터, 공화주의의 아이디어를 계승·발굴하고 있다. 이렇게 그 원류와 강조점이 조금씩 다르고 지금도 계속 새로운 내용이 발견되고 있지만, 그 공통점은 개인의 진정한 자유와 건전한 공동체의 유지를 위해서는 시민적 덕성을 가진 시

민의 참여가 필수적이라는 것이다.[10]

이 논문은 공화주의를 통해 자유주의 법체계를 보완하고 그 문제점을 극복하는 하나의 정치·법이론을 모색해 보고자 하는 시도이다. 공화주의 사상은 현대 공법의 다양한 논점에 접근함에 있어 다소 상이한 방식을 제안할 것이다. 물론 공화주의의 아이디어가 현대의 법적 문제에 대해 명백한 해결책을 제시하여 단지 그것을 '적용'만 하면 되는 것은 아니며 당연히 다양한 이론들이 경합할 여지가 있다. 그러나 오늘날의 많은 논쟁들은 공화주의적 전통이라는 렌즈를 통해 볼 때 확실히 다르게 보일 것이다.[11]

우리 헌법에 대한 공화주의적 접근 역시 다양한 지점과 측면에서 이루어질 수 있다. 예를 들자면, '공화국'의 진정한 의미가 무엇인지 재고할 수도 있고, 시민권의 부여 범위와 내용을 새롭게 정할 수도 있으며, 부자나 공직자의 불법·범죄 행위에 대해 일반시민보다 강한 제재와 처벌을 정당화할 수도 있을 것이다. 또한 사인 간의 행위를 헌법의 규범영역 안으로 적극적으로 끌어 올 수도 있을 것이며, 사법심사시의 이익형량에 있어 새로운 기준을 제시하고, 헌법상의 국민의 의무에 대해 새로운 시각을 제시할 수도 있다. 물론 이 논의에 어떤 단일한 논거와 이론이 근거로 제공되는 것은 아니다. 공화주의적 법과 정치는 국가와 시민사회의 부패를 방지하기 위한 것일 수도 있고, 시민의 참여를 더욱 촉진하기 위한 것일 수도 있으며, 시민의 자유를 위해 평등을 더욱 확장하려는 것일 수도 있기 때문이다.

---

10) Iseult Honohan and Jeremy Jennings, "Introduction", in *Republicanism in Theory and Practice,* I. Honohan and J. Jennings eds., New York: Routledge, ECPR Studies in European Political Science, 2006, p.1.
11) Cass R. Sunstein, "Beyond the Republican Revival", *Yale Law Journal* 97, 1988, p.1576.

2. 헌법에 대한 공화주의적 접근의 요청

법과 정치를 엄격히 구분하는 형식적 법실증주의(法實證主義)의 그늘 때문인지 우리 법학은 법(法)의 정치성(政治性)을 그리 철저하게 인식하고 있지 않은 것으로 보인다. 법의 세계는 정치를 포함한 다른 세계와 절연한 채 그 자체의 원리와 동력으로 자족적으로 움직이는 것처럼 취급되고 있다. 그에 따라 우리 법학은 국가를 주어진 전제로 하여 이야기할 뿐, 그 국가의 실체가 무엇인지 국가는 어떠한 정치철학을 기반으로 하고 있는지 헌법의 근본적인 골격은 무엇인지에 대해서는 별로 묻지 않고 있다.[12] 그러나 한 국가의 지도이념 혹은 지도원리로서의 정치철학은 법체계에 투영되어 있기 마련이다. 조선 왕조(朝鮮 王朝)가 유교(儒敎)를 정치이념으로 삼았다면 조선의 법체계도 유교 이념의 연장선상에 있는 것이며 유독 법체계만이 시공간을 초월하여 불변의 합당한 것일 수는 없다. 그런 점에서 근현대의 법체계는 자유주의 국가론, 자유주의 정치철학이 법체계에 구현된 것이라 할 수 있다.

그런데 정치사상이나 철학에서 논의되는 이념체로서의 자유주의가 법에 어떻게 반영되고 투사되어 있는가 하는 문제에 답하는 것에는 몇 가지 문제점이 있다.[13] 하나는 자유주의의 사상적 스펙트럼이 워낙 넓다는 점, 또 하나는 자유주의의 역사가 무척 오래되었다는 점 때문이다. 따라서 무엇을 자유주의(적인 것으)로 보며 무엇을 그렇지 않은 것으로 볼 것인가 하는 난제가 있다. 그렇기 때문에 자유주의-공동체주의 논쟁에서나 자유주의자와 공화주의자의 논쟁에서 서로들 자신의 입장과 주장이 오해되고 있다는 항변이

---

12) 다만, 지금까지 우리 헌법학의 국가론 연구가 빈약함을 지적하고 헌법학은 국가론으로 귀착될 수밖에 없다는 점을 확인하며 국가론 연구를 촉구하는 것으로 이승우, 「헌법과 국가론」, 『憲法의 規範力과 法秩序: 涏泉 許營 博士 停年記念 論文集』, 박영사, 2002 참조.
13) 이하의 자유주의의 다양함에서 비롯되는 논의의 어려움에 대한 내용은 김정오, 「법과 자유주의」, 『사회비평』제16권, 나남출판사, 1996, 230면을 주로 참조한 것이다.

있어온 것이다.

우선, 자유주의 법체계 내에는 다양한 사조와 입장, 자유주의 이론가들 사이에 나타나는 차이들이 있는바, 이를 어떻게 수용·해석할 것인지가 문제된다. 예를 들면, 현대 자유주의는 자유지상주의와 평등주의적 자유주의, 그리고 공리주의적 입장과 의무론적 입장 등 상이한 입장이 있기 때문에 자유주의 이념을 하나의 일관된 체계로 받아들이지 못하게 하는 하나의 장애가 되는 것이다.

다음으로, 자유주의 법체계의 역사적 발전에 따른 문제에 관해 보자면, 그 발전과정에서 전개된 일련의 변화들을 어떻게 이해할 것인가 하는 점 역시 문제된다. 초기 자유주의 사회의 형성에 두 축의 역할을 한 자연권이론과 사회계약이론은 자유주의 법체계가 형성되는 과정에서 상당히 변화된 상태로 수용·변화되어 왔으며, 이후에 나타난 공리주의나 실증주의의 철학적 사고가 수용되면서 자유주의 법체계는 나름의 법원리 및 법적 사유의 전통을 확립해 왔던 것이다. 더구나 이러한 법원리나 법적 사유는 한편으로는 자유주의와 친화적인 관계를 맺기도 하지만 때로는 이질적인 관계를 갖기도 하였다.

위와 같이 자유주의의 본질과 성격을 파악함에 있어서는 다양한 측면이 고려되어야 하는바, 이 책에서 그 분석과 비판의 대상으로 삼는 자유주의의 최소한의 특질이란 다음과 같은 것이다: 인간이 가진다고 하는 천부적인 자연권, 이를 보장하기 위해 성립된 것으로 간주되는 국가 혹은 정부, 그렇기 때문에 국가와 사회를 분리하고 공법과 사법을 구별하여 사적 자유와 경제적 자유 보장에 치중하는 국가, 그리고 이런 제한국가 관념을 효과적으로 달성하기 위한 각종 제도와 장치들, 다른 한편 민주주의의 실현방법으로 채택된 대의제.

물론 이에 대해서는 다음과 같은 지적이 제기될 것이다: 위와 같은 자유주의에 대한 묘사는 어디까지나 18, 19세기의 고전적 자유주의의 모습에 대한 것일 뿐이며, 늦어도 뉴딜 정책 시행과 2차 세계대전 이후에는 고전적 자유주의 모순에 대한 반성으로 사회국가 혹은 복지국가를 인정·지지함으로써 그 이론적 문제점은 해소되었다. 구체적으로는 사적 주체 간의 힘의 불균형 문제를 해결하기 위해 노동법, 경제법과 같은 법영역(사회법)이 등장하고, 기본권 이론상으로는 기본권의 제3자효를 인정하거나 기본권보호의무론 등을 통하여 대비하고 있다. 따라서 사회국가에 미흡한 점이 있다면 그것은 이념이나 이론의 문제가 아니라 어디까지나 국가의 재정형편과 같은 현실의 문제 때문일 뿐이다.

그러나, 이 책의 문제의식은 바로 위와 같은 견해에 대한 의문에서 시작된다. 현대 헌법은 근대 자유주의 헌법의 사상과 체제를 그대로 이어받고 있는바, 국가에 대항한 개인의 자유, 국가로부터의 사적 영역에서의 자유라는 고전적 자유주의의 도식은 현대 국가에서도 가장 기본적인 골격을 형성하고 있는 것들이다. 따라서 근대 헌법의 성과가 충분히 인정되어야 하는 점과는 별개로 그 한계도 답습하고 있으며, 그 기본골격이 유지되는 한 치유책은 병의 뿌리를 뽑지 못하는 대증요법(對症療法)에 그치는 것이라고 본다. 그러므로 '자유방임적 자유주의(자본주의)의 모순은 복지국가 원리로 극복하였으며, 이제 남은 것은 현실에서의 실천문제이다'라고 하는 우리 헌법학의 일반적인 태도는 지나치게 낙관적인 것이라고 간주한다. 또한, '국가의 형성과 권력에의 참가'라는 점을 등한시하는 자유주의의 한 측면은 민주주의 원리에 의해 보완되어 완결된 것이 아니라, 자유주의와 민주주의의 결합으로서의 '자유민주주의'(自由民主主義)라는 것 자체가 그리 성공적이지 않다고 본다. 바로 이런 지점에서 공화주의는 자유주의적 헌법을 재평가하고 자유주의와 민주주의를 재결합시키는 시도를 하게 되는 것이다.

한편, 헌법에서는 철학, 정치철학의 원론적인 논의에 대해 어느 정도 대답을 내리고 있기 때문에 현실적합성을 지니는 논의를 하는 것이 더욱 필요하다는 지적도 있다.[14] 그러나 그렇다고 하여 철학이나 정치철학의 논의가 별

의미를 가지지 못하는 것은 아니다. 헌법은, 비유를 하자면, 대립하는 철학과 정치철학의 다양한 견해들 간의 '절충설'(折衷說)적인 입장을 취하고 있다. 철학은 앞으로 있어야 할 상태를 이론적으로 지향할 수 있지만, 헌법은 '지금' '여기' 살아있는 인간들의 무시할 수 없는 '가치'(價値)와 '이익'(利益)의 대립을 다루므로, 어떤 특정한 철학이나 정치철학을 교조적으로 채택하고 그것을 강요할 수는 없으며 관용적 태도를 취해야 하기 때문이다. 이렇게 헌법이 절충적인 입장에서 폭넓은 관용성을 보여 준다면, 우리 헌법이 철학이나 정치철학의 원론적인 논의에 대해 어느 정도 이미 대답을 내리고 있다는 사실 자체는 어디까지나 논의의 시작일 따름이다. 헌법에 대한 입장과 해석은 결국 어떤 철학을 기반으로 하고 있는가, 어떤 정치철학적 입장에 강조점을 두는가에 달려 있다. 그리고 대략 비슷한 정치철학적 입장을 공유하고 있다고 하더라도 그 스펙트럼 상에서 어느 쪽으로 조금 더 저울추가 기울어져 있는가에 따라 헌법해석은 차이가 나기 마련이다. 이 책에서 자유주의와 공화주의 각각의 입장에서 헌법을 해석하려는 것은 바로 그러한 이유인 것이다.

다만, 한마디 부언하자면, 우리 헌법을 자유주의(적) 헌법, 공동체주의(적) 헌법, 공화주의(적) 헌법이라고 규정짓고 그 교설에 억지로 꿰맞추는 작업은 적절하지도 아니하며 성공할 수도 없다. 헌법은 지금 여기의 인간들을 다루는 것이기에 거기에는 자유주의적이고 공동체주의적이고 공화주의적인 측면이 공존하기 때문이다. 또한 현대 공화주의는 근대 헌법의 자유주의적 성과를 인정하고 그것을 전제로 한 위에 서있기 때문이다.

---

14) 정종섭, 「자유주의와 한국 헌법」, 이근식·황경식 편, 『자유주의란 무엇인가』, 삼성경제연구소, 2001, 286면.

제2절 연구의 방법과 범위

1. 연구의 방법과 범위

이 책은 문헌연구를 주로 하되, 특히 개념과 제도를 파악함에 있어 그 역사와 연원에 시선을 집중할 것이다. 현재는 과거로부터 온 것이며 모든 정치·법제도는 결국 당대의 정치세력관계 및 생산관계를 반영하는 것이므로, 지금 현재의 정치·법제도에 대한 비판적 이해를 위해서는 그 개념에 대한 계보학(系譜學)이 요구되기 때문이다. 한편, 공화주의 사상은 고대 그리스와 로마 그리고 르네상스기 피렌체 등에서 그 영감을 얻고 있으며 이론적·가설적 상황이 아니라 어디까지나 실제의 역사와 경험이 있었다는 것이 다른 사상에 비해 가지는 특징이자 강점이다. 따라서 아리스토텔레스, 마키아벨리, 루소 등에서 그 전거(典據)를 끌어와 이를 충실히 인용하도록 한다. 그리고 이 책은 자유주의와 공화주의 사상이 법체계와 법이론에 어떤 식으로 표출되고 있는지를 검토하려는 목적이 있으므로, 학설에 대한 분석뿐만 아니라 법원과 헌법재판소의 판례 연구를 병행하도록 한다.

그런데 근현대 국가의 여러 제도와 경험 중에는 자유주의 사상에서 직접 나온 것도 있으며 자유주의 사상과 '논리적' 연결고리가 뚜렷하지 않은 자유주의의 제도와 경험이 있다는 점에서, 자유주의 헌법의 문제점을 지적할 때 "그것을 자유주의(적인 것)라고 할 수 있는가?" 하는 질문이 제기된다. 예를 들어, 제한국가 원칙은 전국가적인 개인의 자유 보호를 위해 요청되는 것으로서 자유주의 논리의 일차적 소산일 것이겠지만, 권력분립 원칙은 제한국가가 되기 위해 꼭 권력분립이 되어야 한다는 이론적·논리적 필연성은 없으므로 반드시 자유주의적인 제도라고 보기는 어려울 수도 있다. 한편, 대의제의 경우에도, 그것은 근대 자유(민주)주의 국가의 가장 근본적인 정치제도로 얘기되지만 사실 자유주의 사상과 논리적인 연관을 가진다고 하기는 어렵고 민주주의와의 관계에서 '현실적' 요청으로 채택된 것으로 보는 것이 타당하다. 그렇다면, 근현대 국가를 자유주의 국가라고 할 때 그 주요 제도들을 자유주의적인 것으로 보아 이를 비판할 것인지, 아니면 자유주의 사상을 오롯이 간직한 제도들만을 자유주의적인 것으로 보아 비판할 것인지가 문제된다. 전자의 경우는 자유주의 '국가'에 대한 비판은 될지 몰라도 '자유주의'에 대한 비판은 되지 않을 것이기 때문이다. 이 책에서는 자유주의를 다소 넓게 보아 근대 자유주의 국가의 핵심적인 제도들은 일단 자유주의적인 것으로 간주하도록 한다.

종교가 절반의 성공밖에 담보하지 못하는 이유는 '선한 마음'만으로 가능한 일은 제한적이기 때문이다. 공화주의 역시 공화주의적 제도와 시민적 덕성만으로 이루어질 수 있는 것이 아니다. 그 요청은 필연적으로 부(富)와 권력(權力)의 이동을 동반할 것인데, "합법적이고 평화롭게 그 이상을 달성할 방법은 무엇인가?"라는 질문은 반드시 이르게 되는 막다른 골목길과도 같은 것이다. 이 책의 목적은 자유주의적 정치·법체계가 당면하고 있는 한계상황 및 모순점을 기술하고 그에 대한 하나의 극복방안으로서 공화주의적 관점을 제시하려는 것이다. 어떻게 공화주의적 정치·법 형태를 실현시킬 수 있을지의 문제는 다루지 않는다. 특정한 정치제도나 법제도가 구동(驅動)하는 데에는 인간관, 도덕관, 산업·경제 체제 등 거대한 구조가 뒤를 받치고 있는데, 공화주의적 정치·법 체제를 세움에 있어서도 공화주의적 인간관에서부터 공화주의를 가능하게 하는 산업·경제 체제까지 총체적인 변화가 요구되기 때문이다.

다음으로, 이 책의 연구 범위를 소개하도록 한다. 우리나라 헌법에 대한 초창기 공화주의 연구 중 하나는 '공화주의 헌법이론'의 연구범위와 방향을 다음과 같이 제시한 바 있다[15]: (1) 고전적 공화주의 정치사상의 부활 맥락,

(2) 근대 정치사상사의 공화주의적 재해석, (3) 공화주의 헌법이론 내부의 이론적 다양성, (4) 공화주의적 헌법정책의 방향설정 및 이를 바탕으로 한 (5) 한국 헌법의 공화주의적 재해석, (6) 헌법재판소의 중요 판례들에 대한 공화주의적 재음미.

한편, 최근 우리 헌법학계에서 공화주의 이론의 적용가능성을 타진한 연구에서는, 공화국에 대한 실질적 이해를 통해 다음과 같은 헌법의 여러 영역, 여러 과제에서 공화주의적 해석이 가능할 것이라고 보았다[16]: (1) 국가의 정당화원리로서의 민주공화국, (2) 국가-국민 관계의 공화국적 이해가능성: 헌법적 관계(=법률관계)로서의 국가-국민 관계의 이해, (3) (헌법적) 국가상과 (헌법적) 인간상의 공화국적 이해가능성, (4) 기본권의 공화국적 이해가능성: 기본권관, 기본권 이해, 기본권 제한유보, 기본의무, (5) 국가조직-공직질서의 공화국적 이해가능성, (6) 시민의 덕성(civic virtue)과 공화국 시민교육.

이 책은 산만함의 위험을 무릅쓰고 위에서 제시된 과제를 조금씩 모두 다루고 있다고 할 수 있다. 우리나라에서는 주로 정치학 분야에서 이제 막 공화주의가 본격적으로 소개되고 있으며 자유주의 법체계에 대한 비판이나 헌법에 대한 접근은 별로 없는바, 헌법에 대한 공화주의적 관점을 두루 널리 살펴보는 것이 필요하다고 생각되기 때문이다. 그리고 외국의 경우 때로 '공화주의 법이론'(共和主義 法理論, republican legal theory)이라는 용어도 쓰이고 있으나,[17] 공화주의 논의가 그 정도로 온전한 실체 혹은 체계를 갖춘 것인지는 다소 의문이다. 따라서 이 책의 시도가 차차 '공화주의 법이론'으

---

15) 이국운, 「공화주의 헌법이론의 구상」, 『법과사회』 제20호, 법과사회이론연구회, 2001, 132면.
16) 김선택, 「공화국원리와 한국헌법의 해석」, 『법제』 제609호, 법제처, 2008. 9., 71면.
17) 예를 들면, 셀러스(M. N. S. Sellers)의 『공화주의 법이론』(*Republican Legal Theory: The History, Constitution and Purposes of Law in a Free State*, 2003)이나 오오모리 히데토미(大森秀臣)의 『공화주의 법이론』(共和主義の法理論-公私分離から審議的デモクラシーへ, 2006)이 있다.

로 전개되어 나가길 바라면서 이 책은 한국 헌법에 대한 공화주의적 접근으로서의 한 시도라고 해도 될 것이다.

한편, 가장 핵심적인 문제이기는 하지만 아직 연구가 미흡한 분야인 재산권이나 경제질서에 대한 공화주의의 입장, 즉 '경제적 공화주의'에 대한 본격적인 논의는 다른 연구에 미루고 이 자리에서는 그 방향을 간략히 소개하는데 그치도록 한다.[18] 공화주의 경제에 대한 드문 논의 중 하나인 리처드 대거(Richard Dagger)의 「신공화주의와 시민경제」(Neo-republicanism and the civic economy)[19]를 살펴본다. 공화주의자들은 (엄격한) 사회주의자들과 달리 시장의 폐기를 주장하지는 않으며, 기본적으로 시장이 자신의 경계 내에서는 좋은 것이지만 적절한 경계를 넘어서게 되면 공화주의의 주요 가치인 정치적 평등·자치·심의 정치·시민적 덕성을 해치는 경향을 가진다고 본다. 시장의 폐해를 극복하기 위한 방법은, ① 시장을 폐지하거나, ② 부의 정치적 영향력을 제한할 방법을 찾거나, ③ 시장에서 비롯된 부의 격차를 제한하는 것이다. 공화주의는 이 중 ①은 불가능하며 또 바람직하지도 않다고 보므로, ②와 ③의 방법을 추구할 수 있고 또 추구한다.

이처럼, 공화주의는 시장의 역할을 인정하지만 제한적이어야 한다고 보며 재산 소유권이 광범위하게 분산되어 효과적인 시민성이 증진될 수 있는 '시민경제'(civic economy)에 대한 개념을 내포하는 것이라 할 수 있다. 그리고 '시민경제'는 (1) 일과 작업장의 특성에 대한 진지한 고려, (2) 공공성 혹은 공동체에 대한 깊은 고려, (3) 상속세의 인정, (4) 누진 소비세의 인정, (5) 구

---

18) 시민경제론의 흐름에 대한 자세한 소개는 이병천 교수의 「상호성과 시민경제론의 두 흐름: 새 정치경제학과 행복 경제학」, 『시민과 세계』제12호, 참여사회연구소, 2007 참조; 또한 자마그니(S. Zamagni)와 브루니(L. Bruni)의 『시민경제』(*Economia civile*, 2004)에 대한 몇 개의 소논문들을 모아 엮은 「시민경제론 논쟁」(홍기빈 역, 『시민과 세계』제12호)이 번역되어 있다.

19) 리처드 대거, 「신공화주의와 시민경제」(Neo-republicanism and the civic economy), 이병천 역, 『시민과 세계』제12호, 참여사회연구소, 2007.

성원에게 일정 정도의 '사회적' 혹은 '시민적' 지원의 최소한도 보장이라는 특징을 가지는 것이다.

2. 국내의 공화주의 연구 현황

최근 우리나라에는 학계뿐만 아니라 사회 일반에서도 공화주의에 대한 관심이 부쩍 늘어나고 있다.[20] 학계의 연구현황을 살펴보자면, 공화주의에 대한 소개는 한스 바론의 시민적 휴머니즘에 대한 서양사학자 김영한[21]의 1977년 연구로 시작된 듯하다. 그 후 1990년대 초반 정치학자 권용립[22]은 미국 정치문명의 한 내용으로 공화주의를 소개하였고, 사상사로서의 공화주의 연구는 서양사학자 조승래[23]에 의해 서서히 그리고 본격적으로 이루어졌다. 그리고 1996년에는 공화주의자 제임스 해링턴에 대한 박사학위 논문[24]이, 1997년에는 혼합정체에 대한 박사학위 논문[25]이 제출되기도 하였다. 그러나 공화주의에 대한 폭발적 관심은 2000년대 중반부터 시작된 것으로 볼 수 있는데, 정치학자 곽준혁[26], 김경희[27]는 계속하여 다수의 논문을 발표하

---

20) 예를 들면, 2009년 1월에서 7월까지 경향신문의 특별기획 「새로운 공화국을 꿈꾸며」가 주1회 김상봉-박명림 교수의 서신대화 형식으로 연재되었다.

21) 김영한, 「H. 바론의 '시민적 휴머니즘'에 대한 논의」, 『사학논지』, 제4·5호 합본, 1977.

22) 권용립, 『미국-보수적 정치문명의 사상과 역사』, 역사비평사, 1991.

23) 조승래, 「공화주의」, 김영한·임지현 편, 『서양의 지적 운동』, 지식산업사, 1994; 『국가와 자유: 서양근대정치담론사연구』, 청주대학교 출판부, 1998; 『공화국을 위하여: 공화주의의 형성과정과 핵심사상』, 길, 2010 등.

24) 김숙자, 「제임스 헤링턴의 오세아나공화국에 관한 연구」, 전남대 박사논문, 1996.

25) 이수석, 『混合政體의 政治思想史的 硏究: 古代 混合政體論의 展開와 復活을 中心으로』, 고려대 박사논문, 1997.

26) 곽준혁, 「갈등, 혼합정체 그리고 리더십: 마키아벨리의 「로마사논고」를 중심으로」, 『정치사상연구』제9집 제2호, 한국정치사상학회, 2003; 「심의민주주의와 비지배적

고 있다. 특히 곽준혁은 정치학과 헌법학을 넘나들며 공화주의에 대한 이해
를 심화시키고 있다. 그리고 최근에는 다양한 분야에서 학위 논문 역시 다량
배출되고 있다.[28]

  이렇게 역사학이나 정치학, 교육학에서의 논의가 비교적 활발한 데 비하
여 우리 헌법학계에서는 관심이 그리 많지 않은 편인바, 2000년대 초반의 이
국운[29], 한상희[30]의 연구 외에는 공화주의에 대한 법학 저술을 별로 찾아 볼
수 없다. 그러다가 최근에 이르러 김선택[31]이 '공화국원리'[32]를 통해 새로운

  상호성」, 『국가전략』제11집 제2호, 2005; 「민주주의와 공화주의: 헌정체제의 두 가
  지 원칙」, 『한국정치학회보』제39집 제3호, 한국정치학회, 2005; 「사법적 검토의 재
  검토: 헌법재판과 비지배적 상호성」, 『헌법실무연구』제7권, 2006; 「키케로의 공화주
  의」, 『정치사상연구』제13집 제2호, 한국정치사상학회, 2007; 「왜 그리고 어떤 공화
  주의인가」, 『아세아연구』제131호, 고려대학교 아세아문제연구소, 2008; 「공화주의와
  인권」, 『정치사상연구』제15집 제1호, 한국정치사상학회, 2009 등.

27) 김경희, 「비르투 로마나(Virtu romana)를 중심으로 본 마키아벨리의 공화주의」, 『한
  국정치학회보』제39집 제1호, 한국정치학회, 2005; 「데모크라티아(Demokratia)를 넘
  어 이소노미아(Isonomia)로」, 『한국정치학회보』제40집 제5호, 한국정치학회, 2006;
  「서구 민주공화주의의 기원과 전개-아테네에서 르네상스에 이르는 민주와 공화의
  변증법」, 『정신문화연구』제30권 제1호, 2007; 『공화주의』, 책세상, 2009 등.

28) 정윤석, 「아렌트와 공화주의의 현대적 전개」, 서울대 박사논문, 2001; 신호재, 「마
  키아벨리의 준법에 근거한 공화주의적 시민성 연구」, 서울대 석사논문, 2008; 송석
  주, 「아리스토텔레스의 정치적 우애와 비지배적 상호성」, 경북대 석사논문, 2008;
  김상현, 「현대 공화주의와 민주주의에 관한 연구」, 부산대 박사논문, 2009; 김형렬,
  「필립 페팃(Philip Pettit)의 자유론 연구: 비지배 자유(freedom as non-domination) 개
  념을 중심으로」, 서울대 석사논문, 2009; 최준화, 「자유의 개념에 대한 비판적 연구:
  자유주의와 공화주의의 통합적 관점을 중심으로」, 서울대 박사논문, 2010 등.

29) 이국운, 「공화주의 헌법이론의 구상」, 『법과 사회』제20호, 법과사회이론학회,
  2001; 「입헌적 공화주의의 헌법이해」, 『헌법실무연구』제6권, 2005; 「한국헌정에서
  입법자의 권위실추: 진단과 처방-입헌적 공화주의의 관점-」, 『공법연구』제35집 제2
  호, 한국공법학회, 2006.

30) 한상희, 「민주공화국의 헌법적 함의」, 『일감법학』제3집, 건국대학교 법학연구소, 1998;
  「민주공화국의 의미-그 공화주의적 실천규범의 형성을 위하여」, 『헌법학연구』제9권
  제2호, 한국헌법학회, 2003.

헌법해석에 대한 시도와 전망을 하고 있다. 한편, 미국헌법의 공화주의적 배경을 탐구한 논문[33]과 공동체주의를 통해 헌법에 접근을 한 논문[34]도 발표된 바 있다.

사실 공화주의 논의가 소개되기 이전의 '공화국'에 대한 논의는 몹시 불만족스러운 것이었다. 기존의 헌법학계의 연구는, 헌법 제1조 제1항의 '민주공화국'을 설명함에 있어 군주정의 대립개념으로서 공화국을 제시하면서 국체로서의 공화국과 정체로서의 민주정으로 민주공화국의 내용을 구분하는 것이 적절한가에 대한 논쟁을 소개하는 경우가 대부분이었다.[35] 그러다가 앞서 본 한상희와 이국운은 공화주의론을 우리 헌법학계에 들여와 공화주의적 헌법해석을 시도하고 있어 기존의 논의와는 차원을 달리하고 있으므로, 이들의 연구를 간단하게 정리하도록 한다.

우선, 한상희(1998년)의 연구는, 미국 공화주의 논쟁을 소개하면서 그 논의를 바탕으로 정태적으로만 이해되어온 헌법 제1조 제1항 '민주공화국'의 의미를 민주공화국의 개념, 대의제, 주권론 등과 연계하여 실천규범적인 것으로 재해석한다. 다음으로, 이국운(2001년)의 연구는, 헌법이론으로서의 공화주의를 전반적으로 소개하면서 헌법이론의 빈곤을 자유주의적 법치주의(liberal legalism)의 일방적인 우위에서 비롯된 것으로 지적한다. 그는 자유주의적 법치주의의 '사법의 전제화'에 대한 우려를 표하면서, 자유주의적 법치주의와 공화주의 정치사상의 길항적 공존으로 특징지워진 '자유주의적 공화

---

31) 김선택, 「공화국원리와 한국헌법의 해석」, 『법제』제609호, 법제처, 2008. 9.
32) 김선택 교수는 '공화주의적~'이라는 표현을 쓰지 않고 '공화국적~'이라는 표현을 쓰고 있다. 이는 '-주의'라고 이름 붙여진 이른바 '이데올로기'는 바람직하지 않다는 입장에서 '헌법내재적으로 공화국을 이해하는 것이 더 현명'하다고 보기 때문이다.
33) 이상경, 「미국 연방헌법의 사상적 배경에 관한 연구: 공화주의 사상을 중심으로」, 서울대 석사논문, 2004.
34) 조수영, 「헌법과 공동체주의」, 숙명여대 박사논문, 2009.
35) 곽준혁, 「민주주의와 공화주의: 헌정체제의 두 가지 원칙」, 34-35면.

주의'로서 '공화주의 헌법이론'을 주창하고 있다.

다만 이러한 양자의 연구에 대해서는, 공화주의 헌법이론의 기본구상을 제시하거나 공화주의를 소개하는 것이 일차적인 목적이라고 하더라도 미국의 공화주의 논쟁에서 비롯된 '자유주의적 공화주의'나 '고전적 공화주의'와 같은 개념을 일반화시켜 한국 헌법학에 대한 비판에 바로 적용하는 것은 무리라는 지적도 제기된다.[36]

---

36) 곽준혁, 「민주주의와 공화주의: 헌정체제의 두 가지 원칙」, 37면.

제 2 장

공화주의와 자유주의의 길항

　지난 30여 년간 영미 정치사상사 학계의 최대의 화두 중 하나는 공화주의
였으며,[1] 앞서 살펴보았듯이 우리나라에서도 공화주의 연구가 급물살을 타
고 있다. 본장에서는 공화주의 부활의 의의에 대해 검토하고, 공화주의의 발
전사를 통시적으로 살펴본다. 특히 그 발전과정에는 미국헌정사의 해석을 둘
러싼 공화주의-자유주의 논쟁과 미국의 자유주의-공동체주의 논쟁이 중요한
계기가 되었다고 할 수 있으므로 이를 살펴보기로 한다. 한편, 공화주의가
반대하는 자유주의란 무엇이며 그것은 헌법체계 속에서 어떻게 발현되고 있
는가 라는 문제를 검토함에 있어서는, 우선 자유주의의 의의와 역사를 간략
히 살펴보고, 자유주의가 헌법 체계에서 발현되는 대표적인 몇 가지 모습을
든 다음, 그러한 자유주의 헌법이 정하는 문제점을 고찰한다. 끝으로 공화주
의에 대해 제기되는 비판과 그에 대한 공화주의의 반론을 들어본다.

---

1) 윌 킴리카, 『현대 정치철학의 이해』(*Contemporary Political Philosophy*, 2002), 장동진 외
　역, 동명사, 2006, 397-401면; 공화주의에 대한 주요 연구를 소개하자면, J. G. A.
　Pocock, *The Machiavellian Moment: Florentine Political Thought and the Atlantic
　Republican Tradition*. Princeton: Princeton University Press, 1975; Quentin Skinner,
　The Foundations of Modern Political Thought, vol. 1: The Renaissance. Cambridge:
　Cambridge University Press, 1978; Richard Dagger, *Civic Virtues: Rights, Citizenship,
　and Republican Liberalism*. Oxford: Oxford University Press, 1997; Philip Pettit,
　Republicanism: A Theory of Freedom and Government. Oxford: Clarendon Press, 1997;
　Iseult Honohan, *Civic Republicanism*. London: Routledge, 2002 등.

제1절 자유주의와 헌법

1. 자유주의의 의의와 역사

자유주의를 둘러싼 논의에 있어 각종 혼동과 혼란-예를 들면, 자유주의를 오해하였다거나 자유주의를 편협하게 이해하고 있다거나-이 비롯되는 이유 중 하나는 자유주의에 대한 명확한 정의(定義) 없이 논의를 전개하기 때문일 것이다. 그러나 자유주의의 정의라는 작업은 그리 만만치 않아 자유주의에 관해 이야기하고자 하는 문헌들은 그것이 어렵다는 말 한 마디씩은 꼭 덧붙인다. 연구는 연구자가 처한 역사적·사회적 상황과 입장을 반영하는 것이듯, 자유주의에 대한 정의 문제는 곧 자유주의를 어떤 관점에서 바라보느냐 하는 문제가 된다. 자유주의를 옹호할 것인지 비판할 것인지, 비판할 경우 비판의 준거점은 무엇이며 비판의 지점은 어디인지가 각각 달라질 것이며, 또 철학·윤리학·역사학·정치학·경제학·법학 각각의 강조점이 다를 것이다.

(1) 자유주의의 의의

가. 자유주의의 의의

자유주의(自由主義, liberalism)에 대한 몇 가지 간략한 정의를 살펴보자. 때로 자유주의는 피치자의 동의에 의한 정치와 법에 의한 개인적 자유 제한이라는 기본원리들을 견지하는 체제로서, 만일 이 기본 원리들을 고수하지 않는다면 그 형태와 목적의 여하를 막론하고 어떤 정치 체제도 결코 자유주의적이라고 부를 수는 없다고 한다.2) 혹은 자유주의는 국가에 대한 어떤 독

특한 태도를 일컫는 개념으로서, 그것은 국가의 권력과 기능은 제한적이라고
보는 신조로 자유주의는 절대국가나 사회국가와는 상반되는 것이라고 얘기
되기도 한다.[3] 그리고 그것은 정부는 자기 이익에 대한 최선의 판단자인 시
민들의 권리와 자유를 보호하기 위해 존재하며 따라서 가능한 모든 시민의
최대한 자유를 보장하기 위해 통치의 범위나 정부의 업무가 제한되어야 한
다는 것이기도 하다.[4] 또한 그것은 전제정과 절대주의 체제 및 종교적 불관
용에 맞서 선택의 자유와 이성 및 관용의 가치를 지지·고무하려는 시도를
의미하는 것이기도 하다.[5] 이와 약간 다른 측면에서, 자유주의는 경제적으로
는 자본주의를 정치적으로는 의회제 민주주의를 기본으로 하는 것이라고 정
의되기도 한다. 즉, 자유주의 사회란 경제적으로는 생산수단의 사적 소유를
전제로 하며 노동생산물이 상품이라는 형태로 시장을 통해 교환되고 이윤의
극대화를 생산의 목적으로 하는 사회이고, 정치적으로는 사상·언론·출판·결
사 등의 자유를 전제로 하면서 복수의 정당이 존재하고 선거를 통해 정권이
교체되는 사회이다.[6]

한편, 자유주의는 과거와 비교할 때 명백히 근대적 성격을 띤 것으로서 그
특징은 다음 4가지로 정리할 수 있겠다.[7] 첫째, 자유주의는 사회적 집합성에
대한 주장에 맞서 개인의 도덕적 우위를 주장한다는 점에서 개인주의적
(individualist)이다. 둘째, 모든 이에게 동일한 도덕적 지위를 부여하고 법적·

---

2) J. 샤피로, 「자유주의」(*Liberalism: Its Meaning and History*, 1958), 노명식 외 편, 『자
   유주의』, 종로서적, 1983, 61면.
3) Norberto Bobbio, *Liberalism and Democracy*, M. Ryle and K. Soper trans., London:
   Verso, 1990, p.1; 한국어역: 노르베르토 보비오, 『자유주의와 민주주의』, 황주홍
   역, 문학과지성사, 2005.
4) 데이비드 헬드, 『민주주의의 모델들』(*Models of Democracy*, 2006(3판)), 박찬표 역, 후
   마니타스, 2010, 135면.
5) 데이비드 헬드, 『민주주의의 모델들』, 123면.
6) 후지와라 야스노부, 『자유주의의 재검토』, 이용철 역, 백산서당, 2005, 18면.
7) 존 그레이, 『자유주의』(*Liberalism*, 1986(2판)), 김용직·서명구 역, 성신여자대학교
   출판부, 2007, 14면.

정치적 질서 사이의 도덕적 가치의 차이를 부인한다는 점에서 평등주의적 (egalitarian)이다. 셋째, 인류의 도덕적 단일성을 강조하면서 특정한 역사적 결사체들과 문화적 형태들에 대해서는 부차적인 중요성을 부여한다는 점에서 보편주의적(universalist)이다. 넷째, 모든 정치적·사회적 관습과 제도들에 대해 교정가능성과 개선가능성을 긍정한다는 점에서 개량주의적(meliorist)이다.

위와 같은 자유주의에 대한 정의는 자유주의의 가장 핵심적인 징표를 최소한으로 묘사한 것으로서 그에 대해 별다른 이의나 문제 제기가 없을 것이다. 그런데, 논의를 혼란스럽게 만드는 것은 존 롤즈(John Rawls)로 대표되는 현대 미국의 자유주의에 대한 것이라 할 수 있다. 롤즈의 사상은 현대 자유주의의 전형적인 입장이라고 일컬어지는데, 그 이유는 그의 이론이 자유주의라 할 수 있는 두 가지 요소를 모두 지니고 있기 때문이다. 그 하나는 시민적 자유에 대한 통상적인 자유주의적 지지에 배어 있는 개인의 자유에 대한 신념이며, 또 하나는 기회균등 그리고 시장보다 좀더 평등주의적인 재분배에 대한 믿음으로서 이는 재분배적 복지국가에 대한 지지로 이어지는 것이다.8)

그런데, 이에 대해 자유지상주의자(libertarians)와 공동체주의자(communitarians)는 각각 다른 측면에 초점을 맞추어 비판을 가한다. 자유지상주의자의 주장은 롤즈의 재분배적 측면이 개인의 재산권과 소유권에 대한 침해를 수반한다는 것이고, 공동체주의자의 주장은 자유주의의 지나친 개인적 자유에 대한 긍정 때문에 현대 사회가 파탄에 처해 있다는 것이다. 여기서 문제가 발생하는데, 자유지상주의자의 주장이 소유권 보장을 핵심으로 하는 자유주의의 원칙적인 모습이라고 한다면 롤즈는 오히려 수정주의자라 할 수 있고, 평등과 관련된 재분배를 옹호한다는 점에서는 일종의 공동체주의자라고도 할 수 있다는 점이다.9)

---

8) 스테판 뮬홀·애덤 스위프트, 『자유주의와 공동체주의』(*Liberals and Communitarians*, 1996(2판)), 한울아카데미, 2001, 15-17면.

이처럼 자유주의에 대한 정의가 혼란스러운 상황에서 자유주의에 대한 반대로서의 공화주의의 입장이 무엇인지가 문제된다. 공화주의는 공동체 이전의 개인을 상정하지 않는다는 점에서 원초적 상황, 무지의 베일 같은 논리를 동원하여 개인의 선재성(先在性)을 암시하는 롤즈의 논리에 동의하지는 않지만, 그 역시 개인의 자유와 자율을 인정하고 강조한다는 점에서는 롤즈의 입장과 다름이 없다. 또한 공화주의는 롤즈의 논리와 같은 이유로 평등과 재분배 정책을 지지하지는 않지만, 시민들 간의 정치적·경제적 평등이 있어야 자유가 가능하며 공동체가 부패하지 않고 건강을 유지한다고 주장한다는 점에서 롤즈와 마찬가지로 재분배 정책을 지지한다. 따라서 공화주의가 자유주의에 반대한다고 할 때의 자유주의란 무엇인지는 보다 신중한 확인을 요한다.

요컨대, 가장 추상적인 수준에서 말하자면 자유주의란 개인주의를 기반으로 하여 개인의 자유와 권리를 최우선의 가치로 간주하고 그 보장을 위해 국가·정치 제도가 마련되어야 한다고 보는 사상이라 할 수 있겠다. 물론, 차차 검토하겠지만, 개인주의란 무엇이며, 자유와 권리란 도대체 어떤 내용의 것이며, 그것을 최우선의 가치로 간주한다는 것은 무슨 의미이고, 그것을 위해 마련된 제도란 어떤 것인지에 대해 수많은 이견(異見)과 분파(分派)가 발생할 수 있다.

여기서 자유주의를 최소한으로 정의하자면, 그것은 개인과 공동체를 분리시키고 국가·사회·공동체로부터 개인의 자유와 권리를 보장하는 데 치중하는 사조라고 할 수 있다. 이러한 개인과 국가·사회·공동체와의 관계에 대한 태도에서 국가에 대한 입장, 즉 국가의 본질(本質)이나 국가의 기능(機能)과 역할(役割) 등에 대한 특정한 입장이 생성되고, 국민 혹은 시민이란 무엇인가에 대한 정의, 법과 자유에 대한 관념 등이 달라진다. 즉, 자유주의의 국가와 법에 대한 태도에는 언제나 국가에 대항한 개인의 자유, 사적 영역-대표

---

9) 스테판 뮬홀·애덤 스위프트, 『자유주의와 공동체주의』, 15-17면.

적으로 정신적 영역과 경제적 영역-에서의 자유 보장, 그리고 시장경제의 고수라는 원칙이 깔려 있다.

다만, 주의할 것은 공화주의는 자유주의의 자유와 권리 자체를 부정하는 것이 아니라, 그것을 인정하되 어떠한 전제와 근거에서 인정하는지, 어떠한 내용으로 그것을 구성하는지, 어느 수준에서 인정하는지 등에 대한 차이를 보인다는 점이다.

나. 자유주의에 대한 오해

앞서 살펴보았듯이 자유주의는 역사가 오래되고 다양한 사조와 원류가 있는 만큼 그에 대한 오해도 상당하다. 따라서 자유주의의 이해와 규정에 있어서의 몇 가지 오해와 유의점에 대해 짚고 넘어가기로 한다. 그 첫번째로 자유주의를 '개인의 자유를 강조하는 사상'과 같이 지나치게 광범위하게 규정함으로써 발생하는 문제점을 지적하고, 두 번째로 미국에서의 자유주의와 유럽에서의 자유주의가 다른 의미로 쓰여지고 있어 벌어지는 혼란을 정리하고, 마지막으로 우리나라 특유의 자유주의에 대한 오해와 왜곡 상황에 대해 검토한다.

첫째, 자유주의를 '자유라는 가치에 대한 신념'이라는 식으로 느슨하게 정의할 경우, 그것은 너무 광범위하여 사실상 쓸모없는 일반화로 끝날 가능성이 높다. 예를 들면, 자유주의에 관한 가장 정평 있는 저작 중 하나인 샤피로(J. Schapiro)의 『자유주의』(*Liberalism: Its Meaning and History*, 1958)에서는 책의 초반에 고대 그리스의 소크라테스와 중세의 아벨라르를 자유주의자로 등장시키고 있는데, "삶의 태도-회의적이고, 실험적이고, 합리적이고, 자유로운-로서의 자유주의는 근대가 도래하기 훨씬 전부터 비범한 인물들에 의해 표현되었다."[10]는 것이다. 한편, 진보적 자유주의자의 대명사라고 할·만한

---

10) J. 샤피로, 「자유주의」, 38면.

버트런드 러셀(Bertrand Russell, 1872~1970)은 자서전에서 자유주의적 세계
관의 정수를 '새로운 십계명'(a new decalogue)이라고 하여 전하고 있는데, 그
것은 사물에 대한 회의, 권위에 대한 의심, 의견에 대한 관용, 진리에 대한
추구 등을 가리킨다.[11] 그러나, 이 책에서의 자유주의는 이와 같은 '자유주
의적인' 정신과 사상에 관한 것이 아니라, 홉스와 로크 이래의 근대 정치철
학과 그 연속선상에 있는 현대 자유주의에 관한 것이며, 국가와 권력 그리고
사회관계에서의 자유주의에 관한 것이라 할 수 있다.

둘째, 미국의 자유주의와 유럽의 자유주의를 구별할 필요가 있다.[12] 보통
유럽 정치담론에 있어 자유주의는 사회주의의 반대이고 자유방임주의적·자
유시장적 경향을 말한다. 그러나, 미국에서 자유주의는 "일반적으로 보수주
의(conservatism)의 반대이며, 좀더 관대한 복지국가와 더 많은 사회적·경제적
평등 조치를 선호하는 사람들의 입장이다."[13] 이렇게 자유주의에 대한 미국
식 용법과 유럽식 용법은 서로 다르기는 하지만, 사실 그 유형이나 종류들은
지리적·언어적 장벽을 넘어 쉽게 일치하는 것이다. "정치적이며 이데올로기
적인 범주에서 미국인들이 '자유주의'라고 부르는 경향은 프랑스인들이 '진
보주의(Progressisme)'라고 부르는 것과 대강 일치한다. 그리고 그것은 유럽과
라틴 아메리카 지역에서 '좌파'와 '중도파'라고 불리는 두 파의 교량 역할을

---

11) 버트런드 러셀, 『러셀 자서전』(하), 송은경 역, 사회평론, 2003. 286-287면.

12) 현대 미국 정치에서 사용되는 '자유주의적(liberal)'이라는 말의 의미에 관해 보다
    자세한 것은 Ronald D. Rotunda, *The Politics of Language*, Iowa City: Iowa University
    Press, 1986 참조.

13) Michael Sandel, *Democracy's Discontent*, Cambridge, MA: Harvard University Press,
    1996, p.4; 미국의 자유주의가 유럽의 자유주의와 다르게 쓰이고 있는 사례를 하나
    더 들어보자. 밀턴 프리드먼(Milton Friedman)은 하이에크(F. Hayek, 1899~1992)
    의 『노예의 길』(*The Road to the Serfdom*) 출판 50주년 기념판 서문(1994년)에서, 자
    신은 'liberal'이라는 용어를 하이에크와 같이 제한정부와 자유시장이라는 19세기의
    원래적 의미로 사용할 것이고, 원래 의미와 거의 정반대되는 것을 의미하는 '미국
    식의 타락한 의미'로는 사용하지 않는다고 하고 있다(프리드리히 하이에크, 『노예
    의 길』, 김이석 역, 나남출판, 2006, 14면).

하고 있다."14) 자유주의를 비판적으로 바라보는 이 책에서는, 미국식 용법에서의 자유주의 혹은 자유주의자(liberals)보다는 유럽식 용법에서의 자유주의에 좀 더 비판적일 수 있다. 그러나 이 책은 자유주의를 보다 광의의 것으로 보며 자유주의의 바탕에 놓인 기초 이론과 구조를 문제 삼으므로, 미국식 자유주의와 유럽식 자유주의의 차이를 그렇게 크다고 보지는 않는다. 왜냐하면, 우선, 미국과 유럽의 자유주의에 대한 대립점은 주로 시장에 대한 대응으로서의 정부의 역할에 맞추어져 있을 뿐, 양자는 그 외의 자유주의의 사상적 기초를 대부분 공유하고 있기 때문이다. 또한 미국식 자유주의의 복지국가라는 것도 자유주의의 핵심원리인 '제한정부와 자유시장' 논리를 대체하는 완전히 별개의 것이라기보다는, 자유주의-자본주의의 근본틀을 건드리지 않는 한도에서 자유시장의 문제 및 한계를 개선하기 위해 나온 임시변통(臨時變通)적인 것이라고 보기 때문이다.

셋째, 우리 사회에서의 자유주의에 대한 오해(誤解)와 왜곡(歪曲) 역시 해명될 필요가 있겠다. 우리 역사와 전통이 자유주의를 알지 못하다가 구미의 자유주의를 수입(輸入)해 왔기 때문에 오해가 생겼고, 때로 자유주의가 특정정권과 당파의 이익에 의해 이용되어 왔기 때문에 왜곡이 발생한 것이다. 물론 자유주의에 대한 오해와 왜곡에 대해서는 이미 오래 전부터 많은 지적이 있어 왔다.15) 그 양태를 크게 2가지로 나누어 본다면, 그 중 하나는 자유주

---

14) 제임스 번햄, 『자유주의의 운명』(*Suicide of the West: An Essay on the Meaning and Destiny of Liberalism*, 1964), 이택미 역, 을유문화사, 1987, 23면; 그래서 미국인 제임스 번햄은 미국연방대법원 판사 더글라스, 블랙, 워런과 경제학자 갤브레이스, 그리고 아이비리그의 대학(교수들) 등을 자유주의자로 들지만, 하이에크, 슈트라우스, 그리고 프리드먼 등은 자유주의자가 아니라고 한다.

15) 최장집, 『민주화 이후의 민주주의』, 후마니타스, 2002; 정태욱, 「해방 60년과 한국사회의 자유주의」, 참여사회연구소 기획, 『다시 대한민국을 묻는다』, 한울, 2007; 홍윤기 외, 『진보와 보수』, 사회와 철학연구회, 이학사, 2002 등 참조; 한편, 한국에서의 보수주의에 대한 오해를 지적하면서 적어도 서구적 의미에서의 보수주의는 없다는 것으로, 강정인, 「보수와 진보-그 의미에 관한 분석적 고찰」, 『에드먼드 버

의를 반공주의(反共主義) 혹은 반공자유주의(反共自由主義)와 동일시하는
것이라 할 수 있다. 이른바 '보수진영'의 그들은 대개 '자유주의'보다는 '자
유민주주의'라는 명칭을 선호하면서 자유민주주의의 고향을 미국(美國)으로
보아 '미국에 반대하는 것은 자유민주주의에 반대하는 것이다'라고 간주하
고, 자유민주주의의 이름으로 사상의 자유에 대한 주장을 배척하는 한편, 경
제적 평등 정책이나 재분배 정책을 사회주의적 정책이라고 주장한다. 오해와
왜곡의 다른 한 모습은, 이른바 '진보진영'의 인식, 즉 자유주의를 서구의 퇴
폐적 개인주의 혹은 자본주의의 다른 이름 정도로 보아 거부했던 것에서 찾
을 수 있다.

　이렇게 자유주의가 '보수'와 '진보' 어느 진영에서도 적절히 취급되지 못
한 원인은 냉전의 시작 및 분단국가의 건설과 함께 시작되었다고 할 수 있
다. 이 역사적 배경에서 도출되는 결론은 자유주의가 반공을 위한 이념적 슬
로건 이상의 구실을 하지 못했다는 것이다. 예를 들면, 자유민주주의가 양심
의 자유를 핵심으로 하는 자유주의의 원리와 무관한 것처럼 취급되어 인간
의 내면까지 사상검열의 대상으로 삼는 국가보안법(國家保安法)이 자유민주
주의를 수호하기 위해 존재한다고 주장되었던 것이다. 이 점에서 냉전 반공
주의와 자유주의의 관계만큼 내용적으로 모순되고 충돌하면서도 형식적으로
양립가능하게 연계되어 있는 경우도 없을 것이다.16) 따라서 한국 사회에서
자유주의는 그 본래적 의미를 지니지 못한 채 기껏해야 민주주의를 수식하
는 말, 즉 자유민주주의라는 말에서 '자유'는 내용적으로 불필요한 수식어에
지나지 않거나 민주주의의 의미를 보수적으로 제한하는 것이 되고 말았다.17)
특히 문제인 것은, 자유주의에 대한 이런 왜곡과 오해가 현실 정치 영역에
국한된 것이 아니라 일반 국민들은 물론 학계에까지 널리 퍼져 있다는 점이

　크와 보수주의』, 강정인·김상우 역, 문학과지성사, 1997 참조.
16)　최장집, 『민주화 이후의 민주주의』, 223면.
17)　최장집, 『민주화 이후의 민주주의』, 223면.

다. 이 책에서 공화주의의 상대로 삼는 자유주의는 이렇게 한국식으로 오해
되고 왜곡된 의미의 것이 아님을 확인한다.

(2) 자유주의의 역사

자유주의는 단일한 전통, 하나의 세계관이자 사조라고 할 수 있지만,[18] 그
형성과 전개과정을 역사가의 눈으로 살펴본다면 결코 종교적인 신념과 같은
초지일관적인 어떤 것에 의해 지도되어 온 것이 아님을 알게 된다. 자유주의
는 자유와 평등에 대한 신념뿐만 아니라 당파와 정권의 이해관계, 엘리트와
민중, 국가와 개인, 그리고 국가와 국가의 관계를 반영하는 다양한 사조들의
집합이다. 결국 자유주의 역사에 대한 이해 없는 자유주의 이해는 있을 수
없다.[19] 이러한 점을 확인하기 위해 자유주의의 역사를 간략히 검토하도록
한다.

가. 자유주의의 발생과 성장

자유주의(liberalism)라는 말은 그 의미와 더불어 근대의 것으로서, 1812년
스페인에서 입헌정부를 옹호한 자유당(Liberales)이라는 정당 이름에서 유래
한 것이다.[20] 후에 '리버럴'(liberal)이라는 말이 권위주의에 반대하여 자유를
옹호하는 정부, 정당, 정책, 정견 등을 가리키는 말로서 다른 나라에서도 사
용되게 되었다.[21] 이 명칭은 스페인에서 프랑스와 영국으로 옮아갔는데, 예

---

18) 존 그레이, 『자유주의』, 13-16면.
19) 존 그레이, 『자유주의』, 13면.
20) 19세기 이전에 'liberal'이라는 말은 통상 '너그러운'(generous) 혹은 '관대한'
(tolerant) 이라는 의미, 즉 '신사'에 어울린다고 생각되는 태도를 가리키는 말로 사
용되었다. 이러한 의미의 'liberal'하다는 말은 어떤 어린이가 너그러운(liberal) 부모
를 두었다고 할 때와 같은 경우에 남아 있다(테렌스 볼·리처드 대거, 『현대 정치사
상의 파노라마』, 정승현 외 역, 아카넷, 2006, 92면).

를 들면, 영국에서는 휘그(Whig)로 알려진 정당이 1840년대에 이르러 자유당(Liberal Party)으로 발전했다.22) 초기의 자유주의자들은 보다 개방적이고 관대한 사회, 곧 사람들이 되도록 최소한의 간섭만 받으면서 자신들의 이념과 이익을 자유로이 추구하는 사회에 대한 욕구를 공유했다. 물론 무엇이 자유이며 어떻게 그것을 가장 잘 증진시킬 수 있을지에 대해서는 의견이 분분했지만 말이다.

자유주의의 역사적 기원을 찾기 위해서는 중세 말기로 거슬러 올라갈 필요가 있다. 중세에는 교회가 국가와 분리되지 않았고 교회는 봉건제를 유지하는 굳건한 지지대가 되었다. 그러나 서서히 변화의 기운이 발생하는데, 14세기 중반 무렵 유럽을 초토화한 흑사병, 14세기-15세기 고대·고전 문화의 재발견인 르네상스, 중세말의 교역과 상업의 팽창, 콜럼버스로 대표되는 새로운 항로의 발견, 그리고 무엇보다 프로테스탄트 종교개혁(Protestant Reformation)에 의해 중세 질서는 완전히 흔들린다. 그리고 18세기 계몽주의 사상을 거쳐 18세기 말의 프랑스 혁명을 통해 자유주의 운동은 거대한 실현을 보게 된다. 즉, 자유주의는 18세기 계몽사상에서 명확한 내용-자연(自然), 이성(理性), 성선설(性善說), 진보(進步), 세속주의(世俗主義), 관용(寬容), 지적 자유(知的 自由), 정부(政府)에 관한 새로운 사상-을 갖추게 되는데, 자유주의의 기원을 거슬러 올라가면, 과학혁명, 종교개혁, 자본주의의 발생, 르네상스에 이르게 되는 것이다.23) 그리고 계몽주의 정치 사상가들은 국가의 기원, 기능, 권한 등에 관한 새로운 사상을 검토하고 분석하여, 국가를 그들의 목적에 이용할 수 있게 하는 방법과 수단을 발견하려고 하였다. 이 새로운 사상의 영감의 원천은 홉스와 로크, 몽테스키외, 루소 등으로부터 얻게 된다.24)

---

21) J. 샤피로, 「자유주의」, 34면.
22) 테렌스 볼·리처드 대거, 『현대 정치사상의 파노라마』, 92면.
23) 자유주의의 기원과 역사에 대해 더 자세한 것은, 노명식, 『자유주의의 원리와 역사』, 민음사, 1991, 85-113면 참조.

한편, 자본주의(資本主義)와 자유주의의 관계라는 측면에서 자유주의의 등장을 생각해 볼 수도 있다. 프랑스 혁명으로 상징되는 부르주아 혁명은 자본주의의 발전을 방해했던 장애물들을 제거하였다. 즉, 노예제나 부역과 같은 봉건적인 속박과 도시 직능조합의 엄격한 영업 규제, 각 지역 중심의 법적·경제적인 비통일성, 국내의 관세 장벽, 사회적으로 무용한 존재에 불과했던 귀족층의 여러 가지 특권 및 그러한 귀족을 바탕으로 하여 성립되었던 군주제 등이 제거된 것이다. 부르주아 혁명은 새로운 국가적, 사회적, 경제적 질서를 내세우게 되었는데, 그 질서는 계약의 자유와 영업의 자유, 거주 이동의 자유, 사유재산의 보증 등을 바탕으로 삼았으며, 역사에서는 이것을 자유주의의 등장이라고 설명하고 있다.25)

자본주의 경제의 원조(元祖)라고 일컬어지는 애덤 스미스(Adam Smith, 1723~1790)는 미국 독립혁명이 있던 1776년 『국부론』(國富論, *An Inquiry into the Nature and Causes of the Wealth of Nations*)을 출간한다. 그는 부(富)의 원천은 노동(勞動)이고 부의 증진은 노동생산력의 개선으로 이루어진다고 보았으며, 효율적인 생산의 방법을 분업(分業)에서 찾았다. 또한 당시의 중상주의 경제정책을 비판하고 이기심을 바탕으로 한 자유경쟁에 의해 국부가 증진된다고 주장하였다.26) 이러한 자본주의적 분업과 교환의 시스템은 생산을 확대하고 사회적 부를 증대시키는 기능만 있는 것이 아니라 공평한 분배도 낳는 것으로 간주되었다. 즉, 자본주의 시장경제 하에서는 '보이지 않는 손'(invisible hand)이라는 시장의 자동조절 메커니즘을 통해 시장에 들어오는

---

24) J. 샤피로, 「자유주의」, 47면.
25) 라인하르트 퀴넬, 『부르즈와 지배체제론-자유주의와 파시즘-』, 서사연 역, 학문과사상사, 1987, 29면.
26) 애덤 스미스의 유명한 다음 구절을 보자: "우리가 식사할 수 있는 것은 정육점 주인, 양조장 주인, 빵집 주인의 자비에 의한 것이 아니라 자기 자신의 이익에 대한 그들의 관심 때문이다. 우리는 그들의 인간성에 호소하지 않고 그들의 자기사랑(self love)에 호소하며, 그들에게 우리 자신의 필요를 이야기하지 않고 그들의 이익을 이야기한다."(아담 스미스, 『국부론』(상), 김수행 역, 비봉출판사, 2007, 22면).

상품의 양이 자연적으로 유효수요와 일치하는 경향이 있다는 것이다. 그렇다면 여기에서 경제적 질서와 정치적 질서는 분리될 수밖에 없다. 즉, 정부기구가 각 개인의 자유를 존중하면서 자본주의적 시장경제의 자동조정 메커니즘을 파괴하지 않고, 오직 밖에서 그것이 올바르게 작용하기 위한 조건을 보장하는 것으로 간주되는 것은 당연한 결과라고 할 수 있다.[27]

나. 19세기 자유주의의 승리 및 자유주의의 양보와 융통성

19세기를 지나면서 자유주의는 서구 국가와 사회의 모든 영역을 지배하기에 이르러 자유주의는 '승리'하게 된다. 유럽 19세기는 산업혁명의 성과와 선거권의 확대, 오랜 평화의 지속 등 전체적으로 볼 때 역사의 진보에 대한 낙관이 지배하던 시기였다.

부르주아 자유주의는 그 빛나는 성공의 결과, 노동자들의 민주주의적 요구를 수용한다. 서유럽 노동자들의 선거권 확보에는 혁명의 위협도 있었지만 진보적인 생각을 가진 부르주아 자유주의자의 지지도 있었다. 자유주의는 이제 새로운 단계 즉 민주적 자유주의(democratic liberalism) 또는 민주주의의 단계로 들어가게 되었다. 여태까지는 그 의미가 서로 상치되는 것으로 생각되었던 '자유주의'와 '민주주의'가 이제는 그 의미가 서로 통할 수 있게 된 것이다.

그리고 사회생활과 경제생활에 보다 광범한 평등을 가져오게 하려는 새로운 개혁이 시작되었다.[28] 존 스튜어트 밀(John Stuart Mill, 1806~1873)은 이러한 시대를 대표하는 인물으로서, 원칙적인 자유주의자의 면모를 보이면서도 진보적 사회개혁을 위해 노력하고 만년에는 사회주의에 관심을 기울이기까지 하였다. 그는 『자유론』(On Liberty, 1859)에서 개인의 자유에 대한 국가

27) 후지와라 야스노부, 『자유주의의 재검토』, 37-40면.
28) J. 샤피로, 「자유주의」, 58면.

간섭의 한계를 설정하는 한편, 사상의 자유 시장론을 통해 표현의 자유를 옹호하였다. 그리고 『대의정부론』(Considerations on Representative Government, 1861)에서는 비례대표제, 참정권 확대 등 의회와 투표제도의 개혁을 촉구했으며, 하원의원이 되어 1869년 의회 안에서는 최초로 여성에게도 투표권을 부여해야 한다고 주장했다.

그런 한편, 19세기 후반에 이르면 거대 기업과 자본이 형성되어 시장을 장악하게 되고, 자영업자와 소상공인과 같은 중산계층은 경제적으로 쇠퇴하며 빈부의 격차는 점점 더 벌어지게 된다. 현실의 이런 모순은 사회주의(社會主義, socialism)의 성장에서 잘 드러난다. 그럼에도 불구하고 처음에 영국에서는 자유방임정책을 고수하고 여전히 빈곤에 대한 국가간섭을 반대하였다. 그러나, 경쟁하는 사람들이 자유롭고 평등하게 출발하지 않았다는 사실과, 그 경쟁이 오래 계속될수록 자유와 평등의 여지는 더욱 축소된다는 사실 앞에서 '성공'은 '근면과 지혜'의 '당연한 보수'이고, '실패'는 '나태와 우둔'의 '당연한 처벌'이라는 사회관은 더 이상 유지될 수 없었다. 결국 근면과 나태가 각각 대가를 받게 되는 사회에서는 국가의 간섭이 불필요하다는 도덕적 정당성도 함께 사라져 버렸다.[29]

여기서 19세기 말엽의 자유주의는 두 가지 문제에 직면하게 되었는데, 하나는 자유의 본질이 무엇이냐 하는 낡고도 새삼스런 문제이고, 또 하나는 국가의 역할과 기능은 무엇이냐 하는 문제였다. 현대사에서 가장 흥미있는 주제는 19세기의 자유방임의 '야경국가'가 논리적으로 경찰국가 이론의 정반대이면서 동시에 그 논리적 귀결이기도 한 오늘날의 '복지국가'로 변모하게 된 경로를 추적하는 일이다.[30] 19세기는 개인생활에 대한 국가의 간섭을 배제하고 국가의 기능을 가급적 줄이려는 자유주의가 승리하는 세기인데도 불

---

29) E. H. 카, 「자유주의의 도덕적 파산」, 노명식 외 편, 『자유주의』, 종로서적, 1983, 257면.
30) E. H. 카, 「자유주의의 도덕적 파산」, 257면.

구하고 실제에 있어서는 국민생활의 여러 면에서 정부의 간섭과 규제가 꾸준히 증가하고 있었으며 그러한 규제와 간섭의 입법들이 자유주의를 표방하는 정부에 의해 제정되었던 것이다.[31]

이처럼 자유의 개념과 국가의 기능을 고쳐 생각하지 않을 수 없는 상황에서 그 일을 체계적으로 발전시켜서 자유주의의 새로운 방향을 제시한 첫 인물이 토머스 힐 그린(T. H. Green, 1836~1882)이었다. 그는 개인이 첫째고 사회는 개인들의 집합에 불과하다는 종래의 자유주의의 실체론을 부정하고 보다 적극적인 사회관과 국가관을 제시하였다. 그는 또 개인이 천부의 권리를 본래부터 갖고 있다는 생각을 부정하고, 권리는 사회에서 취득한 것이고 사회를 떠나서는 존재할 수 없다고 하였다. 그렇기 때문에 그는 자유와 법을 대립적 관계에서 본 종래의 자유주의의 생각을 부정하고 국가와 법은 자유를 제약하기도 하지만 자유를 창출할 수도 있고 자유를 더 확대해 줄 수도 있다고 하였다. 그린의 '새 자유주의'(New Liberalism)[32]는 허버트 새뮤얼(Herbert Samuel)과 레너드 홉하우스(L. T. Hobhouse)를 비롯한 여러 학자들에 의해 더욱 치밀하게 발전되었다.[33]

다. 복지국가의 등장과 그 한계, 그리고 신자유주의의 대두

앞서 본 바와 같이 19세기 후반에 이르면 거대기업과의 경쟁에서 소규모

---

31) 여기서 자유주의자들은 그 표방하는 주장과 실제와의 모순을 자유주의적 원칙에서 뭔가 설명을 해야 했는데, 그 설명이 '자발성의 원칙'(principles of voluntaryism)이라는 것이었다. 불간섭의 원칙이 일반적 원칙이라면 개인의 자발적 요청에 의한 국가간섭은 일반적 원칙에 대한 예외적인 것에 불과하다는 설명이다. 그러나 그것은 구차스런 설명이었고, 자유주의자들은 늘어가는 국가간섭의 현실에 매우 불안하였다. 그들 중에는 그 늘어가는 국가간섭을 사회주의로 간주하기도 하였다(노명식, 『자유주의의 원리와 역사』, 230면).
32) 20세기 후반의 '신자유주의'와 구분하기 위해 '새 자유주의'라고 칭한다.
33) 노명식, 『자유주의의 원리와 역사』, 230-237면.

생산업자와 자영업자들이 몰락하고 노동자들의 처지 개선 역시 벽에 부딪치게 된다. 노동자들 사이에 널리 퍼진 불만은 사회주의의 급속한 성장으로 나타났다. 대중은 주권자이면서 비참한 상태에 만족하지 않았다. 이에 대해 반(半)자유주의적이었던 비스마르크 독일에서는 노동자의 불만을 흡수하기 위해 선제적으로 사회개혁과 사회복지에 나서게 된다. 그 후 영국과 프랑스가 독일의 선례를 따라 사회 개혁에 착수하였다. 다만, 그 이유는 독일과 달랐는데, 영국과 프랑스는 민주적 자유주의의 이상에 고무되어 노동자들의 경제적 복지에 대한 국가의 책임을 인식하였던 것이다.[34]

그리고 1차 세계대전의 종결에서 20세기 중엽에 이르는 시기에 거의 모든 서구 국가에는 이른바 '복지국가'(Welfare State)가 건설되었다. 이런 전환을 가장 극적으로 촉진한 것은 1930년대에 일어난 대공황(大恐慌, Great Depression)이었다. 이로써 시장경제 제도 아래 자동적으로 완전고용이 실현되고 희소자원의 효율적인 배분이 이루어진다는 신화(神話) 또한 동시에 궤멸되었다.[35] 그런데, 복지국가에서 말하는 경제적 평등은 부의 평등한 분배를 뜻하는 것이 아니다. 그것은 다만, 최악의 빈곤에 대한 제거를 의미하는 동시에 개인이나 기업체의 고수입에 대한 중세를 재원으로 하여 사회복지를 확충하고 보다 많은 임금 지불 등의 방법으로 국민 소득을 더욱 균등하게 분배하는 것을 의미하는 것일 뿐이다.[36]

이제 복지국가가 제 기능을 못하면서 '신자유주의'(新自由主義, Neo-liberalism)가 등장하는 과정에 대해 살펴본다. 2차 세계대전 후 20여 년 동안

---

34) J. 샤피로, 「자유주의」, 59면.
35) 1929년 10월 뉴욕 주식시장의 대폭락을 계기로 일어난 대공황은 1930년대 초반 독일, 영국, 프랑스 등 거의 모든 자본주의 국가들에 파급되었으며, 여파는 2차 세계대전을 준비하는 과정까지 지속되었다. 1932년 미국의 실업률은 전체적으로 25%, 공업부문만 놓고 보면 37%를 넘었으며, 공업생산고는 1908~1909년 수준으로 후퇴하였다.
36) J. 샤피로, 「자유주의」, 59면.

세계경제는 전대미문의 호황을 맞았다. 그러나 60년대 중반부터 세계 경제의 불안정-미국의 베트남전쟁 실패, 스태그플레이션, 고실업, 석유파동 등-이 심화되고 사회적 혼란이 가중된다. 그리하여 경제학에서는 그 동안 지배적이었던 '케인즈 경제학' 대신 1970년대부터는 '반케인즈 경제학'이 지배적인 입장을 차지하여 신고전파 경제학(新古典派 經濟學)의 사고방식이 극단적인 형태로 전개되었다.[37) 그리고 미국의 레이건, 영국의 대처, 일본의 나카소네 정부는 신보수주의 혹은 신자유주의의 깃발을 들고 나왔다. 이들 경제학과 현실 정치는 적어도 구호상으로는 '큰 시장, 작은 정부'를 지향하였는데, 이것이 일반적으로 '신자유주의'라고 불린다. 이 같은 서구에서의 큰 정부에 대한 비판은 늘어난 복지수요 부담에서 오는 재정위기 혹은 정부과부하, 그리고 정부지출의 급증에 따른 세금부담 증가 때문이었다. 이런 맥락에서 신자유주의 이념이 정당화하는 작은 정부를 위한 개혁이 시도된 것이다.

그러나 다시 세기가 바뀔 무렵, 빈부격차는 오히려 더욱 심해지고 대기업과 금융기업이 통제받지 않는 권력을 행사하고 마침내 미국발 금융위기가 발생하는 등 신자유주의가 약속한 미래가 오지 않자 신자유주의는 격렬한 비판을 받고 있다.

---

37) 이 반케인즈 경제학은 통화주의, 합리주의, 공급중시 경제학, 합리적 기대가설 등 다양한 형태를 취했지만, 어느 것이나 신고전파 경제이론의 전제에 토대를 둔 것으로, 시장기구의 정당성을 전제하면서 시장기구를 강조하는 성격을 갖고 있었다. 이는 희소자원의 소유형태와 생산주체에 대해서는 전적으로 사적인 성격을 추구했고, 정부 내지 공공부문에 대해서는 그 기능을 최대한 좁게 한정시키려는 정책적 의도를 갖고 있었다.

2. 자유주의의 헌법적 발현과 그 문제점

자유주의는 헌법 체계에서 다양한 모습으로 나타나는데, 여기서는 대표적인 몇 가지 발현 모습을 들어 보도록 한다. 우선 홉스와 로크의 자연상태와 사회계약론에 따른 정부의 구성 문제, 그 결과 나타나는 침해자로서의 국가 관념과 국가로부터의 자유를 헌법의 우선적 목적으로 여기는 태도, 그리고 사적 영역에서의 자유를 위한 국가중립주의 혹은 법과 도덕의 분리 원칙을 살펴본다. 다음으로는 그러한 원리와 제도들을 바탕으로 한 자유주의 헌법이 어떤 문제점을 가지는지 검토하기로 한다.

(1) 자유주의의 헌법적 발현

가. 자연권, 사회계약론, 제한국가

토머스 홉스(Thomas Hobbes, 1588-1679)는 자유주의의 독특한 특징을 지니고 있는 『리바이어던』(*Leviathan*, 1651)을 저술하였다. 그에 따르면, 자연상태(state of nature)에서 인간은 그 삶이 '고독하고, 빈곤하며, 불결하고, 야만적이며, 순간적'일 수밖에 없는 '만인의 만인에 대한 투쟁' 상태에 직면해 있다.[38] 이에 인간은 자신의 안전을 지키기 위해 사회계약(social contract)을 체결하여, 자연권(natural right) 중 자신을 방어할 권리만을 제외하고 나머지 권리를 자신들이 권위를 부여한 자에게 양도하며 그(주권자)에게 복종할 의무를 지게 되는데, 이렇게 피치자의 동의에 의해 국가(Commonwealth, Civitas, Leviathan)가 설립된다.[39] 문제는 그러한 국가(주권자)에 절대적 권력을 인정

---

38) Thomas Hobbes, *Leviathan*, 1부 13장; 토머스 홉스, 『리바이어던』(*Leviathan,* 1651), 진석용 역, 나남, 2008, 168-175면.
39) Thomas Hobbes, *Leviathan*, 1부 17장; 토머스 홉스, 『리바이어던』, 227-234면.

한다는 점인데,[40] 사실 홉스의 이론에 뚜렷이 자유주의적 색채를 부여하는 것은 그의 그런 결론이 아니라 논리적 전제들이다. 즉, 홉스에 따르면, 개인들은 평등하며 자유롭다는 자연권을 가지며 인민은 스스로의 이익을 보호하기 위해 자신의 동의에 따라 정부를 창출하는 것이다. 이제 로크가 명백히 자유주의적인 결론에 도달하기 위해 이러한 전제들을 사용하는 일만이 남았다.[41]

존 로크(John Locke, 1632-1704)는 명예혁명 직후 출판된 『통치론』(Two Treatises of Government, 1689)[42]에서 자유주의의 핵심적 사상과 제도를 잘 보여주고 있다. 그는 "정치권력을 올바로 이해하고 그것을 그 기원으로부터 도출하기 위해서는 인간이 자연적으로 어떤 상태에 처해 있는가를 고찰해야" 한다고 하면서, 자연상태를 완전한 자유와 평등의 상태라고 한다.[43] 그리고 인간은 자연상태에서의 불안정한 생명, 자유, 재산을 지키기 위해 시민들의 동의에 의해 공동체(국가, 정부, 정치사회)를 구성하는데,[44] 로크는 홉스와는 달리 개인의 자연권을 더욱 강조하고 권력을 입법권, 집행권 및 연합권으로 분할함으로써 정부의 전제적인 권력을 제한하려고 한다. 『통치론』은 이후

---

40) Thomas Hobbes, *Leviathan*, 1부 18장; 토머스 홉스, 『리바이어던』, 235-247면.

41) 테렌스 볼·리처드 대거, 『현대 정치사상의 파노라마』, 109-110면; 한편, 존 그레이는 어색해 보이는 자유주의와 홉스 사상의 친연성은 무엇보다 홉스의 비타협적인 개인주의, 자연상태에서 모든 사람이 갖는 평등한 자유라는 평등주의적 주장, 정치적 권위의 순수 세습적 자격에 대한 거부감 등에서 찾을 수 있다고 한다(존 그레이, 『자유주의』, 30면).

42) 로크의 『통치론』은 두 편의 논문으로 이루어져 있는바, 제1논문의 제목은 '로버트 필머 및 그 추종자들의 그릇된 원칙과 근거에 대한 지적과 반박'으로서 왕권신수설을 주장한 필머를 반박하는 내용이며, 제2논문의 제목은 '시민 정부의 참된 기원, 범위 및 목적에 관한 시론'(An Essay Concerning the True Original, Extent, and End of Civil-Government)으로 사회계약론을 기초로 하여 정부의 성립과 목적 등에 대해 다루고 있다.

43) John Locke, *Two Treatises of Government*, 2장; 존 로크, 『통치론』, 강정인·문지영 역, 까치글방, 1996, 11면.

44) John Locke, *Two Treatises of Government*, 9장; 존 로크, 『통치론』, 119면.

계몽주의 사상가들에게 영감이 되고 미국 건국기에 사상적 기초를 제공하는
등 자유주의의 경전(經典)이라고 불리게 된다.

자유주의 헌법의 기본구조는 위와 같은 홉스에서 비롯된 자연상태, 사회
계약론에 바탕을 두고, 그 후 로크에게서 전형적으로 보이는 자연권과 제한
정부론을 따르고 있다. 즉, '자연상태에서 자연권을 보장하기 위해 사회계약
을 맺어 국가를 탄생시켰다'는 논리에 바탕하고 있는 것이다. 물론 자연상태,
자연권, 사회계약 등의 내용에 대해서는 다양한 변주와 변형이 있지만 그 구
조는 동일하다고 할 수 있다. 왜냐하면, 왕권신수설(王權神授說, Divine right
of kings)과 같은 신으로부터 부여받았다고 하는 정치적 권위가 붕괴한 시대
에 그것을 정당화하기 위해서는 나의 동의, 즉 계약이 불가피하게 요구되기
때문이다.

정리하자면, 자유주의 헌법의 기본구조는 다음과 같이 설명될 수 있을 것
이다: 개인은 자연상태에 존재하는데, 거기서 개인은 생명과 안전, 자유, 재
산이 불안한 상황에 처해 있으므로, 사회계약을 맺어 개인의 자유와 권리를
보호할 수 있는 강제권력을 가진 국가를 만들어 낸다. 국가는 그렇게 만들어
졌지만, 권력을 남용할 수 있다는 점에서 통제되어야 하는데, 법의 지배와
권력분립 원칙과 같은 제도에 의해 국가권력을 제한한다. 한편, 개인의 자유
와 권리는 자연상태에서, 즉 국가 이전부터 가지는 천부인권 혹은 자연권으
로서, 국가는 사회계약의 목적 그대로 개인의 자유와 권리를 보호하는 것이
존재 목적이 된다.

보비오는 이를 다음과 같이 간명하게 설명한다: "자유주의 국가를 제한 국
가로, 그래서 절대국가의 반대의 것으로 이해할 때 그 철학적인 전제는 자연
권 혹은 자연법 학파에 의해서 발달해온 자연권 이론 속에서 발견된다. 모든
인간은 누구나 다 예외 없이 생명과 자유, 안전 그리고 행복을 추구할 권리
등과 같은 어떤 근본적인 권리들을 자신의 의지라든가 다른 사람들의 의지
와는 상관없이 본디부터 보유한다고 자연권 이론에서는 주장한다. … 국가

나 지배자는 이 기본권을 침해해서는 안 되며, 다른 사람들에 의해서 있을
법한 이 기본권의 침해로부터 보호해야 한다."[45]

끝으로, 이렇게 자연상태를 상정하여 국가를 구성해내는 방식이 헌법적으
로 드러나는 예를 한 가지 살펴보자. 근대 헌법은 '인간'과 '시민'을 구별하
는데, 이렇게 '인간'과 '시민'(국민)을 나누어 보는 것은 이미 1789년 프랑스
"인간과 시민의 권리에 대한 선언"에서 비롯되고 있다. '인간'은 사회범주
밖의, 사회에 앞서 있는 존재로 가정되며, '시민'은 국가의 권위에 복종하
는 존재이다. 또 '인간의 권리'는 자연권이고 불가양(不可讓)인데 반해, '시
민의 권리'는 실정적인 권리, 곧 실정법에 의해 인정된 권리이다. 독일 헌
법의 경우에도 자연인의 기본권 주체성을 '인권'(Menschenrechte)과 '시민
권'(Bürgerrechte)으로 구별하고 있다.[46]

한편, 우리 헌법 역시 기본권 규정들은 '모든 국민은 ~을 가진다'라는 형
식을 가지고 있을 뿐 명시적으로 인간과 국민을 구분하고 있지는 않지만, 인
간이라면 누구나 가질 수 있는 권리와 대한민국 국민으로서 가질 수 있는 권
리가 구분될 수 있다는 점에 대해서는 이견이 없다. 이처럼 근현대 헌법에서
'인간'과 '시민'을 구분하는 것은 자유주의 국가에 특유한 것이라고 할 수 있
다. 자연상태에서 국가 이전에 존재하는 개인들을 전제로 하여 그들이 계약
을 맺어 국가를 구성한다는 논리에 따를 때, 개인들은 국민 혹은 시민 이전
에 '인간'이며 국가가 성립된 이후에 비로소 '국민'과 '시민'이 되는 것이다.

---

45) Norberto Bobbio, *Liberalism and Democracy*, p.5.
46) '인권'은 독일 국적 취득 여부와 관계없이 '모든 사람'(jedermann)에게 인정되는데,
예를 들면, 독일 헌법 제2조의 일반적 인격권과 생명권, 제5조 제1항의 표현의 자
유 등은 독일인인지 여부와 상관없이 누구나 기본권의 주체가 될 수 있다. 한편,
'시민권'은 독일 국적을 가진 '모든 독일인'(alle Deutschen)에게 인정되는 것으로
서, 예컨대, 독일 헌법 제8조의 집회의 자유, 제9조의 결사의 자유, 제33조의 공무
담임권, 제38조의 선거권 등이 이에 해당한다(정문식, 『독일헌법 기본권 일반론』,
전남대학교출판부, 2009, 88-89면).

나. 방어권으로서의 기본권-자유권과 사회권의 갈등

한편, 앞서 이미 그 징표가 드러났겠지만, 개인들이 자연상태에서 가지는 자연권을 보호하기 위해 국가를 만들어냈다고 한다면, 국가는 개인의 사적인 영역에 침범해서는 아니 되며 만약 국가가 그러할 때 개인은 기본권 침해자로서의 국가에 대항해 보호받을 것이 요청된다. 그것이 바로 기본권의 가장 일차적인 성격이라고 할 수 있는 '방어권(防禦權)으로서의 기본권'이다. 물론 논리적인 측면에서만 보자면, 자연권을 보호하기 위해 국가를 만들었다는 것은 국가가 그런 역할을 잘 수행하도록 국가에게 적극적인 권한을 부여한다는 것으로 귀결될 수도 있겠지만, 역사를 볼 때 자유주의 사상가들과 자유주의 사회가 원한 것은 그게 아니라 어디까지나 사적인 영역과 사적인 자유의 '국가로부터의' 보장이었던 것이다.

헌법학에서 방어권으로서의 기본권은 '자유권'(自由權)에 대한 보장으로 나타나는데, 그것은 국가의 강제·개입·간섭 없이 '~할 자유'라는 식으로 구현되어 있다. 그리고 이것은 20세기 초반 등장하기 시작한 '사회권'(社會權)과 대비되는바, 사회권은 '국가로부터' 자유로울 권리가 아니라 '국가에 대한' 권리라는 점에서 양자는 근본적인 성격을 달리 하는 것이다. 결국 사회권은 자유주의 헌법체계상 이질적인 성격의 것이다. 자유권과 사회권을 보다 구체적으로 대비(對比)해 보자.

자유권의 본질과 그 입법·사법과의 관계는 다음과 같이 설명될 수 있다: "자유권은 국가가 개인의 사적 영역을 단지 존중하고 침해하지 않음으로써 보장되는 소극적인 성격을 갖고 있다. 즉 자유권은 입법자에 의한 실현이라는 매개활동을 필요로 하지 않고, 단순히 기본권이 존재함으로서 그 자체로서 헌법상 광범위한 방어적 기능을 하게 된다. 그러므로 자유권은 그 존재 자체만으로 직접적 효력을 갖는 제소가능한-국가의 부당한 침해행위의 부작위를 요구하는- 주관적 공권을 의미한다. 여기서 입법자의 입법은 자유권의 보호범위를 축소하는 권리제한적 성격을 띠게 된다. 그러므로 국가권력으로 자유권을 제한하는 경우에는, 국가의 자유권에 대한 침해가 의도하는 공익실현을 위하여 꼭 필요한 경우에 한정되어야 하며 꼭 필요한 정도를 넘어서는 안 된다는 '과잉제한금지의 원칙' 또는 '최소한제한의 원칙'(Übermaßverbot)이 적용된다."47)

이에 대하여 사회적 기본권은 이렇게 설명된다: "사회적 기본권은 그 본질상 구체적 권리가 되기 위하여 사전에 입법에 의한 구체적 형성을 필요로 한다. 그러므로 사회적 기본권에서는 원칙적으로 사법적으로 소구할 수 있는 개인의 주관적인 권리가 나오지 않는다. 사회적 기본권의 본질적인 의미는 국가로 하여금 그 내용을 실현하도록 헌법적으로 구속하는 데 있다. 따라서 사회적 기본권은 입법에 의하여 제한되는 것이 아니라, 비로소 구체적 권리로서 형성되게 된다. 사회적 기본권의 실현이 입법자의 형성행위에 의존하고 있으므로, 사회적 기본권은 그의 핵심적인 최소한의 객관적인 내용만이 헌법적으로 보장되고, 사회적 기본권의 객관적 내용은 입법자의 활동에 의하여 비로소 구체화되고 실현된다. 그러므로 사회적 기본권에서는 '최소한제한의 원칙'이 아닌 '최소한보장의 원칙'(Untermaßverbot)이, 즉 사회적 기본권에 보장된 객관적 내용의 적어도 최소한을 실현하여야 한다는 국가의 의무가 존재한다. 물론 국가가 사회적 기본권의 내용을 최대한으로 실현하려고 노력하는 것이 이상적이기는 하나, 그것은 정치적·도덕적 의무로서 주기적으로 돌아오는 국민의 선거를 통한 심판의 대상이 될 문제이지, 국가의 헌법적 의무를 뜻하지는 않는다. 사회적 기본권의 객관적 내용의 실현의무는 헌법적 의무이기 때문에, 그 의무가 충분히 구체화된 경우에는 국민이 예외적으로 국가로부터 그의 이행을 소구할 수 있는 가능성 또한 배제할 수 없고, 헌법재판소는 이 경우 '최소한보장의 원칙'을 기준으로 하여 위헌여부를 심사하

---

47) 한수웅, 「憲法訴訟을 통한 社會的 基本權 實現의 限界(上)-法的 權利說로부터의 訣別」, 『고시연구』, 1996. 6., 97면.

게 된다."48)

자유권과 사회권의 차이를 요약하자면, 자유권은 국가로부터의 자유이므로 그 영역에 있어서 입법, 곧 법률은 자유를 제한하는 것인바 기본권 제한의 한계인 과잉금지원칙을 위반해서는 안 된다. 한편 사회권은 그 실현을 위해 국가에 대해 요구할 수 있는 권리인데 그것이 실제적인 권리가 되기 위해서는 입법에 의한 구체화가 필요하고 국가가 그 역할을 다하고 있는지는 과소보호금지원칙에 의해 판단한다. 즉, 자유권은 1차적이며 사회권은 2차적인 권리이다. 다음에서 보듯 헌법재판소 역시 동일한 태도를 취하고 있다.

> 모든 국민은 인간다운 생활을 할 권리를 가지며 국가는 생활능력 없는 국민을 보호할 의무가 있다는 헌법의 규정은 모든 국가기관을 기속하지만, 그 기속의 의미는 적극적·형성적 활동을 하는 입법부 또는 행정부의 경우와 헌법재판에 의한 사법적 통제기능을 하는 헌법재판소에 있어서 동일하지 아니하다. 위와 같은 헌법의 규정이, 입법부나 행정부에 대하여는 국민소득, 국가의 재정능력과 정책 등을 고려하여 가능한 범위 안에서 최대한으로 모든 국민이 물질적인 최저생활을 넘어서 인간의 존엄성에 맞는 건강하고 문화적인 생활을 누릴 수 있도록 하여야 한다는 행위의 지침 즉 행위규범으로서 작용하지만, 헌법재판에 있어서는 다른 국가기관 즉 입법부나 행정부가 국민으로 하여금 인간다운 생활을 영위하도록 하기 위하여 객관적으로 필요한 최소한의 조치를 취할 의무를 다하였는지를 기준으로 국가기관의 행위의 합헌성을 심사하여야 한다는 통제규범으로 작용하는 것이다. … 그러므로 국가가 인간다운 생활을 보장하기 위한 헌법적 의무를 다하였는지의 여부가 사법적 심사의 대상이 된 경우에는, 국가가 생계보호에 관한 입법을 전혀 하지 아니하였다든가 그 내용이 현저히 불합리하여 헌법상 용인될 수 있는 재량의 범위를 명백히 일탈한 경우에 한하여 헌법에 위반된다고 할 수 있다.49)

이상에서 본 바와 같이, 자유권과 사회권의 본질과 구조가 명확히 구분되

---

48) 한수웅, 「憲法訴訟을 통한 社會的 基本權 實現의 限界(上)-法的 權利說로부터의 訣別」, 97-98면.

49) 헌재 1997. 5. 29, 94헌마33, 1994년 생계보호기준 위헌확인, 판례집 9-1, 543, 553-555.

며 입법 및 사법과의 관계에서 그 실태가 달리 나타나는 것은 근대 헌법이 '자유주의' 헌법이라는 점을 잘 말해주는 것이라 하겠다.

다. 국가중립주의

자유주의 정치철학의 중핵 개념인 국가의 '중립성'(中立性, neutrality)이란 국가가 어떤 특정한 가치나 원리, 삶의 방식-이를 현대 자유주의 철학에서는 '선관'(善觀)이라 부른다-을 다른 것보다 우위에 두어서는 안 되며 중립적인 입장을 취해야 한다는 원칙이다.[50] 국가중립주의는 개인마다 선관 혹은 가치관, 선호, 효용 등이 다르다는 점과 무엇이 그에게 좋은 것인지는 자신이 가장 잘 판단한다는 점을 근거로 하고, 앞서 자유주의의 역사에서 살펴보았듯이, 종교전쟁 등 오랜 피비린내 나는 역사를 통해 종교와 사상의 자유가 인정되면서 확립된 원리라고 할 수 있다.

근대 헌법에서의 국가중립주의는 종교의 자유 및 정교분리의 원칙, 사상 및 양심의 자유, 사생활의 자유 등으로 표현된다. 우리 헌법 역시 사생활의 비밀과 자유(제17조), 양심의 자유(제19조), 종교의 자유(제20조), 언론과 출판의 자유(제21조), 학문과 예술의 자유(제22조) 등을 규정하고 있다.

물론 자유주의는 모든 일에 있어서 중립적인 정치체제를 모색하는 것이 아니라 특수하고도 제한적인 의미에서 국가의 중립성을 주장한다.[51] 예를 들면, 자유주의는 교회와 국가의 분리 문제에 있어 분리를 지지하고, 살인을 저지르는 삶이 그렇지 않은 삶보다 나쁘지 않다고 보지도 않아 살인자를 처벌한다.

한편, 특정 선관을 우선시하지 말아야 한다는 국가중립주의는 사적 영역

---

50) 국가중립주의에 대해 보다 자세한 것은 윌 킴리카, 『현대 정치철학의 이해』, 298-308면; 박남준, 「자유주의적 국가중립주의의 한계와 유교적 국가완전주의의 모색」, 연세대 석사논문, 1999 참조.
51) 스테판 뮬홀·애덤 스위프트, 『자유주의와 공동체주의』, 63-65면.

은 자율에 맡겨 두어 국가의 개입을 거부한다고 하는 공사 분리의 논리와 일맥상통하는 것이다. 국가중립주의는 바로 사적 영역에서 국가가 취해야 할 행동의 문제이기 때문이다. 이에 관해 좀더 자세히 보자. 외부의 강제, 즉 법이 간섭·개입할 수 없는 영역과 범위의 설정은 존 스튜어트 밀(John Stuart Mill)에 의해 고전적으로 정식화되었다. 밀은 『자유론』(On Liberty, 1859)의 목적을 '사회가 개인에 대해 강제나 통제-법에 따른 물리적 제재 또는 여론의 힘을 통한 도덕적 강권-를 가할 수 있는 경우'를 엄격하게 설정하는 것이라고 하면서 다음과 같이 쓰고 있다.

> 인류가 개인적으로나 집단적으로 어느 한 개인의 자유에 정당하게 간섭을 하는 유일한 목적은 자기 방어라는 것이다. 권력이 문명 사회의 한 구성원에게 본인의 의사에 반해서 정당한 제재를 가할 수 있는 유일한 목적은 타인에게 가해지는 해악을 방지하는 것이다. 그 사람 자신의 행복이 물리적이든 도덕적이든 간에, 다른 개인의 자유에 간섭하는 것을 정당화하는 충분한 조건이 아니다. … 어떤 개인의 행위 중에서 사회에 책임을 져야 할 유일한 부분은 타인과 연계되어 있는 부분이다. 단순히 자신에게만 연관된 부분에 한해서, 개인의 독립성은 당연히 절대적이다. 개인은 자기 자신에 대해서, 즉 자신의 육체와 정신에 대해서 주권자이다.[52]

밀이 말하듯이, 근대 자유주의 법체계에 있어 본인의 의사에 반한 외부의 간섭이 허용되는 경우는 타인에 가해지는 해악을 방지하기 위한 경우이다(해악의 원칙 또는 타해금지의 원칙, harm principle). 그것은 남에게 피해를 주는 타인과 관련된 행동과 자기 자신에게만 관련된 행동을 구분하여 전자의 경우에는 공공의 안전을 위하여 규제할 수 있지만 후자의 경우에는 간섭할 수 없다는 것이다.[53] 물론 충분히 예상할 수 있는 바와 같이, 타인에 대한

---

52) John Stuart Mill, *On Liberty*, Stefan Collini ed., Cambridge: Cambridge University Press, 1988, p.13; 존 스튜어트 밀, 『자유론』, 김형철 역, 서광사, 1992, 23면.

53) 물론 이에 대해서는, 타인에게 직접적인 피해는 주지 않지만 지배적인 공공도덕을 훼손하는 경우에 사회는 자신의 사회존립을 위해 필수적인 공공도덕의 핵심요소를 법(형벌)에 의해 지켜야 한다는 견해도 유력하게 주장되고 있다. 이때 그 필수적 공

영향 혹은 해악, 즉 '타해'(他害)가 무엇인지, 그 한계는 어디인지, 뿐만 아니라 '자해'(自害)의 경우에는 국가가 개입할 수 없는 것인지 등에 대한 논의가 지속적으로 발생하였다. 그러나 어쨌든, 밀이 명확하게 표현한 사적 영역에 대한 간섭의 배제라는 원칙 자체는 근대 자유주의 법체계의 의심받지 않는 대전제라고 할 수 있다. 그리고 국가의 사적 영역에의 간섭 배제는 곧 국가에 대해 사적 영역에서 중립적인 입장을 취할 것을 요청하는 것이라 할 수 있다.

국가중립주의는 다양한 모습과 층위로 표현되는데, 예를 들면, 국가 온정주의(state paternalism)나 국가 완전주의(state perfectionism)에 대한 반대, 법과 도덕의 분리 등이 그 모습이라고 할 수 있다. 그 중 '법과 도덕의 분리'라는 주제는 법과 도덕은 구분되어야 하며 도덕을 법으로 강제해서는 안 된다는 것이다. 특히 형법학에서 있어 그것은, 형법은 최후의 수단이 되어야 한다거나(형법의 보충성 원칙), 피해자 없는 범죄의 경우 비범죄화되어야 한다는 등의 요청으로 나타난다. 문제 영역과 관련해 보자면, 그것은 주로 성(性)과 관련되는 문제-예를 들면, 성매매나 포르노그라피-, 마약복용이나 흡연과 관련되는 문제 등 어떤 개인의 사적인 행위에 대한 규제를 사적 영역에 맡겨 둘 것인가 아니면 국가적 강제를 허용할 것인가 하는 논의이기도 하다. 여기서 (적어도 이상적으로 원칙적인) 자유주의 국가는 중립적인 입장을 취하는데, 예를 들면, (당사자의 자발적인) 성매매의 경우는 성인 간의 자유로운 의사에 의한 계약이므로 허용되어야 한다거나 (마약범죄와 관계없는) 마약은 개인의 건강과 사생활에 관한 문제일 뿐이므로 허용되어야 한다는 태도와 연결되는 것이다.

다음으로, 자유주의의 '법과 도덕의 분리'에 관한 요청을 헌법재판소의 간통죄 사건[54]을 들어 확인해 본다. 여기서는 합헌의견보다 위헌의견과 위헌

공도덕의 핵심요소 여부에 관한 판단은 각 국가와 사회의 역사와 문화의 개별성과 특수성을 고려하여 결정되어야 한다는 것이다.

법률심판제청의견이 법과 도덕의 분리를 강하게 주장하고 있다는 점에서 이를 살펴보도록 한다. 법원의 위헌법률심판제청의 요지는 다음과 같았다: 첫째, 개인의 가장 내밀한 영역인 성생활에 국가가 개입해서는 아니 된다. 둘째, 성도덕은 도덕률에 맡겨야지 형법의 개입에 의해 보호하는 것은 형법의 탈윤리화·비범죄화·보충성 요청에 반한다. 셋째, 간통행위에 대해서는 민법상 이혼이나 손해배상청구라는 수단을 동원하면 충분하며 국가가 형벌로 제재하는 것은 타당하지 아니하다. 한편, 위헌취지의 반대의견 역시 법과 도덕의 영역을 구분하여, "비록 도덕률에 반하더라도 본질적으로 개인의 사생활에 속하고 사회유해성이 없거나 법익에 대한 명백한 침해가 없는 경우에는 국가권력이 개입해서는 안 된다."[55]고 하면서, 간통죄 처벌 규정은 도덕의 영역에 법률이 침범하는 것으로서 정당화될 수 없다고 하였다.

(2) 자유주의 헌법의 문제점

가. 자유주의 헌법의 문제점

자유주의 헌법을 관통하고 있는 모습을 한 마디로 말한다면 바로 '국가로부터의 개인의 자유 보장'이라고 할 수 있다. 그리고 그 때 개인의 자유는 '사적 영역에서의 자유와 자율'이라는 이유로 보장되는 것이다. 그것은 구체적으로 2가지 사고에 바탕한다고 할 수 있다. 하나는, "개인은 스스로가 주권자(主權者)로서 자신의 책임 하에 자유롭게 사고하고 행동할 수 있다."는 자율적 인간이라는 인간에 대한 철학적 이해이다. 다른 하나는, 특히 경제의

---

54) 헌재 2008. 10. 30. 2007헌가17·21, 2008헌가7·26, 2008헌바21·47(병합), 형법 제241조 위헌제청, 판례집 20-2상, 696; 간통죄 규정은 수차례 위헌성이 다투어졌으나 2008년 4번째 합헌결정(4:5 합헌)이 내려졌다.
55) 헌재 2008. 10. 30. 2007헌가17·21 등, 판례집 20-2상, 696, 714(재판관 김종대, 이동흡, 목영준의 반대의견).

영역에서 개인에게 간섭하지 않고 자유를 부여할 때 사회가 더 효율적이 되고 발전할 것이라는 믿음이다. 따라서 자유주의는 개인과 사회의 사적 영역, 크게 나누자면 정신적 영역과 경제적 영역에 간섭하는 것을 거부하게 된다.

그에 따라 자유주의는 사적 영역에 대비되는 것으로서의 공적 영역을 상정하게 된다. 물론 자유주의에서의 공적 영역이란 독자적인 의미를 가지기보다는 사적 영역이 아닌 것으로서 규정될 뿐인 2차적인 의미를 가지는 것이다. 어쨌든 그러한 공적 영역에서는 개인의 자의적인 자유가 지배할 수 없으며 불가피하게 타인과의 관계에서 비롯되는 상호이해와 양보·조정을 인정하게 되는데, 그런 조정이 결국에는 '법'(法)으로 나타난다. 그리고 이때 법(法)은, 자유주의와 민주주의의 결합의 결과 주권자인 '국민'으로 등장하는 개인에 의해 민주주의의 원리에 따라 제정되는 것이다. 이로써 사적 자유에 대한 보장이라는 자유주의와 자기통치라는 민주주의는 '자유민주주의'에 의해 일단 조화를 이루는 것으로 비쳐진다.

그렇다면 자유주의 헌법체계는 어떤 문제점을 가지는가?

첫째, 자유주의 헌법체계는 국가에 대한 기본적 태도와 자유에 대한 관념에서 비롯되는 한계를 노정한다. 국가를 원칙적으로 개인의 자유와 권리에 대한 침해자로 여겨 적대시(敵對視)하며 국가와 개인을 대립관계(對立關係)로 설정하는 자유주의의 국가관은, 국가에 대해 적극적 요청을 할 수 있는 길을 봉쇄하고 국가의 공적인 일에 적극적으로 참여할 의욕을 고취시키지 못한다. 또한 '국가로부터의 자유'라는 '소극적 자유'를 자유의 원칙적인 모습으로 인정하는 것은, 그것을 보장하기 위한 노력에 매진할 뿐 다른 자유의 모습이나 다른 국가의 목적을 지향하는 데 실패하게 된다. 그러나, 차차 보겠지만, 공화주의에서는 자유를 보다 적극적인 것으로, 예를 들면 시민들 사이에 예속이 없는 상태라고 보므로 공화주의는 그러한 자유를 보장하기 위해 요청되는 각종 이론과 정책을 지지할 수 있다.

둘째, 자유주의 헌법은 권리를 주로 자연권(自然權)적인 것으로 관념하므로, 국가로부터의 권리 보장에는 철저할지 모르지만 타인과의 관계에서의 권리 조정 문제 그리고 국가 아닌 존재로부터의 권리 침해 문제에는 소홀하게 된다. 물론 자유주의 헌법 역시 권리를 무제한·무한정 인정되는 것으로 보지는 않고 공동체와 타인과의 관계에서 제한되는 것으로 본다. 문제는, 자유주의 헌법에서의 권리란 '구성되는 것'이 아니라 '주어진 것', '생래적인 것', 그리고 '고정된 것'으로 생각되기 때문에 위와 같은 사정을 불가피하게 자신의 '자유가 축소된다'는 식으로 관념한다는 점이다. 공화주의와 같이 권리를 역사적으로 '구성되는 것'으로 보든지[56] 자유주의와 같이 권리를 '주어진 것'으로 보든지 간에 일단 권리로 확정된 다음에는 권리로서 보장받게 된다는 점에서는 다를 바 없을지 모르지만, 권리를 어떤 식으로 관념하는지에 따라 권리의 내용과 효력에는 커다란 차이가 발생할 수밖에 없다.

셋째, 자유주의에서 공적 영역이란 어디까지나 사적 영역에 대비되는 것으로서 위치지워질 뿐 그 독자적인 지위가 인정되지 않기 때문에 정치적 권리에 대한 감각이 매우 약화되어 있다. 오히려 고대 그리스에서 사적 영역이란 공적 영역에서의 시민의 적극적인 활동을 위해 공적 영역을 보조하는 지위를 가지는 것이었다. 그러나 현대 사회에서 개인들은 공(公)에 대비해 사(私)를 우선함으로써 적극적인 자기통치 혹은 자기지배를 상실하게 되었다. 그 결과 민주주의는 허약한 것이 되어, 예를 들면 투표권의 행사도 어디까지나 투표권이라는 '권리 행사의 자유'가 되고 있을 뿐이다.

넷째, 경제 영역에 대한 국가의 개입 혹은 공적 통제에 대한 거부는 대기업과 같은 거대 경제주체의 등장을 방치하고 시민들 사이에 경제적 불평등과 차별을 결과하게 되었다. 복지국가 혹은 사회국가 원리에 의해 이런 불평등을 시정하고 있다고는 하지만, 그런 불평등에 대한 시정조치가 다소 지나

---

56) 모리치오 비롤리, 「영어판 독자들을 위한 소개의 글」, 『공화주의』(Republicanism, 2002), 김경희·김동규 역, 인간사랑, 2006, 40면. 비롤리는 자유주의와 민주주의의 많은 내용들은 공화주의에서 물려받은 것이라고 보는데, 다만 자연권론은 근대 초기 이탈리아의 공화주의에서는 볼 수 없었던 자유주의만의 창작물이라고 한다.

치다고 인정될 경우-정확히 말하면, 지배층이 그렇다고 인정할 경우- 국가의 개입은 거부되고 언제나 "자율적인 경제 영역에 대한 국가의 개입은 부적절하다."는 주장이 제기되는 것이다. 이를 기본권 차원에서 달리 말하자면, 기본권의 지위와 관련하여 볼 때 자유권이 핵심이며 사회권은 이차적인 것이고, 국가는 사회적 기본권을 최대한 실현하는 것이 이상적이기는 하나 그것은 '법이 아니라 정치의 책무'로서 원칙적으로 정치행위의 결과로서의 입법행위에 맡겨져 있는 것이며, 따라서 사법판단은 입법을 존중하는 방향으로 자제되어야 하는 것으로 관념된다. 그런데 문제는 자유주의 국가에서는 정치 역시도 사회권을 최대한 실현하는 것을 이상(理想)으로 삼는지 자체가 의문일 수 있다는 점이다. 왜냐하면 자유주의는 공사를 구분하여 사적 영역, 즉 사회적 기본권이 문제되는 영역은 각 개인에게 전속된 것으로서 여기에 국가가 나서는 것은 부적절하다고 보기 때문이다. 실제로 이 문제에 관해서는 지난 수십 년 동안 신자유주의(新自由主義)의 확대를 둘러싸고 격론이 벌어지고 있다. 결국 현대 헌법에 사회국가 혹은 복지국가가 도입되었다고 하지만 이는 공사 구분이라는 자유주의의 근본 원칙과 일응 모순되는 것이라는 점에서 본질적 한계를 가질 수밖에 없다고 할 수 있다.

다섯째, 사적 영역에서의 중립 혹은 간섭 거부라는 도그마는 보다 좋고 바른 삶에 대한 조장(助長)이라는 국가가 정당하게 지향해야 할 문제에 있어 국가의 손발을 묶는 결과를 가져온다. 근현대는 사회의 자율적 기능을 모두 국가가 흡수해 버렸기 때문에 국가의 지원 없이 가치있는 삶의 방식이 존속하기는 어렵다. 사치와 낭비를 조장하는 상업광고(商業廣告)의 문제를 예로 들어 생각해 보자. 자유주의의 국가중립주의에 의하면 사치(奢侈)와 검소(儉素)의 문제는 생활방식의 차이일 뿐이므로 국가에 의해 검소를 강제(强制)-예를 들면, 사치금지법을 제정하여 위반시 처벌하는 것-할 수는 없으며, 기껏 가능한 국가의 행위가 있다면 검소를 유도(誘導)-예를 들면, 사치품에 대해 고율의 세금을 부과하거나 검소한 생활이 좋다고 교육하는 것-하는 정도에 불과하게 된다. 여기서 자유주의의 문제는, 사치를 억제해야 할 것으로 보지 않는다는 점에서 시작되어 사치 억제를 위한 노력이 강제력이 없는 단순한 계몽과 유도의 차원에 그치기 때문에 실효성을 가질 수 없다는 점에 이른다.

나. 자유주의 헌법의 딜레마 사례

앞에서 우리는 자유주의가 헌법체계에 구현되어 있는 몇 가지 모습-자연권론, 제한정부론, 방어권으로서의 기본권, 국가중립주의 등-을 살펴보았다. 이하에서는 자유주의 국가 혹은 법체계에서 (적어도 논리적으로는) 해소되지 않는 근본적인 문제들에 대한 몇 가지 사례를 들어 본다. 여기에서 제시하는 문제들은, 당해 국가와 사회에 따라 그 양상과 강도가 각기 다르게 표현되겠지만 그 근원으로 내려가면 어떤 '이론적인' 모순점에 이르게 되는 것들이다. 국민의 자유와 권리를 보장하기 위한 자유민주주의적인 제도와 절차가 도리어 구조적인 이유 때문에 제대로 대응하지 못하고 있는 것들이기 때문이다. 그런 예로서 사상의 자유의 한계와 관련한 방어적 민주주의의 문제, 국가에 대한 의무와 개인의 종교의 자유가 갈등을 일으키는 양심적 병역 거부의 문제, 그리고 자유주의 국가에서의 외국인의 통합 문제와 관련한 외국인의 지위·권리 문제를 검토한다.

1) 사상의 자유 문제 - 방어적 민주주의의 문제

자유민주주의 체제는 사상의 자유·양심의 자유와 언론의 자유를 기본권 중에서도 가장 기본적인 권리로 인정한다. 자유주의의 측면에서 볼 때, 사상의 자유는 개인이 자율적인 판단 하에 주체적으로 살아갈 수 있도록 하는 조건으로서 인간의 존엄과 가치를 유지하는 데 필수적으로 요청되는 것이다. 한편 민주주의의 측면에서 볼 때, 사상의 자유와 이를 외부적으로 실현하는 언론의 자유는 민주주의의 실현을 위한 본질적인 조건이자 토대가 되는 권리이기 때문에 강하게 보장되는 것이다.

그런데 고전적 자유주의 세계가 사상의 자유와 언론의 자유를 통해 진리가 발견되고 공동선이 실현될 것이라는 낙관적 믿음이 있었다면, 현대 자유주의 세계에서의 기조는 비관적이고 자포자기적인 것이라고 할 수 있다. 현대에는 '개인은 동등하고 평등하므로 그가 표현하는 어떤 주장도 같은 가치를 가지며 또한 어떤 주장도 진리라고 확정할 수 없으므로 사상과 표현의 자유는 무제한적인 것이다'라는 식의 분위기가 지배적이 되었고, 그 결과 나타난 것은 모든 사람의 사상과 표현이 동등하게 존중받는 자유가 아니라 옳고 그른 것이 사라지고 좋은 것과 나쁜 것이 구분되지 않아 결국 모든 사람의 사상과 표현이 무가치해지는 자유이다.[57]

이런 상황에서의 사상의 자유는 다른 사상의 자유를 부정할 사상의 자유까지 배태(胚胎)하게 된다. 나아가 사상의 자유를 통해 사상의 자유를 '부여한' 체제 자체까지도 공격할 수 있게 된다. 여기서 개인의 사상의 자유와 국가 공동체의 존립 사이에 갈등상황이 벌어지는바, 이것은 우리 헌법학에서 '방어적/전투적 민주주의'(abwehrbereite/streitbare Demokratie)라는 이름으로 다루어진다.

민주주의는 가치상대주의에 기초하고 있지만, 그것을 절대시할 경우 '가치상대주의가 바로 그 가치상대주의를 부정할 수 있다는 모순'에 도달한다. 즉, 공동체의 존속·유지라는 가치나 자유, 평등, 정의라는 가치 자체를 부정하고 파괴하는 행위도 가치상대주의의 논리에 의하여 허용된다면 그 공동체는 존립할 수 없게 된다.[58] 1930년대 독일에서는 민주주의를 형식적 민주주의로 이해하여 그것을 다수에 의한 의사결정이라는 형식적 원리로만 인식하였고, 그 결과 다수의 지지를 얻어 나치 체제가 등장하고 바이마르 공화국의 민주공화제까지 파괴되어 버린 역사적 체험이 있다.[59] 이러한 역사경험을

57) 제임스 번햄, 『자유주의의 운명』, 122면.
58) 정종섭, 『憲法學原論』(2010년 판), 박영사, 2010, 159면.

통해, 민주주의를 수단으로 민주주의를 공격하고 파괴하는 것을 '민주주의의 적'으로 간주하고 스스로를 보호해야 한다는 '방어적 민주주의' 또는 '전투적 민주주의'라는 개념이 주창된 것이다.[60] 이에 대해 우리 헌법재판소는 "국가는 헌법이 수호하려는 최고의 가치인 자유민주적 기본질서(헌법 전문, 제4조, 제8조 제4항)를 전복하려는 언동 등에 대해서는 단호히 대처할 수밖에 없지만, 그와 무관한 경우에는 개인이 갖는 기본적 인권을 최대한으로 보장할 의무를 지는 것"[61]이라고 하며, 대법원은 "표현물의 내용이 국가보안법의 보호법익인 국가의 존립, 안전과 자유민주적 기본질서를 위협하는 적극적이고 공격적인 표현이면 표현의 자유의 한계를 벗어난 것이다."[62]라고 하고 있다.

그렇다면, 바이마르 공화국의 비극은 방어적 민주주의론에 의해 극복이 되었는가? 자유주의의 국가관에 따를 때 국가는 개인의 자유와 권리를 간섭하고 제한하는 침해자(侵害者)인바 그런 국가에 대해 저항하는 것은 자연스러운 일이다. 모든 것을 의심하는 합리적 개인, 사상의 자유와 관용, 그리고 사생활 불간섭의 귀결은 가치상대주의이며 그것이 극단화하는 것은 한 걸음이다. 결국 이런 상황에 처한 자유주의에는 2가지 선택지가 있다. 즉, 자유주의는 사상의 자유라는 자유주의의 원칙과 이상에 따라 자신을 파괴하려는 자에 대해서도 자유를 확장하거나, 아니면 그런 원칙과 이상을 부정하여 자유를 제한하는 예외를 두어야 하는 것이다.[63] 그런데, 예외가 발생할 때 그리고 예외가 많아질 때 원칙은 원칙으로서의 힘을 잃게 되는바, 자유주의는 딜레마에 빠지게 되는데, 자유주의 국가는 한편으로는 사상의 자유라는 창을

---

59) 권영성, 『憲法學原論』(2008년 판), 법문사, 2008, 83면.
60) 이에 따라 2차 대전 후 독일에서는, 독일연방헌법에 기본권상실제도(독일헌법 제18조)와 위헌정당강제해산제도(독일헌법 제21조 제2항)를 두었고, 우리 헌법 역시 위헌정당강제해산제도(제8조 제4항)를 도입하고 있다.
61) 헌재 1990. 4. 2. 89헌가113, 국가보안법 제7조에 대한 위헌심판, 판례집 2, 49, 59.
62) 대판 1997. 11. 25. 97도2084.
63) 제임스 번햄, 『자유주의의 운명』, 124면.

쥐어 주고 다른 한편으로는 방어적 민주주의론이라는 방패를 주는 형국인 것이다.

이러한 딜레마 속에서, 자유민주주의에 충실한 국가에서는 사상의 자유를 최대한 보장하기 위해 체제의 존립을 위협하는 표현까지도 어느 정도 선까지는, 즉 국가의 존립 자체를 직접적으로 위협하지 않는 선까지는 인정하는 정도로 타협점을 찾고 있다. 그 대표적으로 예가 바로 미국의 '명백·현존 위험의 법리'(rule of clear and present danger)일 것이다.[64] 그렇지만, 이것마저도 온전할 수가 없는 것이, 예를 들어, 온건 공산당을 허용하고 나면 이제는 정부전복을 직접 선동하거나 혁명을 직접 촉구하는 정당과 행위는 왜 허용될 수 없는지 하는 문제가 곧 제기될 것이기 때문이다. 요컨대, 방어적 민주주의론에서 확인할 수 있었던 것은, 자유민주주의 국가에서의 사상의 자유와 표현의 자유의 문제는 단순히 그 보장 범위와 정도의 문제에 그치는 것이 아니라 자유민주주의 체제의 본질적이고 구조적인 문제로서, 바로 자유민주주의 국가의 딜레마이기도 하다는 점이다.

2) 국가와 개인의 관계 문제 - 양심적 병역 거부의 문제

헌법재판소는 양심적 병역거부를 처벌하는 병역법 제88조에 대한 위헌법률심판 사건에서 "비록 양심의 자유가 개인의 인격발현과 인간의 존엄성 실현에 있어서 매우 중요한 기본권이기는 하나, 양심의 자유의 본질이 법질서에 대한 복종을 거부할 수 있는 권리가 아니라 국가공동체가 감당할 수 있는 범위 내에서 개인의 양심상 갈등상황을 고려하여 양심을 보호해 줄 것을 국가로부터 요구할 수 있는 권리이자 그에 대응하는 국가의 의무"[65]라고 하면

---

64) 명백·현존 위험의 법리의 우리나라에서의 적용 실제에 관한 연구로는, 임지봉, 「명백·현존하는 위험의 원칙과 우리나라에서의 적용 실제」, 『세계헌법연구』제12권 제2호, 2006 참조.

65) 헌재 2004. 8. 26. 2002헌가1, 병역법 제88조 제1항 제1호 위헌제청, 판례집 16-2상, 141, 159.

서 합헌결정을 내렸다. 그런 한편 "'국가의 법질서는 개인의 양심에 반하지 않는 한 유효하다.'는 사고는 법질서의 해체, 나아가 국가공동체의 해체를 의미한다. 그러나 어떠한 기본권적 자유도 국가와 법질서를 해체하는 근거가 될 수 없고, 그러한 의미로 해석될 수 없다."66)고 하였다.

그렇다면, 다음과 같은 질문을 던져 보자. 위 결정과 반대로 '개인의 양심은 국가의 법질서가 인정하는 한 유효하다'는 사고는 어떠한가? 바로 이 지점에서 국가와 개인의 관계에 대한 근본적인 긴장관계(緊張關係)가 표출된다. 즉, 공동체(국가, 정부) 이전에 존재(한다고)하는 개인의 정신적 자유에 관련된 문제가 제기되는 것이다. 미국의 멕시코 전쟁에 반대하던 무척이나 진지한 소로(Henry David Thoreau, 1817~1862)는 『시민불복종』(Civil Disobedience, 1848)에서 개인의 양심에 반하는 전쟁과 같은 행위를 국가가 강요할 수 있는지 물었다.

> 다수가 아니라 양심이 옳고 그름을 실제로 결정하는 그런 정부는 있을 수 없는가? 다수는 편의의 원칙을 적용할 수 있는 문제들만을 결정하는 그런 정부는 있을 수 없는가? 시민이 한순간만이라도, 혹은 아주 조금이라도 자신의 양심을 입법자에게 맡겨야 하는가? 그렇다면 사람에게 양심은 왜 있는 것인가? 우리는 먼저 인간이어야 하고, 그 다음에 국민이어야 한다고 나는 생각한다.67)

양심적 병역거부 사건은 국가안보라는 공익을 위해 양심의 자유라는 명목으로 병역을 거부할 권리가 인정될 수는 없다는 식으로 '안전한' 결론이 났지만, 이런 긴장관계가 생기는 근본적 원인에 대해 생각해 보아야 한다. 고대 그리스의 폴리스(polis)에서는 폴리스와 별개의 개인을 상정한 다음 그 개인의 종교나 양심을 이유로 한 병역거부란 상상하기 힘든 것이었다. 이는 기독교가 지배하기 이전 로마 공화정에서도 마찬가지였을 것이다.68) 그러나

---

66) 헌재 2004. 8. 26. 2002헌가1, 판례집 16-2 상, 141, 154.
67) 헨리 데이비드 소로, 「시민불복종」(Civil Disobedience, 1848), 앤드류 커크, 『세계를 뒤흔든 시민불복종』, 유강은 역, 그린비, 2005, 54면.

근대 헌법에서 국가의 정당화는 사회계약론적 사고에 의해 이루어진다. 사회계약론에 의할 때, 국가는 개인에 선존(先存)하는 것이 아니라 개인에 의해 형성되어진 존재이며 그 존재 목적은 개인의 자유와 권리 보호에 한정된다. 그리고 그런 자유와 권리는 최대한 보장받아야 하므로 그 침해 가능성을 가지는 국가는 개인에 대해 대척점에 서게 된다. 그리하여, 국가와 개인의 관계에 관해 자유주의 전통이 깊은 구미의 여러 국가들은 양심적 병역거부를 헌법에서 명문으로 규정하기도 하고,[69] 판례상으로 인정하기도 한다.[70] 그리고 서구 자유주의적 법의식이 지배적인 국제법의 영역에서도 양심적 병역거부는 널리 인정되고 있는 것이다.[71]

이런 구조 위에 설 경우, 국가와 개인이 큰 불화(不和)를 일으키지 않을 때는 양자의 갈등관계가 깊이 인식되지 않겠지만 근본적인 지점에서 불화할

---

68) 기독교가 퍼지면서 종교를 이유로 한 병역 거부는 이미 로마시대부터 생기기 시작한다. 여기서는 기독교라는 종교와 국가 사이의 긴장관계가 아니라 개인과 국가 사이의 긴장관계만을 살펴보기로 한다. 다만, 기독교 특유의 개인의 양심을 강조하는 근본교리가 서구 사회의 전통이 되었으며, 후에는 종교전쟁을 거쳐 개인의 양심의 자유를 인정하는 자유주의의 바탕이 되었음은 물론이다.

69) 예를 들면, 독일 헌법 제4조 제3항은 "누구도 양심에 반하여 집총병역을 강제받지 아니한다."고 하여 명문으로 양심적 병역거부를 인정하고 있으며, 제18조 제2항은 "양심상의 이유로 집총병역을 거부하는 자에게는 대체역무의 의무를 부과할 수 있다. 대체역무의 복무기간은 병역의 복무기간을 초과할 수 없다. 상세한 것은 법률로 정한다. 동 법률은 양심에 따른 결정의 자유를 침해할 수 없고 군대나 연방국경 수비대와 무관한 대체복무에 관하여도 규정해야 한다."고 하여 대체복무에 관해 규정하고 있다.

70) 예를 들면, 독일의 경우 1960년 BVerfGE 12, 45 및 미국의 경우 Gillette v. United States, 401 U. S. 437(1971) 사건에서 양심적 병역거부를 인정하고 있다.

71) '시민적·정치적 권리에 관한 국제규약'(International Covenant on Civil and Political Rights, 1966) 제18조는 사상, 양심 그리고 종교의 자유를 보장하고 있고, 국제연합 인권위원회(Commission of Human Rights)도 반복된 결의를 통하여 같은 입장을 밝히고 있다. 한편, 우리나라는 1990년 '시민적·정치적 권리에 관한 국제규약'에 제18조에 대한 유보 없이 가입하였고, 양심적 병역거부권을 인정하여야 한다는 인권위원회의 최근 결의들에 직접 동참하기도 하였다.

경우 위와 같은 논리구조가 가져올 결과는 명약관화하다. 병역의무에 동의하는 내용의 '계약을 맺은 적이 없다'고 생각하는 개인, 혹은 자신의 종교와 양심의 자유를 침해하는 국가에 대해서는 '동의를 철회하겠다'고 하는 개인에게 있어 병역의무는 국가의 강요일 뿐이다. 물론 현실적으로 그 개인은 국가라는 이미 주어진 구성체 안에 살고 있으므로 병역의무를 극단적으로 부정하는 경우는 흔치 않다. 그래서 국가와 개인 간에 존재하는 긴장관계를 해소할 필요는 집총(執銃) 대신 대체복무(代替服務)라는 형태로 나타나게 된다. 그러나 앞서 본 명백·현존 위험의 법리와 마찬가지로 이 또한 하나의 타협(妥協)일 뿐이라는 점은 어렵지 않게 인정될 수 있을 것이다.

3) 외국인의 지위·권리 문제

우리나라에서 외국인의 지위·권리와 관련하여 제기되는 문제는 주로 그들의 열악한 경제적·복지적 처우에 관한 것일 뿐, 외국인의 문화·전통과 국내 법규범 간의 충돌 문제는 아직 크게 제기되고 있지는 않다. 그러나 이민(移民)의 역사가 오랜 유럽의 경우 이민자들의 해당 국가로의 통합 문제는 이론적으로나 실천적으로 중대한 사회문제가 되어 있다. 이민자들을 국가에 통합시키지 않고 방치할 경우 국가 속에 섬과 같은 영역이 생겨나 결국 국가적인 통치와 단결이 저해되므로 그들의 통합이 요구되기 때문이다.

그런데 자유주의의 대원칙은 개인의 종교나 관습 등에 대해 간섭하지 않고 중립적인 입장을 취하여야 한다는 것이므로, 그런 원칙에 따를 경우 이민자들이 고국의 종교와 관습을 유지하더라도 이에 대해 강제적인 조치를 취할 수 없게 된다. 그래서 자유주의 국가는 '자유주의'의 요청과 '국가'의 요청 사이에서 갈팡질팡하는 모습을 보이게 된다.

한편, 자유주의 국가는 문화적 귀속성을 사적인 삶의 방식에 관련된 문제로 보아 중립적 입장을 취한다는 명분으로 공적 문제로 취급하지 않는다. 그런데 국가의 이런 태도는 의도치 않은 결과를 낳게 된다. 공적 영역에서는 어떤 강제나 차별도 없는 반면 사적 영역에서 이민자들은 고유한 종교와 관습을 존중받기보다는 주류·다수의 입장을 사적인 형태로 강요받게 되는 것이다. 즉, 국가의 개입을 부정함으로써 이민자의 고유한 자율성을 보장하기 위한 조치가 오히려 그것을 방해하는 형국이 발생하는 것이다. 따라서 때로 다문화주의(多文化主義, Multiculturalism) 진영에서의 자유주의에 대한 비판은 국가가 이민자들에게 자국의 문화를 강요한다는 점이 아니라 이민자의 정체성을 보호한다는 명분 아래 방치함으로써 오히려 국가의 공적인 의무를 방기한다는 점에 가해지기도 하는 것이다.

독일에서 있었던 실례를 들어보기로 하자. 아프가니스탄 출신의 한 독일 초등학교 교사는 히잡(hijab)을 쓴 채 수업할 수 없게 되자 제소하여 결국 독일연방헌법재판소에 의해 판단을 받게 되었다. 2003. 9. 30. 독일연방헌법재판소는 두건을 쓰는 것은 이슬람교 신자임을 드러내는 것으로서, 그와 같은 행위를 초등학교 교사의 자질 결여로 보는 것은 모든 공적 직무에 평등하게 접근할 수 있는 권리와 양심의 자유에 반하는 것이라고 하였다. 그럼에도 그녀의 청구를 기각하면서, 입법부는 교사의 양심의 자유뿐만 아니라 학생들의 양심의 자유, 학부모가 자녀의 교육에 관해 가지는 권리 및 종교 및 세계관에서 중립을 지키도록 해야 하는 국가의 의무를 고려하여 학교 내에서 허용되는 종교적 복식의 범위를 결정할 수 있다고 하였다. 그 후 독일 여러 지역에서는 학교 내 히잡 등의 착용을 금지하는 법이 신속히 제정되었다. 물론 기독교와 유대교 상징은 이런 금지에서 제외되었다.[72]

이 사건이 말하는 바는 무엇일까? 독일 사회가 외국인에 대한 관용과 포용이라는 이상적 법규범 상황을 아직 따라가지 못하여 이슬람에 대한 편견을 보여주고 있으므로 다른 종교와 문화에 대해 더 개방적인 자세를 가지도록 해야 한다고 할 것인가, 아니면 유구한 기독교 전통을 가진 독일이라는

---

72) 세일라 벤하비브, 『타자의 권리-외국인, 거류민, 그리고 시민-』(The Rights of Others: Aliens, Citizens and Residents, 2004), 이상훈 역, 철학과현실사, 2008, 229-233면.

국가 공동체에서 그 정도의 제한은 합당한 것이며 이민자들이 자의로 독일로 이주한 이상 그런 점은 감수해야 하는 것이라고 할 것인가? 아마도 자유주의 국가에서의 이민자의 통합 문제는 영원히 해결될 수 없는 딜레마일 것이다. 이를 근본으로 파고 들어가면, 자유주의에는 국민이든 외국인이든 '모든 인간은 평등하고 자유롭다'는 전제가 있고 또 자유주의 국가는 그것을 가능한 실천하려고 노력하지만, 실제 '인간' 앞에는 '국가'가 가로 서 있어 '모든 인간'이 아니라 '국민'의 경우에만 권리가 인정된다는 문제가 있는 것이다. 자유주의의 원칙적인 이상은 국가를 배제하는 것이었지만, 자유주의는 국가를 인정하지도 부정하지도 못하고 엉거주춤한 상태로 언제나 국가와 함께 성장해 왔던 것이다. 국가와 국민 그리고 인권과 인간이 뒤엉킨 이 문제는 자유주의 국가에서 결코 '논리적으로' 해결될 수 있는 성질의 문제가 아니다. 모든 인간의 동등성(同等性)이라는 자유주의의 숭고한 도덕성이 국가와 민족이라는 현실의 벽에 부딪쳐 좌초하는 순간이다.

이제 다음 항에서는 이러한 자유주의 모순과 한계를 극복하기 위해 등장한 공화주의의 의의와 공화주의 연구의 발전사에 관해 살펴보기로 한다.

제2절 공화주의의 의의와 발전사

1. 공화주의의 부활

역사학과 정치학에서의 공화주의 부활에 힘입은 미국 헌법학계에서의 공화주의에 대한 논의는 1980년대 중반부터 시작되었다고 할 수 있다. 그러나 이후 미국 로스쿨에서의 공화주의 논의는 금새 쇠퇴의 길을 걷게 되는데, 그 이유는 공화주의에 대한 접근이 일종의 좌·우파 당파적인 이익을 위해 성급히 이루어져 공화주의에서 원하는 것을 얻을 수 없게 되자 또한 쉽사리 논의를 포기하였기 때문으로 설명되기도 한다.[73] 그런 점에서 2000년대 초반 우리나라 법학계에서도 공화주의 논의가 시도되었다가 그 이후 소강 상태에 접어든 것을 두고, 이미 미국에서 논의가 끝난 것을 태평양의 시차를 두고 들여온 것일 뿐 아닌가 하는 의심이 들기도 한다. 그러나, 1980년대 미국 로스쿨에서의 공화주의 부활의 원인이 '자유주의에 대한 불만'이었고,[74] 또 그 자유주의에 대한 불만이 여전히 해소되지 못했다고 한다면, 공화주의 논의가 그 의미를 상실한 것이라고 볼 수는 없다. 바로 그런 이유에서, 공화주의의 부활은 주로 미국에서 시작되었지만, 뒤에서 보듯이, 전 유럽으로 그리고 우리나라에도 퍼져가고 있는 것이다.

사실, 공화주의의 '부활'(復活, revival, Renaissance)이란 것이 얼마나 새로운 것인지 안다는 것은 자유주의를 이해한다는 것이고, 곧 근현대 사회의 문

---

73) M. N. S. Sellers, *Republican Legal Theory: The History, Constitution and Purposes of Law in a Free State*, New York: Palgrave Macmillan, 2003, preface viii-ix.

74) Richard Fallon, "What Is Republicanism, and Is It Worth Reviving?", *Harvard Law Review* 102, 1989, p.1695-1696.

제점을 깊이 인식한다는 뜻이다. 몇몇 예민한 사람을 제외한 한국인들에게 공화주의의 새로움이 잘 와닿지 않는 이유는, 우리 사회가 자유주의에 깊이 침윤(浸潤)되어 있지 않기 때문일 것이다. 우리 사회는 전통과 현대가 공존하여 자유주의적인 측면과 비자유주의적인 측면이 혼재하고 있는바, 공화주의가 주장하는 여러 요소들 중 공동선, 공동체에 대한 헌신, 시민적 덕성은 한국사회에서 전통적으로 강조되는 공익에 대한 사익의 양보, 도덕적·윤리적 인간상과 닮아 있는 것이기도 하다.

민주주의의 기반이 되는 이념적 가치나 도덕적 기초가 약한 곳에서는 민주주의가 발전하기는 어렵기 때문에 민주주의의 성공을 위해서는 그 사상적 기초를 확인하고 본래의 의미를 되살릴 필요가 있다. 현대 민주주의의 주된 사상적 원류로는, 고대 그리스 도시국가들의 직접민주주의, 고대 로마 공화정과 르네상스 시기 이탈리아 도시국가에서의 공화주의, 근대 초기 17, 18세기 서구의 자유주의라는 3가지 전통이 있다.[75] 현대 공화주의 이론의 의의는 이 세 가지 전통 중 유독 잊혀졌던 공화주의를 되살리자는 것이다. 경시되어 왔다는 측면에서 보자면, 직접 민주주의 역시 자유주의 및 대의제의 그늘에 가려 제대로 평가받지 못했다고 할 수 있겠다. 그렇지만 민주주의에 관해서는 언제나 다양한 이론과 실천적 주장이 제기되어 왔다고 할 수 있는 반면, 공화주의 이론은 1970년대 이후에야 본격적으로 개척되었다는 점에서 그 특이성을 가진다. 최근 수많은 이론들 중에서 공화주의가 큰 흐름으로 자리 잡을 수 있었던 것은, 공화주의가 단순히 제도 혹은 메커니즘의 정비 차원에 그치는 것이 아니라 정치제도가 성공적으로 작동하기 위한 토대를 마련하는 데 기여하는 사상이라는 점 때문일 것이다.

그런데 근래 재조명되고 있는 공화주의를 정의(定義)하기란 쉽지 않은 일이다. 자유주의와 마찬가지로 오랜 시간에 걸쳐 수많은 사람들이 다양한 방식으로 사용해온 특정 용어를 한마디로 정의하기란 어렵다. 예를 들어, '공화

---

75) 최장집, 『민주화 이후의 민주주의』, 222면.

국'(共和國)을 비군주국으로 정의하면 별 의미하는 바가 없어지고 "법과 공공선에 기반을 두고 주권자인 시민들이 만들어낸 정치공동체"[76]이라는 식으로 정의하면 그것은 특징을 서술한 것이라고 해야 할 것이다. 이러한 어려움은 공화주의를 정의할 때도 동일할 것이다. 그러나 공화주의에 대한 거의 대부분의 논의는 다음 몇 가지 핵심 사상을 기초로 한다고 할 수 있다: 인간은 본질적으로 정치적 동물이며, 자치에 의해서만이 인간의 본성을 실현할 수 있고, 시민적 덕성의 향상과 공공선의 지향이 정치공동체의 최대 목적이 되어야 한다.[77]

여기서 더 나아가 헌법학자 프랭크 마이클먼(Frank Michelman)은 공화주의를 다음과 같은 특징을 가지는 헌법사상이라고 설명하고 있다. 좋은 정치는 사회적·경제적 조건들에 의지하며, 또한 반대로, 그러한 조건들은 법질서에 의지하고 있는 것이다. 이러한 이해는 불가결하게 권리에 대한 공화주의의 애착을 동기화시킨다. 그러나 공화주의 사상은 법과 권리를 좋은 정치의 전제조건으로 이해하는 만큼이나, 정치적으로 행동하는 시민을 법의 유일한 원천이자 권리의 보증인으로서 이해한다. 그리하여 공화주의 사상은, 법과 권리가 어떻게 시민의 자유로운 형성에 기여하고 동시에 헌법을 창조하는 능력이 있는 정치적 과정을 구성하고 기초하는 규범적 조건들이 되는지에 대한 이해방법을 요청한다.[78]

물론 지금까지 살펴본 공화주의의 기본적 주장들은 자유주의자, 보수주의자, 사회주의자 그리고 인민의 인민에 의한 인민을 위한 정부를 증진시키고자 하는 사람들도 일정 부분 똑같이 말할 수 있는 것들일 것이다. 여기서 '공화주의'라고 하는 사상 혹은 주장이 과연 독자적인 의미를 가질 수 있는 것인지 아니면 법치주의나 민주주의의 '새로운 버전'일 뿐인지 혹은 '실질적'

---

76) 모리치오 비롤리, 『공화주의』, 15면.
77) Richard Fallon, "What Is Republicanism, and Is It Worth Reviving?", p.1697.
78) Frank Michelman, "Law's Republic", *Yale Law Journal* 97, 1988, pp.1504-1505.

법치주의나 민주주의를 주장하는 것에 불과한 것인지 의문시되기도 한다. 그
러나 그들이 공공성(publicness)과 자기통치(self-rule, self-government)의 중요
성을 강조하는 한 현대 정치이론들은 고전적 공화주의의 유산에 의존한다고
할 수 있다. 다만, 그들이 서로 서로 그리고 공화주의와 다른 한, 그것은 그
들이 공공성과 자기통치가 내포하는 것들을 각기 다른 방식으로 추구하기
때문인 것이다.[79] 그런 점에서 모리치오 비롤리(Maurizio Viroli)는 공화주의
를 자유주의를 대체하려는 사상체계로 보는 오해를 지적하면서, 오히려 권력
의 제한, 개인의 자유와 권리 보호, 권력분립 원칙 등 자유주의의 기본원리
들은 자유주의자들의 발명이 아니라 고전적 공화주의에서 나온 것임을 강조
하고 있다.[80] 이처럼 특정 이념과 제도의 원천이 공화주의였다는 점을 확인
하는 것은 사상사적인 의미를 가지는 것에 그치는 것이 아니라 이념과 제도
에 대한 이해에 새로운 기운을 불어넣어 줄 것이다.

2. 공화주의 연구의 발전사

공화주의 연구는 역사학 혹은 사상사 연구에서 시작되어 정치학, 법학으
로 발전하여 왔는데, 그 과정에는 몇 가지 결정적인 계기-학문적 논쟁, 특정
한 저작의 출간 등-가 있었다. 그 중에서 공화주의의 창시자라고 널리 인정
되는 존 포콕(J. G. A. Pocock, 1924~)의 『마키아벨리적 순간: 피렌체 정치
사상과 대서양 공화주의의 전통』(The Machiavellian Moment: Florentine Political
Thought and the Atlantic Republican Tradition, 1975)[81]을 중심으로 공화주의 발

---

79) Richard Dagger, "Communitarianism and Republicanism", in *Handbook of Political
Theory*, Gerald Gaus and Chandran Kukathas eds., London: Sage Publications, 2004,
p.168.
80) 모리치오 비롤리, 「영어판 독자들을 위한 소개의 글」, 『공화주의』, 38-39면.
81) J. G. A. Pocock, *The Machiavellian Moment: Florentine Political Thought and the Atlantic*

전사를 살펴보기로 한다.

(1) 사상사로서의 공화주의 연구

20세기 후반 구미에서의 공화주의에 대한 관심은 당초 좁은 흐름이었다.[82] 제라 핑크(Zera Fink)의 『고전적 공화주의자들』(*The Classical Republicans*, 1945)은 17세기 영국의 공화주의자에 대한 재평가를 시도하였고, 캐롤라인 로빈스(Caroline Robbins)의 『18세기 커먼웰스맨』(*The Eighteenth-Century Commonwealthman*, 1959)은 영국 명예혁명에서부터 프랑스 혁명기까지의 광의의 공화주의자를 망라한 획기적인 역작이었다. 이보다 조금 늦은 미국 독립혁명기의 연구로는 버나드 베일린(Benard Baylin)의 『미국 혁명의 이데올로기적 기원』(*The Ideological Origins of the American Revolution*, 1967)[83]과 고든 우드(Gordon Wood)의 『미공화국의 창조, 1776-1787』(*The Creation of the American Republic, 1776-1787*, 1969)를 선구적인 업적으로 들 수 있는데, 이들의 연구는 이후에 미국헌정사를 둘러싼 자유주의-공화주의 논쟁의 토대가 되었다. 20세기 후반 공화주의 연구의 융성은, 르네상스 피렌체에서의 고전고대 연구의 부흥 속에서 공화주의 전통의 재생을 보려는 움직임으로 개시되었다. 한스 바론(Hans Baron)은 『초기 이탈리아 르네상스의 위기』(*The Crisis of the Early Italian Renaissance*, 1955)[84]에서, 1400～1402년 피렌체가 밀라노 비스콘티가(Visconti家)와의 대치라는 '자유의 위기'를 통해서 그때까지 문예지향적이고 문헌학적이었던 고전적 인문주의(페트라르카)가 활동적인

Republican Tradition, Princeton, NJ: Princeton University Press, 1975.

82) 이하의 한 단락은 田中秀夫,「復活する共和主義」,『社會思想史硏究』(特輯 共和主義と現代), No.32, 2008, 6-7면을 주로 참조한 것이다.

83) 베나드 베일린, 『미국 혁명의 이데올로기적 기원』(*The Ideological Origins of the American Revolution*, 1967), 배영수 역, 새물결, 1999.

84) Hans Baron, *The Crisis of the Early Italian Renaissance*, Princeton University Press, 1955.

시민적 인문주의(브루니)로 변모한 것을 지적했다.[85] 그 외에 사상사 연구는
아니지만, 한나 아렌트(Hannah Arendt)의『인간의 조건』(*The Human Condition*,
1958)[86]은 공적 영역과 사적 영역을 엄격히 구분하고 정치적 인간으로서 드
높은 자유를 누리던 고대 그리스인의 삶과 공적 영역도 사적 영역도 아닌
'사회'의 등장으로 변화된 근현대의 사적 인간으로서의 삶을 생생하게 대조
시킴으로써 나중에 공화주의 사상의 영감이 되어 주었다. 공화주의의 창시자
라고 할 수 있는 포콕에도 아렌트의 영향이 짙게 드리우고 있다.[87]

되돌아 보건대, 포콕의『마키아벨리적 순간』은 이전에 구별되던 2가지 종
류의 학문, 즉 ①거의 잊어버린 정치사상의 한 형태를 회복하려는 역사학자
의 노력, 그리고 ②아렌트와 월린(Sheldon Wolin)과 같이 동시대인들에게 자
기통치적인 시민의 공적 삶의 가치를 재인식시키려는 정치이론가의 노력을
한 가지로 묶고 하나의 이름을 부여한 것처럼 보인다.[88] 근대의 '공화주의
터널사'라고 할 수 있는『마키아벨리적 순간』에는 포콕이 복권한 공화주의
의 계보라는 대하(大河)의 흐름이 있다. 즉, 그에 따르면 피렌체 공화국이 내
외의 압력을 뿌리치고 어떻게 살아남을 것인가에 대해 마키아벨리가 고심했
던 순간은 곧 17, 18세기 영미 세계의 정치적 논쟁의 본질을 이미 함축하고
있던 순간이었으며, 공화주의 사상은 고대 그리스에서 출발하여 르네상스 피
렌체를 거쳐 청교도 혁명기 17, 18세기의 영국, 그리고 18세기 말부터 19세
기 초의 미국으로 흐른다.

포콕의 논의를 좀더 구체적으로 살펴보자.『마키아벨리적 순간』에 따르면,

---

85) 厚見惠一郎,「初期近代共和主義研究への視角」,『社會思想史研究』(特輯 共
　　和主義と現代), No.32, 2008, 31면.
86) 한나 아렌트,『인간의 조건』(*The Human Condition*, 1958), 이진우·태정호 역, 한길
　　사, 1996.
87) 포콕은『마키아벨리적 순간』2003년 판 후기에서 벌린(Isaiah Berlin)의 '자유'의 개
　　념과 아렌트의『인간의 조건』과의 관계를 회고하면서 자신에 대한 아렌트의 영향
　　을 부정하지 않고 있다.
88) Richard Dagger, "Communitarianism and Republicanism", p.174.

마키아벨리를 포함하는 15-16세기 피렌체 지식인의 과제는 개별성과 일시성
을 가지는 '공화국'을 정치적·도덕적으로 안정시키기 위한 세속적인 처방전
을 구하는 것이었다. 그 때의 마키아벨리의 전략은 무장적 덕의 개념을 시민
적 실천에 대한 참가의 문제로서 이용하는 것, 즉 군사적 주체 형성과 시민
적 정치참가를 일체화시키는 시민병(市民兵)의 장려였다. 포콕의 이러한 작
업은 고대적 덕의 근대로의 계승이라는 역사의 차원을 부활시킨 것이다. 다
시 말하면, 고대 그리스와 로마 문명 이래, 인간은 공공적 존재이며 고전·고
대는 '공공적 존재=시민'으로서 자유를 추구하는 사상을 근대에 전해 왔다.
권력에 독재적인 권능을 맡기는 것이 아니라, 공공세계를 구성하는 '정치적
주체=시민'으로서 자유의 담당자이려고 하는 공화주의적 인간상이야말로
고대로부터 근대를 관철하여 계승되어 온 역사적 인간상의 하나이다. 물질
적·정신적인 자립을 본질로 하여 전제정치와 부패에 저항하고, 자유로운 자
기와 공화국을 유지하려는 주체인 시민과 그 사상이 공화주의 전통의 본질
을 형성하고 있는 것이다. 포콕은, 이러한 사상의 부활을 마키아벨리
(Machiavelli)와 귀치아르디니(Guicciardini)에서 찾아내어 이것을 '시빅 휴머니
즘'(civic humanism, 시민적 인문주의)[89]이라고 이름지었던 것이다.[90]

　예상할 수 있는 바와 같이, 포콕의 시빅 휴머니즘의 개념에는 많은 비판이
퍼부어졌다. 포콕은 그리스를 지나치게 중시했기 때문에 로마를 더 시야에
두어야 한다는 비판으로 시작되어, 공화주의를 자연법과 준별하는 것이 가능
한지, 피렌체-영국-미국이라는 공화주의의 궤도가 지나치게 추상적이라든지,

---

89) '고전적 공화주의가 르네상스에서 시빅 휴머니즘(civic humanism, 시민적 인문주의)
　으로서 재생했다'라는 한스 바론의 견해는, 시빅 휴머니즘을 아리스토텔레스적인
　참가적 공화주의의 패러다임으로 전환해 간 포콕에게 계승되고 있다. 이처럼 시빅
　휴머니즘이라는 말은 바론이 알베르티, 브루니, 살루타티 등의 인문주의자에 사용한
　명칭이었기 때문에 평판이 좋지 않아 공화주의를 시빅 휴머니즘이라 부르는 것은
　별로 지지를 받지 못했다고 한다(田中秀夫, 「復活する共和主義」, 10면 참조).
90) 厚見惠一郎, 「初期近代共和主義研究への視角」, 31-32면.

미국의 이데올로기를 이야기하려고 하고 있는 것이 아닌지 등 여러 가지 비
판과 오해가 있었다.[91]

(2) 공화주의 사상사 연구 이후의 다양한 연구

앞서 언급하였듯이 포콕의 『마키아벨리적 순간』은 공화주의에 대한 역사
학과 정치학의 연구 흐름을 통합시켰고, 그 이후 공화주의 연구는 정치학,
법학 등 다양한 영역으로 확대된다. 공화주의 연구의 활성화의 배경은 크게
두 가지를 들 수 있겠다.[92] 하나는, 소련과 동구의 사회주의 국가의 해체, 냉
전의 종식이라는 국제정세 속에서의 확대 EU로 상징되는 새로운 공화주의
적 국제질서형성에 대한 관심이고, 다른 하나는 자유주의-자본주의 사회의
부패 문제이다. 미덕 없는 사회, 덕 없는 자유주의, 공공성과 공공권의 위기,
친밀권의 해체 경향, 나쁜 개인주의의 발호 등이 진행되고 있으며 빈부 격차
의 확대가 심각하므로, 시민사회의 재건이 급선무이고 시민적 덕성을 다시
바라 볼 필요가 있다는 것이다.

영미권의 공화주의의 부활이라고 할 연구는, 마크 터쉬넷(Mark Tushnet)[93],
카스 선스틴(Cass Sunstein)[94], 프랭크 마이클먼(Frank Michelmann)[95] 등의

---

91) 포콕의 연구에 대한 대립지점으로는, ① 공화주의의 지적 원천에 관한 문제, ② 미
　　국사 연구에서의 공화주의와 자유주의의 대립에 관한 문제, 그 외에도 ③ 영국사
　　연구의 문제, ④ 공화주의의 중세입헌주의와 기독교와의 관계 문제 등이 있다(犬
　　塚元, 「擴散の融解のなかの'家族的類似性'」, 『社會思想史硏究』(特輯 共和
　　主義と現代), No.32, 2008 참조).

92) 田中秀夫, 「復活する共和主義」, 14면.

93) Mark Tushnet, *Red, White, and Blue: A Critical Analysis of Constitutional Law*,
　　Cambridge, MA: Harvard University Press, 1988.

94) Cass Sunstein, "Beyond the Republican Revival"; *The Partial Constitution*. Cambridge,
　　MA: Harvard University Press, 1993.

95) Frank Michelman, "Traces of Self-Government", *Harvard Law Review* 100, 1986;
　　"Law's Republic", *Yale Law Journal* 97, 1988.

1980년 중후반대의 헌법학적 연구가 있으며, 퀜틴 스키너(Quentin Skinner)[96], 필립 페팃(Philip Pettit)[97] 등의 공화주의적 자유에 관한 정치학적 연구도 대표적인 것으로 들 수 있다. 특히 미국에서의 공화주의 부활에는, 미국 헌법의 사상적 기원을 둘러싼 역사학계의 논쟁들과 이를 계승하여 헌법학에 적용시킨 연구들, 그리고 1980년대의 자유주의-공동체주의 논쟁이 큰 기여를 하였다고 할 수 있다.[98] 또한, 원래 공동체주의자의 대표논자였다가 나중에 공동체주의보다는 오히려 공화주의를 지지한다고 선언한 마이클 샌델(Michael Sandel)의 공화주의에 대한 신앙고백 역시 적어도 포콕의 『마키아벨리적 순간』이 '대서양 공화주의 전통'에 주의를 환기시킨 이래 잠재되어 있던 공화주의 정치 이론의 부활에 기여하였다.[99] 그리고 로버트 퍼트넘(Robert Putnam)은 공화주의 이론에 대해 약 20년에 걸친 실증적이고 경험적인 연구를 진행하였는데, 공화주의는 그의 『사회적 자본과 민주주의: 이탈리

---

96) Quentin Skinner, "The Idea of Negative Liberty," in *Philosophy of History: Essays on the Historiography of Philosophy*, Richard Rorty, J. B. Schneewind, and Skinner, eds., Cambridge: Cambridge University Press, 1984; "The Paradoxes of Political Liberty," in *Liberty*, David Miller, ed., Oxford: Oxford University Press, 1991; *Liberty Before Liberalism*. New York: Cambridge University Press, 1998.

97) Phillip Pettit, *Republicanism: A Theory of Freedom and Government*. New York: Oxford University Press, 1997.

98) 특히 미국에서의 공화주의 발전사에 관하여 정리하자면, 다음과 같이 4단계로 구분할 수도 있겠다: ① 미국 혁명사의 해석을 둘러싼 주류의 자유주의적 해석에 대하여 공화주의적 해석이 정립되는 단계, ② 그런 해석이 17세기의 영국 혁명은 물론 마키아벨리의 시기까지 소급되어 고전적 공화주의의 부활이라는 관점에서 일목요연하게 정리되는 단계, ③ 이처럼 역사학의 관점에서 부활한 공화주의 정치사상이 자유주의적 법치주의에 대항하는 정치적 입장으로 정돈되면서, 헌법이론의 차원에서 그 현실적합성이 논의되는 단계, ④ 공화주의 정치사상의 철학적 정교화가 단일이론의 차원으로 성장하면서, 자유주의적 법치주의와의 길항적 공존을 모색하는 한편으로 이른바 자유주의적 공화주의 또는 공화주의적 자유주의의 관점에서 그 사상적 계보에 대한 재해석이 시도되는 단계 (이국운, 「공화주의 헌법이론의 구상」, 135-136면).

99) Richard Dagger, "Communitarianism and Republicanism", p.173.

아의 지방자치와 시민적 전통』(*Making Democracy Work: Civic Traditions in Modern Italy*, 1993)[100])에 의해 극적인 지지를 받게 되었다.[101]

한편, 유럽에서의 공화주의 연구의 성과를 상징적으로 나타내는 것으로는, 1995년 전유럽의 학자들이 모여 시작한 프로젝트의 결과물로 나온 『공화주의: 공유된 유럽의 전통』(*Republicanism: A Shared European Heritage*, 2002)[102] 2권을 들 수 있다. 이 연구는 영국, 독일, 프랑스, 이탈리아는 물론 네덜란드, 폴란드, 스페인 등 유럽에서의 공화주의의 전통을 광범위하게 다루고 있다. 그러나, 한국 헌법학에 지대한 영향을 끼치고 있는 독일 헌법학에서의 공화주의 연구는 영미권에 비해서는 덜 활발한 듯하다. 김선택에 의하면,[103] 독일의 경우 1980년대부터 J. 이젠제(Josef Isensee)[104]와 W. 헹케(Wilhelm Henke)[105]의 시론적인 연구에서 촉발하여 독일 기본법상의 공화국 개념의 확대이해를 둘러싼 찬반논란이 있는 외에, 공화국을 기본법의 헌법질서의 열쇠 개념으로 보고 광범하게 연구한 K. 샤흐츠슈나이더(Karl

---

100) 로버트 퍼트넘, 『사회적 자본과 민주주의: 이탈리아의 지방자치와 시민적 전통』 (*Making Democracy Work: Civic Traditions in Modern Italy*, 1993), 박영사, 2007.

101) 윌 킴리카, 『현대 정치철학의 이해』, 399면.

102) Martin van Gelderen et al. *Republicanism: A Shared European Heritage,* Martin van Gelderen and Quentin Skinner eds., Cambridge: Cambridge University Press, 2002. 참고로, 위 저작의 목차를 소개하면 다음과 같다: 제1권 '초기근대유럽의 공화주의와 입헌주의'는 1. '군주정의 거부' 2. '공화국 시민' 3. '공화국 헌법'으로 되어 있으며, 제2권 '초기근대유럽의 공화주의의 가치'는 1. '공화주의와 정치적 가치', 2. '공화국에 있어서의 여성의 지위', 3. '공화주의와 상업의 흥륭'으로 되어 있다. 2권 합계 30편의 논문들을 수록하고 있다.

103) 김선택, 「공화국원리와 한국헌법의 해석」, 54-55면.

104) Josef Isensee, Republik-Sinnpotential eines Begriffs, in: JZ 1981, S.1ff.; ders., Republik, in: Staatslexikon, 7.Aufl., S.882ff.

105) Wilhelm Henke, Zum Verfassungsprinzip der Republik, in: JZ 1981, S.249ff.; ders., Republikanische Verfassungsgeschichte mit Einschluß der Antike, in: Der Staat 23(1984), S.75ff.; ders., Die Republik, in: Handbuch des Staatsrechts Ⅰ, 2.Aufl., 1995, 1. Aufl., 1987, §21.

Schachtschneider)106), 시민사회의 권위와 연대를 근거지우려는 전략으로 공화국을 파악한 G. 프랑켄베르크(Günter Frankenberg)107), 공화국으로부터 구체적인 헌법해석학적인 결과를 구성해내려고 시도하는 R. 그뢰쉬너(Rolf Gröschner)108)의 연구로 이어져오고 있다고 한다.

이상 공화주의의 발전과정과 연구현황은 다음과 같이 정리해 볼 수 있겠다.109)

(a) 정치사상사: 공화주의는 이를 발굴하고 일관된 전통으로 재확인한 역사학 연구를 통해 다시 이론적 모양새를 갖추게 되었다. 여기에는 포콕과 스키너라는 2명의 학자가 특별히 중요한 역할을 수행하였다. 포콕은 바론과 아렌트에서 주제를 끌어와 아테네 및 아리스토텔레스로부터 마키아벨리와 해링턴을 거쳐 미국 혁명에 계속 연결되는 흐름을 그려내었다. 그의 작업은 미국 혁명이 로크적인 자연권 원칙에 의해 인도된 것이라는 통념에 도전한다. 한편, 스키너는 로마에 뿌리를 둔 입장을 추적하는데, 그것은 르네상스 휴머니즘에서 결정화되는바, 마키아벨리에 의해 고전적인 정식화가 이루어졌고, 나아가 해링턴과 시드니를 포함하는 17세기 영국의 운동에서 나타나게 된다. 스키너의 견해는 자유에 대한 '신로마적' 관념-통치자의 자의적 지배에 법적인 제한을 둠으로써 보장되는 비의존(independence)의 상태-을 중심에 두고 있다.

(b) 헌법 이론: 미국에서 공화주의 연구는 특히 헌법의 해석과 헌법의 여러 부분들의 기능에 관한 해석 논쟁에서 발생하였다. 그것은, 권력을 제한하고 경쟁하는 이익집단을 규제하며 개인의 권리를 보호하는 규칙의 집합으로

106) Karl Albrecht Schachtschneider, Res publica res populi, 1994; ders., Republikanische Freiheit, in: Festschrift Kriele, 1997, S.829ff.
107) Günter Frankenberg, Die Verfassung der Republik. Autorität und Solidarität in der Zivilgesellschaft, 1996.
108) Rolf Gröschner, Die Republik, in: HStR Ⅱ, 3.Aufl., 2004, §23.
109) Iseult Honohan, *Civic Republicanism*, London: Routledge, 2002, pp.7-8.

헌법을 보는 지배적인 이해방식에 도전한다. 선스틴과 마이클먼을 포함한 법학자들은, 사적 이익보다는 공동선에 대한 심의에 기초한 집합적인 자기통치를 위한 틀로서의 헌법이 역사적이고 지속적인 역할을 하는 길을 제시하였다. 이것은 국가중립적인 자유주의 모델(a neutralist liberal model)이 아니라, 사법부의 더 강한 역할, 그리고 정부의 모든 부분에 대해 더 적극적이고 심의적인 역할을 요청함을 함의한다.

(c) 규범적 정치이론: 규범적 정치이론에 있어 공화주의적 아이디어는 광범위한 스펙트럼이 있으며, 여러 사상가들이 공화주의의 차원들을 다르게 평가하고 강조하고 있다. 어떤 이들은 자유주의에 가깝고 어떤 이들은 공동체주의에 가깝다. 덕성과 정치적 공동체의 공유된 가치가 강조되기도 하며(Sandel, Oldfield), 공화주의에 중심적인 문제로서 자유가 집중조명되기도 하며(Pettit, Dagger), 한편으로는 참여가 민주주의를 위한 열쇠로 기능하기도 한다(Barber, Pitkin).

3. 공화주의의 유형과 그 헌법적 의의

공화주의는 다음과 같은 아주 다양하고 복잡한 명칭으로 불리고 있다: 고전/고대 공화주의(classical republicanism), 근대/현대 공화주의(modern republicanism), 시민적 인문주의/인본주의(civic humanism), 시민적 공화주의(civic republicanism), 신로마적 공화주의(neo-Roman republicanism), 아리스토텔레스적 공화주의(Aristotelian republicanism), 도구적 공화주의(instrumental republicanism), 자유주의적 공화주의(liberal republicanism), 공화주의적 자유주의(republican liberalism) 등등.

이러한 공화주의의 다양한 계보와 명칭은 논의에 혼선을 일으키기도 한다. 이는 학자들이 서로 다른 내용을 주장하고 있기 때문이기도 하지만 비슷한 내용을 두고도 서로 다르게 부르고 있기 때문이기도 하다.110) 한편, 이러한 계보와 명칭의 문제는 규범적·이데올로기적 투쟁이라는 측면까지도 내포하는 것일 수 있다. 포콕이 지적하는 바와 같이, "고대인 대 근대인 논쟁"이라는 관점에서 정치사상사를 재구성하는 것은 고대와 근대 중 어느 것이 더 우월한 것인가에 대한 이데올로기적 함의도 가질 수 있는 것이다.111)

(1) 아테네형 공화주의와 로마형 공화주의

공화주의의 유형을 검토하기에 앞서 공화주의에 대한 접근방법을 간략히 정리해본다. 첫째, 공화주의에 대한 우파적 접근과 좌파적 접근을 생각해 볼 수 있겠다. 즉, 공화주의 부활의 시도 중 하나는 시민적 자질과 덕의 중요성에 대한 인식을 부활시키려는 우파적 조류이고, 다른 하나는 자치의 정치와 경제적 조건에 대한 논의를 전개하는 좌파적 조류이다. 전자는 가족, 학교, 교회 등의 공동체를 통한 윤리 교육과 시민적 덕성의 함양을 강조하면서 자

---

110) 예를 들면, 곽준혁 교수는 시민적 공화주의를 공동체주의와 친화성을 가지는 것으로 보며(단순화 시키자면, 시민적 공화주의=고전적 공화주의≒공동체주의), 공동체주의의 위험성을 탈피한 자유주의적 공화주의=신로마적 공화주의를 그것과 대비시키고 있다(곽준혁, 「공화주의와 인권」, 「키케로의 공화주의」, 「민주주의와 공화주의: 헌정체제의 두 가지 원칙」참조). 그러나, 종종 시민적 공화주의는 고대 그리스와 로마의 공화주의와 구분되는 현대의 공화주의를 널리 가리키기도 하고, 고전적 공화주의는 마키아벨리 등 근대 공화주의에 대하여 고대 그리스 로마의 공화주의적 전통을 가리키기도 한다.

111) J. G. A. Pocock, "Quentin Skinner: The History of Politics and the Politics of History", *Common Knowledge*, 10-3, 2004, p.545 참조: "나에 대해서 이루어진 비판의 배경에는 '고대적' 자유에 대해 '근대적' 자유가 압도적인 승리를 거둔 것을 칭찬하고자 하는 동기뿐만 아니라, 처음부터 '근대적'인 세력이 대항해야 할 '고대적'인 세력이 존재한 것 자체를 역사적으로 말소하고자 하는 동기가 엿보인다. 그리고, 만약 이 추찰(推察)이 바르다면, 나와 나를 비판하는 사람들과의 논쟁은 규범적이며, 현대적인 의의를 가질 뿐 아니라, 이데올로기 투쟁이기조차 하다는 것이 될 것이다."

치의 윤리적·문화적 조건에 관심을 기울인다. 이에 비해 후자의 경우는 근대 경제체제, 특히 대규모의 시장경제체제가 공동체를 무력화하거나 파괴하고 민주주의의 근간이 되는 사회적 연계망을 와해시킨다고 주장하면서, 시장에 의한 공동체의 와해를 견제하고 자치의 실현을 위한 경제적 조건을 강화하고자 한다.112)

둘째, 가장 널리 통용되는 분류법이기도 한 것으로, 공화주의의 지적 원천 (知的 源泉)을 어디에서 구할 것인지에서 비롯되어 거기서 파생하는 결과로서, 공화주의의 가치들-자유(freedom, liberty), 정치적 참가(political participation), 공공성(publicity), 공익(public interest) 등의 내용, 위상, 실현방법 등에 관한 상이한 접근방식이 있다. 이는 공화주의의 지적 원천을 고대 그리스에서 구하는지 아니면 고대 로마에서 구하는지에 따르는 것으로, 다양한 명칭으로 불리지만, 이 책에서는 특징을 가장 잘 나타내주는 명칭으로 '아테네형 공화주의'와 '로마형 공화주의'라고 부르기로 한다.

이하에서는 아테네형 공화주의와 로마형 공화주의가 나누어지게 된 계기 및 각각의 내용과 특징에 대해 살펴보기로 한다. 현대 공화주의의 지적 원천에 대한 논쟁은 포콕의 『마키아벨리적 순간』이 출간되자마자 곧 시작되었다.113) 공화주의가 의거한 고전이란 무엇인가? 포콕의 답은 아리스토텔레스의 『정치학』(Politika)이었다. 인간은 정치적 동물이며 정치에 참여하는 활동적 생(生)에서야말로 자기실현할 수 있다는 아리스토텔레스가 바로 공화주의의 지적 원천이라는 것이다. 포콕은 이러한 정치사상이 '덕'(virtue)이라는 개념으로 결실했다고 이해하여 '덕의 언어'를 추적하는 수법으로 공화주의의 계보를 더듬어 간다. 그러나, 포콕의 입장은 캠브리지 학파의 또 하나의 중심, 퀜틴 스키너에 의해 비판받게 된다. 스키너의 『근대 정치사상의 토대』

---

112) 유홍림, 「미국의 공동체주의 정치사상」, 『미국 사회의 지적 흐름: 정치·경제·사회·문화』, 서울대학교출판부, 1998, 61면.

113) 이하의 단락은, 犬塚元, 「擴散の融解のなかの'家族的類似性'」, 54-55면을 정리한 것이다.

(The Foundations of Modern Political Thought, 1978)는 아리스토텔레스가 아니라 키케로, 고대 그리스가 아니라 고대 로마에 해답을 구한다. 스키너는 15세기 피렌체의 정치위기에서 정치적 인문주의의 출현을 발견한 한스 바론을 비판하고 12세기 후반에서부터 14세기의 전기 인문주의기에 키케로와 세네카 등을 단서로 진전한 수사학의 전통에 주목한다. 도시의 자유를 옹호하여 공화정의 탁월성을 설명하는 정치적 언설은 이 전통 속에 태어나, 이것이 15세기의 브루니(Leonardo Bruni, 1370~1444)[114]와 마키아벨리(Niccolo Machiavelli, 1468~1527)에 연속한다는 것이다. 즉, 르네상스의 공화주의는 아리스토텔레스 재발견의 산물이 아니라는 것이 그의 개략도이다. 스키너는 이 해석을 두 가지 방향으로 발전시킨다. 첫 번째로 그는 고대 로마의 사상이라는 지적 원천을 더욱 강조하여 수사학에 더하여 로마법에 주목한다. 두 번째로 그는 공화주의의 중핵개념을 '덕'이 아니라 '자유'에서 구한다. 게다가 그 자유의 본질이란 정치참가의 자유가 아니라 생명과 재산의 보전을 위한 소극적 자유이다.[115] 즉, 공화주의가 정치참가를 찬양했다 하더라도 참가 자체가 목적이었던 것이 아니라 어디까지나 소극적 자유를 유지하는 수단에 지나지 않았다고 하는 것이다.[116] 나아가 이런 이해의 연장선상에 17세기 영국을 주로

---

114) 레오나르도 브루니는 15세기 전반 피렌체의 대표적인 휴머니스트, 문필가, 정치가로서 『피렌체 시민사』, 『피렌체 찬가』등을 저술하였다. 그는 시민적 인문주의(civic humanism)의 대표자라고 할 수 있으며 『피렌체 찬가』는 최초의 공화주의 저작이라고 평가받는다. 우리말 번역으로는 레오나르도 브루니, 『피렌체 찬가』, 임병철 역, 책세상, 2002가 있으며, 논문으로는 임병철, 「브루니와 르네상스 공화주의」, 『서양사연구』제40집, 한국서양사연구회, 2009; 진원숙, 「브루니의 공화주의 再論: 『피렌체국체고』를 중심으로」, 『대구사학』제67집, 2002 등이 있다.

115) Machiavelli, Discorsi, 1권 16장; 마키아벨리, 『로마사 논고』, 136면(이하 이 책에서 우리말 번역본을 인용할 때의 '마키아벨리, 『로마사 논고』, 136면'과 같은 용례는 '마키아벨리, 『로마사 논고』, 강정인·안선재 역, 한길사, 2003'의 136면을 가리킨다): "인민들이 자유를 원하는 이유가 무엇인지를 잘 살펴야 한다. … 소수는 통치에 참여하고 싶어 자유를 원하지만, 그 밖의 인민 대다수는 삶의 안전을 위해 자유를 원한다는 점을 발견하게 될 것이다."

다루는 『자유주의 이전의 자유』(Liberty before Liberalism, 1998)가 결실한다. 여기에 이르러 스키너는 신로마적(neo-Roman) 공화주의를 등장시킨다. 공화주의자로 불리어 온 17세기의 사상가들은 왕의 존재를 용인할지 말지의 정체론(政體論)의 차원에서는 의견이 일치하지 않았고 오히려 자유를 둘러싼 이해에서 공통되었는데, 로마법에서 유래하는 자유론을 공유한 그들은 홉스와는 대조적으로 '간섭'뿐만 아니라 모든 '의존'의 상태를 자유의 장애물로 간주한다. 즉, 자유를 예속의 대항개념으로서 이해하는 것이야말로 공화주의(라고 불려온 사상)의 특징이라는 것이다.

결국 이렇게 하여 아리스토텔레스적 공화주의에 대항한 다른 내용의 공화주의가 주창되었다. 그런데, 한때 아리스토텔레스적 공화주의가 공동체주의의 한 형태라고 이해 혹은 오해되었다는 점이 지적될 필요가 있겠다.117) 과거 공동체주의는 '공동선의 정치'(politics of the common good)라는 관점에서 사람들은 공유된 믿음이나 전통적인 삶의 방식에 기초해서 이미 존재하는 전정치적(pre-political) 공유된 목표를 증진시키기 위해서 정치로 들어간다고 보았다. 공동체주의는 이처럼 형성적 정치가 아니라 형성된 정치를 결과한다는 점, 그리고 문화적·정치적 경계를 넘어 존재하는 보편성을 거부한다는 인상 때문에 비판받았던 것이다. 그렇지만 자유주의-공동체주의 논쟁을 거친 후 지금에 이르러서도 그러한 내용의 공동체주의를 고수하는 견해는 찾아보기 힘들어졌다. 한편 아리스토텔레스적 공화주의 역시 "사람들이 어떤 전정치적인 목표를 공유하고 있다고 전제할 필요가 없다. 그것은 사람들이 사적 영역에서 공통된 일련의 목표를 공유하지 않고, 공적인 정책에 있어서 적절

---

116) 이런 맥락에서 버트(S. Burtt)와 페이튼(A. Patten)은 스키너의 '신로마 공화주의'를 '도구적'(instrumental) 공화주의로 부른다(Shelly Burtt, "The Politics of Virtue Today: A Critique and a Proposal", *American Political Science Review*, 87, 1993, p.360; Alan Patten, "The Republican Critique of Liberalism", *British Journal of Political Science*, 26, 1996, p.26).

117) 이하 한 단락은 윌 킴리카, 『현대 정치철학의 이해』, 415면을 주로 참조한 것이다.

한 목표가 무엇인지에 대해서 시민들 사이에 합의가 없을 것이라는 사실을 받아들일 수 있다."118) 결국 아리스토텔레스적 공화주의가 반드시 (과거의) 공동체주의적인 것으로 이해될 이유는 없다고 할 것이다.119)

이처럼 아테네형 공화주의, 즉 아리스토텔레스적 공화주의가 공동체주의의 일종으로 오해되기도 했다는 점 외에도, 그에 대한 공격은 다른 방향에서도 이루어졌다. 고대 그리스인이 실천한 정치적 삶을 최고의 이상으로 여기는 아렌트 같은 저자는 '정치적 삶'을 통해서만이 인간성이 실현되며 그것이 인간의 모든 삶의 모습 중 가장 우월한 삶이라고 한다. 아렌트가 그리는 고대 그리스인들은 "가정이라는 좁은 영역을 초월하여 정치의 영역으로 진입하기 위하여 매일 심연을 넘어"120) 감으로써 인간으로서 그리고 개별자로서의 존엄과 자유를 실천하는 존재였던 것이다. 이러한 아렌트에게서도 강한 영감을 얻는 아리스토텔레스적 공화주의는 정치적 참여 그 자체를 공유된 선으로 간주할 수 있다고 전제한다. 그러나, 아리스토텔레스적 공화주의의

---

118) 윌 킴리카, 『현대 정치철학의 이해』, 415면.
119) 그런 점에서 '아리스토텔레스적 공화주의'에서 공동체주의적 성격을 추출·분리하지 아니하고 이를 '시민적 공화주의'라고 부르면서 공동체주의와 동일시하여, '자유주의적 공화주의'와 대비시키는 방식은 약간의 혼란을 초래할 수도 있겠다. 예를 들면, 곽준혁 교수는 '시민적 공화주의'와 '자유주의적 공화주의'의 차이점을 다음과 같이 설명하는데, 주의를 요한다: ① 전자가 개인에 대한 전체의 우월성을 바탕으로 하는 공공선의 규제된 형태인 연대감에 초점을 둔다면, 후자는 비사회적이고 이기적인 개인의 자유에 초점을 둔 상호성으로부터 출발한다. ② 전자가 직관에 의해서 공공선(common goods)이 객관적으로 인식될 수 있다고 상정하고 공동체가 나가야 할 목적을 미리 전제하는 반면, 후자는 개인들이 함께 생활하면서 시간을 통해 구성된 공유된 선(shared goods)을 시민적 덕성으로 간주한다. ③ 전자에 있어 정치참여는 자연스러운 현상이자 정치적 이상이며 동일한 이유에서 개인의 이익을 우선시 하는 것은 부패를 의미하지만, 후자에 있어서는 참여가 개인의 자유를 실현하고 자율성을 확보하는 수단이며 시민들이 공적 심의를 통해 합의에 도달할 수 있는 조건으로서 정치적 평등과 정치적 자유의 결합이 참여보다 강조된다(곽준혁, 「민주주의와 공화주의: 헌정체제의 두 가지 원칙」, 42면).
120) 한나 아렌트, 『인간의 조건』, 86면.

이러한 측면은 특정한 선관 혹은 특정한 삶의 형태의 우월성을 인정하지 않는 입장에 의해 거부된다.

윌 킴리카(Will Kymlicka)는 정치 참여를 통해 증진시켜야 할 '공동선'을 어떤 전정치적인 문화적 실천이나 전통이 아니라 정치 참여 그 자체의 본질적 가치로 보는 것은 '좋은 삶에 대한 단일한 가치관에 특권을 주려는 것'으로서 현대 사회에서는 실패할 가능성이 높다고 한다. 왜냐하면, 현대 사회에 퍼져 있는 '다원주의의 사실'(fact of pluralism)은 시민들로 하여금 정치적 참여 그 자체의 본질적 가치에 대해서도 동의하지 않게 만들기 때문이라는 것이다.[121] 존 롤즈(John Rawls) 역시 자신의 '정치적 자유주의'(political liberalism)와 양립할 수 있는 공화주의와 양립하기 어려운 공화주의를 조심스럽게 구분하고 있다. 그가 파악하는 '고전적 공화주의'(classical republicanism)는, 민주적 사회의 시민들이 기본적 권리와 자유를 보존하려면 정치적 덕성을 가지고 공적인 삶에 기꺼이 참여해야만 한다는 것인데, 그런 내용의 공화주의라면 정치적 자유주의의 입장에서 반대하지 않는다고 한다. 왜냐하면, 그것은 포괄적인 종교적, 철학적 또는 도덕적 교리를 전제하지 않기 때문이다. 그러나 (포콕의 주장인) '시민적 인문주의'(civil humanism)는 아리스토텔레스주의의 한 형태로서, 정치적 동물로서의 인간의 본성은 정치적 생활에 광범위하고 활발하게 참여하는 민주사회에서 가장 완전하게 실현되는 것이라고 보며, 더 나아가 정치참여가 선의 한 형식으로서 장려되는 것이 아니라 좋은 삶의 특권적 핵심(the privileged locus of the good life)으로 간주되므로, 시민적 인문주의는 특정 포괄적 교리를 특권화하는 것으로서 정치적 자유주의 입장에서는 인정될 수 없다는 것이다.[122]

이상의 논의를 종합한다면, 아테네형 공화주의와 로마형 공화주의는 간략

---

121) 윌 킴리카, 『현대 정치철학의 이해』, 415-416면.
122) John Rawls, *Political Liberalism* (1993), New York : Columbia University Press, 2005, pp.205-206.

히 다음과 같이 설명될 수 있겠다. 아테네형 공화주의는, 정치적 참여와 적
극적 자유의 가치를 중시하면서 그것을 그 자체 고유한 선으로 간주하는 고
대 그리스 아리스토텔레스에 기원을 두고 있다(아테네형 공화주의). 로마형
공화주의는, 정치적 참여를 그 자체 본래적·내재적 가치를 갖기보다는 개인
의 자유와 권리, 정의를 실현하는 수단으로 간주하는, 로마와 르네상스 피렌
체에 기원을 둔다(로마형 공화주의).

　그러나 근래에는 위와 같은 두 흐름을 이분법적으로 극단화시키지 않고,
'자유주의적 공화주의'(liberal republicanism)라는 호칭과 같이 양자를 여러 방
식으로 화해·종합 또는 절충시키면서 어느 한 쪽에 더 강조점을 두는 연구
들이 나타나고 있다.[123] 이상의 논의를 표로 정리하면 다음과 같다.

	아테네형 공화주의	로마형 공화주의
지적 원천	고대 그리스(아테네, 스파르타)	고대 로마 공화정, 르네상스 피렌체
정치 참여	(a) 참여는 인간성의 실현에 필수적인 것, (b) 참여 그 자체가 목적	(a) 참여가 인간성의 본질적 사항은 아님, (b) 참여는 자유를 지키기 위한 수단
자유	적극적 자유, 정치참여의 자유, 민주주의적 자유를 강조함	타인의 자의적 간섭으로부터의 자유, 타인에 대한 의존으로부터의 자유, 즉 비지배적 자유를 강조함
대표 논자	아리스토텔레스, 루소, 아렌트, 포콕	키케로, 마키아벨리, 스키너, 페팃

---

123) 리처드 대거도 그런 화해를 시도하는 학자 중의 한 사람으로서 그는 *Civic Virtues
　－Rights, Citizenship and Republican Liberalism* (Oxford University Press, 1997)에서
　자신의 입장을 '공화주의적 자유주의'라고 부르고 있다; 한편, 페팃은 현대 공화
　주의 역시 자유주의와 마찬가지로 다원주의 국가에서의 시민들의 다양한 선관을
　보장해 주는 데 그 목적이 있음을 강조한다. 그는 '비지배적 자유'를 최상의 정치
　적 가치로 제시하는 공화주의적 제안은 구성원 각자의 선관과 모순됨이 없이도
　그들에게 시민적 헌신을 요구할 수 있다고 본다(Philip Pettit, *Republicanism*, p.96).

(2) 공화주의 유형 문제의 헌법적 의의

그렇다면, 헌법해석의 측면에서 볼 때 아테네형 공화주의와 로마형 공화
주의는 어떠한 의의를 가질 것인지 생각해 보기로 한다.

우선, 양자는 자유의 개념에 대해 입장차를 보이는데, 이전의 공화주의 연
구(아테네형 공화주의)가 인민의 자치 혹은 자기지배라는 적극적 자유를 공
화주의적 자유의 개념으로 보았다면, 최근의 공화주의 연구(로마형 공화주
의)는 공화주의적 자유를 '타인의 의지에 대한 종속으로부터의 자유' 혹은
'비지배적 자유'로 본다. 자유는 국가의 모든 활동이 지향해야 할 대상으로
서 그 개념 설정 여하에 따라 각종 정치적·법적 제도가 정비되며 헌법해석
이 이루어지게 된다. 우선, 아테네형 공화주의의 자유 개념의 의의에 관해
보자면, 그것은 일반적인 헌법학 논의에서는 '민주주의'의 문제로 나타나는
것들임을 알 수 있다. 즉, 그에 의할 때 헌법학에서 민주주의라는 이름으로
혹은 참정권이라는 개별적 권리로 논의되는 것들이 결국은 자유에 관련되는
것임을 확인하게 되는 것이다. 한편, 자유주의적 자유와 로마형 공화주의의
공화주의적 자유, 즉 비지배적 자유를 대비하고 각각의 자유의 개념에 따라
정치적·법적 제도가 어떻게 다르게 설정되고 운용될 수 있는지 검토하는 것
역시 중대한 의미를 가지는 일이다. 공화주의의 핵심 중 하나는 자유주의의
'소극적 자유' 개념에 대한 반성이고, 비지배적 자유는 소극적 자유 개념의
한계를 돌파할 수 있는 한 방법이 될 수 있기 때문이다. 결국 자유의 개념을
엄밀히 규명한다는 것은 자유와 민주주의, 자유주의와 민주주의의 관계를 재
고찰할 수 있게 한다.

다만, 실제 공화주의자들이 자유를 어떻게 이해했느냐 하는 문제는 역사
학의 과제로서는 일차적인 문제라고 할 수 있겠지만, 법학의 입장에서는 직
접적으로 답해야 할 문제는 아니라는 점이 지적될 필요가 있겠다.

다음으로, 양자는 정치참여를 그 자체 본질적인 가치를 가지는 것인지 아

니면 그것을 공화주의적 자유 실현을 위한 수단적인 의미를 가지는 것으로
보는지라는 점에서도 차이를 가진다. 그런데 이런 차이를 정치사상사적인 차
원이 아니라 헌법 논의 안으로 끌고 들어올 때 정치참여에 대한 강조의 '강
약 차이'라는 점 외에 어떤 차별적인 결과를 낳을지는 다소 의문이다. 현대
공화주의자들은 공화주의를 다원주의 사회에 합당한 것으로 만들기 위해 노
력해 왔는바, 현대 사회는 공동체와의 관계에서 개인의 독립성을 인정하는
개인주의, 특정한 종교와 철학의 배타적 우월성을 인정하지 않는 윤리적 다
원주의, 개인의 자유와 권리의 존중이라는 자유주의적 전제 위에 서 있기 때
문이다. 그리고 한국 헌법 역시 (그리고 근대 입헌주의적 헌법은 거의 모두)
자유주의적 전제 속에서 재해석된 공화주의, 즉 자유주의적 공화주의를 전제
로 한다. 헌법은 가치치향적·미래지향적인 측면이 있지만 당면한 법적·정치
적 문제들을 해소해야 하는 과제를 지고 있는바, 그런 점에서 삶의 다원성을
인정할 수밖에 없고 정치참여의 가치를 최우선시하기 어려운 측면이 있는
것이다. 어찌하였든, 공화주의는 강약의 차이는 있지만 정치참여에 보다 적
극적인 가치를 부여하고 있는바, 어떤 형태의 공화주의론을 따르건 간에 그
것을 실현하기 위해서는 광범위한 제도적 개혁-예를 들면, 특정한 공직의 경
우 추첨에 의한 배분, 선거의무제도의 도입 등-이 병행될 것이다.

　그런데, 공화주의적 자유의 개념을 민주주의적 자유 혹은 적극적 자유의
개념과 다른 것으로서 대척점에 두게 되는 경우, 이는 민주주의에 반대하기
위한 공화주의가 되어 버릴 수 있다는 점을 주의할 필요가 있다. 대의제 민
주주의 하에서 왜소화된 민주주의를 생기있고 풍요롭게 하기 위해 발생한
공화주의론이 (직접 참여로서의) 민주주의를 부정하기 위한 수단으로 이용될
수 있기 때문이다. 따라서 양자를 지나치게 차별화하는 것은 때로 위험할 수
도 있다.124) 결국 아테네형 공화주의이든지 로마형 공화주의이든지, 양자는

---

124) 예를 들면, 비롤리는 민주주의를 공화주의의 급진적 변종이라고 하면서 민주주의
　　와 공화주의의 차이를 강하게 표현하고 있지만(모리치오 비롤리, 「영어판 독자들

인간이 사적 생활만으로는 완전하게 되지 못하는 정치적 동물이며 자유주의
적인 불간섭의 자유에 만족하지 않고 보다 풍부한 자유를 추구하며 이를 위
해 공동선을 추구하는 적극적인 시민의 정치참여를 강조한다는 점에서 공통
된다. 사상사 연구로서의 의의는 별론으로 하고, 헌법에 대한 접근에 있어
이런 입장들의 차이가 어떤 결과를 가져올지는 앞으로 지켜보아야 할 과제
이다.

을 위한 소개의 글」, 『공화주의』, 46면) 그의 입장은 결코 민주주의에 대항한 공
화주의를 주장하는 것이 아니므로 조심해서 이해해야 할 것이다.

제3절 공화주의와 자유주의의 논쟁

앞서 우리는 공화주의의 발전사를 다루면서 정치사상사 연구에서 시작된 공화주의 연구가 정치철학, 법학 등 다양한 영역으로 확대된 것을 알 수 있었다. 그런데 그 정치사상사 연구에서 가장 중심에 있었던 주제 중 하나가 바로 미국헌정사에 대한 해석을 둘러싼 공화주의 (역사학)과 자유주의 (역사학)의 논쟁이라고 하겠다. 한편, 1980년대 미국에서 갑작스럽게 출현한 공동체주의는 때로 그 사상적 아이디어를 공화주의 역사학에서 찾는 등 공화주의 사상과 친연성(親緣性)이 있으며 이후 공화주의 역시 공동체주의의 논의를 상당부분 흡수하게 된다. 따라서 공화주의를 이해함에 있어 가장 중요하다고 할 수 있는 이 두 가지 논쟁에 관해 좀더 자세히 살펴보기로 한다.

1. 미국헌정사에서의 공화주의와 자유주의의 논쟁

앞서 본 로빈스, 베일린, 우드, 그리고 포콕의 연구는 미국이 어떤 사상에 기초하여 건국되었는지에 대한 기존의 믿음을 뿌리채 흔들었다. 이들의 주장에 의해 미국헌정사와 관련하여 자유주의-공화주의 논쟁이 전개되는데, 이하에서는 그 논쟁의 개요와 내용, 나아가 최근 연구에서 보이는 양자 간의 상호융합에 관해 살펴보고, 공화주의 역사학의 주장을 통해 공화주의가 무엇을 말하고자 하는지 검토하기로 한다.[125]

---

125) 미국 헌법 제정사에 대해 자세한 것은, 정경희, 『中道의 정치: 미국 헌법 제정사』, 서울대학교 출판부, 2001 참조.

미국의 독립혁명과 헌법제정기에 대한 역사 논쟁을 도식화하자면 '자유주의 사학의 지배-공화주의 사학의 도전-양자의 융합'이라고 개관할 수 있다. 우선, 자유주의 사학이 등장하기까지의 미국 헌정사를 둘러싼 미국 역사학의 흐름에 관해 간략히 살펴하기로 한다.126) 건국 후 백여 년간 미국 역사학은 '보수적 애국 사학'이 지배적이었는데, 그것은 미국이 자유, 정의, 민주주의 등 인류의 보편적 목표를 달성할 수 있는 '신이 섭리로 예정한 나라'이며 이 사실은 대외적으로는 미국의 우월성, 대내적으로는 미국의 통일성을 보장한다는 것이었다. 그런데 이런 관점은 찰스 비어드(Charles Beard, 1874~1948) 같은 혁신주의 사학자들이 등장하면서 흔들리게 된다. 그들은 연방헌법으로 단일국가를 구성하고자 한 연방파와 각 주의 주권과 독립을 연방 결성보다 중시한 공화파, 즉 반연방파 사이의 대립을 미국 정치사의 출발점으로 보았다. 그는 『미국 헌법의 경제적 해석』(*An Economic Interpretation of the Constitution of the United States*, 1913)127)에서 미국 헌법이 사리(私利)를 가진 일군의 사람들이 자신의 경제적 이해관계를 증진시키고 재산권을 보장하기 위해 기술한 "본질적으로 경제적인 문서"라고 주장했다. 즉, 헌법은 보수주의자들이 독립전쟁 및 연합 시기의 과도한 민주주의를 억제하기 위해 고안한 반혁명적 도구라는 것이었다. 헌법 제정에 있어서의 경제적 요인과 동기를 중시하는 비어드의 이러한 해석은 1940년대까지 지배적이었다가 비판을 받게 되는데, 혁신주의 사가들은 헌법 제정에 있어 사상의 역할을 무시했으며 헌법 제정자들은 과도한 민주주의를 견제하려고 하면서도 민주주의에 대한 열정이 넘쳤고 미국 혁명과 미국 헌법을 위해 사익을 포기하고 노력했다는 주장이다.

그 후에는 루이스 하츠(Louis Hartz)의 『미국의 자유주의적 전통』(*The Liberal Tradition in America*, 1955)128)을 대표로 하는 자유주의 사학이 지배적

---

126) 정경희, 『中道의 정치: 미국 헌법 제정사』, 5-7면; 권용립, 『미국의 정치 문명』, 72-83면 참조.

127) 찰스 A. 비어드, 『미국 헌법의 경제적 해석』(*An Economic Interpretation of the Constitution of the United States,* 1913), 양재열·정성일 역, 신서원, 1997.

이 되었는데, 그것은 미국이 존 로크(John Locke)의 사상-자연권론, 자유와 재산권에 대한 중시 등-에 절대적으로 영향을 받았다는 것이었다. 그러나 공화주의 역사학 연구는 헌법 제정자들이 그보다 오히려 시민적 공화주의(civic republicanism)의 '언어'(language)와 '담론'(discourse) 세계에서 활동했다고 주장하였고 이런 주장이 널리 받아들여지게 된다.129)

우선, 버나드 베일린(Bernard Baylin)은 『미국 혁명의 이데올로기적 기원』(1967)에서 독립혁명기에 유행한 팜플렛(pamphlet)에 드러난 정치담론과 미국인들의 신념과 태도, 동기 등을 꼼꼼히 추적하여 로크가 아니라 18세기 초 영국의 지방파(컨트리파, country)의 담론이 미국독립혁명 세대의 정신을 형성했다고 주장했다. 한편, 고든 우드(Gordon Wood)는 『미공화국의 창조, 1776-1787』(1969)에서 베일린의 연구를 더 진전시켜 독립혁명 이후 미국 헌법의 제정 및 비준 시기에 공화주의 담론이 지배적이었음을 보여주었다.

그리고 무엇보다 포콕은 『마키아벨리적 순간』(1975)에서 미국 독립혁명을 지탱한 사상은 영국의 궁정파(코트파, court)에 대한 지방파(컨트리파, country)로부터 계승한 공화주의이며 로크의 자유주의 정치사상이 아니었다고 주장하였다. '덕의 언어'에 기초한 공화주의와 '권리의 언어'에 기초한 자유주의가 대립했다는 것이다. 포콕의 이러한 해석은 미국 독립혁명을 르네상스 이래의 장대한 사상사 속에 편입하여 그것을 르네상스의 최종국면으로서 위치매김하는 것으로서, 독립혁명에서의 공화주의의 영향을 강조한 로빈스, 베일린, 우드의 해석을 보강하는 것이었다. 여기에 자유주의인가 공화주의인가, 개인의 권리인가 덕인가라는 역사논쟁이 고양되어 결국 공화주의 패러다임은 자유주의 패러다임을 대체했다고까지 얘기되었다.130)

그렇지만 공화주의 패러다임은 그 후 자유주의 측의 반박에 의해 결국 자

---

128) Louis Hartz, *The Liberal Tradition in America: An Interpretation of American Political Thought since the Revolution*, New York: Harcourt, 1955.

129) Richard Fallon, "What Is Republicanism, and Is It Worth Reviving?", p.1696.

130) 犬塚元, 「擴散の融解のなかの'家族的類似性'」, 58면.

유주의와 공화주의가 융합했거나 혹은 공존했다는 것으로 귀결된다. 우선, 조이스 애플비(Joyce Appleby)와 아이작 크램닉(Isaac Kramnick)의 '네오-로크적' 해석은 공화주의를 자유주의의 하나의 변종으로 위치매김함으로써 자유주의적 해석을 쇄신하려고 하였다. 공화주의 연구라는 관점에서 보면 이러한 네오-로크적 해석은 자유주의와 공화주의의 경계선의 융해를 의미했다. 한편, 네오-로크파와 연대하여 공화주의적 해석을 비판한 슈트라우스 학파(Straussian)는, 자유주의에 대해 비판적인 태도를 취하는 것은 공화주의의 태도와 같으나 고대정치사상과 근대정치사상의 단절을 강조하는 독립적 입장에 서서 자유주의와 공화주의의 친화성을 지적했다. 그 대표는 폴 라헤(Paul Rahe)의 『고대와 근대의 공화국』(Republics Ancient and Modern, 1992)인데, 그에 따르면 미국 건국기의 공화주의는 고전적 공화주의와는 완전히 다른 것으로서 그것은 개인의 권리와 이익을 출발점으로 하는 근대의 나쁜 정치사상이며 오히려 자유주의와 근원이 같다는 것이다.131)

요컨대, 미국 독립혁명 연구에서는 먼저 경제적 이익의 대립에 착안하여 헌법기초자의 반민주적 동기를 폭로한 '혁신주의 패러다임'(Charles Beard)이 지배적이었지만, 다음으로 로크적 자유주의에 대한 국민적 컨센서스를 강조하는 '자유주의 패러다임'(Louis Hartz)이 그것을 대신하고, 마침내 제3의 '공화주의 패러다임'으로 이행되는 것처럼 보였으나, 결국 공화주의적인 해석이 지배적으로 된 것이 아니라 복수의 사상적 전통의 병존·혼재라고 설명하는 다원적인 이해가 오히려 유력해졌다고 할 수 있다.132)

끝으로, 자유주의-공화주의 역사학 논쟁의 내용을 간략히 정리하기로 한다. 자유주의 진영과 공화주의 진영의 대립 상황을 아주 도식적으로 표현하자면, 근대적 자유주의 v. 고전적 공화주의, 연방주의자 v. 반연방주의자, 궁

---

131) Paul Rahe, *Republics Ancient and Modern: Classical Republicanism and the American Revolution*. Chapel Hill: University of North Carolina Press, 1992.
132) 犬塚元,「擴散の融解のなかの'家族的類似性'」, 58면.

정파 사상 v. 지방파 사상, 상업 v. 농업, 번영 v. 덕성, 사익 v. 공익이라는
구도로 나타낼 수 있겠다. 우선, 헌법제정 당시에 주도적 세력이었던 '연방주
의자'(Federalist)들에 대립한 '반연방주의자'(Anti-Federalist)의 사상이 대체로
초기의 공화주의에서 나온 것이라고 볼 수 있는데, 그것은 개인의 사적 이익
보다 공공의 이익을 중시하는 시민적 덕성, 마을회의(town meeting)와 같은
시민의 적극적 정치참여에 의한 자치, 사회구성원 사이의 이질성보다는 동질
성 등을 강조하였다. 그러나 연방주의자들은 반연방주의자들의 반대에 대응
하여 자신들의 입장에 대한 이론적 정당화를 시도하였는데, 이것은 사회구성
원 사이의 이질성과 사적인 이익 추구를 현실로 수용하는 것이었다. 그리고
양자는 결국 화해를 하게 되는데, 미국인들은 근대화와 자본주의라는 시대와
현실에 적응하여 개인적 부의 축적 및 사익추구가 결국 공공의 이익에 부합
하는 것으로 관념하면서도 사라져가는 공화주의적 덕성을 부활시키기 위해
노력함으로써 자유주의와 공화주의를 동시에 추구했던 것이다. 즉, 자유주의
와 공화주의의 대립은 결국 양자의 '길항적 공존'(competitive coexistence of
Liberalism and Republicanism)으로 귀결되었고, 그 내용은 헌법안 해설서라고
볼 수 있는 『연방주의자 논고』(The Federalist Papers, 1788)와 그 현실적 구체
화물이라고 할 수 있는 미국 헌법에서 찾을 수 있겠다.

2. 자유주의-공동체주의 논쟁과 공화주의

이제 공화주의의 부활에 큰 영향을 준 또 하나의 계기인 '자유주의-공동체
주의 논쟁'(liberal-communitarian debate)의 내용을 검토한 후 공동체주의와
공화주의의 관계에 대해 살펴보기로 한다. 공동체주의의 입장은 공화주의의
사상적 자양분이 되므로 공화주의의 문제의식과 사상적 기초를 이해하기 위
해서는 자유주의-공동체주의 논쟁을 이해할 필요가 있다. 자유주의-공동체주

의 논쟁은 철학상의 갈등으로 보이지만 실천적인 입장에서는 정치의 문제로 곧장 연결되는 것이다.

(1) 자유주의-공동체주의 논쟁

자유주의-공동체주의 논쟁의 시작과 전개, 그리고 양 진영의 대응은 다음과 같이 정리할 수 있겠다.[133] 공동체주의는 1980년 초반 잇따라 출판된 4권의 책-알래스데어 매킨타이어(Alasdair MacIntyre)의 『덕의 상실』(*After Virtue*, 1981), 마이클 샌델(Michael Sandel)의 『자유주의와 정의의 한계』(*Liberalism and the Limits of Justice*, 1982), 마이클 왈쩌(Michael Walzer)의 『정의와 다원적 평등』(*Spheres of Justice*, 1983), 찰스 테일러(Charles Taylor)의 『철학논고』(*Philosophical Papers*, 1985)-에 의해 출현하였다.

그 책들의 내용은 각기 다르지만, 모두 자유주 특히 현대 자유주의의 정의(justice)와 권리(rights)에 대한 이론들에 불만을 나타내고 있다. 주된 타겟은 존 롤즈(John Rawls)의 『정의론』(*A Theory of Justice*, 1971)이었지만, 로버트 노직(Robert Nozick)의 『아나키, 국가 그리고 유토피아』(*Anarchy, State, and Utopia*, 1974), 로널드 드워킨(Ronald Dworkin)의 『진지하게 권리를 생각해보기』(*Taking Rights Seriously*, 1977), 브루스 애커먼(Bruce Ackerman)의 『자유주의 국가에서의 사회 정의』(*Social Justice in the Liberal State*, 1980)도 비판의 대상이 되었다.

우선, '공동체주의자'라는 명칭을 처음으로 사용한 마이클 샌델의 주장에 대해 살펴보자. 샌델은 롤즈를 직접적인 비판의 대상으로 삼는데, 롤즈의 '원초적 상황'(original position)이나 '무지의 베일'(veil of ignorance) 등과 같은

---

133) 이하의 내용은 주로 Richard Dagger, "Communitarianism and Republicanism", pp.170-173를 정리하고 스테판 뮬홀·애덤 스위프트, 『자유주의와 공동체주의』의 내용을 참조한 것이다.

가정으로부터 공동체 이전에 존재하는 개인이라는 자유주의의 인간관을 읽어내고, 거기서 도출되는 결과는 상호무관심한 개인이 상호이득을 위해 협동체제에 참가할 뿐이라는 것이 되는바, 이는 반사회적 개인주의라고 비판한다. 나아가 롤즈와 같은 논리에 따를 때 도덕적 판단은 자아에 관한 반성을 거치지 않은 조야한 선호의 자의적인 표현으로 환원되어 도덕에 대한 주관주의로 나아가게 되는 한편, 국가에 대해서는 경합하는 선호 혹은 가치관에 대해 중립을 지킬 것을 요구하게 되는데 그러한 선호 앞에서 국가의 중립성은 타당하지 않다고 주장한다.

또한, 그때나 지금이나 전형적인 불만은 자유주의 이론들이 너무 '추상적이고 보편적'이라는 것이다. 예를 들면, 왈쩌는 '급진적 특수주의적' 접근을 제안하는데, 이는 '합리적 개인이 이러저러한 조건을 보편화하는 아래에서' 무엇을 선택할 것인지를 묻는 것이 아니라 "우리와 같은 개인, 즉 바로 여기에 존재하며, 특정한 문화를 공유하고 그런 공유를 지속하기로 결심한 사람이 무엇을 선택할 것인가"를 물음으로써, '역사, 문화 그리고 멤버십'에 주의를 기울이는 것이다.

한편, 매킨타이어는 『덕의 상실』에서 서구 도덕·정치 문화의 기원과 흥망성쇠에 초점을 맞추는데, 그 전반부는 개인주의에 대한 비판을 다루고 후반부는 개인주의를 극복할 수 있는 덕의 윤리를 찾아(after) 서양전통을 설화적으로 재구성한다. 그는 현 상황을 하나의 위기로 진단하고, 그 원인을 각자가 좋다고 생각하는 가치를 추구할 뿐 자신과 타인, 삶과 사회를 평가하는 도덕적 어휘들이 아무런 공통분모를 가지고 있지 않다는 사실에서 찾는다. 그는, 개인의 정체성은 공동체를 통해 구성되므로 공동체의 가치를 공유할 수 있어야 한다는 점, 정의 역시 사회의 콘텍스트로부터 분리된 추상적 원리가 아니라 공동체에 대한 개인의 기여와 공헌에 바탕을 둔 구체적 덕성으로 본다.

요컨대, '공동체주의자'(communitarians)로 알려지게 되는 위 4인은, 배분적 정의(distributive justice)와 개인적 권리(individual rights)에 대한 자유주의의 강조는 시민들을 공동선에 헌신하기보다는 서로를 서로에 대항하여 분열시키며 그 결과 고립, 소외, 무관심을 증가시킨다고 다양한 방법으로 고발한다. 물론, 자유주의자들이 이에 반응하였으며 이른바 '자유주의-공동체주의 논쟁'이 시작되었다.

그 논쟁에서 공동체주의 측에 선 학자들은, 그들의 '자유주의적' 혹은 '개인주의적' 적수들에 대해 크게 4가지 점에서 이의를 제기하였다.134) 첫째, 앞서 왈쩌에서 본 바와 같이, 추상적 논리(논증)는 정의와 도덕을 기초하기 위한 시도를 하는 가운데 그에 부과되는 무게를 견딜 수 없다는 것이다. 자유주의의 '계몽 프로젝트'(Enlightenment project)는 공유된 전통과 관습, 더불어 역할과 책임 및 덕성의 집합들과 분리되어 전개될 수 없다는 것을 인정할 수 없음으로 해서 파국을 맞았다는 것이다. 둘째, 개인의 권리와 정의에 대한 자유주의의 강조는 시민적 덕성과 공동선에 대한 희생의 대가라는 것이다. 셋째, 자유주의자들은 자아에 대한 원자적 개념-샌델의 표현에 의하면, '무연고적 자아', 매킨타이어의 표현에 의하면, '유령적 자아'-에 의지함으로써 공동체 구성원들이 가지는 애착과 헌신에 눈감고 있는바, 개인적 자아는 그에 양분을 주고 지속시켜 주는 공동체에 의해 구성되므로 자아에 대한 그러한 관념은 오류이고 유해하다는 것이다. 넷째, 정의와 권리에 대한 추상적이고 보편적인 이론은, 현대 사회를 위협하는 사적인 삶으로의 후퇴와 자신의 권리에 대한 비타협적인 주장에 기여했다는 것이다. 공동선이라는 개념이 거의 사라졌으며 시민들이 서로 만날 수 있는 공동의 기초조차도 거의 없다. 매킨타이어에 의하자면, '통약불가능한 도덕적 지위'(incommensurable moral positions)에 대한 옹호 간의 갈등은 현대 사회를 완전히 찢어버렸다는 것이다.135)

---

134) Richard Dagger, "Communitarianism and Republicanism", p.172.
135) 다만, 모든 공동체주의자들이 이런 사항들을 동등한 강도로 강조하는 것도 아니

정리하자면, 공동체주의자들은 자유주의를 다음과 같은 것이라고 간주한다: 자유주의는 롤즈, 노직, 드워킨 등의 논의에서 보여지듯이 기본적으로 '개인주의'에 뿌리를 두고 있다. 즉, 자유주의에 있어서는 어디까지나 자유롭고 평등한 개인이 중요한 도덕적 지위를 가지는 것이어서, 각 개인은 '선한 삶'의 구상을 추구할 자유가 인정되고, 국가에 의해 그리고 국가에 대해 배타적으로 이 자유에 대한 권리를 보장 받는다. 각 개인은 사회 및 공동체, 그리고 타인과의 연계 속에서 자신의 역할과 책무를 다하게 되는 것이 아니라, 오히려 어느 조직 또는 단체에 속하는가, 어떻게 타인과 관계를 맺는가, 어떤 인생을 보내는가를 '선택'할 수가 있다. 이렇게 공동체에 앞서 선택할 능력을 갖고, 자신의 생을 자율적으로 보내는 개인들에 의해 사회는 성립되는 것이다.

이에 대해 공동체주의자들은 위와 같은 자유주의의 사고를 부정한다: 실제로 개인은 공동체보다 앞서 선택할 능력 같은 것은 가지고 있지 않다. 오히려 개인은 공동체 속에서 스스로의 '정체성'을 획득하고 타인과의 관계 속에서 자신에게 할당된 역할과 책무를 자각하며, 그러한 정체성 및 역할을 지침으로 삼아서 스스로의 '선한 삶'을 보낼 수가 있는, 보다 도덕적으로 깊이가 있는 자아이다. 공동체가 개인의 선택능력보다 먼저 존재하는 것이고, 공동의 목적 및 공통의 선에 의해 결속된 사회 속에서 비로소 자아는 존재할 수 있는 것이다.

나아가 자유주의와 공동체주의는 사회가 어떠한 규범적 원리에 근거를 두

고, 그들이 자신을 자유주의의 외부에서 자유주의를 비판한다고 이해하고 있는 것도 아니다. 예를 들면, 찰스 테일러는 합리적인 자유주의자와 공동체주의자는 '전인적인 개인주의'(holist individualism)-존재론적 원자론을 거부하고 개인들이 일정 부분 사회적으로 구성된다는 점을 확인하면서도 개인의 권리와 자유의 중요성을 인정하는 관점-에의 헌신을 공유할 것이라고 주장한다(Charles Taylor, "Cross-purpose: the liberal-communitarian debate", in N. Rosenblum ed., *Liberalism and the Moral Life*, Cambridge, MA: Harvard university Press, 1989).

고 편성되어야 하는가, '옳은' 것과 '선한/좋은' 것을 어떻게 이해하면 좋은
가에 대해서도 의견을 달리하고 있다.[136) 자유주의는 '무엇을 두고 좋다/선
하다고 할 것인가', '어떠한 삶이 좋은/선한 것인가'라는 물음을 개인의 선택
에 맡긴다. 즉, 개인이 어떠한 '선한 삶'의 구상을 추구하고 또는 포기하는가
는 어디까지나 개인이 자신의 책임으로 결정할 사항이며, 타인이 참견할 수
있는 것이 아니다. 그런데 사람에 따라 가치관이나 사고방식이 다르므로 당
연히 개개인에 의해 선택되는 선의 구상도 서로 다르게 된다. 그렇다면 사회
를 전체로서 볼 경우 사회는 각 개인이 가진 선의 구상에 따라 분열된 다원
적인 상황이 될 것이다. 이 '다원적 사회'를 통합하기 위해서는 어떤 특정한
선의 구상을 그 편성원리로 삼아서는 안 된다. 왜냐하면 그 선의 구상을 공
유할 수 없는 개인에 대해서는 그를 강제 내지는 배제하게 되기 때문이다.
결국 이러한 사회를 통합하려면 특정한 선의 구상이 아니라 거꾸로 다양한
선의 구상에서 독립적으로 도출된 '정의'(justice)를 사회편성의 원리로 삼아
야 한다. 이 정의의 원리는 선의 구상과는 독립된 것인 것으로서 개인이 다
양한 선의 구상을 추구할 수 있도록 하고 그것들이 서로 대립할 경우에는 그
들을 조정하는 역할을 한다.[137)

이에 대해 공동체론은 자유주의가 말하는 정의라는 것은 언제 어디서나
보편적으로 타당한 것이 아니라 오히려 그것이 통용되는 역사 및 습관과 사
회적 맥락에 의존하는 것이라고 비판한다. '무엇을 선하다고 보는가' 라는
질문은 개인의 선택에 의해 결정되는 것이 아니며, 공동체와 타인과의 관계
속에서 얻어진 애착과 정체성이 있고서야 비로소 그러한 선택은 가능해진다.

---

136) 이하의 두 단락은 大森秀臣, 『共和主義の法理論-公私分離から審議的デモク
ラシーへ』, 勁草書房, 2006, 30-32면을 정리한 것이다.
137) 자유주의의 이러한 사고방식은 정의야말로 선보다도 규범적으로 우선되며 선과는
독립적으로 정의가 정당화된다고 하는 의미에서, '선에 대한 정의의 우선'(좋음에
대한 옳음의 우선, The Priority of the Right Over the Good) 또는 '정의의 기저성
(基底性)' 등으로 불린다.

선이란 것은 역사와 전통 속에서 계승되어 온 공통의 목적 속에 존재하는 것
이며, 이러한 '공동선'을 중심으로 해서 사회는 강하게 결속하지 않으면 안
된다. 공동체의 정치란 자유주의가 주장하는 개인의 권리를 확충할 것을 지
향하는 '권리의 정치'(politics of rights)가 아니라 '공동선의 정치'(politics of
common good)가 되지 않으면 안 된다.

　이러한 공동체주의의 주장에 직면하여 우리는 3가지 연동되는 자유주의의
대응을 볼 수 있다.138) 첫 번째는, 공동체주의자들은 자유주의를 오해했기
때문에 그 비판이 잘못되었다는 것이다. 특히, 공동체주의자들은 그들이 비
판하는 이론의 추상성을 잘못 이해하고 있었다는 것이다. 그래서 롤즈는, 자
아가 그 목적보다 선행한다는 자아에 대한 '정치적' 개념은, 샌델이 믿고 있
는 것과 같이 자아의 본질에 관한 형이상학적인 주장이 아니라, 단순히 '무지
의 베일' 뒤에서 정의의 원칙을 선택하는 당사자를 나타내는 방법일 뿐이라고
주장한다. 또한 목적을 선택할 수 있는 능력을 가진 자아로서의 개인의 관념
은, 자유주의자들에게 개인 정체성이 사회적 환경의 산물이라는 것을 거부하
도록 요구하는 것은 아니라고 한다.139) 윌 킴리카에 의하면, 자유주의적 관점
에서 핵심적인 것은 우리가 자아를 그 목적에 선행하는 것이라고 인식하는
것이 아니라 어떤 목적과 목표도 재검토로부터 면제되는 것은 아니라는 의미
에서 우리 자신이 우리의 목적에 선행한다고 이해하는 것이라고 한다.140)

　이렇게 이해할 때, 자유주의자들의 두 번째 대응은, 소속·정체성·공동체
에 좀더 많은 주의를 기울여야 한다는 공동체주의자들의 주장에 대해 자유
주의자 자신들의 현재 이론 안에서 이것을 완벽하게 잘 할 수 있다고 주장하
는 것이었다.

　마지막으로 세 번째 대응은, 공동체주의자들의 공동체 규범에의 호소가

---

138) Richard Dagger, "Communitarianism and Republicanism", p.172.
139) John Rawls, *Political Liberalism* , pp.22-28 참조.
140) Will Kymlicka, *Liberalism, Community, and Culture*, Oxford: Clarendon, 1989, p.52.

가지는 위험성을 지적하는 것이다. 공동체는 덕성(virtues)을 요청하지만, 그 덕성들은 또한 악덕(vices)-자기만족, 비관용, 그리고 다양한 형태의 억압과 착취-이기도 하다. 그럼에도 공동체주의자들이 이런 악덕을 인정하지 않는 것은 그들 비판의 외고집을 드러내는 것이다. 만약 자유주의자들이 정의와 권리에 대한 이론에 있어서 추상과 보편에 의지한다고 한다면, 그것은 (공동체주의자들이 대수롭지 않게 여기는) 편견을 넘어서기 위해 그렇게 해야만 하기 때문이라는 것이다.[141]

그런데, 다른 철학논쟁이 일반적으로 그러하듯이, 자유주의-공동체주의 논쟁 역시 어느 한쪽이 승리를 거두었다거나 결론이 났다거나 한 것은 아니다. 우선, 위와 같은 자유주의자의 반론에 대한 공동체주의자들의 재답변에 관해 보자면, 그것은 주로 마지막 쟁점에 대한 것에 한정된다. 샌델이나 매킨타이어는 자유주의자가 지적하는 것과 같은 위험이 있는 공동체는 받아들일 수 없으며 자신은 그러한 공동체주의자는 아니라고 부인한다.[142] 다음으로, 자유주의와 공동체주의는 각각의 강조점 또는 관심이 사실은 처음부터 한결같지는 않았기 때문에 '목적의 엇갈림'을 보였다고 볼 수 있다. 공동체주의 측은 '위치 지워진 자아'라는 존재론적 인간관을 기축으로 하면서 자유주의의 원리를 그런 측면에서 소급하여 비판해온 반면, 자유주의 측의 자아관은 처음부터 확고했던 것이 아니라 공동체주의에 의해 부각된 면이 강하다 할 것이고 오히려 '자유롭고 평등한 제 개인이 공존할 수 있는 사회를 어떻게 구축할 것인가', '그런 사회를 편성하기 위한 원리는 무엇인가'라는 이상적

---

141) 예를 들면, 에이미 거트먼(Amy Gutmann)은 공동체주의자들은 "우리들이 Salem에 살기를 원하면서도 마녀를 믿기를 바라지는 않는다."고 비판한다(Amy Gutmann, "Communitarians critics of liberalism", in S. Avineri and A. de-Shalit eds., *Communitarianism and Individualism*, Oxford: Oxford University Press, 1992, p.133).

142) 공동체주의자로 규정되는 것에 대한 매킨타이어의 거부에 대해 보자면, Alasdair MacIntyre, "A partial response to my critics", in J. Horton and S. Mendus eds., *After MacIntyre: Critical Perspectives on the Work of Alasdair MacIntyre*, Cambridge, UK: Polity, 1994, pp.303-304 참조.

사회상을 주된 이론적 관심으로 삼아 왔다고 말할 수 있기 때문이다.[143] 그런 점에서 자유주의-공동체주의 논쟁이 어쩌면 유야무야 끝나 버린 이유도 설명될 수 있을 것이다.

(2) 공동체주의와 공화주의의 관계

공화주의(republicanism)와 공동체주의(communitarianism)는 그 사상의 내용에 있어 유사성이 있고, 일부 학자들의 경우에는 공동체주의자라고도 하고 공화주의자라고도 불리며, 샌델과 같이 한때 공동체주의자의 대표자였던 사람이 이제는 자신을 공화주의자라고 공언하기도 한다. 이에 공동체주의와 공화주의는 동일한 것으로 오해되기도 하며, 또 때로는 그 차이가 지나치게 과장되어 화해할 수 없는 것으로 간주되기도 한다. 따라서 양자의 관계와 그 공통점 및 차이점에 대해 고찰할 필요가 있겠다.

사실 공동체주의와 공화주의는 양자의 라틴어 어원-공동 생활(*communitas*)과 공공의 것(*res publica*)-에서 알 수 있듯이 밀접하게 관련된 학파이다. 둘은 모두 자유주의가 개인의 권리와 자유에 대한 과도하거나 오도된 강조, 즉 사회적으로 타락한 형태의 개인주의를 양성한 데 대한 책임이 있다는 것에서 출현하였으며, 자유주의에 비해 공동체를 보다 중시한다는 점에서 공통된다.[144]

한편, 공동체주의는 1970년대 후반부터 시작된 역사가들의 공화주의 연구에 의해 촉발된 것이기도 하다. 즉, 1980년대 들어 포콕의 공화주의 연구는 정치철학에 즉각적인 영향을 미치기 시작했는데, 공동체주의 철학자들은 그들의 이론을 뒷받침해 줄 수 있는 역사적 근거로 포콕의 공화주의 연구를 받아들였던 것이다.[145]

---

143) 大森秀臣, 『共和主義の法理論-公私分離から審議的デモクラシーへ』, 32-34면.
144) Richard Dagger, "Communitarianism and Republicanism", p.167.

이제, 한때 공동체주의자의 대표였던 샌델이 스스로를 공화주의자로 공언하게 되는 과정을 살펴봄으로써 공화주의와 공동체주의의 관계에 대한 이해를 시도해 보기로 하자. 샌델은, 앞서본 자유주의의 공동체주의에 대한 (세번째) 반박을 수용하여, 공동체주의의 공동체는 무수한 형태가 있으며 심지어 도저히 수용할 수 없는 전체주의적인 공동체도 있다는 점을 인정한다. 즉, 그는 "'공동체주의'라는 용어는 … 권리가 공동체의 성격이나 시대를 불문하고 그 주어진 공동체의 가치와 선호에 기초해야 한다는 것을 의미하는 한 문제가 있다."고 한다.146) 따라서 그는 이런 오해를 불러일으키는 용어를 버렸고 '공화주의'를 선호한다. 그는 자유주의에 대한 비판을 계속 하지만, 주어진 시대와 주어진 공동체의 지배적인 가치와 선호에 헌신하는 공동체주의자로서보다는 '시민들 사이에서 자기통치가 요구하는 성격을 계발하는 정치, 즉 구성적 정치(a formative politics)에 헌신하는' 공화주의자로서 자유주의를 비판하기에 더 나은 위치에 서게 된다고 믿고 있다.147) 공화주의자에게 중요한 것은 공동체 그 자체가 아니라 자기통치적이고 공공성으로 충만한 시민들의 공동체인 것이다.

정리하자면, 공동체주의와 공화주의 사이에는 공통점과 연속성이 있지만, 다음과 같은 차이점이 있다. 우선, 공화주의가 그 계보와 명칭을 고대 로마와 고대 그리스에까지 소급시키는 데 반해, 공동체주의의 기원을 위해서는 19세기 이전까지 갈 필요가 없으며, 1980년대 이후에야 자유주의-공동체주의 논쟁의 결과로서 '공동체주의자'라는 용어는 현재의 이름을 얻게 된

---

145) 조승래, 「누가 자유주의를 두려워하랴?」, 『역사와 담론』제54집, 호서사학회, 2009, 278-279면. 예를 들면, 매킨타이어가 붕괴된 서구의 도덕·정치 문화를 재건하기 위해 '덕'의 윤리를 찾아 결국 고대 그리스에 이르러 '덕'으로 상징되는 아리스토 텔레스의 윤리관을 재발견하여 좋은 삶을 위한 공동체적 맥락을 강조한 것은, 공화주의가 그리스에서 기원을 찾는 것과 일맥상통하는 측면이 있다.

146) Michael Sandel, "Political Liberalism", *Harvard Law Review* 107, 1994, p.1767.

147) Michael Sandel, *Democracy's Discontent*, p.5-6.

다.[148] 다음으로, 공화주의자들은 정치적 공동체의 건설 및 그 과정(에의 참여)을 강조한다는 점에서 공동체가 이미 공유하고 있는 전정치적(pre-political) 가치들의 표현을 정치로 간주하는 공동체주의자와는 차이가 있다. 이런 점에서 볼 때, 공화주의적 헌법 사상은 정적이고 편협하며 강압적인 것으로 빠질 수도 있는 공동체주의와 일치하지 않는 것이다.[149] 그리고, '철학적' 면에서든 '정치적' 면에서든 막연하게 공동체에 기대는 공동체주의는 도움이 되기에는 너무나 모호하고 가변적이기에, 공화주의는 그런 막연한 '공동체'에 의지하지 않는다.[150] 그 밖에, 공동체주의의 출발이 주로 (도덕)철학자에 의해 이루어졌다는 점에서 알 수 있듯이 공동체주의가 본격적인 정치이론이나 법이론이 되기에는 다소 부족하다는 점도 지적될 수 있다.

---

148) Richard Dagger, "Communitarianism and Republicanism", p.167.

149) Frank Michelman, "Law's Republic", p.1495.

150) Richard Dagger, "Communitarianism and Republicanism", p.173.

제4절 공화주의에 대한 비판과 재반론

1. 공화주의에 대한 의구심

공화주의에 대한 다양한 의구심을 살펴보기 전에 우선 공화주의에 대한 '오해의 문제'와 공화주의의 '가능성의 문제'를 구분하도록 한다. 예를 들어, 공화주의에서 전체주의적 주장을 읽어내는 경우 공화주의자는 공화주의와 전체주의(全體主義)가 유사한 것이라는 오해를 풀어내야 한다. 나아가 비록 그것이 오해라 하더라도, 그 우려는 공화주의적 사회가 그렇게 되지 않겠느냐 하는 점에 대한 지적일 수 있기 때문에 공화주의자에게는 다음 과제가 남게 된다. 그는 전체주의의 가능성이 없다고 하거나 그럴 가능성이 있다 하더라도 차단하고 방지할 방법이 있다는 점까지도 제시해야 하는 것이다. 이처럼 공화주의에 대한 의구심은 공화주의에 대한 오해에서 비롯되기도 하며, 공화주의가 가능한지 그리고 공화주의가 바람직한지에 대한 의문에서 생기기도 한다.

때로 공화주의는 잃어버린 과거의 이상향에 대한 단순한 향수(鄕愁)로 간주되기도 한다. 최근 비롤리(Maurizio Viroli)와의 대담에서 보비오(Norberto Bobbio)는, 시민적 덕성에 기초한 공화국이라는 공화주의자의 공화국은 도덕적·정치적 이상향에 불과하며 현실은 그렇지 않다고 말한다. 어떤 실제의 국가도 시민의 덕성에 기초하여 있지 않으며 실제의 국가는 시민이 일반적으로 덕성 있지 않다는 가정에서 법과 규칙에 의해 통치되는 것이라고 지적한다. 결국 공화주의자의 공화국은 이상적 미래에 대한 꿈이거나 이상적 과거에 대한 향수라는 것이다.[151] 이러한 지극히 현실적이고 합리적인 지적에 대해 비롤리는 비록 완전하지는 못지만 다음과 같은 답을 내놓고 있다: "시민적 덕성에 충만하지 않은 시민들이 있기에 국가의 목적은 '부도덕한 시민의 고삐를 죄는 것'이며, 그것은 또한 공화국에서 왜 시민적 덕성이 필요한지를 보여주는 것이다. 국가의 주된 목적은 거만하고 야망있고 부패한 자를 견제하는 데 있기 때문에, 시민들은 '자유에 고삐를 단단히 쥘' 수 있어야 하며 자유를 갈망해야 한다. 부패에 대한 견제를 유지하기 위해서는 좋은 법뿐만 아니라 시민적 덕성을 가진 시민이 필요하다."[152]

한편, 우리나라에서 대두하고 있는 공화주의적 헌법해석 시도의 실익에 관해 이미 존재하는 민주주의·법치주의·사회국가 등 다른 헌법원리를 반복하는 것은 아닌지 조심스럽게 의구심을 보이는 견해도 있다.[153] 물론 위 헌법원리들의 이상적인 내용들은 공화주의가 말하는 바와 유사하지만, 비롤리가 지적하고 있듯이 그런 유사점은 그것들이 원래 공화주의에서 나온 것이기 때문일 것이다.[154] 그렇다면 공화주의는 민주주의와 법치주의, 사회국가 등의 진정한 의미가 무엇인지 재고하는 데 기여할 것이다.

그리고, 헌법에 대한 공화주의적 접근을 종래의 자유주의적 헌법해석에 대립되는 메타헌법적 차원에서의 헌법해석 시도라고 평가할 때, 이런 태도는 그렇지 않아도 이데올로기적인 성향을 가진 헌법의 이데올로기성을 더욱 촉진할 가능성이 있으며, 메타적 차원의 접근은 헌법해석 전반에 대하여 일정한 이데올로기적 편향을 인정하는 것으로 비추어질 수 있어 헌법해석에 대한 신뢰에 금이 갈 우려가 있다고 염려하기도 한다.[155] 그렇지만, 헌법은 본

---

151) Norberto Bobbio & Maurizio Viroli, *The Idea of the Republic*, Allan Cameron trans., Cambridge, UK: Polity Press, 2003, pp.11-12.

152) Norberto Bobbio & Maurizio Viroli, *The Idea of the Republic*, p.12.

153) 김선택, 「공화국원리와 한국헌법의 해석」, 76면.

154) 모리치오 비롤리, 『공화주의』, 41-42면.

155) 김선택, 「공화국원리와 한국헌법의 해석」, 69-70면. 그래서 김선택 교수는 적어도 전략적으로는 메타차원보다는 헌법내재적으로 공화국을 이해하는 것이 더 현명하며, 공화주의에 입각하여 헌법해석 전반을 지도하려고 하는 것은 철학적-정치적으로는 몰라도 헌법학에서는 어렵다고 한다.

질적으로 이데올로기 지향적인 것으로서 이데올로기성을 배제하고 접근한다는 것은 오히려 진실을 감추는 것이며 또한 불가능한 것이기도 하다. 헌법은 다양한 이데올로기·이념·원리들을 포함하고 있으며 이들이 조화롭게 실현되어야 한다. 그런데 이 지점에서 공화주의는 헌법이 자유주의적 편향성을 띠고 있기에 다른 이념에 의한 교정이 필요하다는 것을 주장하는 것이다. 공기가 탁해져야 숨 쉬고 있다는 것을 깨닫듯, 근현대 헌법이 이론과 실제에서 삐걱거리기 전까지는 헌법이 '자유주의'라는 이데올로기성을 가진다는 것이 잘 인식되지 못했다. 따라서 공화주의적 헌법해석은 우리가 어느 지점에 와 있으며 어느 방향으로 가고 있는지를 알려주는 나침반이 되는 것이라 하겠다.

한편, 공화주의는 자유주의를 오해하고 있다거나 공화주의의 주장들은 자유주의를 통해서도 충분히 해결가능하다는 반론도 있다. 자유주의는 수 세기에 걸쳐 서구 근대를 지배해 왔기 때문에 자유주의에는 온갖 다양한 갈래와 유형이 포함된다. 단순하고 순수한 자유주의로부터 그 핵심원리를 급격하게 변형한 자유주의까지 자유주의의 모습은 변화무쌍하다. 심지어 공산주의까지도 이성과 계몽을 저 끝까지 밀어올려 이상적인 사회를 실현하려 했다는 점에서 자유주의의 급진적 변종이라고 불리기도 한다. 따라서 자유주의의 풍부한 토양으로 볼 때 군이 공화주의론을 끌어들이지 않더라도 자유주의의 원상회복·개선에 의해 문제를 해결할 수 있다는 주장도 가능하다. 또한 공화주의에 의해 제시된 구성요소와 전제들이 매력적이기는 하지만 '그 매력은 공화주의와는 별개'라는 주장도 있다. 지금의 혼탁한 체제는 자유주의와 민주주의의 본래적 모습을 잃었기 때문인 것이지 공화주의의 주장은 이미 자유주의와 민주주의에 존재했던 것으로 그리 새로운 것을 말해주는 바가 없다는 것이다.

그러나, 예를 들면, 현대 자유주의자의 대표 롤즈는 약자에 대한 배려와 부의 분배를 옹호했지만 그의 주장은 현실적으로 사회적 민주적 정책에 의해 지지되지 않았고, 그의 '다원주의의 사실'이라는 것은 단지 더 많은 개인주의를 주창하는 것에 지나지 않게 되었다.156) 따라서 자유주의의 바람직한 모습을 되살려 자유주의의 건강을 회복하려는 시도는 공화주의를 받아들이는 것보다 더 어렵다고 생각된다. 이미 현대 생활의 전제가 되어 버려 기력이 쇠한 자유주의는 현재의 사회에 토대를 제공해 줄 수 있을지는 몰라도 새로운 영감을 주기에는 역부족이기 때문이다.

끝으로, 우리 사회에서 공화주의 논의가 반드시 필요한 것인지, 즉 우리나라에서의 공화주의의 적실성 또한 문제된다. 우선, '국가'라는 이름 아래 개인과 사회의 자율성을 종속시키는 생각을 널리 '국가주의'(國家主義, statism)라고 부른다면, 우리 사회는 국가주의적 성향이 매우 강력하다고 할 수 있음에도 공화주의를 논하는 것이 과연 적절한가라는 의문이 제기된다.157) 공화주의는 사회와 유리된 개인의 자유와 권리 주장이 절제되어야 한다고 보지만, 우리의 전통적인 유교 문화에서는 자유라는 가치가 발전하지 못하고158) 권리존중의 윤리관이 형성되지 못하였기에 우리에게는 더 많은

---

156) Iseult Honohan and Jeremy Jennings, "Introduction", *Republicanism in Theory and Practice*, p.1.

157) 그런 점에서 최장집 교수는 『민주화 이후의 민주주의』의 초판(2002년)에서 자유주의와 공화주의를 요청하면서, 공화주의의 원천을 (i) "대한민국은 민주공화국이다."이라는 헌법 제1조의 내용과 (ii) 1960년대 이래 민주주의를 위한 운동의 전통 속에서 발견할 수 있다고 하였지만, 개정판(2005년)에서는 자유주의와 공화주의에 대한 내용을 삭제하였다. 그 이유는, 초판에서는 우리의 과도한 민족주의와 민중주의 경향의 해독제로서 자유주의의 가치를 확인하여 민주주의 이념의 기초로 삼는 한편 권리중심적·개인주의적 자유주의에 대응하는 균형자로서 공화주의를 불러들였으나, 자유주의가 과연 그런 기능을 할지 의문이고, 또한 민주화 운동에서 나타난 정신을 공화주의의 발현으로 보기도 어려우며 공동체를 강조하는 공화주의가 한국적 토양에서는 오히려 부정적 효과를 낳을 수 있다고 보기 때문이라는 것이다(최장집, 『민주화 이후의 민주주의』개정판(2005), 293-300면).

158) 중국과 같은 유교 문화권에서도 자유 개념의 전통이 있었다는 주장으로는 윌리엄 시어도어 드 베리, 『중국의 '자유' 전통』(The Liberal Tradition in China, 1983), 표정훈 역, 이산, 1998 참조. 다만, 이 책에서 드 베리(de Bary)가 정의하는 자유주의와

공동체가 아니라 더 많은 자유와 권리가 필요할지도 모른다.

그리고, 자유주의에 있어 제한정부의 관념을 가장 기본적인 것이라고 할 때 우리나라에 제한정부라는 관념이 있기는 있(었)다고 할 수 있는지, 즉 시민의 자유를 제한하는 악한 존재이지만 현실적으로 필요하다는 필요악으로서의 국가(혹은 정부)라는 관념이 과연 있었는지도 문제된다. 지금까지 한국인들은 국가와 정부의 존재의의에 대해 의문을 가져본 적이 없으며 그 활동과 역할에 대해 진지한 고민을 해 본 적도 없다. 다만 정부가 일을 더 잘하기를 바래왔을 뿐이다.159) 대다수의 국민들은 국가를 국민들의 동의로 만들어낸 구성물로 보기보다는, 군사부일체(君師父一體)라는 관념 혹은 '나랏님'이라는 말에서 표현되듯이 국가를 지고(至高)의 존재로 보고 그에 복종하는 것을 당연시하는 전근대적 법관념을 가지고 있다고도 할 수 있다.160) 이렇게 국가와 정부에 대한 기본적인 관점이 구미와 다른 우리에게 있어 자유주의에 대한 비판으로서의 공화주의가 실효성이 있을지도 문제되는 것이다.

또한 언제나 외국 이론의 수입(輸入)에 급급하고 수입된 이론이 유행(流行)하는 한국학계에서 '공화주의 이론'은 또 하나의 지적 유행(知的 流行)에 불과한 것일 수도 있다. 그래서 외국 이론의 수입보다는 우리의 현실을 정확히 진단하고 우리 내부의 전근대성·봉건적 잔재를 청산하는 것이 우선되어야 한다는 주장도 있다.161)

자유 개념에서 알 수 있듯, 유교 문화권의 자유 개념이 적어도 서구 자유주의의 '국가와 같은 공동체로부터의 자유'가 아님은 명확하다.

159) 정부의 역할에 대한 한국인의 태도를 연구한 실증조사에서도 자유주의적 제한 국가 관념이 우리에게는 어색함을 알 수 있다. 예를 들어 경제 분야에 있어서 한국인의 국가와 정부에 대한 태도는 정부의 다양하고 광범한 활동과 책임에 대해 긍정적인 것으로 나타난다(박종민, 「한국인의 정부역할에 대한 태도」, 『한국정치학회보』제42집 제4호, 한국정치학회, 2008 참조).

160) 한상범, 「현대 한국인의 법의식·법사상과 법학-그 현황과 문제-」, 『숭실대학교 법학논총』제13집, 2003 참조.

161) 이승환, 「한국에서 자유주의-공동체주의 논의는 적실한가?-아울러 '유사 자유주의'

여기서 공화주의의 한국 사회에서의 적실성에 관한 위의 질문에 답을 내리는 것은 이 책이 말하고자 하는 범위를 넘어 간다. 이 책은 위의 문제들에 대해 어떤 결론을 제시하려는 것은 아니며 또 그렇게 할 수도 없을 것이다. 최소한 지적할 수 있는 것은 서구와 우리 사회는 공공성의 붕괴와 사적 개인의 대두라는 문제점을 공유한다는 점이다. 공화주의에 대한 연구가 더 진척되면 이하 이 책에서 제시되는 해법 외에도 더 많은 길이 열릴 것이다.

2. 공화주의의 실현가능성과 적절성

(1) 공화주의의 실현가능성

가. 소규모 공동체의 문제

공화주의적 이상은 고대 그리스 폴리스(polis)에서와 같이 자급자족적이고 제한된 작은 크기의 공동체를 기반으로 하는데, 현대는 국가의 규모가 광대하고 하위 공동체 역시 거대하며 사회적으로는 고도로 유동적이고 상호의존적이므로 고전적인 공화국이 가능할 수 있을지 의문이 든다. 사실 좋은 공화국은 작은 크기이어야 한다는 것은 많은 공화주의자들의 결론(結論) 또는 전제(前提)가 되어 왔다.

아리스토텔레스는 『정치학』(Politika) 제7권에서 적절한 폴리스의 인구와 크기는 어떠해야 하는지 상세하게 논하면서, 인구는 "자급자족적인 삶을 가능하게 해주되 전체를 쉽게 개관할 수 있는 범위 내에서 최대다수"[162]이어

와 '유사 공동체주의'를 동시에 비판함-」, 『철학연구』제45권 제1호, 철학연구회, 1999 참조.
162) Aristoteles, *Politika*, 1326b22, 아리스토텔레스, 『정치학』, 377면(이하 이 책에서 우리말 번역본을 인용할 때의 '아리스토텔레스, 『정치학』, 377면'과 같은 용례는

야 하며 영토는 "주민들이 절제를 지키며 자유롭게 여가 생활을 즐길 수 있을 만큼 커야 한다."[163]고 하였다. 그리고 루소는 『사회계약론』에서 정부의 형태를 군주정, 귀족정, 민주정으로 나눈 후 진정한 민주정이 가능하려면, 첫째 인민들이 용이하게 모일 수 있는 작은 규모의 국가일 것, 둘째, 사안들이 굉장히 간단할 것, 셋째, 사회적 지위와 재산에서의 평등이 상당히 보장되어 있을 것, 넷째, 사치가 극소화되어 있을 것이라는 전제를 두고 있다.[164]

미국 건국기의 반연방주의자들이 광대하고 강력한 연방의 건설에 반대한 이유 역시 동일하다. 그들의 주장에 따르면, 영토가 큰 나라는 더 넓은 지역을 통치하기 위해 더 많은 정치권력을 필요로 하며, 또 흔히 부유하고 인구가 많기 때문에 호전적으로 되어 전쟁을 위해 독재로 변질된다. 그리고 공화주의적 질서를 유지하기 위해서는 시민들이 애국심을 가지고 항상 공적 사안에 대해 관심을 가지고 잘 알고 있어야 하지만 큰 나라에서는 그것이 불가능하다. 따라서 공화국은 작은 영토를 가진 국가에서만 가능하다는 것이다.

그러나, 몇몇 학자들은 위와 같은 공화국의 적절한 크기 문제에 대해 동의하지 않고, 근대 공화주의자들이 고전적 공화주의의 길로부터 갈라져 나와 개척한 길을 보여주기도 한다.[165] 이런 견해에 따르면, 고대 그리스의 고전적 공화주의자들과 대조적으로 마키아벨리로부터 유래하는 근대 공화주의자들은, 덕에 대한 그들의 관념, 즉 상업과 재산취득에 대한 허용 그리고 자연권에 대한 관심 때문에 기꺼이 대의제 정부와 거대한 정체를 받아들인다고 한다.[166] 그리고, 이탈리아 시민공동체에 대한 로버트 퍼트넘의 실증적 연구

'아리스토텔레스, 『정치학』, 천병희 역, 숲, 2009'의 337면을 가리킨다).

163) Aristoteles, *Politika*, 1325b30, 아리스토텔레스, 『정치학』, 378면.

164) J. J. Rousseau, *Du contrat social*, 3부 4장; 장 자크 루소, 『사회계약론』, 89면.

165) Thomas Pangle, *The Spirit of Modern Republicanism: The Moral Vision of the American Founders and the Philosophy of Locke*, Chicago: University of Chicago Press, 1988; Paul Rahe, *Republics Ancient and Modern: Classical Republicanism and the American Revolution*, Chapel Hill: University of North Carolina Press, 1992; Michael Zuckert, *Natural Rights and the New Republicanism*, Princeton, NJ: Princeton University Press, 1994.

에 따르면, 시민적 공동체는 근대적·합리적·비대면적인 사회에서는 불가능하다는 주장의 경험적 근거를 찾을 수 없다고 한다. 이탈리아의 경우 가장 비시민적인 곳은 바로 전통적인 남부 마을이며 가장 시민적인 곳은 북부의 현대 도시라는 것이다.[167] 또한 일반적으로 전통적인 마을에는 시민적 덕목이 있고 도시에는 악덕이 있다고 보거나 때로는 제도적 성과를 중간규모의 도시들에만 연관지으려고 하는 경향이 있지만, 도시의 규모나 인구밀도와 지방정부의 성패 사이에 어떠한 종류의 연관도 찾지 못했다는 것이다.[168]

생각건대, 확실히 광대한 국가나 대규모의 공동체보다는 소규모의 공동체에서 공화주의적 체제를 실현하기가 용이하다는 것은 분명하다. 문제는 근현대에 있어 대규모의 국가는 이미 전제되어 있다는 사실인데, 그렇다면 우리에게 요청되는 것은 공화주의의 불가능성을 핑계로 그것을 포기하는 것이 아니라 공화주의가 실현가능한 수준으로-예를 들면, 작은 지방자치단체의 활성화- 제도를 정비하는 것이어야 할 것이다.

나. 다원적 사회에서의 공동선 추구의 어려움

인간의 사익추구적인 경향을 논증하는 다양한 설명들-예를 들면, 공유지의 비극(tragedy of the commons), 공공재(public goods)의 부족 문제, 집합행동의 논리(logic of collective action), 죄수의 딜레마(prisoner's dilemma) 등-에 따르면 어떤 규제가 없을 때 인간은 공동선을 희생해서라도 사익을 추구하게 된다고 하므로 공동선의 달성은 논리적으로 불가능한 것이 아닌가 하는 의문마저 생긴다. 게다가 현대사회는 사적 영역에의 개입을 엄격히 거부한다는 점에서 다원주의가 적극 지지되는 사회라고 할 수 있기 때문에, 개인 각자의

---

166) Richard Dagger, "Communitarianism and Republicanism", p.170.
167) 로버트 퍼트넘, 『사회적 자본과 민주주의』, 172면.
168) 로버트 퍼트넘, 『사회적 자본과 민주주의』, 178면.

다양한 삶의 방식과 가치관에서 공동체 구성원의 공통의 이익과 합의, 즉 공동선이라는 것을 찾기란 쉽지 않은 일이다. 이처럼 현대 사회는 사익추구 경향이 강하고 다원적으로 분열된 사회이기 때문에 공동선의 추구가 강하게 요청되지만 바로 그러한 사회 조건을 가지고 있기 때문에 공동선의 추구 혹은 달성이 어렵다는 역설이 발생하는 것이다.

생각건대, 현대 사회에서 시민들이 시민적 덕성을 가지고 공동선을 추구한다는 것이 가능한지 하는 문제는 인간을 어떤 존재로 보느냐 하는 인간관과도 관련되어 있다고 할 수 있다. 자유주의적 인간관은 인간의 선호(選好)와 이해(利害)를 고정된 것으로 보아 그것들을 공적 영역으로 '그대로 들고 와' 관철하려 한다. 따라서 그러한 인간관에 서는 한, 공적 영역에서의 공적인 사안에 대한 합의의 여지는 없으며 오로지 선호와 이해 사이의 타협과 조정만이 있게 될 뿐이다. 그러나 공화주의는 개인의 선호와 이해가 사회와의 상호교섭 없이 자족적으로 성립되고 그 자체 완결적인 것으로 보지 않는다. 그것은 개인과 사회가 서로 영향을 주고받음으로써 형성되는 것이며 그런 만큼 계속 유동하는 것이다. 따라서 사적인 개인이 공적인 영역에 들어올 때는 그 선호와 이해가 변경되고 조정될 수 있는 것이다. 즉, 공화주의는 공적시민이 될 것을 요청하며 공적 시민으로서의 시민은 공동선의 추구를 위해노력할 것이라고 본다. 그렇게 함으로써 사익추구와 다원주의를 인정하면서도 동시에 공동선의 추구는 가능해질 것이다.

(2) 공화주의의 적절성

가. 배타적 성격 및 차별 승인의 문제

고전적 공화주의자는 시민적 덕성 혹은 자질과 능력 면에서 인간은 애초에 평등하지 않은 것이 자연법칙이라고 보기도 하였다. 실제로 고대 그리스

의 시민 자격은 내부적-여성·외국인 장기 거주자(메틱, *metics*)·노예의 배제-
으로나 외부적으로나 배타적이고 차별적이었다. 또한 근대 공화주의 전통 역
시 노예제, 여성의 참정권 배제, 유산 계층에 유리한 선거권 제한, 이민자들
에 대한 차별 등에 찬성하는 모습을 보여주기도 하였다.

그러나 덕의 능력은 지위나 정체성에 의해 미리 고정되어 있기 때문에 교
정불가능하다라는 가설은 공화주의 정치이론에 고유한 것이 아니며 모든 공
화주의자가 지지했던 것도 아니다. 오히려 공화주의에 따를 때 선한 시민은
발견되는 것이 아니라 창조되는 것이라 할 수 있다. 결국 재산이나 신분에
따른 위계질서를 인정하는 고전적 공화주의의 유산은 신분제가 철폐되고 인
간의 본질적 평등이 확립된 현대 민주국가에서는 별 문제가 되지 않는다.

오히려 시민적 덕성을 갖추지 못한 자, 시민적 의무를 다하지 않는 자에
대한 차별이 정당화되느냐 하는 문제가 제기되는 것이다. 사실 현대 자유주
의 국가가 공화국 시민으로서의 자격을 상실한 자를 앞에 두고도 해결하지
못하고 쩔쩔 매는 이유도 이 문제에 대한 규범과 원칙을 상실했기 때문이라
할 수 있다. 그런데 아리스토텔레스는 여기에 대해 이미 답을 주고 있는데,
국가 공동체의 본질상 공동체에 더 많이 기여하는 자가 더 큰 몫을 차지하는
것은 당연하다는 것이다.

> 국가 공동체가 존재하는 것은 모여 살기 위해서가 아니라 훌륭하게 활동하기 위
> 해서라는 것이 우리의 결론이다. 따라서 그런 공동체에 가장 많이 기여하는 자가
> 자유와 신분에서는 같거나 더 우월하지만 정치적 탁월함에서는 더 열등한 자들보
> 다, 또는 부(富)에서는 더 우월하지만 탁월함에서는 뒤처지는 자들보다 국가에서
> 더 큰 몫을 차지하는 것이다.[169]

아리스토텔레스는 정치적 정의(political justice)를 가리켜 '평등한 것은 평
등하게, 불평등한 것은 불평등하게' 취급하는 것이라 한다. 즉, 정의는 올바

---

169) Aristoteles, *Politika*, 1281a2, 아리스토텔레스, 『정치학』, 159면.

른 배분을 의미하며, 그것은 "주어진 사물들의 상대적 가치가 받는 사람들의 상대적 가치에 상응하는 배분"[170]이다. 따라서 동등한 자들에게 동등하지 않은 것이 주어지고, 평등한 자들에게 평등하지 않은 것이 주어지는 것은 자연에 배치되므로, "누군가 탁월함과 최선의 행위를 실현할 능력에서 걸출하다면, 그를 따르는 것은 바람직하고 그에게 복종하는 것은 옳다."[171]

생각건대, 이 문제는 법적 차별과 사실적 차별을 구분하여 봄으로써 해결의 실마리를 얻을 수 있을 듯하다. 우선, 시민적 의무를 어느 정도 선에서 인정하고 이를 강제할 것인지에 대해서는 논란이 있을 수 있으므로 그런 의무를 해태한다는 것을 이유로 한 법적 차별은 가능한 최소화하는 것이 바람직할 것이다. 다만, 공화주의의 입장은 자유주의의 입장보다는 더 강한 시민적 의무를 요구하며 그에 따른 차별은 정당화될 것이므로 법적 차별이 부정되지는 않을 것이다. 예를 들면, 병역의무를 회피하거나 면제받은 자에 대해 모든 공적인 활동을 금지하는 것은 허용되지 않겠지만 특정한 직종이나 직급의 공직 취임 금지와 같은 법적 차별은 허용될 수 있을 것이다. 한편, 비법적이고 비공식적인 차별, 즉 사실적 차별의 문제는 언제 어디서나 일어나고 있는 현상으로서 공화주의적 사회라고 해도 그것이 존재할 것이라는 점은 부정할 수 없다. 그러나 부, 권력, 집안, 외모 등과 같은 이유로 인한 차별이 아닌 시민으로서의 의무를 다하는지 여부에 의한 사실적 차별이라면, 이는 오히려 정의에 부합하며 공동체 구성원의 지지를 받을 수 있을 것이다.

나. 자유와 차이 및 갈등의 부정 우려

공화주의적 사회에 대한 가장 큰 우려 중 하나는, 공화주의가 동질적인 공동체 구성원을 전제로 공동선을 추구하며 시민적 덕성을 강조한다는 측면에

---

170) Aristoteles, *Politika*, 1325b7, 아리스토텔레스, 『정치학』, 372-373면.
171) Aristoteles, *Politika*, 1325b7, 아리스토텔레스, 『정치학』, 372-373면.

서 개인의 자유를 경시하고 권리를 부정하는 한편 공화주의적 가치 지향의
방향으로 사회를 획일화하여 국가주의적인 편향이 나타나거나 전체주의적인
사회로 귀결하지 않을까 하는 점이다.172) 그런 점에서 최근의 공동체주의자
와 자유주의자 사이의 철학적 논쟁에서도 '공동체와 자유는 서로 조화되기
어렵다'고 종종 지적되었다.

그러나 앞서 보았듯이, 공동체주의와 달리 현대 공화주의는 시민들이 민
족·문화·전통·애국심과 같은 것으로 결합되어 전정치적인 목표를 공유하여
야 한다고 보지 않는다. 일찍이 아리스토텔레스 역시 국가는 본성적으로 하
나의 복합체로서 국가가 지나치게 통일체가 된다면 그것은 국가가 아니라
가정이나 개인과 마찬가지이므로, 국가를 그런 통일체로 만들 수 있다고 하
여도 그래서는 안 되며 그럴 경우 국가는 파괴될 것이라고 경고한 바 있다.

> 다름 아니라 '국가 전체가 가능한 한 하나의 통일체가 되는 것이 최선이다.'라는
> 소크라테스의 가정을 염두에 두고 하는 말이다. 그러나 분명 국가는 계속해서 점
> 점 더 하나의 통일체가 되어 가면 결국 국가이기를 그만두게 될 것이다. 국가는
> 본성적으로 하나의 복합체다. 따라서 국가는 복합체에서 점점 더 통일체가 되어
> 갈수록 국가 대신 가정이 되고, 가정 대신 개인이 될 것이다. 가정은 국가보다 더
> 통일체이고, 개인은 가정보다 더 통일체라고 할 수 있기 때문이다. 따라서 국가를
> 그런 통일체로 만들 수 있다 하더라도 그렇게 해서는 안 된다. 그럴 경우 국가는
> 파괴되고 말 것이기 때문이다.173)

공화주의적 공동체라고 하여 갈등이 없을 수는 없으며 공화주의는 갈등과
대립을 인정한다. 예를 들면, 소득에 대한 누진세의 부과와 그 세율을 두고,
교회에 대한 지원과 과세를 두고, 포르노그라피의 허용 여부를 두고 구성원
간에 갈등이 발생하지 않는다는 것은 상상할 수 없다. 퍼트넘의 연구에서 보
듯이, 시민적 지역이라고 해서 정치에 갈등과 논쟁이 적다는 근거는 전혀 없

---

172) 예를 들면, 김선택, 「공화국원리와 한국헌법의 해석」, 76면.
173) Aristoteles, *Politika*, 1261a10; 아리스토텔레스, 『정치학』, 65면.

다. 다만, 그 곳의 지도자들은 보다 기꺼이 갈등을 해결하려고 할 뿐이다. 즉, 당파성이 결여된 것이 아니라 당파성이 개방성을 수반한다는 점이 시민적 지역의 특징인 것이다.174) 그리고 공화주의는 서로 다른 견해가 있을 수 있음을 인정하되, 다만, 의견 사이에는 우열이 있으며 대화와 토론을 거쳐 우월한 의견이 정당성을 확보할 수 있을 것이라고 믿는다. 또한 공화주의는 부와 권력이 불평등하게 분배된 사회 구조 속에서 사적 자유와 이익을 마음껏 추구하는 사회보다는 '시민적 공동체'에 오히려 진정한 자유가 있으며 거기서 자유는 더욱 풍부해진다고 본다.

요컨대, 자유와 차이 및 갈등을 인정하더라도 어떤 자유와 차이이며 갈등인지가 문제되는 것이다. 몽테스키외가 지적하듯이, 공화국에 있어 불행은 의견이 하나로 일치되지 못하여 당쟁이 발생하는 경우가 아니라 오히려 인민이 돈으로 타락되어 이익만을 바랄 뿐 당쟁이 없어진 경우이다.175)

---

174) 로버트 퍼트넘, 『사회적 자본과 민주주의』, 159면.

175) Montesquieu, *De l'espirit des lois*, 2편 2장; 몽테스키외, 『法의 精神 I』, 권미영 역, 일신서적출판사, 1990, 24면.

제 3 장

공화주의의 내용과 원리

이제 공화주의의 핵심 원리와 내용을 고찰해 본다. 공화주의의 강점 중 하나는 인간관과 국가관에서 시작하여 자유론을 거쳐 그 실현을 위한 정체론 및 시민적 덕성론에 이르기까지 나름의 종합적이고 일관된 체계를 제시한다는 점이다. 이하에서는 우선 자유주의에 대비한 공화주의의 인간상 및 국가·사회상이 무엇인지 알아본 후 그런 이상을 실현하기 위해 공화주의가 제시하는 자유에 대한 새로운 관념, 정치적 참여와 평등에 대한 요구, 실질적인 법의 지배, 심의적 정치에 대한 요청 등을 검토하며 마지막으로 공화주의의 정체론에 대해 살펴보도록 한다.

제1절 공화주의의 인간상과 시민적 덕성

공화주의는 자유주의와 구별되는 나름의 인간상과 국가·사회상을 상정하고 그것을 실현하기 위해 각종 법과 제도를 조성한다. 그리고 공화주의는 국가와 공동체의 효율적인 작동을 위해서는 시민적 덕성을 가진 시민들이 공동체의 일에 관심을 가지고 적극적으로 참여해야 한다고 본다. 시민들이 자신의 책임과 의무를 수행하지 않으면 제도는 제대로 작동하지 않으며 곧 공동체 전체가 부패하고 시민들은 자유로운 공간을 상실하게 된다는 것이다.

1. 자유주의와 공화주의의 인간상과 국가·사회상

토머스 홉스나 애덤 스미스에서 잘 알 수 있듯이, 자유주의자들은 인간을 이기적이고 경쟁적이며 합리적인 존재로 보았다. 그런데 공화주의자 마키아벨리 역시 보통의 인간은 이기적이고 게으르며 필요에 의해 강요당하지 않으면 어떤 좋은 일도 할 수 없는 존재라고 생각했다. 그래서 그는 인간을 공적 존재로 만들고 공동체의 부패를 막기 위해서는 법과 종교 같은 수단이 필요하다고 보았던 것이다.

이런 점에서 볼 때, 자유주의가 인간의 본성을 이기적으로 보는 반면 공화주의는 이타적으로 본다고 하는 논의는 본령을 비껴갔다고 할 수 있다. 양자의 인간관 차이는, 그런 성선설 v. 성악설의 구도보다는 개인과 공동체 사이의 관계 설정에서 드러나는 것이다. 그리고 거기에서 비롯되는 국가와 사회의 역할, 국가의 성격에 대한 입장 차이가 공화주의자와 자유주의자를 가르는 것이라 할 수 있다.

여기서 개인과 공동체의 관계 설정 문제에 대해서는 자유주의-공동체주의 논쟁을 참고하기로 한다. 앞서 살펴보았듯이 공화주의와 공동체주의는 서로 영감을 교환하였는바, 공동체주의자들에 의해 제기된 인간과 사회에 대한 관점은 공화주의가 자유주의를 비판할 때도 유용하게 차용할 수 있는 것이기 때문이다. 자유주의와 공동체주의는 "인간은 어떤 존재인가?"라고 하는 자아관(인간관)과, "어떤 사회가 바람직한가?"라고 하는 사회관에 대해 서로 다른 입장을 가진다.[1]

우선 자아관에 관해 보자면, 양자는 공동체와 개인 중 어느 쪽이 먼저인가, 개인과 공동체는 분리된 별개인가라는 점에 있어 다른 견해를 보인다. 자유주의는 공동체가 생기기 이전부터 개인이 존재한다고 주장한다. 그리고 개인=자아는 역사적인 맥락 및 사회적 배경 등에서 분리되어 어떤 목적과 애착을 가지는가, 어느 집단에 속하는가 등을 스스로 선택할 수 있는 독립된 선택주체이다. 즉, 개인은 공동체의 존재에서 독립된 선험적 선택능력을 가진다고 한다.

이에 대해 공동체주의자들은 공동체가 개인에 앞서 존재한다고 주장한다. 개인=자아는 선택에 앞서 타인에 대한 책무, 자신에게 주어진 역할, 공동의 이해 등을 지침으로 삼아 자기성찰과 해석을 할 필요가 있는바, 도덕적 진공 상태 속에서 선택할 수가 없다. 그런 선택의 지침을 주는 것이 바로 공동체이며, 자아는 타인과의 관계 속에서 비로소 자기를 도출해 낼 수가 있다. 다시 말해 공동체주의에서 자아는 어떤 특수한 공동체 속의 역사적 의미 및 공동 인식에 의해 구성된 '위치 지워진 자아'(situated self)이다.

양측은 위와 같은 각자의 자아관에 기초해서 그런 자아들로 구성되는 사회가 어떤 형태이면 가장 바람직한가에 대해서도 의견을 달리 한다. 자유주

---

1) 이하의 내용은 大森秀臣, 『共和主義の法理論-公私分離から審議的デモクラシーへ』, 28-32면을 참조한 것이다.

의는 독립된 선택주체를 전제로 하므로 각 개인이 공권력 및 타인의 개입을
받지 않고 자유롭게 목적과 선의 구상을 선택 내지 추구할 수 있는 사회가
가장 바람직하다고 본다. 따라서 사회는 어떤 특정한 선의 구상을 특권화하
고 그 선의 구상을 공유할 수 없는 다른 개인에게 이를 강요해서는 안 된다.
사회는 각각의 개인이 가진 선의 구상에 대해서 어느 쪽도 편들지 않는 중립
적인 입장에 있는 국가를 필요로 한다(국가중립주의). 그런데 개인이 자유롭
게 인생의 선택을 할 수 있도록 하기 위해서는 사회 구성원들이 모두 따라야
할 공통의 규칙이 보장될 것이 요청된다. 결국, 자유주의는 각 개인이 서로
를 자유롭고 평등한 인격으로 인정되고 공정한 조건에 따라서 협동할 수 있
는 공통의 규칙에 근거한 자유로운 사회를 이상으로 여긴다.

　　그러나 공동체주의는 공동체의 선재 혹은 공동체에 의해 위치 지워진 자
아를 전제로 하기 때문에 구성원끼리 보다 강하게 결속되는 사회가 바람직
하다고 본다. 사회는 타인에 대해서 자신의 권리나 이익을 주장하기만 하는,
서로 반목하는 제 각각의 개인에 의해 구성된 공간이어서는 안 된다. 사회는
오히려 역사 및 전통 속에서 계승되어 온 공동의 목적과 선을 중심으로 해서
결집되지 않으면 안 된다. 자유주의가 말하는 자아에 바탕할 때 공동체란 각
개인의 사적 이익을 실현시키기 위한 수단으로 결성된 '도구적(instrumental)
공동체' 이상으로 생각될 수 없지만, 사실 공동체는 모든 구성원이 그 안에
서 자기의 정체성과 역할을 이해할 수 있는 '구성적(formative) 공동체'이다.
따라서 공동체주의에 따르면 사회는 개인의 선한 삶에 대한 구상에 무관심
하다기 보다 오히려 개인을 공공심이 있는 도덕적인 시민으로 키우도록 해
야 한다고 여겨진다.

　　정리하자면, 자유주의에 의할 때, 개인은 공동체에 선존하는 존재로서 자
신의 삶을 외부에 영향받지 않고 선택하며 국가와 사회는 삶의 구상에 중립
적인 입장을 취하고 자유로운 선택을 보장하도록 하는 것이 바람직하다. 그
러나 공동체주의에 의할 때, 개인은 공동체 이전에 있는 존재가 아니라 공동

체에 의해 규정되는 존재이고 국가와 사회는 공동체 구성원들에게 어떤 규준을 제시하며 그들을 결속하도록 하는 것이 바람직하다.

위와 같은 자유주의의 인간관과 사회관은 의식적이든 무의식적이든 자유주의에 깔려 있는 이론적 전제 및 자유주의가 전제로 하고 있는 사회의 구조와 조건을 통해 추론할 수 있는 것이다. 그 이론적 전제는, 고전적 자유주의에 있어서는 자연상태와 자연권론, 사회계약론이라고 할 수 있고, 현대 자유주의에서는 롤즈에서 보여지는 바와 같은 원초상태, 무지의 베일과 같은 가정을 바탕으로 한 새로운 사회계약론이라고 할 수 있다. 그리고 그 사회의 구조와 조건이란, 자유주의 사회가 전제로 하는 혹은 자유주의 사회와 동일한 자본주의 사회의 구조와 조건이라 하겠다.

만약 자유주의자들이 주장하는 바와 같이, 사람들이 어떻게 자신의 삶을 살아야 하는가에 대해 옳은 답이 없다면 혹은 그런 답에 도달할 수 있게 해줄 합리적인 기준이 없다면, 각자에게 삶의 선택을 맡기는 것이 타당할 것이다. 좀 극단적으로 말하자면, 자유주의자에게는 아름다움과 진리를 추구하는 데 헌신하는 삶과 컴퓨터 게임을 하는 데 소모하는 삶, 오로지 돈만 버는데 혈안이 된 삶 사이에는 아무런 우열이 없다. 그러나 아리스토텔레스에게 있어 아무렇게나 사는 인간은 동물과 다름이 없으며 인간이라면 훌륭한 삶을 살아야 하는바, "훌륭한 삶이야말로 공동체 전체에게도 개개인에게도 주된 목적(telos)"[2]이다. 그에게 인간이란 단순한 물리적 생존(zēn)을 위해서 뿐만 아니라 훌륭한 삶(eu zēn)을 위해서도 본성적으로 함께 모여 살기를 원하는 정치적 동물이다.

> 이로 미루어 국가는 자연의 산물이며, 인간은 본성적으로 국가 공동체를 구성하는 동물(정치적 동물 zōion politikon)임이 분명하다. 따라서 어떤 사고가 아니라 본성으로 인하여 국가가 없는 자는 인간 이하거나 인간 이상이다. 그런 자를 호메로스는 '친족도 없고 법률도 없고 가정도 없는 자'라고 비난한다.[3]

---

2) Aristoteles, *Politika*, 1278b15; 아리스토텔레스, 『정치학』, 149면.

주의할 것은, 앞서 보았듯이 자유주의가 국가중립주의를 취한다고 하여 국가가 지향하는 바가 전혀 없는 것은 아니라는 점이다.[4] 자유주의 국가 역시 보다 나은 삶을 조성하기 위해 노력한다. 그러나 그 노력은 결코 강하지 않으며 강제력은 더더욱 인정되지 않는다. 솔직히 말해서, 자유주의 국가는 돈만 버는데 혈안이 된 삶이 아름다움과 진리를 추구하는 삶보다 못하다는 것을 결코 인정하지 않는다. 따라서 보다 좋은 삶과 바람직한 사회에 대한 구상을 방기한다. 그러나, 아리스토텔레스는 국가의 목표에 대해 명확히 했는데, 국가는 공동체 중 으뜸가는 공동체로서 선(善, agathon)을 추구해야 한다는 것이다.

> 모든 국가(polis)는 분명 일종의 공동체이며, 모든 공동체는 어떤 선을 실현하기 위해 구성된다. 무릇 인간 행위의 궁극적 목적은 선(善, agathon)이라고 생각되는 바를 실현하는 데 있기 때문이다. 이렇듯 모든 공동체가 어떤 선을 추구하는 것이라면, 모든 공동체 중에서도 으뜸가며 다른 공동체를 모두 포괄하는 공동체야말로 분명 으뜸가는 선을 가장 훌륭하게 추구할 것인데, 이것이 이른바 국가 또는 국가 공동체(politike koinōnia)다.[5]

물론 개인에게 삶의 주도권을 인정하여 개인의 자율에 맡기자는 자유주의의 주장이 국가가 좋은 삶을 적극적으로 형성해야 한다는 주장보다 더 나은 결과를 가져올지도 모른다. 각자가 강제와 강요 없이 자신이 원하는 삶과 가치를 자율적으로 추구하도록 한다는 자유주의의 이상은 충분히 존중받을 만하다. 문제는, 그렇게 개인에게 선택을 맡긴 결과 진정 독립적이고 자율적인 인간이 탄생한 것이 아니라, 에리히 프롬(Erich Fromm) 식으로 말하자면 '자

---

3) Aristoteles, *Politika*, 1253a1; 아리스토텔레스, 『정치학』, 20면.

4) 자유주의자들은 각자가 자유로운 가치판단에 따라 삶을 살아야 한다고 보는바, 이는 국가가 개인의 사적 생활에 개입하지 않는 상태를 바람직하다고 보고 그것을 지향하고 있는 것이라 할 수 있다. 따라서 자유주의 국가의 국가중립주의는 사실은 자유주의를 전제로 할 때 중립적인 것일 뿐이다.

5) Aristoteles, *Politika*, 1252a1; 아리스토텔레스, 『정치학』, 15면.

유로부터 도피'하여 대중의 압력에 굴복한 '자동기계'와 같은 인간들, 그리
고 프리드리히 니체(Friedrich Nietzsche) 식으로 말하자면 '가축떼' 혹은 '최
후의 인간'(the last man)과 같은 인간들만이 양산되고 있다는 점이다. 공화주
의의 문제 의식은, 적어도 어떠한 삶이 최선의 삶이라고 규정짓지는 않더라
도-아테네형 공화주의는 정치참여적 삶을 가장 고상하다고 보지만- 좀더 훌
륭한 삶이 있다는 점을 인정하고, 그렇다면 정치 공동체는 개인의 삶을 각자
에게 방치하기보다는 훌륭한 삶을 실현하기 위해 마땅히 노력해야 한다는
것이다.

이상의 논의를 정리하는 차원에서, 마크 터쉬넷(Mark Tushnet)이 인간 본
성(human nature)과 정치적 도덕성(political morality)에 대한 자유주의와 공화
주의의 입장 차이를 설명한 내용을 살펴보기로 한다.6) 그에 따르면, 자유주
의는 개개의 인간 주체를 도덕적, 정치적 정의의 궁극적 관심으로 간주하고
인간 동기의 비사회적이고 사익추구적 특성을 강조한다. 즉, 자유주의는 개
인의 욕구와 욕망을 전정치적(pre-political)인 것으로 여긴다. 인간에 대한 이
러한 관점으로부터 발단된 정치적 도덕성에 대한 자유주의 이론은 권리에
대한 존중을 통해 억압으로부터 개인을 보호하는 것을 목적으로 한다. 자유
주의 전통을 연구하는 학자들은 권리를 어떻게 정의할 것인가에 대해 오랫
동안 고심해 왔는데, 그들은 개인적 '선'과 사회적 '선'이라는 서로 경합하는
관념과는 별개로 '권리'에 대한 정의를 내려야 하며, 그래야만 사람들이 타
인을 억압하는 것을 막을 수 있다고 주장해 왔다. 자유주의 정부는 '경합하
는 선 개념들에 대해 중립을 지켜야' 한다는 것이다.

그러나 공화주의는 이에 대응되는 구조를 가진다. 공화주의 이론은 인간
본성에 대해 인간이란 권리를 지닌 독립적 존재라기보다 '함께 적극적으로
형성한 사회에 같이 참여함으로써 자신을 이해하고 삶의 의미를 찾는 사회

---

6) Mark Tushnet, *Red, White, and Blue: A Critical Analysis of Constitutitonal Law.*
   Cambridge, MA: Harvard University Press, 1988, pp.6-7.

적 존재'라고 주장한다. 한편, 정치적 도덕성에 관한 이론에 있어 자유주의는 사적 권리 영역과 정치의 '공적' 영역 간의 분리를 주장하지만, 공화주의는 이러한 분리를 부정한다. 공화주의에 따르면, '권리'를 정의 내리는 것은 개인에 좋은 것과 사회에도 똑같이 좋은 것에 대한 지속적인 정치적 대화와 별개로 행해질 수 없다. 공화주의는 평등한 시민들 간의 정치적 심의를 통해 선을 가장 잘 파악할 수 있고, 개인적 덕과 사회적 덕은 분리될 수 없다고 전제한다. 이러한 전제를 바탕으로 정부가 시민들의 인격을 형성할 수 있어야 하고 또 형성해야 한다고 주장한다.

2. 공화국과 시민적 덕성

(1) 공화국에서의 시민적 덕성의 요청

현대 국가 생활에 있어 우리가 시민적 덕성을 보이지 않는다면 국가는 제대로 작동할 수 없다. 예를 들면, 건강한 식생활을 하고 정기적으로 운동을 하며 음주와 흡연을 자제하는 등 시민들이 스스로 건강을 유지하지 않는다면, 국가는 적절한 보건의료를 제공할 수 없다. 시민들이 자신의 친족들에게 일종의 보호를 제공함으로써 어린이, 노인, 장애인들을 보호해야 한다는 책임감을 공유하는 데 동의하지 않는다면, 국가는 그들의 필요를 충족시킬 수 없다. 시민들이 소비를 줄이고 재생·재활용하려 하지 않는다면, 국가는 환경을 보호할 수 없다. 시민들이 습관적으로 차이를 불관용하는 등 일반적으로 정의감이 부족하면, 보다 공정한 사회를 만들려는 시도는 난관에 처하게 될 것이다. 즉, 시민들의 협동과 자기 절제가 없다면 자유주의 사회가 성공적으로 기능할 수 있는 능력은 점진적으로 감소한다.[7]

---

7) William Galston, *Liberal Purpose: Goods, Virtues, and Duties in the Liberal State.*

그런데 자유주의 국가는 시민적 덕성을 요청한다 할지라도 그것은 어디까지나 비공식적이고 비권력적인 방식으로 이루어질 수 있을 뿐이지 국가가 법률 등에 의해 강제하는 것은 금지된다. 예를 들면, 투표 참여를 촉구하는 캠페인은 벌일 수 있을지 몰라도 의무투표제(義務投票制)를 도입하고 투표하지 않는 경우 벌금을 부과하는 등의 조치를 취하는 것에는 망설인다. 그 이유는, 자유주의 국가에서 시민적 의무를 다할지 말지는 어디까지나 개인의 권리이자 자유의 문제일 뿐인 것이라고 보기 때문이다. 즉, 공사 분리(公私分離) 원칙에 따라 국가가 사적 영역에 개입하여 도덕을 강요할 수 없다는 것, 즉 그런 영역에서는 시민적 덕성을 강요할 수는 없다는 독트린이 있기 때문이다.

그러나 공화주의자들은 공화정이나 민주정의 경우에 시민적 덕성(市民的德性, civic virtue)8) 혹은 공민적 윤리 의식이 없이는 그 국가가 작동할 수 없다는 점을 한결같이 말하고 있다. 고전적 공화주의자들은 우리가 자유민주주의 국가를 당연한 전제로 여기고 다른 정체의 가능성을 상상하지 못하는 것과 달리 다양한 정체를 상정하고 관찰하였으며 또 각 정체에 알맞은 작동원리가 있다고 보았다. 예를 들면, 몽테스키외는 군주정체나 전제정체와 달리 공화국에는 국민의 덕성이 요청된다고 한다. 그는 『법의 정신』(De l'espirit des lois, 1748)에서, 누가 주권을 가지는가에 따라 정체의 종류를 공화정체, 군주정체, 전제정체의 셋으로 나눈 후9) 각 정체의 작동원리를 기술하고 있

Cambridge: Cambridge University Press, 1991, p.220.

8) '덕' 또는 '덕성'(virtue)이라는 용어는 원래 '탁월함', '훌륭함'을 가리키는 그리스어 아레테(aretē)에서 나온 말로서 로마에서는 '남성다운 강건함'이라는 뜻이 강한 라틴어 비르투스(virtus)로 번역되었다. 그 후 기독교가 지배적이 되고 나서는 겸손, 용서, 관용 같은 기독교적 덕목이 추가되었다. 이처럼 덕성에는 다양한 의미가 내포되어 있는데, 공화주의적 덕성이란 '시민'으로서 가져야 할 의식과 행동을 가리킨다고 할 수 있다.

9) Montesquieu, De l'espirit des lois, 2편 1장; 몽테스키외, 『法의 精神 I』, 19면; 몽테스키외는 국민 전체 혹은 국민의 일부가 주권을 갖는 정체를 공화정체로, 1인이 정해

는데, 군주정체에는 명예가, 전제정체에는 공포가, 민주정체는 덕성[10]이 요
청된다고 한다.

이제 앞서 본 자유주의 국가의 소극성에 대비되는 고대 그리스의 태도를
살펴보자. 기원전 5세기말 4세기 초반 아테네에서 활동했던 정치가이자 저
술가인 크세노폰(Xenophon)은 왜 스파르타가 유독 강하고 존경받는 폴리스
가 되었는지를 탐구했는데, 전설적인 입법자인 리쿠르고스(Lykurgos)가 법을
만들고 사람들이 그것을 지키면서 살기 때문이라는 결론을 얻었다. 리쿠르고
스 법에 의하면, 누구의 인신을 구속한다든지 무엇을 훔치는 것은 피해자에
게만 해를 끼치지만, 야비한 자와 비겁한 자는 나라 전체를 해친다고 여겼기
때문에 능력이 있으면서 좋은 일 하기를 게을리할 때는 잘못할 때와 똑같이
벌하도록 했다고 한다.

> 또 괄목할 만한 것은, 다른 도시에서는 누군가가 타인에게 잘못하면 벌하는데, 리
> 쿠르고스는 능력이 있으면서 좋은 일 하기를 게을리함이 분명할 때 잘못할 때와
> 똑같이 벌하도록 한 것이다. 틀림없이 리쿠르고스는 누구의 인신을 구속한다든지
> 무엇을 없앤다든지 훔치는 것은 피해자에게만 해를 끼치지만, 야비한 자와 비겁
> 한 자는 나라 전체를 해친다고 여겼을 것이다. 그래서 이런 사람들에게 더 무거운
> 벌을 내리도록 했던 것으로 생각된다.[11]

진 제정법(制定法)에 의거하여 통치하는 정체를 군주정체로, 1인이 법도 준칙(準
則)도 없이 자의(恣意)에 따라 모든 일을 행하는 정체를 전제정체라고 부른다. 나
아가 몽테스키외는 공화정체를 민주정체와 귀족정체로 나누는데, 국민 전체가 주
권을 갖는다면 그것은 '민주정체'이고, 주권이 국민의 일부에게 있다면 '귀족정체'
라고 한다.

10) Montesquieu, *De l'espirit des lois*, 3편 3장; 몽테스키외, 『法의 精神 I』, 32면: "군주
　　정체나 전제정체가 유지되고 지지받기 위해서는 청렴독실(淸廉篤實)이 크게 필요
　　하지 않다. 전자에서는 법의 힘이, 후자에서는 항상 쳐들고 있는 군주의 팔이 모든
　　것을 처리하고 억제한다. 그러나 민중 국가(민주 정체, État populaire)에서는 다른
　　하나의 태엽이 필요한데, 그것은 덕성(德性)이다."
11) 크세노폰, 「라케다이몬 정치제도」, 최자영·최혜영 역, 『고대 그리스정치사 사료』,
　　신서원, 2002, 22면.

그런데, 많은 사람들은 시민적 덕성을 개인적인 것으로 생각하거나 금욕이나 희생과 같은 도덕적 덕성과 오해하기도 한다. 그러나 공화주의는 훌륭한 인격이 아니라 '정치적인 덕성'을 요구할 뿐이며 시민에 대해 공익을 위한 과도한 희생을 요구하지도 않는다.[12]

시민적 덕성=정치적 덕성이라는 점에 관해 몽테스키외와 아리스토텔레스의 주장을 들어보기로 하자. 몽테스키외는 『법의 정신』에서 자신이 새로운 관념을 얻었다면서 감격스럽게 말하기를, "공화국에 있어서 '덕성'이라고 부르는 것은 조국에의 사랑, 즉 평등에의 사랑이라는 점에 주의해야 한다. 그것은 결코 도덕적 덕성도, 크리스트교적 덕성도 아닌 '정치적' 덕성이다."[13]라고 하였다. 아리스토텔레스 역시 공동체의 구성원 사이에는 단순한 개인적 미덕이 아닌 '정치적 우애'(philia politike, political friendship)가 있어야 한다고 하였다.[14] 아리스토텔레스는 시민적 우애의 종류 3가지, 첫째, 상호이익으로부터 유래하는 우애, 둘째, 상호쾌락으로부터 유래하는 우애, 셋째, 두 사람의 공동의 선이기 때문에 누구에게도 속하지 않는 선들에 대한 공유된 관심에서 유래하는 우애 중에서 세 번째의 것이 진정한 우애라고 하였다.

이처럼 시민적 덕성은 정치적 덕성이기에 시민적 덕성을 가진 시민들로 구성된 사회라고 하여 분쟁이나 의견의 다툼이 없지는 않다. 오히려 덕성 있는 시민들의 경우에 구체적인 문제에 대해 의견이 더 다를 수 있으며, 공공 이슈에 대한 소신이 상당히 강하기 때문에 갈등이 심할 수도 있다. 그러나 그들은 서로에 대해 도움이 되려고 하며 서로 존경하고 신뢰하며 상대방에 대해 관용을 베풀 줄 안다. 즉, 시민공동체의 시민들은 이웃과 다툼 없이 지낸다는 우리의 전통적·유교적인 훌륭한 이웃상과는 달리, 공적인 사안에 관심을 가지고 적극적으로 참여하는 사람이다. 그리고 공적인 사안이 문제

---

12) 모리치오 비롤리, 『공화주의』, 148면.
13) Montesquieu, De l'espirit des lois, 「저자의 주의(注意)」; 몽테스키외, 『法의 精神 I』, 8면.
14) 아리스토텔레스의 '정치적 우애'에 대해 더 자세한 것은 송석주, 「아리스토텔레스의 정치적 우애와 비지배적 상호성」, 경북대 석사논문, 2008 참조.

될 경우에는 사적인 관계나 이익을 이유로 공적 문제를 양보하지 않는 사람이다.

한편, 공화국은 공동체에 더 기여하고 공공선에 더 봉사하는 사람에 대해 충분한 보상을 하며 또 공적 명예를 위한 경쟁을 끌어내기 위해 노력한다. 이에 대해 비롤리는, 공공선에 봉사하려는 의욕과 능력을 가지고 있는 사람들에 대해 정당한 대가를 지불하는 공화주의 정치는 수준 높은 엘리트 집단을 생산하게 되고, 이러한 엘리트 집단은 다른 사람들의 시샘이나 분개를 자아내지 않게 되므로, 그 나라에는 아름다운 사회적 위계가 구축될 것이며 올바른 방향으로 서로 앞서려 노력하는 건강한 경쟁 분위기가 진작될 것이라고 한다.15)

따라서 시민적 덕성이 다른 사람보다 더 나아지려는 욕구, 더 유명해지려는 욕구까지 금지하고 제어하는 것은 결코 아니다. 오히려 그러한 욕구가 바른 길로 유도된다면 그것은 공화국에 매우 유용한 것이 될 것이다. 마키아벨리는 명성 있는 시민들이 없이는 공화국이 존속할 수 없고 어떤 식으로든 잘 통치될 수도 없지만 시민들이 얻은 명성은 참주정을 초래하기도 하므로 명성을 얻는 것이 도시와 도시의 자유에 해가 되지 않도록 하는 제도적 장치가 있어야 한다고 하였다. 그에 따르면 명성을 얻는 방법에는 2가지가 있는데, 하나는 공적인 것이고 다른 하나는 사적인 것이다. 공적으로 명성을 얻는 것은 공동선을 위하여 행동할 때 얻어지는 것으로 그런 길은 모든 시민들에게 열려 있어야 하며 또 그런 시민은 충분한 보상을 받아야 한다.16) 그러나 명성이 사적인 방법을 통해 얻어졌을 때, 그것들은 몹시 위험하고 유해하다. 예를 들면, 어떤 유력한 자가 돈을 빌려주거나 행정관으로부터 보호하는 등의 호의를 베풀어 사적인 명성을 얻는 것은 사람들을 그의 파당으로 만들며 유력자에 대해서는 자신이 법을 위반해도 무방하다고 여기게 만든다.17) 그

---

15) 모리치오 비롤리, 『공화주의』, 197면.
16) Machiavelli, *Discorsi*, 3권 28장; 마키아벨리, 『로마사 논고』, 524면.

래서 로마 공화국은 공적인 방법으로 명성을 추구하는 사람에게는 길을 열어 놓고 사적인 방법으로 추구하는 사람에게는 길을 막아 놓았다.[18]

따라서 우리는 시민적 덕성을 유지하고 함양할 수 있는 사회적 조건을 조성하고 법과 제도를 마련하여야 한다. 이 때 시민적 덕성이 존재할 수 있는 사회적 조건의 핵심은 시민들 간의 평등이라고 할 수 있다. 마키아벨리는 공동체의 운명은 시민들의 자질과 직결되는 문제라고 보고 시민들의 공공정신의 붕괴를 '부패'(corruption)의 문제로 이해하였는데, 부패를 가져오는 가장 중요한 원인은 시민들 사이의 불평등이라고 하였다. 즉, "인민이 타락하지 않은 도시에서 공공사는 쉽게 처리된다. 평등이 있는 곳에서는 군주국이 수립될 수 없고, 평등이 없는 곳에서는 공화국이 수립될 수 없다."[19] 아리스토텔레스는 역시 시민들이 '정치적 우애'를 갖게 할 방도는 시민들 사이의 불평등을 적게 하는 것이라고 하였다. 모든 국가에는 부자와 빈자, 그리고 중간계급(hoi mesoi)이 있는데, 부자와 빈자로 이루어진 국가에서는 사람들끼리 같은 길을 가지 않으려고 하기 때문에 정치적 우애가 있을 수 없다는 것이다. 즉, 공동체 내에서 빈부 차이가 크게 나게 되면,

자유민의 도시가 아니라 주인들과 노예들의 도시가 생겨나, 한쪽은 시기하고 한

---

17) Machiavelli, *Discorsi*, 3권 28장; 마키아벨리, 『로마사 논고』, 524-525면.
18) 마키아벨리가 제시하는 실제 사례를 보자. 로마가 극심한 기근에 시달렸던 한때 당대 최고의 부자 스푸리우스 멜리우스(Spurius Melius)는 자신의 비용으로 평민들에게 식량을 제공하겠다는 제안을 하였다. 지금 같으면 소위 '노블레스 오블리제'의 실천이라고 칭송했겠지만 로마 원로원은 전혀 다른 태도를 취했다. 그를 추종하는 파벌이 형성되고 분란이 우려되자, 사태를 지켜보던 원로원은 임시 독재 집정관을 임명하여 그를 처형하였던 것이다. 왜냐하면 분수를 넘어선 사람들을 제자리로 돌아오게 하지 않고 하나라도 처벌하지 않고 방치하면 이는 공화국을 파멸시키기 때문이다. 공화국이 그러한 선례를 남기게 되면, 올바른 길로 되돌리는 데 커다란 어려움이 따르기 때문이라는 것이다(Machiavelli, *Discorsi*, 3권 28장; 마키아벨리, 『로마사 논고』, 525면).
19) Machiavelli, *Discorsi*, 1권 55장; 마키아벨리, 『로마사 논고』, 238면.

쪽은 경멸한다. 그리고 우애와 국가 공동체로부터 이보다 더 거리가 먼 것은 아무 것도 없다. 공동체는 우애에 근거하기 때문이다. 이런 도시는 우애가 없으며 국가 공동체는 우애에 근거하기 때문이다. 그리하여 우애 대신 적대감을 품게 되면 사람들은 적과는 같은 길을 가려고도 하지 않는다. 국가는 가능한 한 동등하고 대등한 자들로 구성되려고 하는데, 이런 조건은 주로 그 구성원이 중산계급일 때 충족된다.[20]

그런데, 시민적 덕성을 함양하는 과정에서는 때로 사적 자유에 대한 간섭과 침해가 일어날 가능성도 있다. 그러나 거대한 인구와 다양한 삶의 모습 속에서 어느 한 사람의 자유도 침해하지 않고 무엇인가를 달성하는 것은 불가능하다는 점을 직시(直視)할 필요가 있다. 자유주의 국가는 사회가 부패되어 감에도 국가중립주의 또는 사적 영역에 대한 불가침이라는 미명 하에 그렇게 부패하는 방향으로 형성되어 가는 개인들의 심성과 자유를 '그 자체'로 인정하고 또 그렇게 형성된 개인의 자유에 대한 어떠한 조정도 적극적으로 행하지 않으려 한다. 그런데 사회가 부패하면 할수록 개인은 더 많은 자유를 요구하게 되고 자신의 자유와 권리에 대한 제한은 더욱 심한 것으로 느끼게 된다. 몽테스키외는 덕성을 잃어버리고 나면 법에 의해 자유로웠던 자가 법에 대해 자유로워지기를 바라고, 격률이었던 것을 가혹한 것이라 부르고, 준칙이었던 것을 구속으로 부르게 된다고 말한다.

민주 정체 밑에 살고 있는 그리스의 정치가는, 자기를 지탱할 힘으로서 덕성의 힘 말고는 인정하지 않았다. 오늘날의 정치가는 제조업이나 상업, 금융이나 부(富), 그리고 사치 그 자체에 관해서밖에 말하지 않는다. 이 덕성이 소멸될 때 야심은 그것을 받아들일 수 있는 마음속에 들어가고 탐욕은 모든 사람들의 마음속에 들어간다. 욕망은 대상을 바꾸므로 사람은 사랑하던 것을 사랑하지 않게 된다. 법에 의하여 자유로웠던 자가 법에 대하여 자유로워지기를 바란다. 각 서민은 마치 주인집을 도망쳐 나온 노예와 같다. 격률이었던 것을 가혹한 것이라 부르고, 준칙(準則)이 었던 것을 구속(拘束)이라 부르며, 친절이었던 것을 위협이라고 부른다.[21]

---

20) Aristoteles, *Politika*, 1295b13; 아리스토텔레스, 『정치학』, 231면.

결국 일견 개인의 자유를 충분히 존중하는 것처럼 생각되는 자유주의 국가에서는 누구의 자유도 존중되지 않는 상황이 되고 만다. 자유에 대한 존중 오히려 그것이 자유의 감소를 부르는 것이다. 자유주의 국가에서 사적 영역은 단순히 방임되는 것에 그치는 것이 아니라 그 사적 영역의 문제는 공적 영역으로 전이되어 결국 도덕적·정치적 무정부 상태를 초래하기 때문이다. 공화주의자들은 법과 제도만 잘 만들면 모든 것이 잘 되리라 보지 않고 시민의식 혹은 시민적 덕성이 필요하다고 주장했다. 그리고 그러한 시민의식은 오로지 공정한 정치와 사회 분위기 속에서만 나올 수 있다고 보았고, 그런 공동체 속에서 시민들은 사익보다는 공공선에 복무하려 할 것이라고 생각하였다.

(2) 이탈리아 시민공동체의 사례

정부의 효과적인 작동과 시민적 덕성이 상호의존하고 있다는 것을 실증적으로 밝힌 로버트 퍼트넘(Robert Putnam)의 저서 『사회적 자본과 민주주의: 이탈리아의 지방자치와 시민적 전통』은 시민의 덕성과 실천들, 시민적 참여, 시민적 정체성, 시민권 교육 등의 이슈에 대한 거대한 관심을 불러 일으켰다.[22] 거기서 퍼트넘은 공동체의 '시민성'과 '통치의 질' 사이에 어떤 연관성이 있는지, 또는 "부도덕한 시민들이 많아질수록 사회는 점점 더 성공적으로 작동하기 어려워진다."는 명제를 검증하고 있다. 그의 연구는, 공화주의 이론 논쟁이 정치철학에서 거세게 일어났던 것과 달리 경험적 연구가 별로 없었던 상황을 보강하고, 공화주의에 대한 각종 비판에 대해 실제적이고 경험적인 재반론을 한다는 점에서 의미가 깊다. 그리고 미국인 퍼트넘이 얘기하는 이탈리아에서 대한민국의 역사(歷史)와 사정(事情)을 그대로 읽을 수 있다는

---

21) Montesquieu, *De l'espirit des lois*, 3편 3장; 몽테스키외, 『法의 精神 I』, 33면.
22) 윌 킴리카, 『현대 정치철학의 이해』, 400면.

점 역시 흥미롭다. 그 연구를 상세히 살펴보면 공화주의와 시민적 공동체의 살아있는 현실의 모습을 파악할 수 있을 것이다.

우선, 이탈리아 정치의 역사(歷史)와 현황(現況)의 대강을 살펴보기로 한다. 이탈리아는 1870년대 통일 이후, 새롭게 형성된 민족국가의 허약한 통합을 치료하기 위해 강력한 중앙정부가 필요하다고 보아 나폴레옹 프랑스를 모델로 하여 중앙집권화하였다. 그 후 이탈리아는 1920-30년대의 파시스트 체제를 거쳐 2차 세계대전 후 비로소 민주정치가 출현하게 된다. 그런데 중앙집권에 대한 대중들의 혐오가 증가하면서 지방중심적 감정이 다시 나타난다. 결국 1970년대 초 공공보건과 치안 등 여러 문제들에 대한 관할권이 갑자기 중앙정부로부터 지방정부로 이전되었고, 지방정부는 보건, 주택, 도시계획, 농업, 공공업무 그리고 교육정책까지 광범위한 자치 입법권을 가지게 되었다.

이렇게 이탈리아 전역에서 다함께 시작된 지방자치가 크게 남부지역과 북부지역으로 나뉘어 성과가 엇갈린다는 점을 확인한 퍼트넘은, 북부의 에밀리아-로마냐 정부, 롬바르디아 정부, 토스카나 정부가 남부의 칼라브리아 정부, 풀리아 정부, 시칠리아 정부에 비해 반응성(responsiveness)과 효과성(effectiveness)이 훨씬 더 높은 이유가 무엇인지를 묻는다. 그리고 시민들 및 정치인들에 대한 인터뷰와 통계자료 분석, 실험 등을 통해, 그 근본적 원인을 이탈리아의 역사에서 비롯됨을 밝히고 있다. 즉, 과거에 시민공동체(자치도시들)가 형성되었던 지역-주로 이탈리아 북부지역-은 지금도 정부의 반응성과 효과성이 뛰어나며, 과거에 전제정권(노르만 왕조 등 왕국)이 있던 지역-이탈리아 남부지역-은 그렇지 못하다는 것이다. 예를 들면, 에밀리아-로마냐 지방정부의 청사는 깨끗하게 관리되고 공무원은 시민들의 문의와 요구에 친절하고 빨리 반응하며 시민들은 지방정부의 일에 관심이 많으며 공적 사안에 활발하게 참여하는 반면, 풀리아 지방정부의 청사는 잘 관리되지 않고 공무원은 시민들의 일에 반응하지 않으며 정부의 정책은 시민들에게 효과적으로 작동하지 않고 시민들은 지방정부에 참여하기보다는 사적 인간관계(후견-피후견제)를 통해 문제를 해결하려고 한다는 것이다. 즉, "안정적인 내각을 갖고 있고, 예산안을 제때 채택하고 계획대로 자금을 집행하고, 새로운 입법을 선구적으로 입안하는 지역들이 바로 탁아소와 보건소를 공급하고, 포괄적인 도시 계획을 발전시키고, 농민들에게 대부를 제공하며, 우편 문의에 신속하게 대답해 주는 지역이었다."[23]

이제 시민적 공동체와 비시민적 공동체에 대한 묘사를 좀 길지만 인용해 보겠다. 우선 시민적 공동체에서는 시민들이 공동체의 일에 관심을 가지고 참여하며, 법을 준수하고 상호신뢰를 가지며, 시민들 간의 관계는 수평적이며 협력적이다. 또 정치인들은 비교적 정직하고 시민들을 존중한다.

> 이탈리아의 어떤 지역에는 합창단과 축구팀, 조류관찰 클럽과 로타리 클럽이 많이 있다. 이들 지역의 시민들은 대부분 공동체 일에 관심을 갖고 일간신문을 열심히 읽는다. 그들은 공공 이슈의 성격에 따라서 공동체 사안에 관여하지, 개인적인 관계나 후견인-피후견인 정치에 의해서 관여하지는 않는다. 주민들은 서로가 공정하게 행동할 것과 법을 준수할 것을 믿는다. 이들 지역의 지도자들은 비교적 정직하다. 그들은 민중의 정부를 신봉하고, 자신의 정적(政敵)과 타협할 자세가 되어 있다. 이 곳의 시민과 지도자들은 모두 평등을 좋아한다. 사회적-정치적 네트워크도 수평적으로 조직되어 있고, 위계적이지 않다. 공동체에서 중요시하는 가치는 연대성과 시민참여, 협력과 정직이다.[24]

한편, 이와 반대쪽 끝에 비시민적 공동체가 있는데, 여기서는 사람들이 공공업무를 정치인의 것이라 여길 뿐 관심이 없으며, 정치참여를 하더라도 사익을 위한 목적일 뿐이다. 심지어 정치인들까지도 부정부패를 당연하게 여기고, 일반인들에게 법이란 위반하기 위해 존재한다. 한마디로 '시민'이라는 개념 자체가 없다고 할 수 있다.

---

23) 로버트 퍼트넘, 『사회적 자본과 민주주의』, 110면.
24) 로버트 퍼트넘, 『사회적 자본과 민주주의』, 173면.

이들 지역에서 공공생활은 수평적이기보다는 위계적으로 조직되어 있다. 여기에서는 "시민"이라는 개념 자체가 잘 발현되지 못하였다. 주민 각자의 관점에서 볼 때, 공공업무는 다른 사람-명사(i notabli), "보스", "정치가들"-의 일이지 내 일이 아니다. 공공복리에 관한 심의에 참여하고자 하는 사람이 드물고, 또 그럴 수 있는 기회도 잦지 않다. 정치참여도 개인적인 종속관계와 사사로운 탐욕 때문에 이루어지지, 공통의 목적을 실현하기 위해 정치에 참여하는 것이 아니다. 사회단체와 문화단체 활동도 빈약하다. 공공의 목적보다 사적인 충성이 우선한다. 사회 전반에 걸쳐서, 심지어는 정치가들까지도, 부정부패를 당연시한다. 정치가들은 민주주의 원칙에 대해 냉소적이기도 하다. "타협"은 언제나 부정적인 의미로만 쓰인다. 법이란 어기기 위해서 만든다(거의 모두 이 말에 동의한다). 그런데, 다른 사람들이 법을 무시하는 것은 용납할 수 없으므로, 모두들 아주 엄정한 규율을 요구한다. 이와 같이 서로 물고 물리는 악순환의 고리에 빠져서, 거의 모든 사람이 무력하다고 느끼고 착취당하고 있다고 느끼고 또 불행하다고 느낀다. 이러한 점을 모두 고려하면, 시민적인 공동체에 비하여 이러한 곳의 대의정부가 효율성이 떨어지는 사실은 전혀 놀랄 만한 일이 아니다.25)

위의 묘사는 좀 지나치게 도식화된 점이 있는 듯하지만, 대비되는 두 개의 공동체의 모습을 우리 눈 앞에 생생하게 그려내 주고 있다. 퍼트넘의 결론은, '사회적 자본'(social capital), 즉 '사회구성원들로 하여금 공동의 목표를 추구하기 위해서 보다 효과적으로 협력할 수 있게 하는 사회조직망, 취업, 신념과 같은 사회적 생활의 특징'이 많고 적음에 따라 정부의 작동성이 결정된다는 것이다.

이제 우리나라로 돌아와 보자. 더 많은 일자리, 안정적인 주거, 싸고 균등한 교육, 깨끗한 환경에 대한 요구가 넘치고 있다. 그런데 한국에서는 이런 요구가 공공 문제로 인식되고 있는가, 아니면 단순히 자신의 노력 또는 행운에 의해 사적으로 쟁취해야 할 것, 즉 개인의 문제로 환원해 버리고 있는가? 예컨대, 우리는 빈곤 지역에도 공원을 만들려고 하는 국민들인가, 아니면 돈을 많이 벌어 공원이 있는 부자 동네로 이사 가는 방법밖에 없다고 생각하는 국민들인가? 비정규직 노동자의 불안정한 고용문제에 대해 같은 노동자로서

---

25) 로버트 퍼트넘, 『사회적 자본과 민주주의』, 173면.

그들의 처지도 개선되어야 한다고 생각하는가, 아니면 열심히 자기계발을 하여 정규직이 되는 데 매진해야 한다고 생각하는가?

공공성을 공중도덕의 준수와 같은 차원이 아니라 우리 모두의 국가와 사회에서 다른 사람과 공존하려는 정신이라고 한다면 우리는 공공성이 파괴되고 있다고 할 수 있다. 확실히 우리 사회는 퍼트넘의 '사회적 자본'이 풍부한 것으로 생각되지는 않는다. 그 원인을, 노르만 왕조에 의해 지배된 경험이 있는 이탈리아 남부지역처럼 조선 왕조(朝鮮 王朝)와 같은 왕조 하에서 '백성'(百姓)으로 지낸 긴 역사의 경험에서 찾아야 할지, 급격하게 추진된 산업화와 도시화에서 찾아야 할지, 혹은 이른바 'IMF 사태' 이후 불안한 미래에서 비롯된 생존경쟁과 최근의 부동산투기(不動産投機)와 같은 극단적 이익 추구에서 찾아야 할지는 모르겠다. 그러나 언제나 우리는 정의와 평등에 대한 강한 욕구를 가져 왔기 때문에 우리에게 시민적 정신이 절망적으로 결여되어 있는 것으로 생각되지는 않는다. 그런 점에서 수십 년에 걸친 독재와 권위주의 정권이 끝나고 80년대 후반 이른바 '민주화'가 시작되어 그동안 억눌렸던 권리와 자유의 요구가 분출한 지 20여 년이 된 지금은 새로운 균형을 잡을 출발점이라고 하겠다.

제2절 공화주의적 자유

　　대개 입법·사법·행정의 모든 국가 작용은 국민의 자유와 권리에 대한 최
대한 실현을 지향하여야 한다고 얘기된다. 헌법재판을 보자면, 위헌법률심판
의 경우 법률이 '헌법에 위반되는 여부'를 판단하는 것은 곧 그 법률이 국민
의 자유를 침해하는지가 관건인 것이고, 헌법소원심판의 경우 헌법소원이 제
기될 수 있는 '헌법상 보장된 기본권을 침해받은' 경우란 곧 국민의 자유를
침해받은 경우를 가리킨다고 할 수 있다. 이렇게 모든 법·정치 제도가 자유
를 확보하고 실현하기 위해 존재한다고 하지만, 도대체 자유란 무엇일까? 헌
법상 보장되는 그리고 보장되어야 하는 '자유인 것'과 '자유가 아닌 것'은 어
떻게 구분되는가? 자유의 개념은 어떤 단일하며 역사적으로 변하지 않는 고
정된 것이 아니라는 점에서 논의는 시작된다.

　　'자유'(liberty, freedom) 개념의 재발견(再發見) 혹은 발명(發明)은 현대 공
화주의론에서 가장 각광받는 분야라고 할 수 있다. 기존의 '소극적 자유 대
적극적 자유'의 구도 혹은 '자유주의적 자유 대 민주주의적 자유'의 구도에
'비지배적 자유'라는 제3의 자유가 도입됨으로써 자유의 개념이 한층 더 풍
부해지고 소극적 자유론에서 비롯되는 문제점을 해결하기 위한 돌파구가 마
련되었다고 할 수 있다. 이하에서는 우선 자유에 대한 다양한 관념들을 개관
해 보고, 전통적인 소극적 자유론과 적극적 자유론의 주장을 살펴 본 후, 비
지배적 자유 개념과 그 유용성에 관해 검토하기로 한다.

1. 자유에 대한 다양한 관념들

일단, 서양철학사에서 과거에는 매우 중요했지만 이제는 의미가 없는 문제, "인간은 자유의지(自由意志)를 가지는가?"라는 결정론과 자유에 관한 오래된 주제와 이 책에서 다루는 사회적 자유·정치적 자유라는 주제는 전혀 별개의 문제임을 확인하도록 한다.26)

이제 자유라는 개념이 얼마나 다양하게 사용되고 이해되는지 몇 가지 예를 들어 살펴보기로 하자. 몽테스키외는 『법의 정신』에서 자유라는 말만큼 다른 의미가 많이 주어져서 사람들의 주의를 여러 가지로 끈 것은 없다고 하면서, 어떤 사람은 권력자를 물러나게 할 수 있는 의미로 자유를 받아들이고, 어떤 사람은 복종해야 할 사람을 선택하는 능력이라고 이해하고, 어떤 사람은 자신의 법률에 의해서만 통치되는 권리로 해석한다고 한다.27) 그런 후 자유란 "법이 허용하는 모든 일을 할 수 있는 권리"28)라고 하였다. 자유의 관념을 다양하게 쓰고 있는 다른 예로 이탈리아의 철학자이자 역사가인 베네데토 크로체(Benedetto Croce, 1866~1952)가 『자유발전의 역사』(Storia d'Europa nel secolo decimonono, 1932)에서 사용한 용법을 보자. 거기서 입헌주의 정부에 의한 절대주의의 대체를 말할 때 그것은 자유주의적 자유였고, 선거제도의 개혁과 정치적 참여의 폭을 넓혀야 한다고 말할 때 그것은 민주주의적 자유였으며, 또 외국의 지배로부터의 해방이나 민족 독립으로서의 자유를 얘기했을 때 그것은 보다 더 포용적인 자유의 외연을 지적한 것이라고 할 수 있다.29)

이처럼 왕의 지배로부터의 해방도, 외국의 압제로부터의 독립도, 자신이

---

26) 오카모토 세이지(岡本淸一), 『자유의 문제』, 진흥문화사, 1983, 11-18면 참조.

27) Montesquieu, De l'espirit des lois, 11편 2장; 몽테스키외, 『法의 精神 I』, 184-185면.

28) Montesquieu, De l'espirit des lois, 11편 3장; 몽테스키외, 『法의 精神 I』, 185면.

29) 베네데토 크로체, 『자유발전의 역사』(Storia d'Europa nel secolo decimonono, 1932), 김정남 역, 홍신문화사, 1991; Norberto Bobbio, Liberalism and Democracy, p.45.

스스로 법을 제정하고 정책을 결정하는 것도, 그리고 법이나 타인의 간섭 없이 마음대로 하는 것도 모두 '자유'라고 불린다. 그리고 모든 국가와 정부는 자유의 실현과 보장을 지향한다고 하며, 자유주의자도 사회주의자도 공화주의자도 모두 나름의 자유를 추구하며 자유를 대의로 내세우고 있다. 이런 면에서 볼 때 자유란 어떤 실체가 있는 개념이 아니라 단순히 정치적으로 지향되는 '좋은 것' 또는 '바람직한 상태'라고 해야 할지도 모르겠다. 유교 문화권에서 자유라는 달리 관념이 없었던 것을 생각해 본다면 서구에서는 최고의 정치적 이상 그것을 '자유'라고 불렀다고 할 수도 있을 것이다.

어쨌든, 자유란 무엇인지, 어떤 경우를 자유가 있다고 혹은 없다고 볼 수 있는지, 어떤 때 진정한 자유를 누린다고 할 수 있는지, 우리가 생활을 하면서 마주치게 되는 다양한 상황들을 예를 들어 생각해보자.

① 정부의 공익 캠페인, 대기업의 광고 공세, 사회적 주류가 강요하는 사고방식과 도덕으로부터 벗어나지 못할 때, 나는 자유롭지 못한가?

② 누군가를 폭행하거나 살인하고 싶은데 양심의 가책 때문에 못하는 경우, 술을 끊고 싶은데 충동 때문에 끊지 못하는 경우, 나는 자유롭지 못한가?

③ 누군가를 폭행하거나 살인하고 싶은데 처벌의 두려움 때문에 못하는 경우, 신호등을 무시하고 주행하고 싶은데 범칙금 때문에 못하는 경우, 나는 자유롭지 못한가?

④ 정부에 비판적인 견해 표명과 집회 참가가 금지되는 경우, 혼인 전 연애나 성관계가 금지되는 경우, 특정 종교를 가지지 않으면 공직 취임이 제한되는 경우, 나는 자유롭지 못한가?

⑤ 소득의 일정 부분에 대한 납세의무가 있는 경우, 수년 간 병역의무를 져야 하는 경우, 나는 자유롭지 못한가?

⑥ 돈이 없어 충치치료를 하지 못하는 경우, 돈이 없어 대학에 진학하지 못하는 경우, 생계를 위해 주7일·하루15시간을 일해야 하는 경우, 나는 자유롭지 못한가?

⑦ 장애인 의무고용 정책에 반대함에도 정책이 실행되는 경우, 상속세율·소비세율 인상에 반대함에도 세금이 인상되는 경우, 나는 자유롭지 못한가?

⑧ 부자와 권력자들이 직접 명령하거나 간섭하지는 않지만 그들 앞에서 굽신거리고 그들의 은혜를 기대할 때, 퇴직할 수는 있지만 일자리가 없어 대기업에 의

존할 때, 나는 자유롭지 못한가?

⑨ 부모님이 내게 명령하고 간섭하지만 그것이 나를 위한 것인 때, 정부와 법률이 각종 금지와 의무를 설정하지만 궁극적으로 사회를 조화롭게 만들기 위한 것인 때, 어쨌든 나는 자유롭지 못한가?

⑩ 공직을 맡거나 의견을 제시하는 등 시정에 전혀 관여할 수 없지만 시장이 훌륭하여 널리 자유를 보장해 주는 경우, 법률을 제정하는 데 전혀 관여하지 못하지만 제정된 법률이 훌륭하여 자유와 복지가 충분히 보장되는 경우, 나는 자유로운가?

위와 같은 무수한 갈등 상황을 대면하여 각자는 자신이 지지하는 자유론에 따라 자유의 문제를 달리 판단할 것이다. 예를 들면, ①사례의 문제는 대개 법적으로 의미있는 자유의 문제는 아니라고 보겠지만 그렇다면 왜 그것은 법적 자유로 취급되지 못하는지 의문이 제기될 것이다. 한편, 자유 여부의 핵심이 제약의 존부라고 할 때 ②와 ③사례는 내적 제약도 제약으로 볼 것인지에 따라 자유 여부 판단이 달라질 것이다. 그리고 ⑧과 ⑨사례는 소극적 자유론과 비지배적 자유론의 각 관점에 따라, ⑩사례는 소극적 자유론과 적극적 자유론의 각 관점에 따라 자유 여부에 대한 판단이 나뉠 것이다.

이들 자유의 문제를 정리하자면 자유는 다음과 같은 사항들과 관련되는 문제라고 할 수 있겠다.[30] (1)자유에 대한 서로 다른 관념이 도구적으로든 본질적으로든 정치 참여를 자유와 어떻게 연관시키는가? (2)자유의 사회·경제적 조건은 무엇인가? (3)집합적 자기통치와 공동선은 반드시 개인적 자유와 충돌하는가? (4)정부와 법은 자유를 증진하는가 아니면 훼손하는가? (5)공화국에서 강제는 어느 정도까지 정당화될 수 있는가?

이하에서는 종래 자유 관념 논쟁의 기본 구도라고 할 수 있는 '소극적 자유 대 적극적 자유'론을 검토한 후 최근 공화주의적 자유로서 강력하게 지지되고 있는 '비지배적 자유'의 내용을 알아본다. 앞서 간단하게 살펴보았지만, 사실 공화주의적 자유는 크게 2가지로 이해된다. 하나는 아테네형 공화주의

---

30) Iseult Honohan, *Civic Republicanism*, p.180.

에서 이해되는 바와 같은 적극적 자유 혹은 민주주의적 자유이고, 다른 하나
는 로마형 공화주의에서 이해되는 바와 같은 비지배적 자유이다. 페팃과 같
은 로마형 공화주의자는 공화주의적 자유를 적극적 자유로 이해해서는 안
된다고 주장하지만, 이 책에서는 어떤 자유의 개념이 옳다고 하기 보다는 자
유주의의 소극적 자유 관념의 문제점을 지적한다는 측면에서 양자를 모두
포용하기로 한다.

2. 소극적 자유와 적극적 자유의 대립

자유론 논의의 출발점이 되고 있는 자유주의적 자유론의 대표자인 이사야
벌린(Isaiah Berlin, 1909~1997)의 「자유의 두 개념」(Two Concepts of Liberty)
과, 벌린이 따르고 있으며 소극적 자유와 적극적 자유 논의구도의 시조라고
할 만한 벵자맹 콩스탕(Benjamin Constant, 1767~1830)의 자유론을 검토하
기로 한다. 그런 다음 흔히 적극적 자유의 이상적인 모습이라고 일컬어지는
고대 그리스의 자유란 어떤 것이었는지 알아보기로 한다.

(1) 소극적 자유론-콩스탕과 벌린의 논의

가. 벵자맹 콩스탕의 자유론

19세기 초의 유명한 자유주의자인 콩스탕은 1818년 프랑스 왕립학회에서
행한 유명한 학술 연설 「고대인의 자유와 근대인의 자유」(The Liberty of the
Ancients Compared with that of the Moderns)[31]에서 자유의 고전적 개념과

---

31) Benjamin Constant, "The Liberty of the Ancients Compared with that of the
Moderns", in *Benjamin Constant: Political Writings*, Biancamaria Fontana ed., Cambridge:

근대적(현대적) 개념의 구분을 상당히 정교하게 논하였다. 그의 고대인의 자유 개념과 근대인의 자유 개념의 비교는 곧 자유주의와 민주주의를 대립시키는 것과 동일한데, 그의 구분은 이 두 근본적인 주장 간의 곤혹스럽고 논쟁적인 관계가 어떤 역사적인 연원을 가지고 있는가를 살피는 데 좋은 출발점이 된다.32)

콩스탕의 논의를 본격적으로 살펴보자. 콩스탕은 19세기 초반 당대에 이해되던 자유와 정치에 대해 설명하는데, 그것을 들어보면 지금 우리의 자유 및 대의제 관념과 매우 흡사한 것임을 알 수 있다.

> 영국인, 프랑스인, 미국인이 오늘날 '자유'라는 개념을 어떻게 이해하고 있는지 … 그들은 오직 법에만 복종하며, 개인의 자의에 따라 체포, 감금, 사형, 가혹행위를 받지 않는다. 모든 개인은 견해를 표명하고 직업을 선택·수행할 자유를 가지며, 자유로이 재산을 처분하고 심지어 남용할 자유까지도 가진다. 허가 없이 자유로이 이동할 수 있으며, 그들이 하고자 하는 일이나 그 동기를 설명할 필요도 없다. 결사하고, 이해관계에 대해 토론하며, 스스로 또는 개인이 소속된 단체가 믿는 종교적 신앙을 고백하고, 기호나 일시적 생각에 따라 시간을 보낼 수 있다. 마지막으로 관료선출시 선거권을 행사하거나 스스로 대표로 참여함으로써 또는 당국에 요청·탄원함으로써 집행부에 영향력을 행사할 수 있다.33)

즉, 콩스탕은 법의 지배, 사상의 자유, 직업의 자유, 결사의 자유, 종교의 자유 그리고 선거권 및 피선거권 등을 근대인의 자유로 들고 있다. 이어서 그는 근대인의 자유를 고대인의 자유와 대비시키고 있는데, 고대인의 자유란 고대 그리스에서의 정치활동, 즉 직접 민주주의에서의 권력행사를 가리키는 것이다.

Cambridge University Press, 1988.

32) Norberto Bobbio, *Liberalism and Democracy*, p.2.

33) Benjamin Constant, "The Liberty of the Ancients Compared with that of the Moderns", pp.310-311.

고대에는 다음과 같이 절대 주권의 일부분을 집합적이지만 직접적으로 행사하는 것을 자유라고 생각했다: 전시·평시에 광장에서 하는 토의, 외국 정부와의 동맹 체결, 입법관련 투표, 판결, 행정관의 책무와 행위에 대한 평가·심사, 고소·형의 선고·사면을 하기에 앞서 군중 앞에 출두하도록 하는 요청.34)

그리고 콩스탕은 위와 같은 두 개의 자유에 대해 평가를 내린다. 그에 따르면, 고대 국가에 있어서는 개인이 보유하는 주권이란 추상적인 것이 아니었고 또 개인의 의지는 실질적인 영향력을 가진 것으로서 그것을 실현시키는 것은 그 자신에게 실질적인 기쁨인 반면, 근대인은 대중 가운데 묻혀 개인은 스스로 가지는 영향력을 인식하지 못하고 개인의 의지가 전체에 어떠한 영향력도 미치지도 못한다. 이러한 상황은 확실히 문제라고 할 수 있을 텐데, 이에 대해 콩스탕은 문명과 상업 발전의 결과 고대와 근대, 그리고 고대인과 근대인은 달라졌기 때문에 자유도 다를 수밖에 없다고 한다. 고대인들은 독립성을 희생하여 정치권을 얻었지만, 근대인들은 이제 고대 사람들보다 개인의 독립성에 더 많은 애착을 가지고 있기에 근대적 자유를 추구한다는 것이다. 프랑스 혁명 과정에 있어 그 선의에도 불구하고 많은 희생이 있었던 것은 이런 차이를 이해하지 못한 결과라는 것이다.

결국 "고대인들의 목표가 사회 권력을 시민 간에 공유하는 것이고, 그것이 고대인들이 말하는 자유라고 한다면, 근대인의 목표는 개인의 즐거움을 확충하는 것이고, 근대인들이 말하는 자유는 제도가 이러한 개인의 즐거움을 보장하는 것을 의미"35)하는바, 결국 현대에서 진정한 자유는 개인적 자유이다. 물론 개인적 자유는 정치적 자유에 의해 보장되며, 따라서 정치적 자유는 불가결한 것이지만, 근대인에게 과거와 마찬가지로 정치적 자유를 위해 개인의 자유를 희생하도록 요구하는 것은 분명 개인의 자유를 박탈하는 것이고 집

---

34) Benjamin Constant, "The Liberty of the Ancients Compared with that of the Moderns", p.311.
35) Benjamin Constant, "The Liberty of the Ancients Compared with that of the Moderns", p.317.

단 권력에 끊임없이 적극적으로 참여하는 것을 자유라고 보는 고대의 자유 개념은 오늘날 더 이상 인정될 수 없다.36)

요컨대, 콩스탕은 고대인의 자유와 근대인의 자유를 대립시키는 한편, 고대인의 자유를 근대인에게 강요하는 것의 무리함을 강조한다. 다만, 그는 고대인의 자유의 가치를 무시하지 않았다. 즉, 개인적 자유 추구에 빠져 정치적 자유를 잃어버릴 수 있는 근대적 자유의 위험성을 지적하고 고대인의 자유와 근대인의 자유는 서로 다른 가치를 가지는 것이므로 "두 가지 자유 중 어느 하나라도 부인해서는 안 되며 모두 통합적으로 이해하는 것이 필요하다"고 하였던 것이다.37)

나. 이사야 벌린의 자유론

한편, 벌린은 1958년 「자유의 두 개념」(Two Concepts of Liberty)38)을 발표하는데, 여기서의 '소극적 자유 대 적극적 자유'라는 도식은 이후 자유론 논의의 준거점이 된다. 앞서 본 콩스탕의 논의에 대응시키자면, 벌린의 소극적 자유는 콩스탕의 근대인의 자유, 적극적 자유는 고대인의 자유에 각 대응하는 것이라 할 수 있다. 벌린은 소극적 자유의 계보를 홉스, 벤담, 밀과 같은 영국의 고전적 정치철학자, 몽테스키외, 콩스탕과 같은 프랑스 계몽주의자, 그리고 제퍼슨, 페인과 같은 미국의 영웅들에서 찾으며, 적극적 자유를 헤르더, 루소, 칸트, 피히테, 헤겔과 같은 대륙의 낭만주의자들, 그리고 각종 종교

---

36) Benjamin Constant, "The Liberty of the Ancients Compared with that of the Moderns", p.316, 323.

37) Benjamin Constant, "The Liberty of the Ancients Compared with that of the Moderns", pp.326 -328.

38) Isaiah Berlin, "Two Concepts of Liberty," in *Liberty,* Henry Hardy ed., Oxford: Oxford University Press, 2002; 한국어 역: 이사야 벌린, 「자유의 두 개념」, 『이사야 벌린의 자유론』, 박동천 역, 아카넷, 2006.

의 신자들 및 자코뱅이나 공산주의자와 같은 급진주의자들과 연결시킨다.

위 논문에서 벌린은 '자유'라는 말이 무엇을 가리키는지 그 정확한 의미를 탐구하려고 한다. 그는 선례에 따라 자유를 2가지로 분류하는데, '소극적 자유'(negative liberty)를 '간섭/제약의 부재'(absence of interference/restraint) 혹은 '타인들로부터 선택을 방해받지 않는 자유'로 정의하고, '적극적 자유'(positive liberty)를 '자기지배'(self-government), '자아실현'(self-realization), '스스로의 주인이 되는 자유' 등으로 설명한다. 벌린의 결론을 미리 말하자면, '적극적 자유'는 '자유'라는 개념을 혼동한 것으로서 그 취지는 좋을지 모르지만 결국 '자유'는 아닌 것으로서 '소극적 자유'만이 진정한 자유라는 것이다.

그는 법적인 규제는 존재하지 않더라도 어떤 사람이 너무나 가난하여 그가 원하는 어떤 것을 구입하지도 향유하지도 못한다면 그 사람에게는 그럴 자유가 법적으로 금지되어 있는 것이나 마찬가지라는 주장에 대해 검토를 시작하는데, 벌린은 그런 주장이 말하고자 하는 바, 즉 정의, 평등 및 이웃에 대한 사랑을 충분히 인정한다고 하더라도 어쨌든 손실이 발생하고 포기되는 것은 '자유'라고 한다.

> 정의, 평등 및 이웃에 대한 사랑을 위하여 내가 포기하는 것은 어쨌든 자유이지 다른 것이 아니다. 이런 희생의 대가로 얼마나 많은 도움이 가능하더라도, 희생된 것은 희생된 것이다. 즉, 자유를 희생함으로써 자유를 증진할 수는 없는 것이다. … 정의 및 행복의 증가로 이 손실이 보상될 수는 있을지도 모른다. 그러나 여전히 자유는 감소한 것이다. 이에 대하여 비록 나의 "자유주의적" 개인적 자유는 줄어들었지만 다른 종류-사회적 및 경제적-의 자유는 증가하였다고 말하는 것은 용어의 혼동에 지나지 않는다.[39]

다시 말하면, 벌린에게 있어 '자유'는 그것을 실현할 수 있는 '조건'과 엄

---

39) Isaiah Berlin, "Two Concepts of Liberty", p.172; 이사야 벌린, 「자유의 두 개념」(박동천 역), 349면.

격히 구분되어, 아무런 법적 제약이 없지만 단지 가난 때문에 가질 수 없는 경우는 특정한 사회적·경제적 이론에 의할 때에만 자유롭지 못하다고 주장 될 수 있을 뿐인 것으로서,[40] 진정한 자유는 외부적 간섭의 부재, 곧 '소극적 자유'이다. 그리고 이러한 소극적 자유는 민주주의와는 필연적 연관은 없는 데, 소극적 자유는 방해받지 않는 영역이 무엇인가를, 즉 통제의 영역(area)을 주로 문제 삼는데 비해, 민주주의는 누가 지배할 것인가를, 즉 통제의 원천 (source)을 주로 문제 삼기 때문이다.

한편, 벌린에 따를 때 적극적 자유란, 자기지배 혹은 자아실현을 핵심으로 하는 것으로서, 자기 자신의 주인이 되고자 하는 소망, 즉 결정되는 것이 아 니라 결정하는, 스스로 방향을 찾아가는, 자신의 목표와 정책을 인식하고 실 현시키고자 하는 소망에서 비롯되는 것이다. 그리고 이러한 자아실현은 ① 실현시킬 수 없는 욕망을 버림으로써, ② 비판적 이성을 사용하여 세계를 이 해함으로써, ③ 집단적 자기지도를 통해서 이루어질 수 있는데, 첫째의 것은 종교가들과 같이 내면의 성(城)으로 전략적 후퇴를 하는 것이고, 둘째의 것 은 맑스와 같이 필연적인 것과 우연적인 것을 이해함으로써, 즉 세계와 사회 구조를 이해함으로써 자유로워질 수 있다는 것이며, 셋째의 것은 권위를 수 중에 두고자 하는 것으로서 주권적 의사결정을 하려는 것을 가리킨다.

그런데 벌린은, 앞서 말한 바와 같이 이러한 적극적 자유는 진정한 자유가 아니라고 하는 한편, 나아가 적극적 자유 주장의 위험성에 대해 경고하고 있 다. 즉, 적극적 자유에 대한 주장은 어떤 사람이 자신에게 무엇이 좋은지를 일상생활에서는 모르고 있지만 그의 '진정한' 자아는 그것을 식별하며 일단 '진정한' 자아가 드러나게 되면 그것을 선택하지 않을 수 없다라는 것인데, 이는 자아와 개인을 지극히 기괴한 방식으로 분리하는 일이며,[41] 비이성적 인간은 진정한 자아의 실현을 위해 이성적 인간과 공동체의 지도를 따라야

---

40) Isaiah Berlin, "Two Concepts of Liberty", p.170.
41) Isaiah Berlin, "Two Concepts of Liberty", pp.180-181.

한다는 것으로 연결되고 마는 것으로서 공산주의나 권위주의로 흐를 가능성
이 있어 위험하기조차 하다는 것이다.[42]

끝으로, 벌린은 「자유의 두 개념」 마지막 장에서 자신이 소극적 자유론을
지지하는 궁극적인 이유는 다원주의(pluralism)에 대한 그의 신념 때문임을
고백하고 있다. 그에 따르면 어떤 일원론적 신념에 대한 선험적인 보증이 없
다면 우리는 통상적으로 경험하는 세계와 인간을 기준으로 삼아야 하는데
세계는 양립가능한 똑같이 궁극적인 목적들과 똑같이 절대적인 요청들에 직
면해 있다. 그렇다면 외부적 강제와 간섭의 부재 그리고 개인의 선택의 자유
를 존중하는 소극적 자유를 그 귀결로 내포하는 다원주의가 더 인간적이고
타당하다는 것이다.[43]

(2) 적극적 자유론-고대 그리스의 자유

이제 적극적 자유를 대표하는 고대 그리스 아테네의 자유를 살펴봄에 있
어, 역사상 그 어떤 글보다 아름답게 정치적 이상을 표현한 페리클레스
(Perikles, 기원전 495~429년)의 펠로폰네소스 전쟁 추도 연설문을 참조하도
록 한다. 페리클레스는 아테네에서는 모든 시민이 법 앞에 평등하며, 가난이
나 출신성분 때문에 국가에 봉사할 기회를 잃지 않으며, 정치 생활이 자유롭
고 개방적이듯이 사생활도 자유롭지만, 공적인 문제에 있어서는 법에 복종하
고 법을 어기면 수치스럽게 여긴다고 한다.

> 우리의 정체는 이웃의 관례에 따르지 않고, 남의 것을 모방한 것이 아니라 오히려
> 남들의 규범이 되고 있습니다. 그 명칭도 정치 책임이 소수자에게 있지 않고 다수
> 자 사이에 골고루 나뉘어 있기 때문에 민주정(demokratia)이라고 불리고 있습니
> 다. 그리고 개인의 분규와 관련해서는 모든 사람이 법 앞에 평등하며, 이와 동시

---

42) Isaiah Berlin, "Two Concepts of Liberty", pp.198-200.
43) Isaiah Berlin, "Two Concepts of Liberty", pp.212-217.

에 개인의 가치에 따라, 즉 각자가 얻은 성망에 기초하여 계급에 의논하지 않고 능력 본위로 공직자를 선출합니다. 그리고 국가에 뭔가 기여할 수 있는 사람이라면 그 가난 때문에 이름도 없이 헛되이 죽는 일도 없습니다. 우리는 자유롭게 공직에 종사하고 서로 일상생활에 힘씁니다. 서로 질투에 찬 감시를 하는 것과는 거리가 멀고, 이웃 사람이 자기가 좋아하는 일을 하든 무례해 보이는 손해 행위를 하든, 심지어 명백한 형벌 없이 위해를 가하든 우리는 분노하지 않으면서 그대로 방치해두지도 않습니다. 악의를 갖고 개인의 일에 간섭치 않고, 두려움을 품고 마땅히 공적인 일에서 법을 어기지 않으며, 언제나 법과 판사를 존중하고, 특히 학대받는 사람을 지키는 법과 모두에게 수치를 가르치는 불문율에 유념하고 있습니다.[44)

위와 같은 페리클레스 연설의 내용은 현대의 민주주의적 법치국가에서도 똑같이 주장되는 것이기도 하다. 그렇지만 그것이 지금 우리의 것과 다르다고 느끼는 이유는, '소극적 자유'를 지향하는 현대 국가와 달리 '적극적 자유'를 지향하는 고대 그리스가 내뿜는 향기(香氣) 때문일 것이다. 고대 아테네 시민들의 정치생활을 생각할 때 참으로 인상 깊은 것은 자유와 평등이 항상 함께 한다는 것이다. '동등자'로서의 시민이기에 그들은 평등하면서도 자유로웠다. 그들은 폴리스가 자신들에게 아무 것도 요구하지 않기에, 폴리스가 자신들의 사생활에 간섭하지 않기에, 자신이 원하는 대로 부를 축적하며 소비할 수 있기에, 자신의 대표자를 뽑을 권리가 있기에 자유롭다고 생각한 것이 아니라, 폴리스의 시민들은 누구나 동등하기에, 누구에게도 억압되거나 복종할 필요가 없기에, 자신의 의견이 부자나 권력자와 대등하게 취급되기에, 추첨으로 서로 돌아가면서 공직에 취임하기에 자유롭다고 생각했다. 그들은 현대인들과 같이 어떤 정당을 지지할지, 투표를 할지 말지에 대해 국가가 강요하지 않기에 정치적으로 자유로우며, 계약을 체결할지 말지 어떤 직업을 택할지 국가가 간섭하지 않기에 경제적으로 자유롭다고 생각하지 않았다. 그들은 정치적 평등과 경제적 평등 그리고 시민적 자유를 분리해서 생각

---

44) 투키디데스, 『펠로폰네소스 전쟁사 (상)』, 박광순 역, 범우사, 1993, 173-174면.

하지 않았다.

고대 아테네에서는 우리가 그냥 '평등' 혹은 수식어를 붙여 '～적 평등'이라고 이해하는 것들에 대응하는 용어들이 각각 있었다. 그리스인들은 isonomia(동일한 정치적 권리)[45], isegoria(동일하게 정치적 발언을 할 수 있는 권리), isogonia(신분적 평등), isokratia(평등한 권력)와 같이 평등을 의미하는 다양한 단어들을 사용하였다. 위의 용어들 중 몇 가지는 현대식으로 말하면 투표권, 발언권 등 각각의 별개의 권리로 자리매김할 수 있을 텐데, 그리스인들은 그것을 개인이 사적으로 가지는 권리라는 측면이 아니라 시민으로서의 동등한 지위라는 관점에서 이해한 것이다. 이러한 시민으로서의 동등함에 대한 그리스인의 강한 신념은 아리스토텔레스의 『정치학』에서 잘 읽을 수 있다.

아리스토텔레스는 당대의 아테네 민주주의에 대해 그리 호의적이지는 않았지만, 그 성실성과 탁월함으로 민주정체의 모습을 후대에 잘 전하고 있다. 그에 따르면, 민주정체의 토대는 자유(eleutheria)로서, 모든 민주정체가 추구하는 목표는 자유를 누리는 것이며, 그 때 자유의 한 가지 원칙은 "모두가 번갈아가며 지배하고 지배받는다는 것"이고 다른 하나는 "원하는 대로 사는 것"이다. 그리고 민주정체에서의 자유에 대한 이런 발상은 평등에 기초한 자유와 연결되는 것이라고 할 수 있다. 아리스토텔레스는 민주정체의 제도와 운용을 서술하고 있는데, 여기서 우리는 고대 그리스 아테네인의 정치적 자유와 평등이 어떤 모습을 가졌는지를 생생하게 볼 수 있다.

---

45) 민주주의(demokratia)가 등장하기 이전 그와 동일하게 사용되었던 개념이 이소노미아(isonomia)였다. 이것은 하층민과 귀족을 포함한 광범위한 시민층의 정치참여를 설명하는 용어로서, 민주주의는 이와 같은 이소노미아의 이념을 계승한 것이었다(김경희, 「데모크라티아(Demokratia)를 넘어 이소노미아(Isonomia)로: 아테네 민주정의 전개과정에서 나타난 혼합정의 이념에 대하여」, 『한국정치학회보』제40집 제5호, 한국정치학회, 2006 참조).

공직자들은 모두에 의해 모든 시민 중에서 선출되며, 모두가 각자를 지배하고 각자는 번갈아가며 모두를 지배한다. 모든 공직자 또는 경험과 전문 지식이 필요하지 않은 모든 공직자는 추첨으로 선출된다. 공직 취임에 재산 자격 요건은 필요 없거나 아니면 최저 수준으로 낮춘다. 같은 사람이 같은 공직을 연임할 수 없고, 연임하더라도 몇 번에 한하거나, 전쟁과 관련된 공직을 제외한 소수의 공직에 한한다. 모든 공직 또는 되도록 많은 공직의 임기는 짧다. 모두가 또는 모든 시민 중에서 선출된 배심원이 모든 또는 대부분의 사건을, 말하자면 임기 종료 시의 공직자 회계감사, 정체에 대한 범죄, 개인 간의 계약 등 중차대한 문제들을 재판한다. 민회가 모든 문제에 또는 가장 중요한 문제에 대해 최종 결정권을 가지고, 공직자들은 어떤 문제에 대해서도 최고 권력을 갖지 못하거나 소수의 문제에 한해서만 최종 결정권을 가진다.[46]

이처럼 고대 그리스 아테네에서는 법안 의결과 중요한 정치적 결정을 내리는 민회에 '모든 시민'이 참가할 수 있었고, 민회가 수행하지 않는 기능은 주로 '추첨'을 통하여 선출된 행정관이 맡았으며, 시민법정 또한 추첨으로 뽑힌 배심원단에서 구성되어 전문 법관이 아닌 시민들이 재판하였다. 아테네에서는 동등한 시민들의 동등한 국정 참여가 추구되었다. 그래서 공직의 취임에 있어 추첨 방식은 민주정적인 것이며 투표 방식은 과두정적인 것으로 이해되었고,[47] 공직은 연임을 제한하고 임기를 짧게 함으로써 모든 시민이 공직을 맡을 수 있도록 세심하게 제도가 설계되었다.[48] 그리하여 아리스토텔레스는 "국가가 제공하는 이익에 참여하지 못하는 자는 시민이라고 불리지 말든지, 시민이라고 불리면 당연히 이익에 참여해야"[49] 한다고 하였다.

---

46) Aristoteles, *Politika*, 1317b17; 아리스토텔레스, 『정치학』, 335면.
47) 그 후 몽테스키외 역시 "추첨에 의한 투표는 민주정체의 성질을 가지고 선택에 의한 투표는 귀족정체의 성질을 갖는다."고 하였다(Montesquieu, *De l'espirit des lois*, 2편 2장; 몽테스키외, 『法의 精神 I』, 22면).
48) 이에 비해 우리 헌법재판소는 공무담임권을 직업의 자유의 특수한 유형이라고 보며, 그것은 모든 국민이 공무를 현실적으로 그 직무를 담당할 수 있다는 의미가 아니라 공무담임에 관한 평등한 기회를 보장받음을 의미하는 것이라고 한다(헌재 2002. 8. 29, 2001헌마788, 지방공무원법 제31조 제5호 등 위헌확인, 판례집 14-2, 219, 224).

요컨대, 고대 그리스 아테네 민주정에서는 모든 시민들이 정치에 참여함으로써, 그래서 자기가 스스로를 지배함으로써 누구에게도 지배받지 않는 상황을 만들었는데, 그것이 곧 자유였던 것이다. 그리고, 현대의 우리는 그것을 '적극적 자유'라고 부른다.

이처럼 고대 그리스인들에게 있어 자유와 평등의 문제는 주로 '정치적' 자유와 평등에 관한 것으로서 그들은 현대 국가에서와 같은 의미에서 경제적 자유와 평등에 대해 크게 관심을 기울인 것은 아니었다. 그리스인들이 부(富)에 대해 얘기할 때 그것은 '한 명'의 시민으로서의 자격과 권리를 유지시켜주는 토대, 즉 시민으로 존재하기 위한 기반으로서의 의미를 가지는 것이었다. 동시에 그것은 시민들이 '서로' 동등함을 유지하기 위해 요청되는 것이었다. 고대 그리스인들에게 있어 경제적 자유와 평등은 좋은 삶을 살기 위해 '각자' '서로' 서기 위한 토대였으며, 단순한 부와 재산 자체의 균등함을 가리키는 것이 아니었던 것이다. 즉, 그들에게 부(富)라는 것은 "기본적으로 애매하지도 복잡하지도 않았다. 부란 필요하고도 좋은 것이며, 훌륭한 생활을 영위하기 위해서는 절대적으로 필요한 것이었다. 그리고 대체로 그것이 부에 관한 관념의 전부"[50]였던 것이다.

(3) 소극적 자유와 적극적 자유에 대한 평가

지금까지 콩스탕의 고대인의 자유와 근대인의 자유에 대한 비교, 그리고 이를 이어 받은 벌린의 소극적 자유와 적극적 자유의 대조를 검토하고, 고대 그리스 아테네에서의 적극적 자유란 어떤 것이었는지 살펴보았다. 정리하자면, 소극적 자유가 "얼마나 많은 문이 나에게 열려 있는가?"라는 문제에 관계되는 것이라면, 적극적 자유는 "누가 이것을 통제하는가?"라는 문제에 관

---

49) Aristoteles, *Politika*, 1279a25; 아리스토텔레스, 『정치학』, 151면.
50) 모제스 핀리, 『서양고대경제』, 지동식 역, 민음사, 1993, 46면.

련되는 것이다. 그리고 소극적 자유는 외부적 강제와 간섭의 부재이고 적극
적 자유는 자기지배를 가리키는바, 소극적 자유가 자유주의적 자유 관념이라
고 한다면 적극적 자유는 민주주의적 자유 관념이라고 할 수 있다. 이러한
자유의 개념에 대한 양측의 견해 차이는 자유주의자와 민주주의자 사이의
갈등으로 표현되기도 한다. 자유주의자들은 국가가 될수록 적게 통치해야 한
다고 하고, 민주주의자들은 국가가 가급적이면 폭넓게 국민들의 손에 놓여
있어야 한다고 주장하는 것이다.[51]

물론 소극적 자유와 적극적 자유의 구별이 가능하고 또 타당한 것인지 문
제되었다. 예를 들면, 제럴드 맥칼럼(Gerald MacCallum)은 「소극적 자유와 적
극적 자유」("Negative and Positive Freedom")에서 벌린의 태도는 "누구의 입
장이 옳은가? 우리가 진정으로 원하는 자유란 무엇인가?"라는 식의 무익한
질문을 제기하게 만들었다고 비판하면서, 모든 자유의 문제는 결국 "X is(is
not) free from Y to do(not do, become, not become) Z"이라는 구도, 즉 "X가
Z를 하는 데(또는 하지 않거나, 되거나, 되지 않는 데) Y로부터 자유롭다(또
는 자유롭지 않다)"는 공식으로 환원될 수 있다고 보았다(삼가관계로서의 자
유 개념, the concept of freedom as a triadic relation). 그리고 자유에 대한 입
장 차이는 X(행위주체), Y(제약조건), Z(행위나 상황) 세 변수의 내용과 범위
에 대한 입장 차이일 뿐이므로, 각 입장이 이 세 변수를 어떻게 파악하는지
아는 것이 의미있다고 하였다.[52] 이는 중립적이고 몰가치적인 자유 개념을
추구하는 태도로 사실 벌린 역시 맥칼럼과 공통되는 면을 보인다고 할 수
있다.

그렇지만, 찰스 테일러(Charles Taylor)는 일견 중립적인 관점에서 자유의
상태를 기술하고 있는 것으로 보이는 소극적 자유론자들 또한 구체적으로

---

51) Norberto Bobbio, *Liberalism and Democracy*, p.89.
52) Gerald MacCallum, "Negative and Positive Freedom"(1967), in *Liberty,* David Miller
ed., Oxford: Oxford University Press, 1991.

어떠한 종류의 요소를 자신의 행위에 유의미한 제약으로 간주할 것인지의 문제를 선결하지 않고서는 자유 개념을 정의할 수 없다는 한계를 지닌다는 점을 지적하였다. 즉, 무엇을 자유에 대한 제약 요소로 볼 것인지 자체가 근본적으로 가치판단과 관련된 문제라는 것이다.[53]

벌린은 '아무런 법적 제약이 없는 때 가난 때문에 가질 수 없는 경우는 특정한 사회적·경제적 이론에 의할 때에만 자유롭지 못하다고 주장될 수 있다'고 하지만, 그의 자유론 역시 특정한 사회적·경제적 이론에 의할 때 주장될 수 있는 것이기는 마찬가지이다. 자유는 '본질적으로 논쟁적인 개념' (essentially contested concepts)이어서 개념 정의 자체가 곧 가치판단이기 때문이다. 결국 '자유란 무엇인가?'라는 물음에 대한 답은 모든 사회과학의 문제가 그렇듯이 다시금 가치판단의 문제로 돌아가는 것이다.

요컨대, 다음과 같은 점에서 자유를 자유주의적 소극적 자유 개념으로만 볼 수는 없다.[54] 첫째, 인간이라는 존재를 일상 속에서 늘 보는 경험적 개인으로 볼 것이냐, 아니면 합리적이며 보다 높은 도덕적 자아를 갖는 개인으로 볼 것이냐에 따라 자유의 개념이 달라질 수 있다. 둘째, 정치참여와 관련하여, 정치적 참여를 통한 자유의 실현이냐 아니면 정치가 끝나는 데서 자유가 시작되느냐를 둘러싸고도 자유의 개념이 달라질 수 있다. 셋째, 최소정부를 지향하는 고전적 자유주의와 달리 국가에 대해 적극적 역할이 부여되고 있다는 점에서도 자유의 개념이 달라질 수 있다.

앞에서 자세히 살펴보았듯이, 자유주의는 국가로부터의 자유, 사적 자유에 대한 보장, 방어적 기본권, 제한국가를 원칙으로 하는 것이다. 이처럼 자유주의 법체계는 소극적 자유 보장에 주력하는데, 문제는 자유주의가 최고의 과제로 삼는 '소극적 자유'가 정작 자유주의 국가에서는 제대로 보장되지 못한

---

53) Charles Taylor, "What's Wrong with Negative Liberty", in Alan Ryan ed., *The Idea of Freedom: Essays in Honour of Isaiah Berlin.* Oxford: Oxford University Press, 1979.
54) 최장집, 『민주화 이후의 민주주의』, 224-225면.

다는 점이다. 왜냐하면 최대의 문제라고 할 수 있는 경제적 불평등의 문제에 관해 보건대, 경제권력은 곧 정치권력이고 경제적 불평등은 정치적 불평등으로 전이되며 이는 다시 자유의 불평등으로 전환되기 때문이다. 아이러니하게도 소극적 자유가 가장 잘 지켜질 수 있는 체제는 사적 영역과 경제 영역이 그 불가침이라는 원칙에 따라 방임되고 시민들이 사적 생활에 몰두하는 체제가 아니라, 자유를 지키기 위해 시민이 강력한 시민적 정신을 가지고 정치에 적극적으로 참여하는 체제이다. 이것을 스키너는 '정치적 자유의 패러독스'(Paradoxes of Political Liberty)라고 부른 바 있다.55)

이제 소극적 자유와 적극적 자유의 대립 문제를 넘어 공화주의 연구 중 최근 새롭게 대두되는 비지배적 자유에 관해 살펴보도록 한다.

3. 비지배적 자유

최근 퀜틴 스키너와 필립 페팃 등의 연구에 따라, 공화주의자는 자유를 자유주의적인 소극적 자유도 아니고 민주주의적인 적극적 자유도 아닌 제3의 자유, 즉 비지배적 자유로 보았다는 주장이 강력한 지지를 얻고 있다. 그들에 따르면 '비의존적 자유' 또는 '비지배적 자유'라는 자유에 대한 관념은 자유주의의 소극적 자유 개념보다 내용이 더 풍부하며 더 많은 이익을 제공해 준다고 한다. 이하에서는 우선 비지배적 자유의 사상사를 추적한 스키너의 주장을 살펴보고, 다음으로 페팃이 정치이론으로 정교화한 비지배적 자유의 의의에 관해 검토한 후, 끝으로 이에 대한 자유주의 측의 비판과 비지배적 자유의 헌법적 함의에 대해 생각해 본다.

---

55) Quentin Skinner, "The Paradoxes of Political Liberty", in *The Tanner Lectures on Human Values*, Vol. VII, Chap. 1, Sterling McMurrin ed., Cambridge: Cambridge University Press, 1986.

(1) 스키너의 자유주의 이전의 자유

자유론 논의에 있어 '비의존적 자유'(비종속적 자유, liberty as independence) 또는 '비지배적 자유'(liberty as non-domination) 개념56)이라는 새로운 공화주의적 자유 관념을 제시한 스키너의 주장을 『자유주의 이전의 자유』(*Liberty before Liberalism*, 1998)를 통해 살펴본다. 그는 자유주의의 승리로 인해 자유에 대한 좀더 깊이 있고 좀더 민주주의적인 생각이 사라진 상황에서 자유주의 이데올로기가 승리하기 이전 시기에 서구에서 벌어진 자유 개념에 대한 논쟁이 지닌 의미를 읽어내고 최종적으로 승리한 자유주의의 자유에 대한 이해를 다시 생각해 보는 것은 자유주의적 헤게모니에 의문을 제기한다는 점에서 중요하다고 한다.57) 위 저작에서 스키너는, 17세기 영국 내전을 전후한 왕당파와 의회파의 투쟁 중 공화국을 옹호하기 위해 제기되었던 정치 논변 속에서 공화주의적 자유 개념을 추출하고는, 이것이 위로는 마키아벨리를 거쳐 로마의 역사가들과 로마법에 이르는 전통 속에 있으며 아래로는 18세

---

56) 스키너는 '비의존적 자유'라는 용어를, 페팃은 '비지배적 자유'라는 용어를 사용하고 있는데, 페팃은 스키너가 공화주의적 자유를 비지배와 비간섭 두 가지로 이해하고 있는 반면, 자신은 공화주의적 자유를 비지배만으로 이해하고 있다는 점에서 차이를 보인다고 지적하고 있다. 공화주의적 자유를 스키너처럼 이해한다면 '간섭이 없는 지배'뿐만 아니라 (자신의 이론에 의하면 허용될 수 있는) '지배가 없는 간섭' 모두가 나쁜 것으로 이해될 수 있다는 점에서 공화주의적 자유에 대한 자신의 이해가 더 타당하다는 것이다. 이와 같은 페팃과 스키너의 차이에 대해서는, Philip Pettit, "Keeping Republican Freedom Simple: On a Difference with Quentin Skinner," *Political Theory*, Vol. 30, No. 3, 2002. 6., pp.339-356와 조승래, 「노예의 자유를 넘어서: 자유론으로서의 공화주의」, 『공화국을 위하여: 공화주의의 형성과정과 핵심사상』, 길, 2010, 134면 참조; 다만, 이 책에서는 스키너 역시 비지배적 자유를 주장한 것으로 간주한다.

57) 퀜틴 스키너, 『퀜틴 스키너의 자유주의 이전의 자유』(*Liberty before Liberalism*, 1998), 조승래 역, 푸른역사, 2007, 11-17, 159-167면; 이하 『자유주의 이전의 자유』의 인용은 조승래 역을 따르지만 표시는 『퀜틴 스키너의 자유주의 이전의 자유』가 아니라 『자유주의 이전의 자유』로 한다.

기 후반 일부 영국 지식인들의 태도에까지 흐른다고 보았다. 그리고 그 공화주의적 자유는 간섭·강제·개입의 부재 혹은 권리를 행사할 때 간섭받지 않는 것으로 이해되는 자유주의적 소극적 자유 개념과 다른 것으로서, 간섭받지 않더라도 종속 혹은 예속되어 있으면 자유가 없다-국왕의 대권이 존재하는 사실 자체만으로도 영국의 인민은 자유롭지 않다는 것-는 의미를 가지는 비종속적 자유라고 주장하였던 것이다.

『자유주의 이전의 자유』를 좀더 자세히 살펴보자. 영국 내전이 발발하고 찰스 1세를 처형하여 공화국이 된 시기를 전후하여 공화정을 옹호하는 논자들-제임스 해링턴, 존 밀턴, 그 후의 헨리 네빌, 알저논 시드니 등-의 주장은 공통점을 가지고 있다. 그들의 주장은 '자유국가' 안에서만 시민들이 자유로울 수 있다는 것, 자치 정부 하에서 살지 않으면 노예가 되어 산다는 것, 달리 말하면 왕의 일방적이고 자의적인 권력 하에서는 자유로울 수 없다는 것이었다. 이 때 자유국가란 "그 자신의 의지에 의해 지배되는 도시"라는 마키아벨리로부터 영감을 얻은 것으로서, 그 구성원들의 의지에 의해 결정되는 공동체이자 그것을 지배하는 법이 모든 시민들의 동의에 의해 제정되는 국가를 가리키는 것이었다.[58]

그리고 이러한 자유국가에 대한 주장은 시민적 자유란 무엇인가라는 주제로 연결되는데, 여기서 스키너는 로마법에 소급되는 자유인과 노예 상태의 비교에 대해 설명한다. 로마법 『학설집』(Digest)에서 자유는 언제나 노예 상태와의 대조를 통해 규정되었는데, 「인간의 지위」(De statu homnis) 편에서 노예는 "자연에 반해 다른 인간의 재산이 되어버린 그 어떤 인간"이라고 규정되고 「직함」(titulus) 편에서 노예는 "타인의 관할권에 종속"되어 있는 인간으로 되어 있다. 한편, 로마의 한 희극에는 주인이 자비롭고 장기간 자리를 비우기 때문에 자신이 자유롭다고 자랑하는 어리석은 노예의 이야기가 등장한다. 그렇다면, 이런 예로 미루어 보건대, 자유인과 대비되는 노예 상태란

---

58) 퀜틴 스키너, 『자유주의 이전의 자유』, 74-90면.

반드시 강제나 강압이 없더라도 타인에게 의존하여 자의적인 처분권 안에 있는 상태라는 점이 드러난다.[59]

한편, 왕정 지지파들은 자유의 개념을 자유국가와 연계하는 논의에 강력히 반대하는데, 홉스는 자유국가의 수립과 개인적 자유의 유지 사이에 어떤 연관이 있다고 가정하는 것은 혼동에 불과하다고 하였으며, 윌리엄 페일리(William Paley)는 신로마적 이론가들의 주장은 "자유 그 자체를 기술했다기보다는 자유의 안전판과 보호막에 대해 기술한 것"일 뿐이며 자유는 자신의 의지대로 힘을 행사하지 못하게 하는 법의 강제적 장치에 얼마나 덜 제약받는지에 달려 있으므로 절대주의 형태의 정부가 가장 순수한 민주정 못지 않은 자유를 허용할 수 없다고 생각할 이유가 없다고 하였다.[60]

또한 홉스는 『리바이어던』에서 자치 공화국인 루카(Lucca)가 성탑에 대문자로 크게 '자유'(LIBERTAS)라고 새겨 놓은 것을 비웃으며 말하기를, 실제로 그들이 콘스탄티노플의 술탄 치하에서 사는 신민들보다 더 많은 자유를 누린다고 볼 수 없다고 한다. 왜냐하면, 자유에 있어 문제가 되는 것은 법의 근원이 아니라 그 범위이고 따라서 "국가가 왕정이건 민중지배체제이건 간에 자유는 다 마찬가지이기" 때문이라는 것이다.[61] 이에 대해 제임스 해링턴(James Harrington, 1611-1677)은 『오세아나 공화국』(The Commonwealth of Oceana, 1656)에서 홉스를 직접적으로 반박한다. 콘스탄티노플에서 술탄의 신민이 누리는 자유가 아무리 크더라도 그것이 전적으로 술탄의 선의에 달려 있다는 이유만으로 당연히 루카의 시민보다 자유롭다고 할 수 없다는 것이다.[62]

스키너는 양 입장이 이렇게 각축을 벌였으나, 18세기부터 공리주의가 등

---

59) 퀜틴 스키너, 『자유주의 이전의 자유』, 92-97면.
60) 퀜틴 스키너, 『자유주의 이전의 자유』, 132-133면.
61) Thomas Hobbes, *Leviathan*, 2부 21장; 토머스 홉스, 『리바이어던』, 286-287면.
62) James Harrington, *The Commonwealth of Oceana*, J. G. A. Pocock ed., Cambridge: Cambridge University Press, 1992, p.20.

장하고 곧 공리주의 원리들이 자유주의 국가의 기초가 되면서 신로마적 사상가들의 자유국가론은 패배하였다고 한다. 18세기 들어 상업사회가 전개되는 등 사회의 구조가 변해 버렸고, 또한 자유국가론에 대한 지속적인 이론적 공격이 가해졌기 때문이다.[63] 한편, 그에 따르면 그 동안 공화주의적 자유는 적극적 자유로 오해되어 왔는데, 그 이유는 공화주의 연구의 창시자라고 할 수 있는 포콕이 공화주의가 그 뿌리를 고대 그리스, 즉 아리스토텔레스의 정치적 동물론에 두고 있다고 주장했기 때문이라 한다.[64] 스키너는, 적어도 마키아벨리 이후 근대 공화주의는 자의적 지배로부터 해방되어 개인들의 목표와 이익을 추구하는 것을 자유로 보았고 공동체의 공적 영역에 대한 참여로서의 덕은 자유를 얻기 위한 수단일 뿐이라고 취급했는데, 그런 점에서 공화주의적 자유도 따지고 보면 소극적 자유라고 하였다.[65]

(2) 페팃의 비지배적 자유

이제 페팃의 『공화주의: 자유와 정부에 관한 한 이론』(Republicanism: A Theory of Freedom and Government, 1997)의 논의를 따라 비지배적 자유의 의의, 유용성, 규범적 함의 등을 살펴보기로 한다. 앞서 본 바와 같이 스키너가 역사적으로 재구성한 공화주의적 자유론은 '권력자에 의존하고 있는 상태에 있는 자는 실제로 간섭이 이루어지지 않더라도, 잠재적인 간섭의 가능성에 의해 이미 그 자유가 위협받고 있다'라는 인식 아래, 자유를 오로지 정치적

---

63) 퀜틴 스키너, 『자유주의 이전의 자유』, 145-148면.
64) 조승래, 「노예의 자유를 넘어서: 자유론으로서의 공화주의」, 105면; 한편 페팃은 공화주의적 자유가 민주주의적 자유, 즉 민주적 정치 참여를 의미하는 것으로 표준적으로 해석되는 것은 루소 때문이라고 한다(Philip Pettit, Republicanism, p.30).
65) Quentin Skinner, "The Idea of Negative Liberty," in Philosophy of History: Essays on the Historiography of Philosophy, Richard Rorty, J. B. Schneewind, and Skinner eds., Cambridge: Cambridge University Press, 1984, pp.9-28.

으로 확보된 '의존이 없는 상태'라고 파악하는 것이었지만, 그 이론적인 의 의를 스키너 자신이 적극적으로 제창하는 일은 없었다. 하지만, 이 '정치적-소극적'인 공화주의적 자유론은 페팃에 의해 최첨단의 규범이론으로서 전개 된다.[66]

페팃은 공화주의적 자유를 '비지배적 자유'(liberty as non-domination)라고 관념하고 있다. 그에 의할 때, 소극적 자유 개념(비간섭으로서의 자유)와 적극적 자유 개념(정치참여를 통한 자기지배)은 자유에 대한 유일한 가능한 형 태가 아니며 '제3의 자유'의 개념(비지배로서의 자유)이 있다. 마키아벨리, 제임스 해링턴, 커먼웰스맨 등 공화주의자들은 비록 다른 사람이 실제로 간 섭하고 있지 않다 하더라도 그 사람의 자의적 의사에 종속되어 있는 사람은 자유롭지 않다고 보았는데, 이것은 공화주의적 자유가 비지배적 자유라는 것 을 가리킨다는 것이다. 또한 페팃은 적극적 자유는 지배의 욕구로부터 나오 는 것으로서 민주적 참여의 자유를 의미하지만, 오히려 자유는 지배받지 않 고 싶어 하는 욕구로부터 나온다고 주장함으로써 시민의 직접 참여가 자유 로부터 곧바로 도출되지는 않는다고 본다.[67] 결국 페팃 역시 스키너와 마찬 가지로 공화주의적 자유를 적극적 자유 혹은 민주주의적 자유라는 적극적 방식으로 규정되는 것이 아님을 강조하고 있는데, 그 이유는 공화주의 전통 에서 정치참여의 목적은 '간섭의 해악'을 피하기 위한 것이지 참여행위 그 자체에 있는 것이 아니기 때문이라는 것이다.[68]

한편, 자유주의의 비간섭으로서의 자유가 공화주의의 비지배로서의 자유

---

66) 小田川大典, 「現代の共和主義」, 『社會思想史研究』(特輯 共和主義と現代), No.32, 2008, 23면.

67) Philip Pettit, *Republicanism*, pp.27-28.

68) 페팃의 위 주장은 어디까지나 공화주의의 원류를 로마에서 찾는, 앞서본 로마형 공 화주의를 공화주의의 전통이라고 규정한 다음에야 가능한 것이지 그 자체로 타당 한 주장은 아니다. 공화주의의 전통이 무엇인가를 확인하는 작업은 역사학에게 맡 기고 이 책에서는 어느 한 입장을 취하지는 않는다.

를 대신하게 된 배경에 대한 페팃의 설명은 다음과 같다.[69] 비간섭으로서의
자유개념은 홉스에 의해 도입되고 필머(Robert Filmer), 린드(John Lind), 벤담
(Jeremy Bentham), 페일리(William Paley) 등에 의해 지지 받은 것이다. 그런
데 비간섭 자유론자들은, 공화주의적 자유 관념에 따를 때 영국 의회의 자의
적 권력에 의한 노예상태에 놓여 있다고 간주되는 북아메리카의 상황을 비
간섭 자유라는 자유 관념에 의거하여 미국 식민지인의 자유가 침해되는 것
이 아니라고 호도하였다. 그런데 이런 비간섭 자유 개념이 점차 반동 세력들
뿐만 아니라 스스로를 민주주의와 자유의 지지자로 자처하는 사람들 사이에
서도 주도적인 지위를 가지게 되었다는 것이다.

페팃이 자신의 자유 개념이 자유주의적 자유, 즉 벌린의 구별에 따른다면
간섭의 부재라는 소극적 자유 개념과는 다르다고 주장하는 이유는 두 가지
로 요약할 수 있다.[70] 첫째, 자유주의적 자유 개념은 현실적 간섭만을 회피
하기 때문에 미래의 간섭 가능성을 배제하지 못한다. 둘째, 비지배로서의 자
유 개념은 자의적 간섭을 피하는 것이기 때문에 자의적이지 않은 간섭은 허
용한다는 점에서 불간섭으로서의 자유 개념과는 다르다. 좀더 구체적으로 살
펴보자.

페팃에 따르면, 지배란 주인과 노예 사이에 성립하는 관계와 같은 것으로
서 지배하는 자가 지배받는 자의 선택에 자의적인 영향력을 미칠 수 있는 능
력을 가지고 있음을 의미한다. 그는 자유를 관념하는 공화주의의 오랜 전통
적 방법인 '자유 대 노예상태'(liberty v. slavery)의 예와 '간섭하지 않는 지배
자'(non-interfering master)와 '지배하지 않는 간섭자'(non-mastering interferer)
의 사례를 든다. 좋은 주인을 만나 간섭받지 않는 노예의 경우, 자유주의적
자유 관념에 의하면 간섭이 없기 때문에 자유롭다고 할 수 있지만, 공화주의
적 자유 관념에 의하면 비록 간섭은 없다 할지라도 언제든지 주인의 의사에

---

69) Philip Pettit, *Republicanism*, pp.41-50.
70) Philip Pettit, *Republicanism*, pp.51-79.

의해 처지가 위태롭게 되므로 지배받고 있다는 것이다. 즉, 비지배적 자유 관념에 따를 때 위의 노예에게는 자유가 없다고 할 수 있다. 한편, 지배 없는 간섭의 경우는, 나의 이익을 증진시키기 위해 어떤 사람이 간섭한다고 할 때 나는 비록 '간섭'은 받고 있지만 '지배'받고 있는 것은 아니므로 그는 주인이 아니게 된다. 이 경우 자유주의적 자유 관념에 따르면, '간섭'은 '간섭'이므로 일단 자유는 침해당한 것이지만 대신 나의 이익을 위한 것이므로 그것이 정당화될 수 있다는 식으로 설명되지만, 비지배적 자유 관념에 의하면 그런 식의 구차한 논법은 필요가 없게 된다. 한편, '지배 없는 간섭'의 논법에 따를 때 도출되는 결과는, 법이 자의적이지 않은, 즉 비지배적인 것이라면 그것은 자유를 제한하는 것이 아닌 것으로 관념된다는 것이다. 자유주의적 자유 관념에 따를 때 법은 언제나 나의 (자연적) 자유를 제한하는 것이지만 공동체 생활을 위해 불가피하게 수용해야 할 필요악과 같은 존재이나, 공화주의적 자유 관념에 따를 때 법은 오히려 자유를 보장하는 존재로서 긍정적이고 적극적인 의미를 가질 수 있는 것이다.

페팃은 이러한 비지배로서의 자유 개념에 따르면 첫째, 불확실성으로부터 야기되는 걱정과 불안으로부터 해방될 수 있고, 둘째, 강자에게 의지하고 그들의 움직임을 예의주시하기 위한 전략적 복종으로부터 해방될 수 있으며, 셋째, 다른 사람처럼 나도 종속된 지위를 가지게 될지도 모른다는 공통의 인식으로부터 해방될 수 있기에, 비간섭으로서의 자유 개념에 비하여 훨씬 유용하다고 한다.[71] 이처럼 페팃은 비지배로서의 자유 개념은 행위자 개인에 대해서는 자신의 삶을 영위하는 과정에 있어 도구적 선(instrumental good)일 뿐만 아니라 기본적 재화(primary good)가 된다고 한다. 나아가 그것은 국가와 정부가 달성해야 할 최상의 정치적 가치이자 이상(political ideal)으로 간주될 수 있다고 주장한다.[72]

---

71) Philip Pettit, *Republicanism*, pp.85-90.
72) Philip Pettit, *Republicanism*, pp.80-109.

(3) 비지배적 자유에 대한 평가

물론 비지배적 자유에 대해서는 다양한 비판과 지적이 가능하다. 그것은 첫째, 공화주의자들이 자유주의적 자유를 너무 편협하게 취급한다는 것, 둘째, 비지배적 자유가 오히려 자유를 좁게 만든다는 것, 셋째, 비지배적 자유론에 따를 때 자유의 침해범위가 지나치게 광범위해진다는 점 등이다.

첫째 비판은, 자유주의적 자유는 법과 제도에 의한 간섭을 이미 인정하고 있으며 소극적 자유론은 공화주의자들이 인식하는 것보다 더 포용력이 있는바, 간섭뿐만 아니라 지배까지도 모두 소극적 자유 개념에 포섭될 수 있으므로, 자유주의적 자유를 비간섭 자유와 동일시하는 것은 자유주의적 자유를 지나치게 편협하게 본다는 주장이다. 예를 들면, 찰스 라모어(Charles Larmore)는 홉스, 벤담, 밀의 자유는 불간섭으로서의 자유라고 해석할 수 있지만, 로크, 콩스탕, 롤즈 등은 자유주의자이면서도 불간섭으로서의 자유만을 주장하지는 않았으며, 벌린 역시 적극적 자유와 소극적 자유를 모두 중시하는 태도를 보였다는 점에서, 페팃이 자유주의적 자유를 너무 제한하여 편협하게 이해하고 있음을 지적한다.[73]

둘째 비판은, 비지배적 자유 개념은 자유의 범위를 넓히는 것이 아니라 오히려 좁힌다는 주장이다. 예를 들어, 매튜 크레이머(Matthew Kramer)는 공화주의적 자유개념이 자유주의자들의 소극적 자유개념보다 더 편협할 것이라고 한다.[74] 첫째, 공화주의 이론에서의 행위자는 오직 자신이 지배 받고 있다는 사실을 '알고 있는 한에서' 자유롭지 못한 상태에 놓여지는 것이지만, 소극적 자유의 관점에서 볼 때는 그러한 행위자의 인식의 여부에 관계없이

---

73) Charles Larmore, "Liberal and Republican Conceptions of Freedom", in *Republicanism: History, Theory and Practice*, D. Weinstock and C. Nadeau eds., Portland: Frank Cass, 2004, pp.106-112.

74) Matthew Kramer, "Liberty and Domination", in *Republicanism and Political Theory*, C. Laborde and J. Maynor eds., Oxford: Blackwell Publishing, 2008, pp.38-41.

행동에 제약을 받고 있기만 한다면 자유롭지 못한 것으로 간주된다. 둘째, 공화주의적 비지배 자유는 오직 고의적인 타인의 행위만을 자유에 대한 훼손요소로 규정하는데 반해, 소극적 자유는 무의식적이거나 비의도적인 행위들까지도 자유에 대한 훼손요소로 간주할 수 있다.

마지막으로, 비지배적 자유 개념에 대해 생각해 볼 수 있는 문제점으로는 비지배적 자유는 모든 사회관계에서의 부자유·불평등과 관련될 수 있기 때문에 그 침해 인정 범위가 지나치게 광범위해질 수 있다는 점을 들 수 있다. 예를 들어, 고용주와 피고용자의 관계에 대해 생각해 보자면, 피고용자는 고용계약의 자유와 계약해지의 자유가 있지만 실제로 퇴사할 경우 생계가 위협받게 될 것이다. 이런 경우까지 피고용자는 고용주에게 종속 혹은 지배받고 있다고 한다면 비지배적 자유의 인정 범위가 지나치게 넓어지게 되는 결과가 초래되는 것이다.

비지배적 자유에 대해서는 위에서 본 바와 같은 다양한 문제점이 지적될 수 있으며 그 실현을 위한 장치가 무엇인지 의문시 될 수 있지만, 어쨌든 그것이 자유를 침해하는 제약들을 확인하는 기준으로 소극적 자유보다 훨씬 더 유용하다는 점은 부인할 수 없을 것이다. 그것은 오늘날 가정 속에서의 여성, 학교의 학생들, 혹은 실제로 간섭받지는 않을 때라도 지배에 예속됨으로써 발전 가능성과 독립적 시민권에 불리한 영향을 받을 수 있는 사람 누구에게나 잘 적용될 수 있다. 그것은 또한 자유에 대한 위협의 범위를 확인하고 잠재적 희생자의 동등한 법적 지위를 확립한다. 그에 따라 이제 "자유는 다른 사람이 즐길 수 없으면 나도 즐길 수 없는 공동선"이 될 수 있다.[75]

그런데, '간섭'은 그것이 외형적으로 명백히 드러나는 반면 '지배'는 인과관계의 추적이 어려운 등 쉽게 확인될 수 있는 것이 아니다. 따라서 간섭의 경우 그것을 제거하여 '완벽한 비간섭의 자유'를 달성하는 것을 상정할 수 있지만 지배는 '완벽한 비지배의 자유'를 상정하기가 쉽지 않다. 그래서 공

---

75) Iseult Honohan, *Civic Republicanism*, p.185.

화주의 이론은 비지배적 자유를 과정으로 여기며, 사법적으로 주어지는 것이 아니라 계속적인 집단적 노력의 산물로 본다. 그리고 비지배적 자유는 신성한 의무와 같이 존중되어야 할 규범이 아니라 행위자에 의해 증진되어야 할 하나의 원리라고도 할 수 있다.[76]

끝으로 비지배적 자유 증진을 위한 국가 개입의 한계에 관해 생각해 보기로 한다. 소극적 자유의 관념에 따를 때 자유는 '간섭의 부재'인바 국가권력과 법은 원칙적으로 나의 자유를 제한하는 외부로부터의 간섭으로 나타나게 되므로 그것들이 최소한의 것이 될수록 (소극적) 자유는 최대한으로 보장되는 것이 된다. 그러나 공화주의는 보다 강한 국가의 역할을 기대하는바, 국가의 개입이 부당한 '간섭'이 되지 않기 위해서는 국가의 정당한 강제의 한계를 정할 필요가 있다. 생각건대, 국가의 정당한 강제와 간섭은 첫째, 시민들을 지배로부터 보호하고, 둘째, 자치를 촉진하고, 셋째, 왜곡된 선호를 바로잡고, 넷째, 공동선을 촉진하기 위한 것인 때 인정될 것이다.[77]

---

76) Christian Nadeau, "Non-Domination as a Moral Ideal", in *Republicanism: History, Theory and Practice*, D. Weinstock and C. Nadeau eds., Portland: Frank Cass, 2004.
77) Iseult Honohan, *Civic Republicanism*, pp195-205.

제3절 공화주의와 법의 지배

근래 전세계적으로 헌법재판소를 비롯한 사법부에 의해 중요한 정치적 결정이 내려지고 있는 가운데 과연 '법의 지배(rule of law)란 무엇인가' 라는 주제가 화두가 되고 있다. 이하에서는 우선 법의 지배에 대한 일반적인 이해를 살펴본 후 그것을 공화주의적 이해와 비교하여 생각해 본다. 그리고 공화주의적 자유와 평등을 유지하기 위한 권력자에 대한 법의 지배 관철 문제를 논의하고, 끝으로 법의 지배와 자주 동일시되기도 하는 사법심사(의 정당성) 문제에 대해 검토하기로 한다.

1. 법의 지배에 대한 공화주의적 이해

'법의 지배'(法治, rule of law)는 말 그대로 '어떤 사람도 법의 예외가 될 수 없다'라는 의미이지만, 헌법학에서는 보통 "권력은 법에 따라 행사되어야 한다"는 것으로 정의된다. 그리고 그것은 역사적으로 정치권력자의 자의나 변덕에 의한 지배를 의미하는 '인의 지배'(人治, rule of man)에 대립하는 개념으로 정립되어 왔다. 특히 법의 지배 사상의 중심축이 되어왔던 영국의 경우는 국왕도 보통법(common law)에 구속된다는 것으로 성립되었는데, 앨버트 다이시(A. V. Dicey, 1835～1922)는 『헌법학입문』(Introduction to the Study of law of the Constitution, 1885)에서 처음으로 체계적인 법의 지배의 의의와 영국에서의 그 특징을 서술하였다.[78]

---

78) 알버트 다이시, 『헌법학입문』(Introduction to the Study of law of the Constitution, 1885), 안경환·김종철 역, 경세원, 1993, 제2부 참조.

그러나 위와 같은 정의는 사실 최소한의 것에 불과한 것으로서, 법의 지배의 차원과 층위를 나누어 분석하는 것이 보다 적절하다. 그 전에 우선 우리 헌법학계와 헌법재판소의 법의 지배에 대한 이해를 살펴보기로 한다.

헌법학계에서는 헌법의 기본원리 중 하나로 법치주의 혹은 법치국가원리를 들며, 법의 지배를 국가작용이 법에 의해 이루어져야 한다는 원리로 본다. 특히 근대 입헌주의의 법률국가(Gesetzstaat)-국민의 자유와 권리를 제한하기 위해서는 국민의 대표기관인 의회에서 제정하는 법률에 따라야 한다는 것-가 현대의 헌법국가(Verfassungsstaat)-단순한 국가작용의 법률합치성이 아니라 법률의 내용이 헌법에 합치해야 한다는 것-로 발전하였다고 본다.79) 그 구체적인 내용은 다음과 같다: 경성헌법의 채택, 기본권의 보장, 권력분립, 법의 형식성, 법적 안정성, 법의 실효성, 사법적 권리구제 등. 상술하자면, 경성헌법을 택함으로써 헌법이 쉽게 개정되지 않도록 하여 법적 안정성을 기하고, 행정은 국회가 제정한 법률에 의거하여 발동되며 또 그 법률이 공권력 행사의 한계를 이루고, 단순한 법에 의한 통치가 되지 않도록 기본권과 실질적 적법절차가 보장되어야 하며, 그러기 위해 권력분립을 통한 사법부의 심사가 보장되어야 한다는 것이다.

한편, 우리 헌법재판소는 "우리 헌법은 국가권력의 남용으로부터 국민의 기본권을 보호하려는 법치국가의 실현을 기본이념으로 하고 있고," "민주법치국가에서 모든 행정(과 재판)이 법률에 근거를 두어야 하며 그러한 의미에서 법치행정이 시행되어야" 한다고 하면서, 법치주의를 형식적 법치주의와 실질적 법치주의로 구분하는 동시에 양자를 모두 요청한다. 즉, 의회가 적법한 절차를 거쳐 법을 제정했다면 그 법의 목적이나 내용은 문제삼을 수 없다는 형식적 법치주의를 넘어 국가권력이 헌법이념이나 기본권보장에 적합한 것일 때에만 그 정당성을 인정받을 수 있다는 실질적 법치주의를 지향하는 것이다. 그리고 헌법재판소는 법치주의의 구체적 내용으로 법률유보의 원칙,

---

79) 정종섭, 『憲法學原論』(2010년 판), 224면.

법규 내용의 명확성의 요청, 법의 일반성 요청(개별사건법률금지의 원칙), 신뢰보호의 원칙, 법률불소급의 요청 등을 들고 있다.

> 오늘날의 법치주의는 국민의 권리·의무에 관한 사항을 법률로써 정해야 한다는 형식적 법치주의에 그치는 것이 아니라 그 법률의 목적과 내용 또한 기본권 보장의 헌법이념에 부합되어야 한다는 실질적 적법절차를 요구하는 법치주의를 의미 [한다].80)

사실은 헌법재판소의 존재 자체 및 위헌법률심사제도가 곧 형식적 법치주의가 아닌, 인간의 존엄과 가치를 바탕으로 기본권을 보장하며 실질적 평등을 추구하는 실질적 법치주의를 말해준다고 하겠다.

어쨌든, 위에서 이미 암시된 바 있지만, 법의 지배를 규정하는 방법은 크게 '형식적'(formal) 혹은 '얇은'(thin) 방법과 '실질적'(substantive) 혹은 '진한'(thick) 방법으로 나눌 수 있겠다. 법의 지배에 대한 형식적 이해는 그것의 정당성이나 정의에 대한 판단을 유보하고 권력행사가 법률에 근거하여 또 법률이 정한 절차에 따라 이루어졌는지에 관심을 가지는 것이다. 이는 '법에 의한 지배'(rule by law)라고 할 수 있을 것인데, (실질적인) 법의 지배는 법에 의한 지배를 포함하지만 법에 의한 지배는 법의 지배를 반드시 포함하지는 않는다.81) 이러한 법의 지배에 대한 형식적 이해는 정의에 맹목적이라는 점, 법률적 불법(Gesetzliches Unrecht)을 낳을 수 있다는 점에서 한계를 가지기도 하지만, 정의에 대한 판단이 쉽지 않고 정의를 추구하기 위해 자칫 자의에 빠질 수 있다는 점에서 그 의의를 가진다고 하겠다.

보다 구체적으로 법의 지배의 차원과 층위를 생각해 보자. 다음 표의 가로축은 법의 기능 및 목적, 내용과 관련하여 농도의 얇고 진함으로 구분한 것

---

80) 헌재 1994. 6. 30. 93헌바9, 구 상속세법 제7조의2 제1항 위헌소원, 판례집 6-1, 631, 639.

81) 김도균, 「근대 법치주의의 사상적 기초: 권력제한, 권리보호, 민주주의의 실현」, 『법치주의의 기초-역사와 이념』, 서울대학교 출판부, 2006, 9면.

이고, 세로축은 앞서본 형식적·실질적 구분에 의한 것이다.[82)]

〈법치관의 유형〉

	매우 옅게 파악된 요소들 (A)	중간적 요소들 (B)	진하게 파악된 요소들 (C)
형식적 법치관 (I)	법에 의한 통치: 통치행위의 수단으로서의 법	형식적 합법성(통치의 제한): 일반성, 소급효금지, 명확성, 안정성	민주주의+합법성: 합의에 의해서 제정된 법의 지배
실질적 법치관 (II)	개인의 권리보호: 재산권, 계약권, 사생활의 보호, 사적 자치의 원리	동등한 인간 존엄성/ 정의의 요청	실질적 평등, 복지권, 공동체의 보호, 인권 실현의 사회경제적 기반

　　위 표를 참고삼아 법의 지배의 단계를 나누어 본다면, 가장 낮은 단계에서의 법의 지배란, 법의 제정주체 또는 근원을 묻지 않고 주어진 법을 준수하느냐의 문제 그리고 법집행이 평등하고 효율적으로 이루어지고 있는지의 문제가 될 것이다. 그런데 국민의 참여 없이 법이 만들어지는 독재국가에서도 법의 집행·적용에 있어 법 아래의 평등, 적법절차가 충실히 지켜지기도 한다는 문제가 있다. 그 다음 단계는 주권자로 인정된 국민에 의해 법이 만들어져 법의 지배가 민주적 정당성까지도 획득하게 되는 것이다. 이렇게 만들어진 법에 복종하는 것은 스스로에게 복종하는 것이 되므로 자유에도 모순되지 않게 된다. 그러나 이것은 민주적 결정으로서의 법이라고 하여 모든 사항을 결정할 수는 없다는 점, 특히 그것이 기본권에 관한 사항을 침해하는 경우가 생길 수 있다는 점에서 문제를 가진다.

　　정리하자면, 형식적 법치관보다는 실질적 법치관이, 법의 지배를 옅게 파악하는 것보다는 진하게 파악하는 것이 좀더 민주적이고 실질적인 법의

---

82) 김도균, 「근대 법치주의의 사상적 기초」, 42면(표는 Brian Z. Tamanaha, *On the Rule of Law: History, Politics, Theory*, Cambridge: Cambridge University Press, 2004, p.91 를 기초로 김도균 교수가 작성한 것이다).

지배에 대한 이해라고 할 수 있지만, 반드시 그것이 더 낫다라고 할 수 없는 것은, 최선의 의도가 언제나 최선의 결과를 가지고 오지는 않듯이, 법의 지배에 대한 실질적-진한 이해가 오히려 부작용을 낳을 수도 있다는 점에 있다.

이제 공화주의가 극복의 대상으로 삼는 자유주의의 법에 대한 이해를 검토하고, 그와 대비되는 공화주의의 관념을 살펴보도록 한다. 앞서 자유주의의 자유에 대한 관념에서 살펴보았듯이, 자유주의적 자유는 외적 방해와 간섭으로부터의 자유이며, 또 거기서 법은 자유를 제약하는 외부적 요소로 간주된다. 즉, 자유주의에서 법과 자유는 대립하는 두 요소로서, 법이 적을수록 자유는 더 넓어진다.

그러나 공화주의 사상에 의하면, 법은 자유를 제약하는 요소가 아니라 자유를 보장하며 자유를 구성하는 것으로 관념된다. 즉, 공화주의자들은 '자유롭게 되기 위해서는 법의 노예가 되지 않을 수 없다'고 하였다. "아테네인들은 자기들이 어떤 구속도 받지 않아야 한다고 생각하지 않았지만, 그들은 그 속박이 어떤 사람의 자의적 의지에 대한 복종인가 아니면 준수되어 마땅한 규칙을 지닌 자기규제적 속박, 즉 법률적 속박인가 하는 점에 관해서는 놀랄 만큼 선명하게 구분을 지었다."[83] 그리고 아테네인들은 더 나아가 법을 개인 간의 분쟁을 조정하는 것과 같은 사소한 역할에 그치는 것이 아니라 시민들의 좋은 삶을 형성하기 위한 필수적 요소로 보았다.

보다 구체적으로 험프리 키토(Humphrey D. F. Kitto)의 설명에 따라 고대 그리스인들의 법과 법의 지배에 대한 관념을 살펴보기로 한다.[84] 그리스인들은 스파르타의 법이 그리스적 관념에서 법의 최고의 기능을 철저하게 수행했다는 점을 존경했다고 한다. 그들에게 있어 스파르타의 '리쿠르고스 법'

---

83) 조지 세이빈·토머스 솔슨, 『정치사상사1』(A History of Political Theory 1, 1973), 성유보·차남희 역, 한길사, 1997, 70면.

84) 이하의 한 단락은 H. D. F. 키토, 『古代 그리스, 그리스인들』(The Greeks, 1952), 박재욱 역, 갈라파고스, 2008, 144-145면을 주로 참조한 것이다.

은 법이 이상적 시민의 창조를 추구했다는 측면에서-비록 스파르타의 이상
이란 다소 편협한 것이기는 했으나- 진정한 하나의 이상이었다. 현대의 우리
는 법이 창조적이고 조형적인 역할을 한다고 생각하지 않지만 그리스인들에
게는 그것이 당연한 관념이었다. 그들은 폴리스의 총체적 법률, 즉 노모이
(nomoi)가 도덕적이고 창조적인 힘을 가졌다고 생각했고, 법률은 개별 사례
에서 정의를 확보하기 위해서뿐만 아니라 '정의'를 고취시키기 위해서도 만
들어지는 것이었다. 그래서 아테네 젊은이는 2년 동안 군복무를 하면서 노모
이를 교육받았는데, 노모이는 국가의 기본법으로서 자동차 전조등을 켤 것
따위를 규정하는 세부적인 법규들과 구별되었다. 그리스인들에게는 교회나
교리가 없었으며 교육부조차도 없었는데 폴리스는 바로 '법'을 통해 시민들
에게 도덕적·사회적 의무를 가르쳤던 것이다.

   끝으로, 법의 지배를 완성하는 마지막 작업이라고 할 수 있을 법의 지배에
생기(生氣)를 불어넣는 문제에 대해 생각해보기로 한다. 인민에 의한 법제정
과 그에 따른 효과적인 법집행이 있다 하더라도 법의 지배에 생기를 불어넣
는 지속적인 노력과 장치가 없으면 완전한 법의 지배가 될 수 없을 것이다.
뒤에서 보겠지만, 마키아벨리는 십년에 한 번씩은 강력한 법집행이 있어야
한다고도 하는데, 그 외에 다른 방법으로는 법에 높은 권위를 부여하고 그
권위를 확보하는 것을 생각해 볼 수 있겠다. 근대 세속 사회에서 법이나 정
치적 권위는 더 이상 어떤 초월적이고 신적인 권위를 갖지 못한다. 근본적으
로 그것들은 위에서 주어진 것이 아니라 우리 자신의 손으로 직접 만든 것이
기 때문에 소중할 수는 있어도 신성하지는 않기 때문이다. 따라서 세속적인
방법에 의해 법에 권위를 부여할 필요가 생기는데, 가장 쉬운 길이 제헌절
(制憲節)과 같은 상징을 기념하고 경축하는 일일 것이다. 정교일치를 거부하
고 세속국가와 세속정치를 지지하는 공화국은 기억(記憶)과 기념(紀念)이 필
요한데, 그래서 프랑스와 미국이라는 공화국은 자국의 역사를 기념하는 일에
특히나 관심을 쏟고 있는 것이다. 인종·민족·종교 등으로 분열되어 있는 미

국이 독립기념일을 최고의 국경절로 삼고, 헌법을 신성화하며, 미국 연방대
법원에 최고의 권위를 부여하는 것은 그런 점에서 이해할 만하다.

2. 법의 지배와 권력자에 대한 통제

법의 지배의 한 내용으로서의 '법 앞의 평등'은 특히 권력자에 대한 통제
와 연결될 수 있는데, 공화주의는 이 문제를 아주 중요하게 다룬다. 왜냐하
면 공화주의는 시민들 사이의 비의존성과 동등성을 중대한 공적 이익으로
보기 때문이다. 즉, 공화주의는 공동체가 부패하지 않기 위해서는 무엇보다
시민들 사이에 평등을 이루어야 한다고 보는바, 부자나 권력자에 대한 통제
의 필요성을 강하게 요청하는 것이다. 그런 점에서 이하에서는 권력자에 대
해서까지, 아니 권력자에 대해 더욱 철저하게 법의 지배를 관철하려는 공화
주의의 입장을 살펴보고, 그와 대비되는 우리 사회의 실례를 헌법재판소 결
정례를 들어 검토하기로 한다.

고전적 공화주의 사상가들은 공정한 법에 따라 개인적 선택에 제한을 두
는 것은 자유에 대한 제한이 아니라 오히려 자유를 구성하는 핵심 요소임을
강조했다. 그들은 일반시민들뿐만 아니라 통치자들의 행동에도 동일하게 가
해지는 법적 제한은 개인들을 억압하려는 시도에 대한 유일한 방패막이라고
믿었다. 마키아벨리는 『로마사 논고』에서 이러한 신념을 강하게 나타냈는데,
"행정관조차 두려워하는 시민이 한 사람이라도 있는 도시라면 자유로운 도
시라고 불릴 수 없다."[85]고 기술했다.

한편, 몽테스키외는 범죄에는 공적인 범죄와 사적인 범죄가 있는데, 공화
국에서는 사적인 범죄라고 불리는 것이 오히려 공적인 범죄가 된다고 한
다.[86] 군주정체나 전제정체에서의 국가는 군주 1인의 것이며 시민들 간의 관

---

85) Machiavelli, *Discorsi*, 1권 29장; 마키아벨리, 『로마사 논고』, 169면.

계는 존재치 않고 오로지 군주 대 신민 간의 관계만이 존재하게 되므로 범죄
는 (군주에 대한) 사적인 범죄로 되겠지만, 공화국은 '모두의 것'이기에 사적
인 범죄처럼 보이는 것일지라도 공적인 범죄가 될 수 있는 것이다. 이탈리아
르네상스 시대 초기 공화주의자인 레오나르도 브루니(Leonardo Bruni) 역시
『피렌체 찬가』(*Laudatio Florentinae Urbis*, 1403-4)에서 피렌체에는 한 명의 악
한도 없는 것은 아니지만 피렌체 전체는 훌륭한 질서가 유지되고 있다고 하
면서 공적 범죄와 사적 범죄를 구분하고 있다.

> 세상에는 공적 범죄와 사적 범죄가 있고, 이 둘 사이에는 커다란 차이가 있습니
> 다. 사적 범죄가 개별적 일탈자의 의도에서 비롯한다면, 공적 범죄는 전 도시가
> 지니고 있는 의지의 총체적 결과입니다. 후자의 경우에 문제가 되는 것은 한두 시
> 민의 견해라기보다는 내실 없는 사회의 법과 전통입니다.[87]

이처럼 공화국에서는 사적 범죄와 공적 범죄를 구분함은 물론 순수하게
사적인 범죄와 공적 성격을 가지는 사적 범죄를 구분하여 후자에 대해서는
강력한 대응을 할 필요가 있다. 그렇지 않으면, 시민들은 타락하기 마련이고
타락은 전염을 낳아 곧 제도가 흔들리고 공화국은 부패하고 말기 때문이다.
공동체의 부패의 시작과 끝은 일반 민중이 아니라 지도자들에 있다고 생
각된다. 공자(孔子)는 "그 근본이 어지러운데도 말단이 다스려지는 경우는
없다"[88]고 하였다. 정치지도자가 되었을 때 가지게 되는 무한한 권력과 치열

---

86) Montesquieu, *De l'espirit des lois*, 3편 5장; 몽테스키외, 『法의 精神 I』, 36면: "모든
   범죄는 그 본성으로 볼 때 공공적임에도 불구하고 참으로 공공적인 범죄와 사적인
   범죄가 구별된다. 사적인 범죄라고 불리는 것은 그것이 사회 전체보다도 한 개인을
   손상시키기 때문이다. 그런데 공화국에서는 사적인 범죄가 오히려 공공적이다. 즉
   개인보다도 국가의 구조에 더 타격을 준다. 그리고 군주국에서는 공공적인 범죄가
   더 사적이다. 즉 국가의 구조 자체보다도 개인의 안전에 더 타격을 준다."
87) 레오나르도 브루니, 『피렌체 찬가』(*Laudatio Florentinae Urbis*, 1403-4), 임병철 역,
   책세상, 2002, 55면.
88) 『大學』經1章: 其本亂而末治者否矣.

한 경쟁에서 승리하였다는 선민의식이 결합되어 마침내 권력을 사유화(私有化, 私事化, privatization)하는 행태, 큰 부자가 되었을 때 부를 이용하여 투기를 일삼고 경제적 약자를 더욱 착취하는 행태, 그것이 우리 공화국 정신을 갉아먹는 주범이다. 특히 공화국의 부패를 방지하고 법의 지배를 실현하며 시민적 자유를 유지하는 열쇠는 공직자들의 솔선수범에 달려 있다. 다수이고 다양한 일반시민의 덕성을 함양하는 방법은 쉽지 않겠지만, 소수이며 선택된 -선출이든 시험·자격 제도에 의해서든- 공직자들의 청렴과 헌신은 비교적 쉽게 달성할 수 있기 때문이다.

물론 공직자들의 자발적인 헌신이 있다면 가장 바람직하겠지만, 공화주의는 인간의 선량함에 신뢰를 가지는 만큼이나 인간의 부패 가능성에도 냉정하므로 부패방지를 위한 법과 제도를 강제할 것이다. 그렇게 하여 공직사회가 깨끗해진다면, 혼탁한 시대에는 일반인과 달리 유독 공직자에 대한 과도한 권리제한으로 보이던 법과 제도들이 더 이상 자신들의 자유를 제한하는 것으로 느껴지지 않을 것이다.

크세노폰(Xenophon)이 묘사한 스파르타에 있어서의 법의 지배의 모습을 살펴보자. 다른 도시의 유력자들은 관리를 겁내는 것을 자유롭지 못한 것이라고 생각하고 그런 것처럼 보이지 않으려고 했지만, 스파르타의 유력자들은 관리들에 대한 경외와 공손을 오히려 자랑으로 삼았다고 한다.

> 모두 알고 있는 것으로, 스파르타 사람들은 다른 곳 사람들보다 관리와 법 앞에서 더 공손하다. 리쿠르고스가 이 같은 공손함을 주입시키려 한 것도 영향력 있는 시민들의 동의를 얻고 난 다음이라고 나는 생각한다. 다른 도시의 유지들은 관리를 겁내는 것은 자유롭지 못한 것이라고 생각하고 그런 것처럼 보이지 않으려고 했다. 그러나 스파르타에서는 유지들이 관리들을 경외하고 자신의 공손함을 자랑으로 삼으며, 소환을 당하면 복종심으로 인해 걸어가지 않고 달려간다. 이는 자신이 절대적으로 복종한다면 다른 사람들도 따라할 것이라는 생각 때문이다.[89]

---

89) 크세노폰, 「라케다이몬 정치제도」, 19면.

위와 같은 스파르타와 비교할 때, 지금 우리의 모습은 '작은 물고기들'은 법망(法網)을 피해가려고만 하고 '큰 물고기들'은 법망을 뚫고 가거나 아예 법망을 이리 저리 끌고 다닌다고 묘사할 수 있을 듯하다. 스파르타의 유력자가 관리 앞에 공손한 것은 그 관리의 권력에 굴종한 것이 아니라 스파르타의 신성한 법에 복종한 것이다. 스파르타인들은 법 아래서 재력과 권력을 자랑하는 것이 의미 없다는 것을 알고 있었던 것이다.

요컨대, 법의 지배에 대한 절대적 존중 원칙은 공직자들이나 정치가들에게도 예외 없이 적용되어야 하며, 나아가 이들의 범죄행위에 대해서는 그런 원칙이 더욱 철저히 적용되어야 한다. 우리는 법에 따라 이런 사람들을 처벌하고 그들의 행위를 기억하며 또한 다른 사람들에게도 기억하도록 만드는 대신 이들에게 '용서와 화해를 베풀고 새 출발할 수 있는 기회를 주는' 경향들을 너무나도 자주 봐왔다. '이제 용서하고 잊자'고 하는 사람들은 이들을 제대로 처벌하는 것을 원래 불가능하다고 하거나, 이들을 용서하는 것이 좀 더 고매한 방법이라고 하거나, 또는 우리가 어차피 하나의 국민으로 더불어 살아야 하지 않겠냐고 주장한다. 그러나 그러한 자들을 용서했을 때 머지않아 더 많은 위법이 횡행하게 되어 이제 그들을 처벌하는 것이 오히려 정치적으로 위험하게 되는 사태에 이르게 될 것이다.[90]

그래서 마키아벨리는 엄격한 법의 집행이 드물어지면 사람들이 사악해지고 또 보다 무법적인 방식으로 행동할 수 있는 여지가 늘어나며, 그들을 제때 처벌하지 않을 경우에는 오히려 강력한 세력을 형성하여 "위험을 감수하지 않고서는 처벌할 수가 없으므로,"[91] "강력한 법집행이 적어도 10년에 한 번씩은 일어나야 한다"[92]고 했던 것이다.

---

90) 모리치오 비롤리, 『공화주의』, 193-194면.
91) Machiavelli, *Discorsi*, 3권 1장; 마키아벨리, 『로마사 논고』, 414면.
92) Machiavelli, *Discorsi*, 3권 1장; 마키아벨리, 『로마사 논고』, 414면.

사람들의 기억에 형벌을 상기시키고 그들의 마음에 두려움을 다시 심어주는 무슨 일인가가 일어나지 않는다면, 다수의 범법자들이 재빨리 힘을 규합하여 커다란 세력을 형성하기 때문에 위험을 감수하지 않고서는 그들을 처벌할 수가 없다.93)

근대 중국의 양심 루쉰(魯迅, 1881~1936) 역시 에세이 「페어플레이는 아직 이르다」에서 공적인 죄를 저지른 자는 결코 쉽사리 용서해서는 안 되며 강력하게 처벌을 해야 한다고 하였다. 혹자는 '죽은 호랑이를 때리는 것'과 '물에 빠진 개를 때리는 것'은 비겁하기는 모두가 마찬가지라고 조소하지만, '개가 스스로 발을 헛디뎌 물에 빠진 경우'나 '남이 개를 빠뜨린 경우'와 달리 '내가 때려서 개를 빠뜨린 경우'에는 확실히 하지 않으면 안 된다. 왜냐하면 물에 빠진 개를 그냥 두면 분명 땅에 기어 올라와 몸을 털고 꼬리를 사리며 달아나겠지만 그런 뒤에도 그 성품은 변하지 않아 결국 다시 공격할 것이기 때문이다. '보복하지 말라', '너그럽게 용서하라', '악에 악으로 응징하지 말라'는 말은 그에 합당한 상대에만 적용되는 것이지 그렇지 않은 자에게 "페어플레이는 아직 이르다."94)

이제 고위 공직자들의 부패 현상과 관련하여 자유주의 법체제가 잘 대응하지 못하는 맹점을 보이는 사례를 검토해 보기로 한다. 공직자의 부패는 뇌물수수, 이권개입과 같이 반드시 불법적인 형태로만 발생하는 것이 아니라 합법적인 테두리 내에서도 발생한다. 그 예로서, 고위 공직자가 퇴임한지 얼마 되지도 않아 대형 로펌에 취직하는 경우에 대해 검토해 보자.95) 공직자윤리법은 퇴직공직자의 취업제한 등을 규정함으로써 공직자의 부정한 재산 증식을 방지하고, 공무집행의 공정성을 확보하여 국민에 대한 봉사자로서 가져야 할 공직자의 윤리를 확립하기 위해 제정되었다(공직자윤리법 제1조). 현

---

93) Machiavelli, *Discorsi*, 3권 1장; 마키아벨리, 『로마사 논고』, 414면.
94) 루쉰(魯迅), 「페어플레이는 아직 이르다」, 『아침꽃을 저녁에 줍다』, 이욱연 편역, 예문, 2003.
95) 고위 공직자들의 이러한 부적절한 행태에 대해 더 자세한 내용은 장화식·임종인, 『법률사무소 김앤장』, 후마니타스, 2008 참조.

행 공직자윤리법은 4급 이상 고위공직자의 경우 퇴임 후 2년 동안 업무연관
성이 있는 영리법인에 재취업하는 것을 제한하고 있으나,[96] 공직자윤리법
시행령에 따를 때 재취업이 제한되는 영리법인은 자본금 50억 원, 매출액
150억 원 이상으로 한정되므로(령 제33조), 당해 법인이 그보다 자본금을 적
게 만들어 놓은 경우 공직자윤리법의 적용을 받지 않게 된다. 따라서 공직자
윤리법이 재취업을 금지하는 규모의 법인에 재취업하지 않은 경우 법적으
로는 전혀 문제가 되지 않으며 오직 공직자로서의 도덕성만이 문제되는 상
황이 된다. 이는 자유주의 법체계가 법과 도덕을 분리하고 국가 권력의 연
장으로서의 법의 간섭을 최대한 줄임으로써 사적 자유의 영역을 확대하려
한 결과 부도덕한 행태에 대해 손을 놓게 되는 사태가 발생한 것이라 할 수
있다. 그러나, 공화주의는 이런 문제에 있어 개인의 도덕이나 양심의 문제일
뿐이라는 식의 변명을 하지 않으며 잘못된 사태를 바로잡는 데 머뭇거리지
않는다.

다음으로, 공직자이기에 일반 국민과 다른 특별한 취급이 정당화되어야
하는 사례로 검찰총장에 대해 퇴직 후 일정 기간 동안 공직취임을 제한한 검
찰청법 규정에 대한 헌법소원 사건(헌재 1997. 7. 16. 97헌마26)과 판사 등에
대해 개업 전 근무지에서의 개업을 제한한 변호사법 규정에 대한 위헌제청
사건(헌재 1989. 11. 20. 89헌가102)을 검토해 본다. 검찰총장 퇴직 후 공직
취임 제한 사건에서 헌법재판소는 "검찰의 정치적 중립은 검찰총장을 비롯
한 모든 검사가 이에 대한 확고한 소신 아래 구체적 사건의 처리에 있어 공
정성을 잃지 않음으로써 확보될 수 있는 성질의 것이지 검찰총장 퇴직 후 일

---

96) 공직자윤리법 제17조(퇴직공직자의 관련 사기업체 등 취업제한) 제1항: "대통령령
으로 정하는 직급이나 직무분야에 종사하였던 공무원과 공직유관단체의 임직원은
퇴직일로부터 2년간 퇴직 전 3년 이내에 소속하였던 부서의 업무와 밀접한 관련이
있는 일정 규모 이상의 영리를 목적으로 하는 사기업체 또는 영리사기업체의 공동
이익과 상호협력을 위하여 설립된 법인·단체에 취업할 수 없다. 다만, 관할 공직자
윤리위원회의 승인을 받은 때에는 그러하지 아니하다."

정기간 동안 정당의 발기인이나 당원이 될 수 없도록 하는 규정만으로 그 입법목적을 얼마나 달성할 수 있을지 그 효과에 있어서도 의심스럽다."고 하여 위헌결정을 내린 바 있다.[97] 또한 헌법재판소는 판사 등에 대한 변호사 개업지 제한 사건에서도, 각 지방법원의 규모 및 사회환경이 다름에도 이를 구분하지 아니하고 획일적으로 개업지 제한을 하는 것은 정실배제라는 목적 실현에 필요하고 적정한 수단이라고 할 수 없고 직업의 자유를 지나치게 제한하는 것이라고 하여 위헌결정을 하였다.[98]

그러나 검찰의 정치적 중립은 '검사가 이에 대한 확고한 소신 아래 구체적 사건의 처리에 있어 공정성을 잃지 않음으로써 확보될 수 있는 성질의 것'이 결코 아니다. 검찰총장 개인의 양식(良識)에 맡겨 둘 수 없기 때문에, 즉 공화주의적 표현으로 말하자면 언제나 시민은 부패할 가능성이 크기 때문에, 부패를 방지할 제도적 장치를 마련하는 것이다. 우리 민주주의 체제가 침체에 빠진 것은 "분별없는 집권자와 집권층(집권정당)의 영구집권욕 내지 장기집권욕"이 큰 원인이 되었다고 할 수 있지만, 그 만큼이나 "권력의 편에 서서 국민을 오도하고 탄압하는 등 맡겨진 직분을 다하지 아니하거나 공정하게 수행하지 아니한 일부의, 사회 각계 각층의 지도자, 지식인, 정치인, 언론인, 공직자들의 반국민적 행동양식"에 있다고도 할 수 있다.[99] 그렇다면, 헌법재판소가 퇴직 후 정당활동이 제한되지 않는 다른 공무원들(대법원장, 감

---

97) 헌재 1997. 7. 16. 97헌마26, 검찰청법 제12조 제4항 등 위헌확인, 판례집 9-2, 72; 또한, 경찰청장에 대하여 퇴직일로부터 2년 이내에 정당가입을 금지한 경찰법 제11조 제4항에 대한 사건(헌재 1999. 12. 23. 99헌마135, 판례집 11-2, 800)에서도 헌법재판소는 같은 이유로 위헌결정 하였다.

98) 헌재 1989. 11. 20. 89헌가102, 변호사법 제10조 제2항에 대한 위헌심판, 판례집 1, 329, 334.

99) 위 사건의 재판관 조승형의 소수의견(헌재 97헌마26, 판례집 9-2, 72, 85-86); 한편 위 소수의견은 다수의견이 입법목적의 정당성에 관해 분명한 언급을 하지 않고 있다고 지적하고 있다. 생각건대, 이 사건 법률규정으로 달성하려는 공익에 대한 정당한 판단이 없었기에 다수의견은 위헌 결정을 할 수 있었을 것이다.

사원장 등)과의 차별을 정당화할 만한 본질적인 차이가 존재하지 아니하므로 평등원칙에 위반된다고 한 것과는 반대로, 오히려 한국적 현실에서는 그런 다른 사람들에 대해서까지 퇴임 후 일정기간 동안 정당활동을 제한하는 것이 합당할 것이다.

마찬가지로, 우리 법조 사회에 고질병이라고 할 수 있는 이른바 '전관예우'(前官禮遇)의 현실을 외면하지 않는다면, 이는 결코 판사 등의 개인의 양식에 맡겨서는 해결되지 않는 문제임을 직시해야 한다. 헌법재판소는 개업지 제한이 정실배제, 즉 '전관예우' 방지라는 입법목적 달성에 필요하고 적정한 수단이라고 할 수 없다고 판시하였지만, 그 사건이 판사에 의해 직접 위헌 제청되었다는 사실 자체가 그것이 아주 효과적인 수단임을 반증하고 있는 것이라 할 수 있다. 법으로 테두리를 설정해 두고 시민들이 그 테두리 안에서 움직인다면 그 때는 개인의 양식이 얼마든지 작동해도 문제가 없겠지만, 그 테두리 자체를 쳐두지 않는 것은 곧 사회가 부패로 가는 지름길을 닦는 것이다.

3. 사법심사의 정당성 문제

1948년 헌법의 '헌법위원회'는 10여 년간 겨우 6건의 위헌법률심사를 하였으나 위헌결정은 단 2건이었고, 1960년 헌법의 '헌법재판소'는 5·16 군부 쿠데타로 인해 설치되지도 못하고 문서상으로만 남았다. 1962년과 1969년 헌법의 '대법원'은 1971년 국가배상법 제2조 제1항 단서에 대하여 위헌결정을 내렸으나 엄청난 후유증[100]을 겪은 나머지, 1972년 헌법과 1980년 헌법

---

100) 이 위헌결정에 대해 정부가 압박을 가하자 100여명의 판사가 집단 사표를 제출하였고 위헌결정을 내린 대법원 판사는 전원 재임명에서 탈락하는 등 '사법파동'이 발생하였다. 그런데 이 국가배상법 조항은 1972년 헌법전 속으로 자리를 옮겨 규

의 '헌법위원회'는 단 한 건의 위헌법률심사도 하지 않았다. 그러다가 87년 '민주화 투쟁'의 결과 성립된 1987년 헌법에 의해 1988년에 설치된 '헌법재판소'는 그간의 개점휴업 상태를 접고 사건의 양과 질 모두에서 굉장히 활발하게 활약하고 있다.

최근에는 미국의 사법지배(司法支配, juristocracy)가 한국에도 도래하였다고 할 만큼, 국가의 백년대계(百年大計)라고 할 만한 문제들 그리고 고도로 정치적인 문제들에 대해서도 헌법재판소가 최종적인 판단을 내리는 경우가 많아졌다. 이러한 상황에서 헌법재판소에 대한 평가는 양 극단을 달리고 있다. 우리나라가 세계에 자랑할 만한 성공적인 법제도라는 평가도 있지만, '계륵이 되어 버린 헌법재판소'[101]라는 평가도 있다. 후자는 우리의 정치 현실이 국회나 정부 어디도 의지할 만한 곳이 없어 그래도 기댈 만한 곳은 헌법재판소이지만 헌법재판소 역시 미흡한 점이 많다는 지적이다.

(1) 종래의 논의

그 동안 우리나라에서는 위헌법률심사제도 자체의 정당성에 대한 논의는 별로 없었던 것으로 보인다.[102] 다만, 헌법재판소의 태도에 대한 비판들, 즉 시장의 자유를 중시하여 경제적 약자에 대한 보호에 미흡하다거나, 정치적으로 예민한 사안에 대해 소극적이라는 등의 논평이 주를 이루어 왔다. 그러다가 2004년 대통령 탄핵 사건, 신행정수도 이전 사건 등 중요한 정치적 결정

정됨으로써 위헌 시비가 봉쇄되었다.

101) 오동석, 「계륵이 되어 버린 헌법재판소」, 『월간 사람』 2006년 8월호, 인권재단 사람, 2006. 8.

102) 그러나 사법심사가 도입된 지 오래 되지 않은 국가나 헌법에 명문으로 규정되지 않은 채 인정되고 있는 국가에서는 사법심사 그 자체의 정당성에 관한 논의가 보다 많이 대두된다. 예를 들면, 최근 사법심사가 부각된 영국에서 공화주의적 시각에서 부정적인 입장을 보이는 것으로, Adam Tomkins, *Our Republican Constitution*, Oxford: Hart Publishing, 2005 참조.

행위를 헌법재판소가 하면서 '정치의 사법화'와 '사법의 정치화' 현상이 동시에 전개되자, 헌법재판소에 의한 사법심사의 정당성에 대한 논의가 미국 헌법학의 영향을 받아 발생하고 있다. 헌법재판소의 영향력을 생각할 때 헌법과 사법부의 역할, 나아가 헌정주의(憲政主義)와 민주주의(民主主義) 혹은 법치주의(法治主義)와 민주주의(民主主義)의 관계를 어떻게 이해할 것이냐 하는 문제는 더 이상 회피될 수 없는 한국 민주주의의 중심문제가 된 것이다.[103]

그것은 민주적 정당성을 갖추지 못한 기관이 국민의 대표에 의해 제정된, 즉 민주적 정당성을 가지는 법률을 폐기한다는 점에서, 사법부에 그러한 권한이 있는지, 있다면 그 정당화 논리는 무엇인지에 관한 문제이다. 그리고 사법심사 혹은 헌법재판권의 범위는 어디까지 미치는가라는 문제이며, 더 나아가면 입법권과 사법권 간의 권한·권력 배분의 문제가 되어 권력분립 원칙의 형성에 관련된 문제이기도 한 것이다. 특히 미국에서 이 문제는 '반다수결주의의 난제'(Counter-majoritarian Difficulty)라는 이름으로 다투어져 왔다.

그런데 미국의 위헌심사는 헌법상 명문의 규정 없이 미국 연방대법원의 판례(Marbury v. Madison, 5 U.S. 137(1803))에 의해 인정되어 굳어진 것이라는 점에서 그 특이성을 가진다. 그와 달리 우리의 경우는 헌법에 명문으로 헌법재판소와 그 위헌심사 권한을 규정해 놓았으므로(헌법 제6장 헌법재판소) 헌법재판소의 사법심사 권한은 '국민에 의해 헌법이 정한 것'이고 '헌법재판관은 국회의원과 마찬가지로 국민의 대리인이다'라고 한다면 논의의 여지가 없어질 수도 있다. 그러나 사법심사의 정당성 문제는 그런 일차원적 접근의 문제가 아니라 민주주의와 자기통치가 무엇인지에 대한 근본적인 물음이다.

전통적으로 이른바 '선출되지 않은 입법부'의 정당성 흠결을 보충할 수 있

---

103) 최장집, 「민주주의와 헌정주의: 미국과 한국」, 『미국헌법과 민주주의』, 박상훈·박수형 역, 후마니타스, 2004, 13면.

는 근거 혹은 사법부의 권한과 역할에 대해서는 다음과 같은 설명이 있었다.[104] 첫째, 다수가 언제나 옳은 것은 아니며 자유와 권리는 투표자의 의사와 상관없이 중요하다. 다수라고 해서 소수의 권리를 유린하는 것을 용납해서는 안 되며, 사법부는 이런 소수자의 자유와 권리를 보장할 의무가 있다. 둘째, 사법부는 과열된 사회적 이슈를 냉정한 자세로 진지하게 토론하여 합리적이고 이상적인 해결책을 도출해 낼 수 있는 유일한 독립의 시험장이다. 셋째, 장기적 가치관과 단기적 가치관은 서로 다를 수 있는데 헌법은 장기적인 국가의 대계를 수립하지만 대통령이나 의회 등은 단기적인 가치관에서 유래하는 충동을 받기 마련이다. 여기서 사법부의 강력한 수호를 받는 헌법은 이런 찰나적인 실수와 충동적인 변화를 막을 것이다.

한편, 존 일리(John Hart Ely)의 대표권강화적(대표보강적, representation-reinforcing) 사법심사론에 의하면, 사법부는 정치적 선택과 같은 실체적 가치를 보장하는 일에는 관여하지 말고 대표권을 강화하는 방향으로, 즉 민주주의를 보완하는 방향으로 활동함으로써 정당성을 확보할 수 있다고 한다. 그의 『민주주의와 법원의 위헌심사』(*Democracy and Distrust: a theory of judicial review*, 1980)[105]를 좀더 자세히 살펴보기로 하자. 반다수결주의의 문제상황은 일단 법관이 성문헌법상 명시되었거나 뚜렷이 암시된 규범만을 집행한다는 해석주의(解釋主義, Interpretivism)를 취함으로써 해소될 수 있다. 즉, 사법심사를 하는 법관이 오로지 해석주의에 기대어 헌법의 대리인으로서 판단한다면, 그것은 법관들이 인민을 통제하는 것이 아니라 인민의 동의를 얻은 헌법이 통제하는 것이고 곧 인민이 스스로를 통제하는 것이 된다.[106] 그러

---

104) 로렌스 프리드만, 『美國法入門』(*American Law: An Introduction*), 서원우·안경환 역, 대한교과서주식회사, 1987, 238-239면.
105) John Hart Ely, *Democracy and Distrust: A Theory of Judicial Review*, Cambridge, MA: Harvard University Press, 1980; 한국어역: 존 하트 일리, 『민주주의와 법원의 위헌심사』전원열 역, 나남출판, 2006.
106) John Hart Ely, *Democracy and Distrust*, pp.1-10.

나, 헌법은 매우 개방적인 규범으로서, 미국 수정헌법 제9조나 제14조의 해석과 관련하여 각종 문제가 제기되는 것에서 알 수 있듯이, 문구에 매달리는 해석주의는 곧 한계에 부딪힌다.[107] 따라서 위헌심사를 함에 있어서는 헌법전 밖에서 가치와 개념을 끌어올 수밖에 없는데, 여기서 일리는 법관 자신의 양심, 자연법, 전통, 사회에서 널리 공유되는 가치, 중립적 원리 등이 위헌심사에 활용될 수 있는 가치가 될 수 있는지에 대해 검토하는바, 결국 그 어느 것도 충분치 않다고 한다.[108] 여기서 그가 제시하는 대안은 사법부는 참여의 문제만을 다루고 실체적 내용에는 관여하지 않아야 한다는 것이다. 실체적 가치를 보장하는 일은 국민과 그 위임을 받은 입법부의 소임이거나 혹은 정치과정에 맡겨져 있는 것이며, 사법부는 정치의 과정과 분배에 있어서 폭넓은 참여의 권리가 제한되었는지, 정책결정이 적절한 절차적 과정을 거쳤는지 등에 관해 해석주의에 비추어 소극적으로 심사하는 것에 그쳐야 한다.[109] 그리고 이러한 참여지향적이며 대표보강적인 사법심사의 접근방법은 참정권의 보장, 언론의 자유, 법치주의 등을 보장하게 된다는 것이다.

한편, 최근 미국에서는 반다수결주의 난제를 실증적 분석에 의해 해체하려는 논의도 있었다. 즉, 반다수결주의 난제를 비생산적이고 순환적인 거대 담론을 보고 이를 지양하여, 사법부가 입법부와 행정부의 정책결정을 변경하는 경우 이것이 진정으로 정치적 다수의 의사에 반하는지에 관한 실증적인 분석을 시도하는 것이다. 결론은, 경험적으로 볼 때 헌법재판기관의 정책결정을 반다수결주의적이라고 일반화할 수는 없고 오히려 정치적 다수의 의사를 반영하고 있기에 반다수결주의 난제는 해체되었다는 것이다.[110] 그러나

---

107) John Hart Ely, *Democracy and Distrust*, pp.11-42.

108) John Hart Ely, *Democracy and Distrust*, pp.43-72.

109) John Hart Ely, *Democracy and Distrust*, pp.73-104.

110) 미국의 이런 논의를 들여와 국내에 적용을 시도하여 우리 헌법재판소 역시 정치적 다수의 입장을 충분히 반영하고 있다는 결론을 도출하고 있는 것으로는 박종현, 『憲法裁判과 定策決定: 反多數決主義 難題의 解體를 위한 實證的 分析』,

이러한 확인을 두고 반다수결주의의 난제를 해체한 성과를 이루었다고 보기는 힘들다. 예를 들어, 신행정수도 이전 사건의 경우, 설사 서울·경기 거주자를 중심으로 한 전국의 행정수도 이전 반대자가 과반수이고 그 과반수의 의사와 헌법재판소 결정이 일치한다고 하여 그것이 곧바로 정당화될 수 있는 것은 아니다. 정치적 다수의 의사를 단순히 반영하는 헌법재판기관이라면 따로 존재할 이유가 없다. 반다수결주의의 난제는 단순히 사법심사가 현실의 정치적 다수에 반한다는 문제 자체에 있는 것이 아니라, 확인된 것이든 의제된 것이든지 간에 국민의 의사로 간주된 정치적 다수에 반할 수도 있음에도 불구하고 사법부가 그에 반하는 권한을 행사한다면 그 정당성을 어디서 찾느냐 하는 문제이기 때문이다.

(2) 공화주의적 접근

사법심사의 정당성 문제는 근본으로 거슬러 올라가면 '민주주의 v. 반민주주의'의 대결 문제가 되며, 때로는 '민주주의 v. 헌정주의(입헌주의, constitutionalism)' 혹은 '민주주의 v. 법치주의'라는 구도로 표현되기도 한다.111) 그러나 지나친 이분법은 늘 부적절한 결과를 낳듯이, 이를 일도양단

서울대 박사논문, 2009. 8. 참조.

111) 한편, 근래 우리나라 정치현실에서 비롯되어 자주 운위되는 '민주주의와 법치주의의 충돌'이라는 관점은 부적절하며 그보다는 '민주주의와 자유주의의 충돌'로 보는 것이 적절하다는 지적도 있다. 전자의 관점은 민주주의를 '일원적 민주주의관'(monistic view of democracy)-선거에서 승리한 대통령, 다수당은 민주주의를 대변하므로 이에 대한 반대는 비민주주의적인 것이라고 보는 관점-에 따를 때 가능한 것이며, '이원적 민주주의관'(dualist view of democracy)-선거에서 승리한 세력일지라도 곧바로 다수의 지배로 승인되지는 않으며 국민의 여론이나 사법적 검토를 받아야 한다는 입장-에 따를 때는, 사법심사가 이루어지는 상황을 두고 '민주주의와 법치주의의 충돌'이라 볼 수는 없다는 것이다. 오히려 우리의 사정은 사회경제적 개혁이나 복지확대를 계약 및 시장의 자유와 사유재산권의 존중에 근거하여 반대하는 것-물론 이것이 '법치주의'라고 포장되지만-이므로, 이는 '민주주

적인 선택의 문제, 즉 민주주의냐 아니냐 하는 문제로 취급하는 것은 곤란하다. 한편, 때로는 '법의 지배'가 '법률가의 지배' 혹은 '사법부의 지배'로 오해되어 법원의 재판이나 헌법재판소의 사법심사가 전면적으로 행해지는 것이 바람직하다고 주장되기도 하지만, 법의 지배와 사법부의 지배가 전혀 별개라는 점은 다언을 요하지 않을 것이다.

그런데, 사법심사의 정당성 문제에 대해 공화주의의 입장이 모두 동일한 것은 아니다. 예를 들면, 사법심사제도로 대표되는 정치에 대한 법의 우위 현상, 사법심사에 의한 자기통치의 쇠약 현상 등을 비공화주의적인 것으로 간주하여 사법심사에 대해 부정적인 입장이 있는 반면에, 혼합정체론의 현대적 변용이라고 할 수 있는 권력분립 원칙에 따라 사법부에 사법심사권한이 주어졌다는 이유로 그것을 긍정하는 입장도 있다. 또한 민주주의의 결함을 소극적으로 보완하는 것이 아니라 적극적으로 민주주의를 완성하는 것이라고 사법심사를 보아 그 적극적인 역할을 요청하는 견해도 있다. 공화주의의 한 원류라고 할 수 있는 고대 그리스 아테네에서도 현대의 사법심사제도와 유사한 제도가 실제로 존재했다.[112] 아테네 시민은 누구나 민회에 제출되거나 민회를 통과한 법령에 대해 그 최초 발의자를 상대로 비합법성 기소(graphe paranomon)를 할 수 있었고, 그 법령은 시민법정에서 평결이 내려질 때까지 효력이 정지되었다. 그리고 그 법령이 폐기될 경우 그 법안을 발의했던 시민은 벌금형을 받게 되며 기소가 기각될 경우 기소자 역시 벌금형 등 제재를 당하였던 것이다.

와 자유주의의 충돌'로 보아야 한다는 것이다(강정인, 「민주화 이후 한국정치에서 자유민주주의와 법치주의의 충돌」, 『서울대학교 法學』제49권 제3호, 2008 참조).
112) '비합법성 기소'에 대해 보다 자세한 내용은, 버나드 마넹, 『선거는 민주적인가』 (The Principle of Representative Government, 1997), 곽준혁 역, 후마니타스, 2004, 36-38 면 참조. 마넹은 고대 그리스 아테네의 민주주의 운용의 실제가 흔히 오해되고 있는 것과 같이 민회에서 모든 일이 결정되는 것이 아니라, 민회, 평의회, 행정관, 시민법정, 입법위원회 등이 서로 견제함으로써 다수의지가 통제되고 있었음을 지적한다.

한편, 사법심사의 정당성과 관련하여 혼합정체론적 권력분립론을 현대적
으로 적용하려는 시도는 다수의 의사에 좌우되지 않고 소수자를 보호할 수
있는 역할은 사법부의 몫이 될 것이며 입법부의 다수결의 남용은 헌법재판
제도에 의해 통제될 수 있을 것이라고 본다. 그런데, 사법부의 역할과 기능
을 그와 같이 보는 것 자체는 타당성을 가질 수 있겠지만, 혼합정체론의 논
의를 끌어와 귀족정적인 사법부가 사법심사제도를 통해 민주정적인 의회가
숙고 없이 입법한 법률들을 통제하여야 한다는 도식을 현대에 적용하는 것
이 과연 가능하고 또 타당한지는 조심스럽게 접근해야 할 것이다.[113]

한때 공화주의의 대표적 학자로 얘기되기도 했던 마크 터쉬넷(Mark
Tushnet)은 법원의 사법심사에 대해 몹시 적대적이다. 그는 『레드, 화이트,
그리고 블루: 비판적 헌법 분석』(Red, White, and Blue: A Critical Analysis of
Constitutional Law, 1988)에서 사법심사에 대한 '거대이론'(grand theory of
judicial review)[114]을 비판하고, 사법심사는 생각만큼 그 효용가치가 크지 않
으며 부작용을 더 크게 초래하므로 차라리 그 제도 자체를 없애는 게 낫다고
한다. 사법심사가 인권보장을 증진하는 장점이 있기는 하지만, 사법심사의

---

113) 선거라는 민주적 정당화의 절차 대신 자격시험을 통해 자질이 선별되는 우리나라
    의 사법부는 혼합정체론에서 볼 때 귀족정체적 성격을 보유한 것으로서 특히 헌
    법재판에서 그런 성격이 잘 드러나는바, 다수결이 남용될 수 있는 문제를 해결하
    기 위해 다수자의 의사로부터 자유롭게 이를 견제할 수 있는 제도가 바로 헌법재
    판제도라고 하는 견해도 있다(이황희, 『플라톤, 「국가」를 넘어서다』, 금붕어,
    2009, 149-151면).
114) 터쉬넷이 말하는 거대이론이란, 법원의 사법심사를 정당화하는, 헌법에 대한 포괄
    적인 규범이론이면서 동시에 헌법에 대한 해석이론을 가리킨다. 여기에는 ① 제
    정의도주의 ② 중립성의 원리 ③ 대표권 강화적 사법심사 ④ 도덕철학이 속한다.
    터쉬넷은 거대이론이 갑자기 등장한 것이 아니라 과거의 이론을 재생·발전시킨
    것으로서, 예를 들면 일리의 대표권 강화적 사법심사 이론은 19세기 초 마셜과
    1930-40년대 할란 스톤의 주장의 현대판이며, 사법심사를 정당화하기 위해 도덕
    철학을 원용하는 드워킨의 작업은 금세기 초의 자연법 관념의 재판(再版)이라고
    한다.

방법을 통하지 않고서도 사회 각 분야의 정치세력화를 통한 정치과정 속에서 얼마든지 그것을 달성할 수 있다는 것이다. 따라서 터쉬넷은 '헌법을 법원으로부터 탈취하여야'(taking the constitution away from the courts) 한다고 주장한다.[115]

또한, 영국의 헌법학자 애덤 톰킨스(Adam Tomkins)는 영국에서도 90년대 중반부터는 '법적 헌정주의 모델'(Model of Legal Constitutionalism)이 지배적으로 되었다고 보고 그 문제점을 지적하고 있다. 그가 말하는 '법적 헌정주의 모델'은 다음과 같은 6가지 특징을 가지는 것이다: (1) 법은 정치와 구별될 뿐 아니라 그보다 더 중요한 위치를 차지한다. (2) 법의 주요 활동 무대는 법원이다. (3) 가능한 한 개인은 정부로부터 간섭 받지 아니한다. (4) 정부의 간섭이 불가피한 경우에는 그러한 간섭에 정당한 이유가 있어야 하며 제한적으로 이루어져야 한다. (5) 정부가 간섭하는 정도 및 정당성 여부를 판단하는 것은 법적 문제이며, 법관에게 일임되어 있다. (6) 법은 특정 법규 및 일반 법원리(인권)를 집행하여 정부를 통제할 수 있어야 한다.[116] 그는 이런 특징을 가지는 법적 헌정주의 모델은 의회가 아닌 법원에 의한 정치 통제를 강조하는 것이며 전체 국민에 대한 대표성을 가지지 못하는 법관에게 결정권을 주는 것으로서, 시민들의 정치참가라는 공화주의적 가치에 위반된다고 한다. 공화주의는 '사법을 통한 통치'에 관심이 있는 것이 아니라 공공정신이 충만한 시민들의 '심의 과정을 통한 자기통치'에 관심을 가지는 것이라는 주장이다. 결국 '법적 헌정주의 모델'은 비민주적·비효율적·비헌법적이므로 공화주의적 헌법으로 헌법과 정치를 새롭게 정립해야 한다고 주장한다.[117]

일반적으로 자유주의에서는 법과 정치라는 두 개의 영역을 구분하여 개인

---

115) 사법심사에 대한 터쉬넷의 주장에 대해 보다 자세한 것은, 장철준, 『Mark Tushnet 의 법이론 연구-사법심사에 관한 거대이론 비판을 중심으로-』, 연세대 석사논문, 2000. 2. 참조.

116) Adam Tomkins, *Our Republican Constitution*, pp.10-25.

117) Adam Tomkins, *Our Republican Constitution*, pp.25-27.

의 권리는 민주주의에 의해 결정되거나 민주주의에 양보될 수 없는바 다수
의 압력에 대해 개인의 권리를 보호한다는 데서 사법심사의 정당성을 주로
찾아왔다. 특히 최근에는 이른바 '소수자의 인권'을 보호하는 데서 그 의의
를 발견해 왔다. 그러나 다시 말하지만, 개인의 권리와 인권의 이면(裏面)은
'권리의 정치'와 이익과 권리를 향한 끝없는 다툼이며, 사법부에 의한 정치
적 결정은 정치와 대화를 통해 해결되어야 할 사회의 핵심적 문제들을 정치
의 영역에서 배제시킴으로써 정치를 왜소화하는 것이다. 그렇다면, 사법심사
의 정당성을 단순히 소수자의 인권보호가 소중하다거나 단 1인의 권리라도
무시되어서는 안 된다라는 식의 개인적 권리를 보호하는 데서 찾는 것은 일
면만을 바라보는 것에 불과하다. 권리와 권리, 그리고 권리와 공익은 언제나
충돌하기 마련이므로, '개인의 권리 보호 사명'이라는 구호는 아름답게 들리
기는 하지만 아무 것도 해결해 주지는 못하는 것이다.

한편, 앞서 본 일리의 대표권강화 사법심사론은 민주주의와 법치주의라는
갈등관계에 직면하여 사법심사가 민주주의를 보강하기 위해, 즉 대표권 강화
를 위해 사용되어야 한다고 주장한다는 점에서 민주주의와 법치주의를 조화
시키고 있다고 할 수 있다. 그런데 문제는, 일리가 가장 근본적이고 일차적
인 것으로 인정하는 그 '민주주의'가 제대로 작동하지 않는다면 그 '민주주
의'를 강화하는 것이 어떤 의미를 가질 것이냐 하는 점이다. 뒤에서 살펴보
겠지만, 현대 민주주의는 '다원주의 정치' 혹은 '이익집단 민주주의'라고 불
리는 것으로서 개인과 집단이 자신의 선호와 이익을 정치에 반영하기 위해
경쟁적으로 투쟁하는 체제이다. 공화주의의 입장에서 볼 때 현대 정치의 그
러한 모습은 '타락'한 정치의 전형적인 것이므로, 사법심사가 보강하는 민주
주의란 그러한 민주주의가 아니라 공화주의적 민주주의일 필요가 있는 것
이다.

그밖에, 사법심사의 정당성은 사법부가 지배층의 사익에 봉사하지도 않고
또 인민의 감정에 휩쓸리지 않는 태도를 유지하면서 객관적이고 중립적인

입장에서 신중하게 공익(공동선)을 발견하는 데서도 찾을 수 있다. 왜냐하면 자기결정(自己決定) 혹은 자기통치(自己統治)이라는 민주주의의 원리에 비추었을 때 인민의 결정은 그것이 좋든 나쁘든 옳든 그르든 그 자체로 자기충족적인 것인바, 그럼에도 그것이 번복될 수 있는 경우라면 사후에라도 시민들이 그 결정에 동의를 보낼 수 있을 때라고 해야 하기 때문이다. 물론 그러한 시민들의 동의는 그 결정이 단순한 사적 권리를 보호하는 것이 아니라 공익과 공동선에 부합한다고 이해하였을 때 만들어지는 것이다. 그 결정이 소수 부자들의 이익만을 위한 것도 아니고 다수 인민의 눈먼 이익을 위한 것도 아닌 것일 때-심려(深慮)있는 시민이라면 그것이 공동선이라고 스스로를 속일 수 없는-, 시민들은 자신들의 결정이 번복됨에도 기꺼이 그에 수긍할 것이다. 그렇다면, 소수자 보호와 개인의 권리의 보호도 결국 그것이 공동선으로 승화되는 한에서 의미가 있다고 할 수 있다. 즉, 소수자의 인권보호와 개인의 권리보장은, 지금 당장은 다수의 사람들이 불편하고 불이익하다고 느낄지라도 결국 그것이 '우리 모두를 위한 것'일 때 동의를 얻을 것이다.

제4절 민주주의-심의적 정치

공화주의가 반대하는 자유주의의 정치이론과 정치실제는 흔히 '다원주의 정치' 혹은 '민주주의의 집약 모델'로 불리는 것이다. 정치에 대한 공화주의적 관념은 학자에 따라 다른 양상을 보이며 공화주의적이라고 표현할 만한 단일한 접근방식도 존재하지는 않지만, 최소한의 공통점은 정치를 단순히 사익 실현의 수단 혹은 장으로 보는 것이 아니라 적극적인 시민활동을 통해 자유를 획득하는 활동의 중심지라고 본다는 점이다.118) 이하에서는 공화주의가 반대하는 정치이론과 정치의 실제란 어떤 것이며 문제점은 무엇인지 살펴보고 그 극복을 위한 공화주의의 제안을 검토하기로 한다.

1. 현대 다원주의 정치의 문제점

가. 다원주의 정치의 의의

일반적으로 다원주의(多元主義, pluralism)란 개인이나 집단이 기본으로 삼는 원칙이나 목적이 서로 다를 수 있음을 인정하고 특정 원칙이나 가치의 우월성을 인정하지 않는 태도로 정의된다. 다원주의적 사회 혹은 종교적·도덕적·문화적 다원주의라고 할 때의 다원주의는 이러한 의미라고 할 수 있다. 그러나, 정치학 용어로 사용될 때의 다원주의란, 사회를 수많은 독립적인 이익집단이나 결사체로 이루어진 것으로 보고 그 집단들의 경쟁·갈등·협력에

---

118) Cass Sunstein, "Beyond the Republican Revival", pp.1548.

의하여 정치와 사회가 운영된다고 보는 생각을 가리킨다. 그리고 공화주의자들이 반대하는 다원주의는 위와 같은 정치학 용어로서의 다원주의의 정의에서 좀더 나아가 정치 메커니즘을 시장 메커니즘과 동일하게 보는 시각이 강조된 것이라고 할 수 있는데, 흔히 '이익집단 다원주의'(interest-group theory of politics)라고도 불리는 것이다.

보다 구체적으로 보자면, 그것은 요제프 슘페터(Josepf Schumpeter, 1883~1950)가 기념비적인 저서 『자본주의, 사회주의 그리고 민주주의』(Capitalism, Socailism and Democracy, 1947)에서 대중민주주의의 발전에 따라 고전적 민주주의 모델에서 이해된 인민주권은 불충분하다고 주장하면서 시작되었다고 할 수 있다. 슘페터는 민주주의의 운용에 있어서 리더십의 중요성을 강조함으로써, 즉 일반 시민에 의한 정치 참여의 역할을 그들이 직접 정치적 사안을 결정하는 것으로부터 대신 결정할 사람을 선출하는 것으로 대체함으로써, 참여의 역할을 대의 제도의 역할에 종속시켰다고 평가된다.[119] 그 후 민주주의의 집약 모델은 앤소니 다운스(Anthony Downs), 로버트 달(Robert Dahl) 등의 연구로 이른바 "경험적 정치이론"이라고 불리면서 정치이론 분야에서 표준이 되었다.

다원주의 정치 시스템은 다음과 같은 내용과 특징을 가지는 것이다: 민주주의는 정치적 결정에 도달하기 위한 제도적 장치로서 인민의 투표를 얻기 위한 경쟁적인 투쟁에서 이긴 개인들이 그 결정권(권력)을 획득하는 장치이다. 즉, 정치란 희소한 사회자원을 두고 이익집단들이 경쟁하는 것이다. '유일무이하게 결정될 수 있는 공동선'이라든가 '인민의 의지'라든가 하는 것은 없으며, 공동선이라는 존재가 나타난다면 이는 단지 정치가들의 경쟁에 따른 부산물로서 가능할 뿐이다. 또한 공익달성을 위한 도덕적 신념이 아니라 사

---

119) 강정인, 「2000년대 한국의 바람직한 정치적 인간상: 선진산업사회와 탈시장적 인간형의 모색」, 『자유민주주의의 이념적 초상-비판적 고찰-』, 문학과 지성사, 1993, 22면.

익추구가 개인의 행동을 추동하는 것이므로 정당들이 조직되고 타협과 투표가 발생하는 경계선을 구성하는 것은 이익과 선호이다. 그 궁극적인 결론은 정치적 평형상태(political equilibrium)이다.[120] 한편, 정치참여자들은 시장원리에 따라 정치가에게 압력을 행사하며 정치가는 그러한 압력에 대응하게 된다. 지도자들이 권력을 이기적인 목적으로 남용할 가능성은 선거 경쟁이 정치가들의 순응성과 문책성을 확보하기 때문에, 즉 엘리트들이 선거 지지를 극대화하기 위하여 정책 결정 과정에서 인민의 선호를 고려하도록 강요받기 때문에 줄어든다.[121] 정책결정에 인민들이 참여하는 것은 그러한 체계의 기능에 역기능적이기 때문에 오히려 말려야 한다.

위에서 다원주의적 정치이론은 약간 부정적으로 묘사되기는 했지만, 그것 역시 보다 나은 정치를 위한 선의와 현실에 대한 냉정한 인식에서 비롯된 것임을 부정할 수는 없다. 즉, 그것은 현재의 선호를 존중하고 국가권력의 적극적인 선호 형성으로 인해 발생할 수 있는 독재(tyranny)의 위험을 회피하려는 의도에서 나온 것이다. 또한 그것은 국민 개개인의 의사를 똑같이 존중하고 평등하게 취급한다는 점에서 매우 민주주의적인 것이기도 하다. 요컨대, 다원주의는 다수결 원칙과 유사한 입장을 취하며 시민의 선호를 집단 통제의 객체로 취급하는 국가권력에 대하여 건전한 혐오감을 드러내는 것이다.[122]

정리하자면, 민주주의를 '엘리트간 선거 경쟁을 통하여 정부를 구성하는 체제'라고 이해하는 방법은 민주주의에 대한 최소정의적 개념으로 정치학에서 정통 이론으로 불리고 또 민주주의에 대한 현실적 이해라고 할 만하다. 그러나 그것은 다만 민주주의를 이해하는 출발점에 불과한 것이다. 이제 살펴보겠지만 다원주의 정치시스템은 그 이념적·현실적 문제점과 한계를 가지

---

120) Cass Sunstein, "Beyond the Republican Revival", p.1542.
121) 강정인, 「2000년대 한국의 바람직한 정치적 인간상」, 22-23면.
122) Cass Sunstein, "Beyond the Republican Revival", p.1543.

고 있기 때문에 공화주의자들 혹은 심의 민주주의자들은 그것을 전체적으로 바람직하지 못한 정치 관념이라고 보는 것이다.[123]

나. 다원주의 정치의 문제점

다원주의 정치이론은 옳지 않은 선호까지도 그대로 존중한다는 점, 정치적 권력이 실제는 불평등하게 배분되어 있다는 점, 정치를 거래로 여긴다는 점, 참여를 등한시하고 정치를 왜소화하게 된다는 점 등에서 비판받아 왔다.[124]

이런 문제점을 구체적으로 살펴보기 전에 우선 우리의 정치현실 역시 이런 비판이 들어맞을 수 있을지에 대해 간략하게 생각해 보기로 한다. 1980년 대 미국에서 공화주의가 등장한 하나의 배경이 다원주의 정치시스템에 대한 불만이라고 할 때, 우리의 정치배경이 그와 다르다고 한다면 공화주의의 비판도 과녁을 잃고 말기 때문이다. 그런데, 그러기 위해서는 이론과 실제를 따로 살펴보고 정치가·정치학자·일반국민들의 의식 역시 각각 검토하는 것이 마땅하겠지만, 이 문제를 굳이 상세히 다룰 필요는 없을 듯하다. 우리의 정치모델 역시 많든 적든 (미국식) 다원주의 정치모델의 영향 하에 놓여 있으며 현실 정당이 공식적으로 표명하는 원칙이 무엇이든 간에 특정 이익을 대표하는 정당과 이익집단 간의 경쟁에 의해 정치가 이루지고 있음이 명백하기 때문이다.

한편, 우리의 상황은 2가지 측면에서 다원 민주주의가 실패하고 있다고

---

123) Cass Sunstein, "Beyond the Republican Revival", p.1543.

124) 다원주의 정치이론에 대해 Cass Sunstein은 4가지 측면에서 문제를 제기한다: ① 잘 못된 선호도와 불평등한 권력 문제(Bad Preferences and Problems of Unequal Power), ② '거래'로서의 정치(Countering 'Deals'), ③ 공리주의적 오작용 (Utilitarian Malfunctions), ④ 참가의 부재(Absence of Participation) (Cass R. Sunstein, "Beyond the Republican Revival", p.1543-1547)

할 수 있다. 첫 번째 실패의 이유는, 뒤에서 살펴보는 바와 같이, 다원 민주주의의 이상 자체가 허상(虛想)이라는 점에서 비롯된다. 공동선을 위해 협의한다는 전제도 없이 오로지 자신의 이익과 지분을 늘리기 위해 투쟁하면 '보이지 않는 손'이 작동해서 공동선이 실현될 것·균형점에 도달할 것·이라고 믿는 것은 지나치게 순진하고 낙관적인 생각이다. 두 번째 실패의 이유는, 설령 다원주의 정치이론이 이론적으로 가능하다고 할지라도 우리의 정치현실은 그것이 제대로 작동할 여건을 허용하지 않고 있기 때문이다. 그 대표적인 예가 수십 년에 걸친 지역대립(地域對立) 구도의 지속으로서, 그 속에서 우리 정치는 이익과 의사를 대표하는 구조가 심각하게 왜곡된 나머지 선거인이든 정당이든 자신의 이익과 이해와는 동떨어진 원칙 하에서 움직이고 있다. 이러한 사정을 두고도 각자의 이익과 선호를 추구하다 보면 국가에 가장 바람직한 공동선이 달성될 것이라고 할 수는 없을 것이다.

이제 다원주의 정치이론의 문제점을 몇 가지 측면에서 검토하기로 한다.

첫째, 그것은 선호와 이익을 그대로 정치에 반영한다고 하므로 만약 그 선호가 부당한 것이거나 부당한 제도의 결과물이라고 한다면 다원주의 옹호론은 지지받을 수 없다.[125] 예를 들어, 정치가 선호의 옳고 그름을 가리지 않고 단순히 현상의 선호만을 반영할 경우 인종이나 성을 이유로 한 차별을 금지하는 법은 결코 제정될 수 없을 것이다. 정치의 주요 목적 중 하나는 정치적 논쟁 과정을 통해 바람직하지 않은 선호를 밝혀내는 것이다. 그럼에도, 다원주의 시스템은 선호를 있는 그대로 존중한다고 할 뿐 그릇된 선호의 출처와 영향을 경시하므로 수용할 수 없는 결과를 낳기도 한다.

둘째, 다원주의 정치이론은 시장을 모델로 하여 정립되었다고 할 수 있으므로 시장이 보여주는 불평등 문제는 정치의 영역에서도 반복되게 된다. 시장-정치 메커니즘에 의해 수요와 공급이 균형을 이룬다면 다행이겠지만, 현실에서는 개인과 집단 등 다양한 정치참여자가 서로 경쟁을 하여 어느 누구

---

125) Cass Sunstein, "Beyond the Republican Revival", p.1543-1544.

도 정치를 좌우할 수 없는 상황, 그리고 자연적으로 정치적 균형을 이루어 각자가 정당한 몫을 가져가는 현상은 결코 발생하지 않는다. 슘페터는 정치적 시장이 자유경쟁 시장인지 과점 시장인지 밝히지 않고 있는데, 현실 정치는 거대정당에 의한 과점 시장이라고 보아야 하므로 선거경쟁은 제대로 이루어질 수 없다.126) 정당이나 대기업 그리고 언론기관 같은 이익집단들은 선거라는 시장을 형성하고 여론을 조작할 능력이 있으며 그리고 기꺼이 그런 길로 나아간다. 시장-정치 메커니즘에서는 '1인 1표'가 아니라 '1원 1표'가 통용되어 결국 정치권력은 불평등하게 배분되는 것이다.

셋째, 다원주의 정치이론은 정치를 '거래'로 봄으로써 바람직하지 못한 입법을 산출할 가능성을 증대시킨다.127) 시민은 단순한 소비자로서 상이한 상표의 정당과 정치가들 중에서 소비자-시민의 선호를 가장 잘 충족시키는 쪽을 구매(購買)한다. 그리고 정치가들 역시 마치 기업가와 같이 자신들의 이해관계를 저울질한 후에 소비자-시민에게 호소하기 위한 적절한 정치적 사안들을 제조(製造)하고 선전(宣傳)하고 판매(販賣)한다. 그들은 인민의 투표를 획득하기 위한 경쟁적인 투쟁에서 승리하기 위해, 즉 권력을 획득하고 유지하기 위해 시민의 이익을 '부수적으로' 고려·추구할 뿐이다.128) 그리고 정치인들은 A집단의 이익을 보장하는 a법안을 통과시켜주는 대가로 B집단의 이익을 보장하는 b법안을 요구하며, a-b법안이 등가가 아닐 때는 c법안을 끼워 팔기도 한다. 이러한 과정에서 법과 정치는 하향평준화되며 공동선을 희생하여 일부의 사적 이익을 달성하는 수단이 된다.

넷째, 다원주의 정치이론에 의하면 선호가 왜곡되지 않고 정확하게 반영되면 족하므로 따로 시민의 직접적인 정치결정이라든가 정치 형성과정에의 참가, 시민들의 심의와 같은 문제는 중요하게 취급되지 않는다. 사실 다원론

---

126) 강정인, 「2000년대 한국의 바람직한 정치적 인간상」, 28면.
127) Cass Sunstein, "Beyond the Republican Revival", p.1544.
128) 강정인, 「2000년대 한국의 바람직한 정치적 인간상」,23면.

자들은 정치참여를 별로 선호하지 않으며 현상유지와 평형점에 근접하는 데 만족할 뿐, 정치활동을 촉진하기 위한 적극적인 조치를 그다지 취하려 하지 않는다.[129] 오히려 시민의 정치참여는 정제되지 않은 거친 것이기에 효율적인 정치에 대한 방해요소라는 견해가 나타난다.

다섯째, 정치는 이익과 선호를 반영하기 위한 하나의 '수단'에 불과한 것으로 취급됨으로써 정치의 독자성(獨自性)이 부정되고 정치가 왜소화된다. 또한 법과 정치를 거래의 대상이나 사익 추구적 수단으로 삼을 경우 그에 대한 존중은 점점 사라진다. 그리하여 마침내 지금 우리가 그러하듯이 법과 정치를 경멸할 지경에 이르게 된다. '목적으로서의 정치'와 '수단으로서의 정치'는 엄격히 구분되는 것으로서, 대체될 수 있다는 사실로 인해 수단으로서의 정치는 그 독자성이 부정되는 것이다.[130] 결국, 국가는 사적 이익을 지키기 위한 하나의 수단적 지위를 가질 뿐이지 '좋은 삶'을 만들어 가는 장(場)으로 존재하지 못한다.

2. 참여 민주주의 및 심의 민주주의

앞서 현대 정치에서 지배적인 다원주의 정치이론의 문제점을 살펴보았는 바, 그 핵심은 경쟁을 통해 각자의 이익과 선호를 반영한다는 정치 관념으로는 바람직한 민주주의를 실현할 수 없다는 것이다. 그래서 공화주의에서는 그 극복을 위한 몇 가지 제안을 하는데, 그것은 좀더 시민의 참여를 확대하고 시민의 합의에 기초하며 공동선을 달성할 수 있도록 하는 방향으로의 것이다. 참여 민주주의와 심의 민주주의와 같은 정치이론은 현대 공화주의 사상에 민주주의론에 관한 새로운 재료를 제공한다.

129) Cass Sunstein, "Beyond the Republican Revival", p.1546-1547.
130) 정윤석, 「아렌트와 공화주의의 현대적 전개」, 서울대 박사논문, 2001, 14면.

(1) 참여 민주주의와 공화주의

우선 '참여 민주주의'(participatory democracy)의 주장에 대해 간략히 살펴보자. 1970년대 페이트먼(Carole Pateman), 맥퍼슨(C. B. Macpherson) 등에 의해 제기된 참여 민주주의는 민주주의의 범위를 단순한 선거참여로부터 더 나아가 가능한 많은 삶의 영역에까지 확장하려고 한다. 그것은 다음과 같이 주장한다. 자유민주주의에서 인정되는 자유와 권리는 형식적인 것에 그치고 있는데, 이는 우리 현실이 국가와 시민사회의 영역 및 '공적인 것'과 '사적인 것'이 복잡하게 서로 얽혀 있다는 점을 무시하기 때문이다. 실질적인 자유와 평등은 국가와 시민사회 모두에 기초하여야 하므로 두 영역 모두에 대한 민주적인 참여와 통제가 필요하다. 따라서 의회와 정당이 더욱 공개적이고 책임성 있게 되도록 재조직되어야 함은 물론, 보통 시민들의 가까이에서, 즉 지역공동체나 기업·직장 등 각 부문 수준에서 민주주의가 실현되어야 하며, 그렇게 함으로써 오랫동안 시야에서 사라졌던 고전적 민주주의의 이상이 유지될 수 있을 것이다.

공적 영역과 사적 영역을 구분하여 사적 영역에 대해서는 공적 통제를 배제한다는 논리를 재고의 대상으로 삼아 진정한 민주주의가 이루어지려면 사적 영역, 즉 시민사회의 영역에서도 민주주의가 실현되어야 한다는 참여 민주주의의 주장을 좀더 깊이 생각해 보면, 그것은 공화주의의 정치적 동물론에 기반한 입장과 일맥상통하는 바가 있음을 발견할 수 있다. (아리스토텔레스를 잇는) 공화주의 전통에서는 인간은 정치적 동물(zōion politikon)이며 정치 활동을 통해서만 진정한 인간다움이 실현된다고 보았기에, 공동의 세계 밖에서 오직 '자기 자신'(idion)의 사적 자유로 일생을 보내는 삶을 '백치와 같은 삶'(idiotic)이라고 하였다.131) 예를 들면, 페리클레스는 전몰장병 추도 연설에서 아테네를 칭송하면서 말하기를, 아테네에서는 각자 모두 공적으로

---

131) 한나 아렌트, 『인간의 조건』, 90면.

나 사적으로 최선을 다하며, "정치에 참여하지 않는 자를 공명심이 없다고 보기보다는 쓸모없는 자로 생각한다"[132])고 하였던 것이다.

즉, 고대 그리스인들은 인간이 동물의 한 종으로 살아가는 사적 영역(가정, oikos)을 넘어 서서 공적 영역 혹은 정치의 영역(polis)에 들어가 행위할 때에만 인간이 '인간다울 수 있다'고 보았다. 한나 아렌트가 『인간의 조건』(*The Human Condition*, 1958)에서 말하고자 하는 것이 바로 그것이다. '인간다울 수 있는 조건이란 무엇인가?'라는 물음에, 아렌트는 고대 그리스에 의거하여 사적 개인에서 벗어나 공적 시민으로서 공적 영역에서 자신의 존재를 증명하는 것, 즉 공적 활동으로서 자신의 정체성(identity)을 드러내는 것, 그것이 인간의 조건이라는 것이다.

이처럼, 자유주의에 의해 사적 영역으로 취급되고 마는 삶의 가능한 많은 영역에 민주주의가 확산되어야 하며 그럼으로써 자기지배가 이루어져야 한다는 참여 민주주의의 믿음의 바탕에는 자유주의적 정치 질서에 대한 비판으로서의 공화주의적 정치관 및 인간관이 깔려 있다고 할 수 있을 것이다.

다만, 로마형 공화주의자들은 인민의 직접 참여에 대해 아주 호의적이지는 않으며 오히려 다음 항에서 보게 될 심의 민주주의에 더 큰 호감을 보인다. 예를 들어, 페팃은 참여 자체를 위한 참여의 확대는 공화주의자들이 막으려 하는 자의적인 권력의 행사를 강화시킬 수 있다고 우려한다. 심의 민주주의의 주장과 같이, '정치적 성찰과 논쟁의 질적 향상'이 없는 상태에서 유권자들에게 정책 이슈에 대한 직접적 결정권과 통제권이 주어진다면 권력이 자의적으로 될 가능성이 높아진다는 것이다.[133])

---

132) 투키디데스, 『펠로폰네소스 전쟁사』, 175면.

133) Philip Pettit, "Deliberative democracy, the discursive dilemma, and republican theory," in *Debating Deliberative Democracy*, J. Fishkin and P. Laslett eds., Oxford: Blackwell, 2003 참조.

(2) 심의 민주주의와 공화주의

민주주의 이론과 관련하여 현대 공화주의는 근래 많은 지지를 얻고 있는 심의 민주주의(deliberative democracy)[134]와도 친화성이 있다.[135] 심의 민주주의는 1980년대 이후 롤즈(J. Rawls), 하버마스(J. Habermas), 드라이젝(J. Dryzek), 거트먼과 톰슨(A. Gutman & D. Thompson) 등에 의해 새롭게 제기된 것으로서, 그 동안 등한시 되어온 정치참여와 민주주의의 '질'을 제고하는 것이 민주주의의 주요 과제라고 주장한다. 현대 정치의 실상을 보면, 정치적 평등은 계속 확대되어 왔지만 정치적 무관심 속에 투표율은 하락해 왔고, 대중들은 미디어에 조종되기나 할 뿐 수준은 결코 나아지지 않았으며, 지식·정보의 홍수와 가뭄 속에서 토론은 대개 피상적이고 경솔하게 이루어지고, 정책은 근시안적 선호와 사적 이해관계에 초점을 맞추어 제시될 뿐 공적 이익을 도외시한다.

따라서 심의 민주주의자들은 직접 민주주의나 참여 민주주의의 주장과 같이 단순히 참여의 범위를 확대하고 수준을 심화시키는 것만으로는 부족하다고 주장하며, 계몽된 논쟁, 이성의 공적 사용, 진리의 불편부당한 추구 등을 지지한다. 다시 말하면, 심의 민주주의란 자유롭고 평등한 시민들의 공적 심의가 정당한 정치적 의사 결정이나 자치의 핵심 요소라고 생각하는 일군의 견해이며, 정치적 정통성은 투표함이나 다수결 자체에 달려 있다기보다는 공적 결정에 대해 옹호 가능한 이유와 설명을 제시하는 데 달려 있다는 것이다.

---

134) '심의 민주주의'(deliberative democracy)의 번역어는 아직 확립되어 있지 않아 '토의 민주주의' 또는 '논의 민주주의'라고도 하며, deliberation은 심의(審議), 숙의(熟議), 숙려(熟廬), 토의(討議), 논의(論議) 등으로 각기 달리 번역되고 있다. 이 책에서는 '심의'라는 역어를 택하기로 한다.
135) 이하의 심의 민주주의의 내용은 데이비드 헬드, 『민주주의의 모델들』의 제9장 「숙의 민주주의와 공공 영역의 옹호」(437-484면)을 주로 참조한 것이다.

사실 심의 민주주의의 문제는 그리 새로운 것이 아니라 오래된 주제의 반복이라고 할 수 있다. 다만, 심의의 최근 형태는 오늘날 민주주의가 직면하고 있는 문제에서 비롯된 것이라는 점에서 특이성을 가진다. 현대 정치에 있어 정치는 소비와 마찬가지의 것으로 취급되고 있지만, 그 하나는 그 자신에게 영향을 미치는 선택일 뿐이고 다른 하나는 타인의 선호와 생활 기회를 형성하고 영향을 미치는 선택이라는 점에서 차이가 있다. 그렇다면 집합적 결정이 정당하고 공정하며 효과적이려면 올바른 공적 이성에 의해 결정이 내려져야 한다. 즉, 공적인 논쟁과 검토를 견뎌 낼 수 있어야 하는 것이다.

또한 심의 민주주의자들은, 민주주의 과정이나 제도가 정치 참여자들의 현재적·경험적 의사를 중심으로 만들어져야 하는가 아니면 올바른 정치적 판단이라 할 수 있는 것들을 중심으로 만들어져야 하는가라는 문제도 제기한다. 민주주의는 일상생활에서 실제로 발견되는 선호를 주어진 것으로 또는 합리적인 것으로 간주해야 하는가, 아니면 정제되고 사려 깊은 선호를 존중해야 하는가? 달리 말하면, 민주적인 공동선이란 단지 개인들의 주어진 선호의 취합물에 불과한가 아니면 진지하고 합리적인 공적 논쟁이나 심의를 통해 표출되는 것인가?

여기서 심의 민주주의자들은 시민들의 선호를 단순히 주어진 것이나 이미 고정된 것으로 보지 않으며, 심의를 통해 '합리적' 또는 '계몽된' 정치적 의사나 판단이 되어야 한다고 본다. 그러한 정치적 의사나 판단은 다음 세 가지 기준에 부합하는 것이다. 그것은 "사실을 중시"-무지하거나 교조적인 것에 반대되는-하고 "미래를 중시"-근시안적인 것과 반대되는-하는 동시에 "타인을 중시"-이기적인 것과 반대되는-하는 것이다.[136]

그리고 심의 민주주의자들은 공적 결정은 불편부당성의 기준에 합치해야 한다고 주장하는바, 불편부당성이란 그 결정의 영향을 받게 될 모든 집단이

---

136) C. Offe and U. Preuss, "Democratic institutions and moral resources," in *Political Theory Today*, D. Held ed., Cambridge: Polity, 1991, pp.156-157.

나 당사자들이 공적 논쟁에 동등하게 참여할 경우에 공적 결정이 이들 모두
와의 관계 속에서 방어될 수 있어야 한다는 것을 말한다. 이러한 불편부당성
의 논증은 권력의 불균형, 자원 배분의 불공평함, 완고한 편견 등이 야기하
는 문제에 대해 고찰할 수 있는 기반이 된다.

물론 심의 민주주의의 불편부당주의에 대한 비판도 제기된다. 그것은 다
음과 같이 주장한다.[137] 우리에게 필요한 것은, 추상적인 논쟁 규칙에 따른
획득 불가능한 조건에서의 심의에 대해 설명하는 것이 아니라 '이상적이지
못한' 현실의 조건에서 이루어지는 심의의 특징과 의미를 더 잘 파악하는 것
이다. 토의에 관여한 사람들이 자신의 특수성을 초월할 수 있다는 가정은 믿
기 힘들며 이기적인 정치 행위자가 심의에 의해 이타적 인간으로 바뀌지도
않을 것이다. 또 심의에 의해서도 해소될 수 없는 양립불가능한 가치의 대립
이 있을 것인데, 불편부당성의 논증은 모든 이성적 주체들이 받아들일 수 있
다는 관점을 견지함으로써 차이를 억압할 수도 있다. 이런 비판에 대해서는,
불편부당주의는 정치가 이기주의로부터 초월할 수 있다고 보거나 다양한 논
증방식이 존재한다는 점을 부정하는 것이 아니라, 모든 공적 논증의 방식이
똑같이 타당하지는 않기에 어떤 결정이 정당성을 획득하려면 모든 당사자들
이 올바른 것으로 받아들일 수 있는 것이어야 한다는 점을 강조하는 것이라
는 반론이 있다.

그리하여 심의 민주주의자들은 이제 심의의 요소를 증대시킬 방법을 강구
한다. 그런 방법으로는, 심의 후 이루어지는 심의적 여론조사, 정기적으로 활
용되는 심의하는 날, 중요 정책 결정시 공공기관에 의해 소집되는 시민 배심
원, 공적 논증과 정치적 선택에 필요한 능력을 개발하는 시민교육, 심의 정
치에 참여하고자 하는 시민집단과 결사체에 대한 공적 자금 지원 등이 제시
된다.

---

137) A. Gutman and D. Thompson, *Democracy and Disagreement*, Cambridge: Belknap
Press, 1996, pp.25-26, 79 이하 참조.

3. 심의적 정치를 통한 공익의 추구

앞서 다원주의 정치이론에 의할 때 정치가 지향해야 할 공익 혹은 공동선이란 따로 존재하지 않으며 만약 그것이 있다고 한다면 정치 경쟁을 통한 부산물로서 선호와 이익의 균형으로 나타날 뿐이라는 점을 살펴보았다. 그러나 공화주의에서는 경쟁을 통해 자연적으로 달성되는 공동선이란 지나친 낙관이며 그것은 시민들의 적극적인 정치참여와 공익에 대한 의식적인 추구를 통해서만 확보될 수 있다고 본다. 그렇다면 공익이란 도대체 무엇인가, 그리고 공화주의에서는 그것을 어떻게 달성하려고 하는가? 이하에서는 국가의 목표는 언제나 공익의 추구였다는 점을 확인하고, 그 공익을 발견하고 달성하기 위한 공화주의의 제안을 검토하기로 한다.

(1) 공익 개념의 의의

공공복리(공동선, 공익, Gemeinwohl, public interests, public/common good)[138]는 모든 실제적인 국가목표 이면에 존재하고 그것들을 포괄하는, 이른바 모든 정당한 국가목표의 진수이다.[139] 특히 현대 복지국가의 적극적인 활동의 배후에는 공익 혹은 공공복리라는 개념이 강하게 자리 잡고 있다. 국가의 적

---

138) 공동선·공익·공공복리 등 다양한 용어들이 사용되고 있으므로 간단히 용어정리를 할 필요가 있다. '공동선'은 철학이나 정치철학에서 주로 사용되며, '공익'이나 '공공복리'는 법학이나 법률에서 널리 사용되고 있다. 한편, 헌법 제37조 제2항은 기본권 제한 사유로서 '공공복리'를 규정하고 있는바, 위 규정과 관련되어서는 '공공복리'라는 용어를 사용하지만, 국가와 정부의 행위목표로서의 그것을 가리킬 때는 '공동선', '공익'이라는 용어를 사용하도록 한다.

139) J. Isensee, Gemeinwohl und Staatsaufgaben im Verfassungsstaat, in: J. Isensee/P. Kirchhof(hrsg.), Handbuch des Staatsrechts, Bd. III, 2. Aufl., C. F. Müller, 1996, S. 3-82, Rn. 1,2, 조한상, 「헌법 제37조 제2항 '공공복리' 개념에 관한 고찰」, 『헌법학연구』제12권 제5호, 한국헌법학회, 2006, 85면에서 재인용.

극적인 활동은, 정부의 입장에서는 오로지 공공복리라는 명분으로 행하고 또 그에 의해 지지를 획득할 수 있는 것이며, 국민의 입장에서는 정부의 활동이 공공복리에 부합할 때에만 정부를 지지하며 그 정책에 따르게 되는 것이다. 국민들이 특정 계급과 계층을 위한 정책을 펴는 정부를 불신하는 이유는 그 정부가 공익을 위해 존재한다는 '국가의 본질'을 외면하고 있다는 점을 의식적이든 무의식적이든 인식하기 때문일 것이다.

그러나 국가가 언제나 공익을 추구하고 실현하는 존재가 아니라는 점은 일찍부터 지적되어 왔다. 법과 정의가 강자의 이익일 뿐인지 혹은 기만적인 것인지는 고대 그리스 시대에도 논란이 되었던 것이다. 플라톤의 『국가』에서 소피스트 트라시마코스(Thrasymachos)는 소크라테스(Socrates)와 논쟁을 벌이는 가운데 '정의는 강한 자의 이익'이라고 선언한다. 트라시마코스의 고발에 의하면, 법이란 그것이 강자나 지배층의 이익이든 또는 약자나 빈민의 이익이든, 결국 특정의 이익에 봉사하기 위한 수단일 뿐이다. 그리고 정의란 일종의 기만, 즉 특정 집단의 이익에 봉사하기 위한 거짓말에 불과하다.[140] 이처럼 현실의 국가는 때때로 특정 집단의 사익추구에 협력하기도 하고 법의 지배는 모든 이에게 공평하게 적용되지 않기도 한다. 맑스주의(Marxism)에서 주장하듯이, 현대 국가의 집행부는 '부르주아지의 공동 관심사를 관리하는 위원회'일 수도 있고 국가는 '부르주아 계급지배의 도구'일 뿐일 수도 있는 것이다.

---

140) Platon, *Politeia*, 338e; 플라톤, 『국가·政體』, 83-84면: "적어도 법률(nomoi)을 제정함에 있어서 각 정권(archē)은 자기의 편익을 목적으로 하여서 합니다. 민주 정체(dēmokratia)는 민주적인 법률을, 참주 정체(tyrannis)는 참주 체제의 법률을, 그리고 그 밖의 다른 정치 체제들도 다 이런 식으로 법률을 제정합니다. 일단 법 제정을 마친 다음에는 이를, 즉 자기들에게 편익이 되는 것을 다스림을 받는 자들에게 올바른 것으로서 공표하고서는, 이를 위반하는 자를 범법자 및 올바르지 못한 짓을 한 자로서 처벌하죠. … 확실히 이 정권이 힘을 행사(지배)하기에, 바르게 추론하는 사람에게 있어서는 어디에서나 올바른 것은 동일한 것으로, 즉 더 강한 자의 편익으로 귀결합니다."

이제, 공익과 공동선의 개념이 어떻게 변해왔으며 그 특징은 무엇인지 대표적인 몇몇 사상가들을 통해 살펴보기로 한다. 아리스토텔레스는 모든 학문과 기술의 궁극적인 목적은 선(善 agathon)이며, 이 점은 특히 '모든 학문과 기술의 으뜸인 정치(politikē)'에도 적용되는데, '정치의 선은 정의이며, 그것은 곧 공동의 이익'이라고 한다.[141] 그리고 올바른 정체와 그렇지 않은 정체의 구분은 정체가 공공의 이익을 추구하는지 여부에 따라 결정된다고 한다. "공공의 이익을 추구하는 정체는 절대 정의의 기준으로 판단하건대 올바른 정체이고, 치자들의 개인적인 이익만 추구하는 정체는 모두 잘못된 것이고 올바른 정체가 왜곡된 것이다. 왜냐하면 국가는 자유민들의 공동체인데, 그런 정체는 전제적(專制的)이기 때문이다."[142]

한편, 루소는 사적 의지들의 총화일 뿐인 '전체의지'(will of all)와 공동의 이익을 의미하는 '일반의지'(general will)를 구분하고 있다. "전체의지와 일반의지 사이에는 자주 상당한 차이가 존재한다. 후자는 공동의 이익만을 고려한다. 전자는 사적 이익을 고려하며, 단지 사적 의지들의 총화일 뿐이다. 그러나 사적 의지들은 넘치고 모자라기도 하는데, 넘치는 것과 모자라는 것을 서로 가감상쇄하면 차이들이 남게 되는데, 그렇게 남아 있는 차이들의 총화가 일반의지이다."[143]

아마도 공동선의 문제와 관련하여 근현대에 있어 가장 중요한 인물은 공리주의(功利主義, Utilitarianism)의 주창자 제레미 벤담(Jeremy Bentham, 1748~1832)일 것이다. 그는 『도덕과 입법의 원리 서설』(An Introduction to the Principle of Morals and Legislation, 1789)에서 전통적으로 긍정되어 오던 도덕원칙이나 자연법 원리와 같은 추상적 규범을 배척하고 '쾌락'과 '고통'이라는 자연적 사실을 그대로 긍정하여 그것의 증감을 가치의 유일한 기준으로 삼

---

141) Arisotle, *Politika*, 1282b14; 아리스토텔레스, 『정치학』, 167면.
142) Arisotle, *Politika*, 1279a16; 아리스토텔레스, 『정치학』, 150면.
143) J. J. Rousseau, *Du contrat social*, 2부 3장; 장 자크 루소, 『사회계약론』, 40면.

았다. 그리하여 입법자가 항상 유념해야 할 최종목적은 개개인의 행복, 즉 개인의 쾌락과 안전으로서, '쾌락'의 증진과 '고통'의 감소, 즉 '최대다수의 최대행복'(the greatest happiness of the greatest number)이라는 원리는 입법의 원리이며 정부의 정책을 판단하는 기준이 된다고 하였다. 그리고 사회는 개인에 의하여 구성되는 것으로서 사회의 이익은 개개인의 이익의 합계일 뿐이고, 법의 목적은 그러한 공익을 도모하는 것이다. 그리고 이 때 무엇이 행복인지 가장 잘 판단할 수 있는 것은 각 개인이므로, 일반적 복리의 실현을 위한 최선의 방법은 개인의 자유활동에 맡겨 두는 것이고 그런 면에서 최소국가가 지지된다. 이러한 벤담의 공리주의와 공익에 대한 생각은 그 이후 줄기찬 도전을 받았지만 여전히 공공정책과 현대인들의 삶에 있어 가장 중대한 기준이자 원칙으로 작동하고 있다.

한편, 근대 헌법은 국가와 정부의 목표로서의 공익 추구를 도외시하지는 않았다고 할 수 있지만, 정부의 기능은 주로 개인의 자유, 재산권 등의 보장으로 축소되어 있다고 할 수 있다.[144] 과거 전통적인 국가가 개인의 이익을 넘어선 공동체 전체의 이익이라는 저 너머의 무언가를 추구하고 있다면, 근대의 국가는 국가의 목표는 곧 개인의 자유와 권리 보호에 다름 아니라고 함으로써 강한 개인 지향성을 띠는 것이다. 즉, 근대 헌법에서는 아리스토텔레스에서 볼 수 있는 것과 같은 강한 공익의 관념, 즉, 국가는 공동선을 추구해야 하며 공동선을 추구하는 정체이어야 올바른 정체라고 할 수 있다는 식의

---

144) 1776년 미국 독립선언은 천부인권으로서의 권리와 이의 보장을 위한 정부에 대해 선언한다 : "우리는 다음의 사실을 자명한 진리로 확신한다. 모든 사람은 평등하게 창조되었고, 조물주에 의하여 일정한 불가양의 천부의 권리를 부여받았으며, 그 중에는 생명, 자유 및 행복을 추구할 권리가 포함되어 있다." 한편, 1789년 프랑스 "인간과 시민의 권리에 대한 선언"은 전문에서 '전체의 행복'(bonheur de tours)을 선언하고, 제1조는 "사회적 차별은 공동이익을 근거로 해서만 있을 수 있다."고 하며, 한편 제2조는 "모든 정치적 결사의 목적은 인간의 자연적이고 소멸될 수 없는 권리를 보전함에 있다. 그 권리란 자유, 재산, 안전 그리고 압제에의 저항 등이다."라고 규정하고 있다.

관념은 찾기 힘들다. 그리고 이런 경향은 현대에 들어와 더욱 강화되어 극단
적으로는 공익 개념 자체를 부정할 정도까지 이르렀다고 할 수 있다.

머튼 호위츠(Merton J. Horwitz)에 따르면, 앞서 본 바와 같은 다원주의적
공익 개념이 2차 세계대전 이후 강력하게 등장한 배경에는 다음과 같은 사
정이 있다고 한다.145) 2차 대전 이전까지 20세기 진보주의(progressivism)는
공익을 촉진하는 제도들을 창조하는 국가의 역할을 강조했으나, 전체주의의
확산에 대한 반작용으로 그 후의 진보주의는 공익에 대한 어떠한 '실체적 관
념'도 전체주의로 가는 첫걸음일 뿐이라는 주장에 백기(白旗)를 들고 말았다.
과거에 의심스러운 것으로 감시되어야 했고 사적 이익은 이제 유일한 정당
성을 가지는 정치적 실체가 되었고, 그에 따라 공적 영역은 망각의 늪으로
빠져들었다. 그리하여 공익이라는 관념은, 이익 집단들 사이에서의 경쟁의
결과가 무엇이든 간에 순수한 절차주의적 용어(proceduralist terms)에 의해 규
정되기에 이르렀다. 이전에 진보주의는 실질적 공익과 사적 이익 사이의 날
카로운 갈등을 가정하고 국가의 일차적 기능을 사익을 초월하는 제도를 창
조하는 것으로 간주하였으나, 실질적 공익이라는 관념은 이제 조소에 직면하
기 시작했고 국가의 기능은 단순히 사적 갈등이라는 벡터들의 종합·반영일
뿐이라고 재정의되기에 이르렀다는 것이다.

(2) 공익의 판단과 형성

가. 공익의 판단

국가든 개인이든 공동선이나 공익의 개념에 대하여 확실한 자기견해를 세
워 두지 아니하면 몇 가지 어려움에 처하게 된다.146) 첫째, 특정 국가제도가

---

145) Morton J. Horwitz, "The History of the Public/Private Distinction", *University of Pennsylvania Law Review*, Vol. 130, No. 6, 1982, p.1427.

과연 공익에 봉사하는지 그리고 국가정책이 공동선의 실현에 기여하는지를 알 수 없게 된다. 그 결과 제도와 정책을 어느 방향으로 어떻게 발전시켜 나갈지 그 방향과 방법을 찾을 수 없다. 둘째, '공익을 위장한 사익'과 '진정한 공익'을 구별할 수가 없게 된다. 그러면 주장의 당부(當否)와 진위(眞僞)를 판단할 수 없게 되고 결국 만인에 대한 만인의 투쟁의 시대가 열리게 된다.

그런 점에서 공익 유사(類似) 개념 혹은 사이비(似而非) 공익 개념을 짚고 넘어갈 필요가 있겠다. 우리는 특정 정권에 결탁한 사익이 당당하게 '공익'이라는 이름으로 포장되어 국민의 자유와 권리를 무시하고 국민들에게 인내를 감수하라고 요구해왔던 역사가 깊다.[147] 바로 그렇기 때문에 국민들은 국가를 신뢰하지 않고 국가정책에 대해 무엇인가 다른 의도가 있을 것이라고 의심하며 국가정책으로 이득을 보는 자와 계층이 어딘가에 따로 있을 것이라고 생각하고 관계 공무원은 매수되었을 것이라고 믿는다.

그런데, 우리 사회에서는 위와 같은 '위장된 공익' 뿐만이 아니라 '허위의 공익' 역시 문제된다. 특히 '국가의 이름'으로 행해지는 모든 행위가 '국익'(國益)이라는 명분으로 관철되어 왔는데, 다수 국민들이 국익이라고 믿고 있는 것이 실은 국민들의 편협한 민족주의적 감정에 호소된 것이거나 긴 안목에서 볼 경우에는 눈앞의 사소한 경제적 이익에 불과한 경우가 많기 때문이다. 이러한 '국익'이라는 이름의 사이비 공익의 예로서, 2004년 이라크 파병 논란 때의 '국익을 위해' 파병해야 한다는 논리에 대해 생각해 보기로 한다.

이라크 파병은 경제 침체로 국민들이 불안과 좌절을 느끼고 있는 가운데, 마치 우리나라 대기업이 해외에 진출하듯이, 지난 수십 년 동안 성장한 '대한민국'의 힘이 군사력으로 전환되어 해외로 진출한 사건이라 할 수 있다. 과거 베트남 파병(1964~1973)을 용병형 파병이라고 한다면, 이라크 파병

---

146) 박세일, 「공동선(공익)을 어떻게 찾아야 하는가?」, 『철학과 현실』제50호, 철학연구소, 2001, 62면.
147) 일본에서의 동일한 사정에 대해서는, 사이토 준이치(齊藤純一), 『민주적 공공성』, 윤대석·류수연·윤미란 역, 이음, 2009, 23면 참조.

(2004~)은 일종의 '제국주의적' 파병인 것이다. 왜냐하면, 이라크 파병을 결정지은 중요한 요소들은 '국익'이라는 이름으로 불렸던 경제적 이익이었기 때문이다. 문제의 심각성은 이라크 파병 결정이 정부에 의해 일방적으로 결정된 것이 아니라 다수의 국민들이 파병에서 얻어질 수 있는 '경제적 이익'을 '국익'으로 보고 '국익'을 위해 파병을 원했다는 점에 있다.[148) 그렇다면, 국민의 다수가 원했고 국회의 동의를 거쳐 국군을 파병한 이 사안에서, 국익과 공익은 어떻게 다른 것일까? 국익을 위해 파병했어야 할 사안인가 국익을 위해 파병하지 말았어야 할 사안인가, 아니면 공익을 위해 파병했어야 할 사안인가 공익을 위해 파병하지 말았어야 할 사안인가?

사실 국익과 공익은 일치하는 경우가 많겠지만 불일치하는 경우도 있을 것이다. 이라크 파병의 이유는 (미국과의 동맹 유지를 통한) 국가안전 보장, (이라크전 전후 재건사업 참여를 통한) 경제적 이익 확보, 그리고 (경제 침체로 인한) 국민들의 불만과 욕망의 외부로의 분출 등이었다. 파병을 통해 과연 이런 목적들을 달성할 수 있는지도 의심스러운 일이지만, 무엇보다 중요한 것은 공익의 판단은 정의(正義)의 문제와 도덕(道德)의 문제를 도외시하고 판단할 수 없다는 점이다. 좋은 공동체 속에서 좋은 삶을 살 수 있다고 할 때, 공동체의 활동이 부정의할 때 공동체의 선악과는 별개로 시민들이 좋은 삶을 살 수는 없다. 사실 이라크 파병과 같이 방어적 전쟁이 아닌 경우는 우리 스스로가 외침(外侵)과 지배(支配)를 당한 역사가 있는 민족이라는 점에서 정당화될 수 없는 것이었다. 요컨대, 우리의 과도한 국가주의적 에토스를 생각한다면, 설사 국민 다수가 파병을 원했다고 하더라도 이 사안에서의 '국익'이 국민들 사이의 충분한 숙고를 거쳐서 나온 '공익'이었는지는 매우 의심스러운 것이라 하겠다.

이제, 공익을 어떻게 알 수 있는가, 즉 공익은 어떻게 파악할 수 있을까에 대해 생각해 보기로 한다. 공익성 판단은 공동체 구성원들의 도덕적·사회적

---

148) 우석훈, 『촌놈들의 제국주의』, 개마고원, 2008, 68-69면.

양심에 의해 직관적으로 파악할 수 있는 경우도 있고, 직관으로 판단하기에는 사안이 복잡하고 어렵거나 그럴 경우 오류를 범할 가능성이 높은 경우도 있다. 구체적으로 공익 판단 사안의 단순성과 중요성을 기준으로 경우의 수를 나누어 본다.

우선, 단순하고 사소한 사안의 경우에는 직관(直觀)으로 공익을 판단할 수 있을 가능성이 높다. 어떤 사회에서든지 특정 정책·행위가 공익에 부합한다 혹은 부합하지 않는다라는 합의점이 존재하기 마련이다. 이는 공익이라는 개념이 정의(正義)와도 관련된 것이기에 사회의 평균적인 구성원이라면 공유하는 정의감에 의해 판별될 수 있기 때문이다.

이런 논리는 단순하지만 사회적으로 중요한 사안에서도 동일하게 적용될 수 있다. 그러한 사례로, 2008년 11월 헌법재판소에 의해 위헌결정을 받아 사실상 폐지된 종합부동산세 사건[149]의 경우를 살펴보자. 부동산 투기와 그로 말미암은 근로의욕 상실, 경제적 불평등과 양극화 경향의 확대에 대응한 종합부동산세의 시행과 폐지는 전국민의 관심사였다는 점에서 사회적으로 중요한 사안이었지만, 사실 그 내용은 매우 단순한 것이었다. 왜냐하면 종부세 부과는 특정 지역의 특정 계층을 겨냥한 것이 분명했고, 또 그런 만큼 종부세 폐지 역시 특정 지역의 특정 계층 사람들을 위한 것임이 확실했기 때문이다. 따라서 종부세 제도는 법기술적인 복잡한 논리가 개재되어 있을지라도 적어도 공익판단에 있어서는 단순한 사안이라고 할 수 있는 것이다. 결국 이처럼 단순하지만 사회적으로 중요한 사안의 경우에도 공익은 구성원의 사회적 양심으로 파악될 수 있을 것이다.

그렇다면, 복잡한 사안에서는 어떻게 공익을 파악할 수 있을까? 복잡한 사안은 다시 2가지로 나눌 수 있을 것인데, 우선 기술적·방법적인 지점이 문제가 되는 사안에서는 다양한 선택지 중 최선의 수단을 고르는 것일 뿐이므로

---

149) 헌재 2008. 11. 13. 2006헌바112, 2007헌바71·88·94, 2008헌바3·62, 2008헌가 12(병합), 구 종합부동산세법 제5조 등 위헌소원 등, 판례집 20-2 하, 1.

공익이 문제될 여지는 별로 없다. 여기에는 공동체 구성원들의 대화와 토론은 굳이 필요하지 않으며 당해 문제의 전문가가 최선의 방법을 숙고하는 과정이 요청될 것이다.

다음으로, 기술적이지 않은 이유로 복잡한 문제, 즉 가치판단과 가치지향이 대립하는 문제, 정책이 사회에 전반적인 영향을 미치면서 다양한 이해관계가 얽혀 있고 단기적인 목표와 장기적인 효과를 판단하기 쉽지 않은 문제에 있어서는, 사회적 양심이나 직관에 의해서도 전문가들에 의해서도 공익성 판단이 결정될 수는 없고 시민들 사이의 대화와 토론, 즉 심의(審議)가 있어야 한다. 이 때 대화와 토론은 공익 판단에 도움이 된다는 점을 넘어 그 절차에 참여한 시민들로 하여금 결정에 승복하게 만든다는 의미도 가진다.

지금까지 사안의 복잡성과 단순성을 기준으로 일응의 공익성 판단방법을 생각해 보았다. 그렇지만, 여전히 남는 문제는 누가 사안의 복잡함과 중대함을 판단할 것이며 전문가의 도움을 받는다고 할 때 누가 전문가인지를 누가 판단할 것인가, 즉 "누가 판단할 것인가?" "누가 판단자를 판단할 것인가?" 하는 문제들이다. 여기에 이르러서는 다소 맥이 빠지는 결론일지도 모르겠으나, 이 막다른 무한소급(無限遡及) 앞에 우리는 결국 시민적 덕성에 대한 요청으로 돌아갈 수밖에 없을 것이다.

나. 공익의 발견과 형성

어떤 공동체의 성격이 비교적 동질적이거나 시민들이 공공의 일에 관심이 많은 경우 공동선 혹은 공익은 존재하기도 쉽고 또 찾기도 쉽다. 그러나 이질적·분열적 공동체나 공공의 일에 무관심한 사적 개인으로 이루어진 사회인 경우 공동선은 존재하기도 발견하기도 어렵다. 그래서 정작 공동선의 추구와 발견이 절실히 요청되는 사회에서는 그것을 찾을 수가 없고, 이미 사회가 조화롭기 때문에 공동선의 발견이 절실히 요청되지 않는 사회에서는 그것이 쉽게 찾아진다는 역설이 발생한다. 물론, 공동선이 잘 발견되고 있는 사회라고 하여 공동선에 대한 의식적인 추구 없이도 자연스럽게 그것이 성취되고 있는 것은 아니며 끊임없는 노력이 뒷받침되어야만 사회는 그러한 건강을 유지할 수 있는 것이다.

어쨌든 공동선은 언제 어떤 사회에서든지 반드시 존재하는 것이 아니며, 동어반복적인 얘기가 되겠지만, 공동선이 존재할 만한 사회에서만 존재하는 것이다. 그러므로 때로는 공동선이란 무엇이냐를 물을 것이 아니라 공동선이 존재할 만한 조건은 무엇이냐를 묻는 것이 나을 수도 있다.

그런 핵심적 사회조건의 중 하나는 공동체 구성원 사이에 어느 정도의 동질성을 조성·유지하는 것이다. 구성원 간에 격차가 지나치게 벌어지고 또 격차가 오래되었다면 공동선은 찾아지기 힘들다. 라스키가 말하듯이, '다르게 사는 사람들은 다르게 생각'(Men think differently who live differently)하기 때문이다.[150] 그런데 여기서 동질성을 조성한다는 것은 단일한 민족·문화·전통·종교를 가지도록 강제하는 것이 아니라, 구성원들이 같은 이익을 가지도록 사회를 형성하는 것을 말한다. 그러한 사회의 조건으로는 중산층을 사회의 근간이 되도록 만드는 방법이 있다. 아리스토텔레스는 모든 국가에는 매우 부유한 자들, 매우 가난한 자들, 그리고 그 중간계급(*hoi mesoi*)의 세 부분이 있는바, 가능한 최선의 정체는 중간계급이 발달하고 그에 결정권이 있는 정체라고 하였다. 왜냐하면 그래야 시민들 사이에 파쟁과 알력, 반목이 생겨나지 않기 때문이다.[151] 한편, 모두가 법적으로 관념적으로 평등해진 근현대의 상황에서 국민들은 대개 '나=중산층'라고 느끼고 있다. 사정이 이와 같다면 중산층의 보호는 나에 대한 보호이면서 결국 국가의 안정과 발전이기도 하다는 결론에 이른다. 요컨대, 공화주의 사회는 중간계급으로 이루어진 정

---

150) 해롤드 라스키, 『현대 국가에 있어서의 자유』(*Liberty in the Modern State*, 1930), 김
     학준 역, 서울대학교 출판부, 1987, 219면.
151) Aristoteles, *Politika*, 1296a7; 아리스토텔레스, 『정치학』, 232면.

체를 지향해야 하는바, 그럴 때 나의 이익이 공동체의 이익이 되고 공동선의
추구가 나의 이익을 추구하는 것이 될 수 있는 것이다.

그렇다면, 법과 제도의 정비는 두 가지 방향에서 동시에 진행되어야 하는
데, 하나는 공동선이 존재할 수 있는 사회조건을 만드는 일이고 다른 하나는
공동선을 계속적으로 발견·도출해 나가는 일이다. 지금까지 살펴보았듯이,
공화주의는 언제나 국가와 개인, 법과 정치 사이의 상호침투와 동학(動學)을
중요하게 취급한다. 공화주의는 공익의 발견 문제에 있어서도 사회를 주어진
것으로 보고 그 전제에서 공익을 발견하려고 노력하는 것이 아니라, 공익의
발견과 동시에 공익의 발견이 용이해질 수 있는 사회적 조건을 만들려고 노
력한다. 따라서 공익의 발견 작업은 동시에 공익의 형성 작업을 구성하기도
하는 것이다.

한편, 현대의 다원주의 사회를 전제로 할 때 공익의 실체적인 내용에 대해
서는 의견이 갈릴 수밖에 없으므로 공익 확보의 관건은 일단 그 내용보다는
그것을 확보하기 위한 과정 혹은 절차의 합법성과 공정성에 있다고 할 수 있
다. 그리고 그 과정과 절차에서의 공정성의 관건은 표현의 자유 및 언론의
자유이고 그에 바탕한 시민들의 자발적이고 적극적인 참여와 토론이다. 동시
에 절차의 보장은 형식적인 기회의 개념이 아니라 실질적인 가능성의 문제
라고 해야 한다. 요컨대, 다원주의 사회에서의 공익은 절차의 합법성과 공정
성에 의해 담보되며 시민의 적극적인 참여, 토론 및 양보에 의해 결정되는
것이라 할 수 있다.

제5절 권력분립-혼합정체론

공화주의는 법의 지배 아래 자유를 확보하고 유지하기 위해 적절한 형태의 정체를 요구한다. 전통적으로 공화주의자들은 그것을 혼합정체라고 생각했다. 그것은 일인에 의한, 소수에 의한, 그리고 다수에 의한 지배(rule by one, by the few, and by the many)의 장점과 요소를 혼합하고 균형을 갖추기에 '혼합정체'(混合政體, mixed or balanced government, mixed constitution)라고 불렀다. 이하에서는 혼합정체의 역사와 의의에 대해 살펴보고, 혼합정체론이 근대에 이르러 헌법 원칙으로서의 권력분립 원칙이 된 사실을 확인한다. 그리고 혼합정체론의 현대적 의의와 우리 학계의 혼합정체론에 대한 논의를 비판적으로 고찰하도록 한다.

1. 혼합정체론의 역사와 의의

폴리비우스와 키케로에서 마키아벨리와 미국 건국자에 이르는 사상가들은 혼합정체가 '부패'와 '폭정'을 방지하는 능력이 있다는 점에서 혼합정체를 찬양했다. 고전적 공화주의자들에 의하면 군주정(monarchy), 귀족정(aristocracy), 민주정(democracy)은 각각 전제정(tyranny), 과두정(oligarchy), 중우정(mob rule)으로 퇴보하는 경향이 있으나, 세 요소들 사이에 권력을 분산시켜 놓은 혼합정체는 일인, 소수, 혹은 다수가 공동선을 희생하는 대가로 각각의 이익을 추구하는 것을 막을 수 있다고 보았다. 다른 요소를 견제할 만큼 충분한 권력을 가진 한 요소가 있을 때, 자유롭고, 안정적이고, 오래 지속되는 정체가 가능하다는 것이다.

(1) 고전적 혼합정체론의 계보

혼합정체론의 기원은 정확히 알 수 없지만 이미 플라톤(Platon, 기원전 428/7~348/7년)에서 그 단초를 볼 수 있는바, 그의 저작에 나타나는 정체의 분류와 혼합정에 대한 언급을 살펴보기로 한다. 플라톤은 『법률』(Nomoi)에서 스파르타 정체의 훌륭함은 3가지 권력이 혼성(절충)된 것에서 비롯된다고 하였다. 즉, 왕을 2명으로 함으로써 왕의 권력을 줄이고, 60세 이상의 귀족 출신의 원로들로 구성된 원로원(gerousia)을 두어 왕과 대등한 표결권을 가지게 하며, 국정 감독관(ephoros)이 국정 전반을 감독하면서 왕권을 견제하도록 하였기에 스파르타의 정체가 오래 보존되었다는 것이다.152) 또한 플라톤은 모든 정체의 원형은 1인 통치 체제와 민주정체이고 다른 정체들은 이 둘이 다양한 형태로 변형된 것이라 할 수 있는데, "한 나라에 지혜와 함께 자유와 우애가 정말로 있으려면, 이들 둘에 관여해야만 하고 또한 그러는 게 불가피하다"153)고 하여 혼합정체를 가리키는 말을 남기고 있다. 이러한 플라톤의 논의는 나중에 아리스토텔레스와 르네상스 공화주의자들이 발전시킨 입장을 앞지르는 것이었다.154)

그러나, 혼합정체론에 대한 본격적인 논의는 아리스토텔레스(Aristoteles, 기원전 384~322년)에 나타난다. 아리스토텔레스는 '폴리테이아'(정체, politeia)가 무엇인지는 누가 정부에 참여하는지의 문제라고 하면서, 이를 기준으로 할 때 1인의 참여, 소수의 참여, 다수의 참여가 있는 정체로 나누어 볼 수 있다고 한다. 여기서 공동의 이익을 추구하는 정체는 올바른 정체이고 소수자 또는 다수자의 특정한 이익을 위해 통치하는 정부는 잘못된 정부라고 할 수 있는데, 그 올바른 정체 중 한 사람이 통치하는 정부는 왕정

---

152) Platon, *Nomoi*, 691d-692a; 플라톤, 『법률』, 박종현 역, 서광사, 2009, 258-261면.
153) Platon, *Nomoi*, 693d; 플라톤, 『법률』, 265면.
154) 데이비드 헬드, 『민주주의의 모델들』, 60-61면.

(basileia), 소수자가 통치하는 정부는 귀족정체(aristokratia), 다수자가 통치하는 정부는 '정체' 또는 '혼합정체'(politeia)라고 불린다.[155] 그리고, 위 정체들에서 왕정이 왜곡된 것이 참주정(tyrannis), 귀족정체가 왜곡된 것이 과두정체(oligarchia), 혼합정체가 왜곡된 것이 민주정체(demokratia)인데, 왜냐하면 "참주정체는 독재자의 이익을 추구하는 1인 지배 정체이고, 과두정체는 부자들의 이익을 추구하며, 민주정체는 빈민의 이익을 추구하여, 그 어느 정체도 시민 전체의 이익을 추구하지 않기 때문이다."[156]

또한, 아리스토텔레스는 혼합정체는 '과두정체와 민주정체의 혼합'이며 혼합의 방법에는 3가지가 있다고 한다. 그것은 첫째, 민주정체의 법규와 과두정체의 법규를 동시에 받아들이는 방법, 둘째, 두 가지 상이한 법규의 평균 또는 중간을 취하는 방법, 셋째, 일부는 과두정체의 법규에서 일부는 민주정체의 법규에서 취하는 방법이다. 그런데 제대로 혼합된 혼합정체는, 마치 스파르타의 정체와 같이 민주정체의 요소와 과두정체의 요소를 모두 포함하는 것처럼 보이면서 동시에 그중 어느 쪽 요소도 포함하지 않는 것처럼 보여야 한다고 하였다.[157]

한편, 폴리비우스(Polybius, 기원전 200~118년경) 역시 『역사』(Historiae)에서 혼합정체론을 찬양했다. 폴리비우스는 로마와의 제3차 마케도니아 전쟁에서 그리스 측의 기병대 사령관이었으나, 전쟁에서 패하고 포로가 되어 로마로 와 20여 년 동안 로마의 부상을 목격하면서 조국 그리스가 패망하고 로마가 성공한 원인을 분석했던 것이다. 그에 의하면, 순수정체는 처음에는 건전할지 모르나 그 상태가 오래 지속되지 못하고 곧 부패하게 된다. 군주제의 타락으로 참주제로, 참주제에 대한 불만으로 귀족정으로, 귀족정의 타락으로 과두정으로, 과두정에 대한 불만으로 민주정으로, 민주정의 타락으로

---

155) Aristoteles, *Politika*, 1279a32; 아리스토텔레스, 『정치학』, 151면.
156) Aristoteles, *Politika*, 1279b4; 아리스토텔레스, 『정치학』, 152면.
157) Aristoteles, *Politika*, 1294a30-1294b34; 아리스토텔레스, 『정치학』, 224-226면.

폭민정으로 된다는 것이다. 따라서 일인이나 소수, 다수의 한 계층의 권력 독점에서 나오는 부패의 경향과 불안정을 통제하기 위해서는 혼합정이 필요하다고 보았다. "이 정체는 그 자체에 이런 폐단을 바로잡을 힘을 갖고 있다. 왜냐하면 이들 세 부분 중 하나가 자신의 경계를 넘어 허용된 것보다 더 큰 힘을 가지려 할 때, 어느 것도 독재적이 될 수 없고, 상호의존적이며, 상호견제한다는 것을 보여주기 때문이다."[158] 그리고 그는 로마는 군주제의 요소라고 할 수 있는 집정관, 귀족제의 요소라고 할 수 있는 원로원, 민주제의 요소라고 할 수 있는 민회가 상호 견제와 균형을 이루는 혼합정으로서, 한 계층의 권력 독점으로 발생할 수 있는 부패와 분열의 혼란을 방지하여 대내적으로나 대외적으로 성공하고 있다고 보았다.

> 로마의 정체로 말할 것 같으면 내가 앞서 언급했던 바, 정체를 통제하는 3가지 요소를 모두 지니고 있었다. 그리고 행정 전체 내에서 그 요소들이 각기 갖는 권력 분담을 평등과 균형을 철저히 고려하여 규제되었기 때문에 심지어 로마인들조차 그 정체가 전체적인 측면에서 볼 때 귀족적인지, 아니면 민주정인지 또는 군주적인지 확실하게 말할 수 없을 정도였다. 그것은 결코 놀라운 일이 아니다. 그도 그럴 것이 집정관들이 지닌 힘만을 관찰할 때 우리는 그것을 군주정이나 왕정으로 간주하려 하게 되나 원로원이 지닌 힘만을 한정하여 보면 귀족정으로 간주하게 된다. 끝으로 평민이 지니고 있는 힘만을 관찰해 보면 그것은 다시 명백한 민주정의 경우로 여겨질 것이기 때문이다.[159]

폴리비우스의 혼합정체에 대한 견해는 이후 로마 공화정 말기의 키케로에 계승된다. 로마가 공화정에서 제정으로 넘어가던 시절 공화정을 수호하던 정치가이자 문장가였던 키케로(Cicero, 기원전 106~43년경)는 『국가론』(De Re Publica)에서 폴리비우스의 논의를 이어 받아 혼합정체가 가장 우월한 정체라고 하였다. 키케로는 정체를 모든 것의 총화를 한 사람이 장악하고 있는

---

158) Polybius, *Historiae*, 6. 18.
159) Polybius, *Historiae*, 6. 11.

왕정과 선발된 자들의 수중에 있는 귀족정, 그리고 인민에게 모든 것이 있는 민주정으로 분류하는데,[160] 왕정과 귀족정에서는 다수가 배제되고 민주정에서는 모두가 평등한 나머지 오히려 사람들 사이의 정당한 차별이 인정되지 못하므로 불공평하다고 한다.

> 왕정에서는 나머지 사람들이 공통의 법과 계획에 거의 참여하지 않게 됩니다. 최선량들의 지배에서는 모두에게 공동의 계획과 능력이 없으므로 다수는 자유에 대한 참여자가 거의 될 수 없습니다. 그리고 모든 것이 인민을 통해 주도될 때, 비록 그것이 정의롭고 온전한 것일지라도, 평등 그 자체는 전혀 권위의 등급을 가지지 않으므로 불공평한 것입니다.[161]

그러나 혼합정에서는 민주정의 인민들이 소중히 여기는 자유(libertas), 귀족정의 뛰어난 가문에서 자란 훌륭한 인물들의 지혜(consilium), 군주정의 군주의 대승적 사랑(caritas)을 결합시킬 수 있으며 각 정체에서 부족한 부분을 상호보완할 수 있기 때문에, 제4의 정체인 혼합정체가 가장 바람직하다고 한 것이다.[162]

위와 같은 혼합정체론의 흐름은 마침내 마키아벨리(Niccolo Machiavelli, 1469~1527)에 이른다. 마키아벨리 역시 정체의 유형에 대해 고찰하는데, 여기서 그것은 아리스토텔레스, 폴리비우스, 키케로의 분류와 유사한 것이었다. 즉, 좋은 정체로 군주정, 귀족정, 민주정을 들고, 나쁜 정체로 참주정, 과두정, 무정부상태를 들어 그에 대비시키며, 각 정체들의 초기의 좋은 형태는 쉽게 부패하여 나쁜 형태로 바뀌게 된다는 것이다. 왜냐하면 세 가지 좋은 형태의 정부는 단명하고, 세 가지 나쁜 형태의 정부는 사악하기 때문이다.[163] 따라서, 훌륭한 입법자는 세 가지 좋은 정체가 갖는 성격을 모두

---

160) Cicero, *De Re Publica*, 1권 42절; 키케로, 『국가론』, 김창성 역, 한길사, 2007, 132면.
161) Cicero, *De Re Publica*, 1권 43절; 키케로, 『국가론』, 133면.
162) Cicero, *De Re Publica*, 1권 44-45, 69절; 키케로, 『국가론』, 134-135, 154면.
163) Machiavelli, *Discorsi*, 1권 2장; 마키아벨리, 『로마사 논고』, 77-78면.

포함하는 하나의 정체를 택하는데, 그렇게 함으로써 "한 도시 안에서 군주정, 귀족정, 민중 정부의 여러 요소들이 함께 있어 서로가 서로를 견제"하게 된다.164)

그리고 그는 아테네 민주정은 상층 계급의 오만과 일반 대중의 방종으로부터 자신을 방어하지 못했기 때문에, 즉 군주제적 요소와 귀족제적 요소를 민주제와 결합하지 않았기 때문에 몰락했다고 비판하면서, 로마 공화정이 자유를 구현할 수 있었던 것은 왕정의 요소인 집정관, 귀족정의 요소인 원로원, 민주정의 요소인 호민관 등의 제도를 갖추어 혼합정체를 이루었기 때문이라고 보았다.165) 그의 설명을 더 들어보자면, 로마는 원래 왕정이었으나 귀족들이 폭정을 일삼던 왕을 추방하여 공화정이 성립되었다고 한다. 이렇게 왕이 사라졌을 때 로마는 자유를 위해 제정되어야 할 많은 것들이 결여되어 있었으나 로마인들은 현명하게도 혼합정을 구성하게 된다. 즉, 집정관, 원로원, 그리고 호민관이라는 세 가지 권력이 상호견제를 통해 어느 한 권력의 전횡을 방지하였다는 것이다.166)

그런데, 마키아벨리를 이전의 공화주의자와 차별화시키는 것은, 조화와 통일만을 강조했던 전통적 사고방식과 달리 공동체 내부의 갈등과 불일치가 오히려 자유의 기초가 될 수 있다고 주장하였다는 점이다. "귀족과 평민 간의 내분을 비난하는 자들은 로마를 자유롭게 만든 일차적인 원인을 비난하고 그러한 내분이 초래한 좋은 결과보다는 그것들로부터 유래하는 분란과 소동만을 고려하는 것처럼 보인다. 그들은 모든 공화국에는 두 개의 대립된 파벌, 곧 평민의 파벌과 부자의 파벌이 있다는 점 그리고 로마가 자유를 향유할 수 있도록 제정된 모든 법률은 그들의 불화에서 비롯된 것이라는 점을 깨닫지 못하고 있다."167) 이렇게 하여 마키아벨리는 공화주의에 새로운 관점

---

164) Machiavelli, *Discorsi*, 1권 2장; 마키아벨리, 『로마사 논고』, 81면.
165) Machiavelli, *Discorsi*, 1권 2장; 마키아벨리, 『로마사 논고』, 82-84면.
166) Machiavelli, *Discorsi*, 1권 2장; 마키아벨리, 『로마사 논고』, 83면.
167) Machiavelli, *Discorsi*, 1권 4장; 마키아벨리, 『로마사 논고』, 86면:

을 제공하였다고 할 수 있다.

(2) 혼합정체론의 근대적 전개
- 권력분립 원칙으로의 변용

앞서 살펴보았듯이 혼합정체는 플라톤에서 시작하여 마키아벨리에 이르기까지 바람직한 정체의 모델로 인정받아왔다. 그것은 정부의 형태가 군주와 귀족과 인민이 각각 국가에 참여하도록 함으로써 이들 사이에 균형을 잡아주는 혼합정이어야만 어떤 특정 집단의 특수 이익에 대한 추구를 방지할 수 있으며 조화롭고 자유로운 국가가 될 수 있다는 주장이었다.

그런데, 고전적 정체론 논의에서 혼합정체가 가장 선호되었던 이유는 이 정체가 신분사회에서 공동선의 달성이라는 정치적 이상에 가장 적합했기 때문에, 다시 말하면, 어느 한 개인이나 가문, 귀족 혹은 다수의 대중이 아니라 모두가 공유할 수 있는 공동선을 실현하는 정치체제로서 주장되었기 때문이다.168) 과거의 혼합정체론은 신분이나 계급이 나누어진 사회를 전제로 하여 왕이나 귀족, 그리고 다수 인민이라는 기존의 사회 계급을 그대로 존치하되 각각의 이익이 합리적으로 조화되고 어느 한 집단의 전제(專制)로 인해 그 집단의 사익이 전체의 공동선을 해하지 않도록 방지하려는 데 초점이 있었던 것이다. 사실 고대 그리스와 로마의 정치적 논쟁은 오늘날과 별로 다르지 않게 강렬한 계급의식을 바탕으로 한 부자-빈민의 계급투쟁의 구도였다.169)

그러나, 누를 수 없는 평등의 경향 때문에 혹은 영국과 미국의 혁명적 사건들 덕분에 18세기에는 민주주의적 요소의 중요성을 강조하는 급진적 공화주의 경향이 발달하였다. 여기서 과거의 관점을 '귀족적 혹은 보수적 공화주

---

168) 임채원, 『공화주의적 국정운영』, 한울, 2008, 55면.
169) 모제스 핀리, 『고대 세계의 정치』(*Politics in the Ancient World*, 1983), 최생열 역, 동문선, 2003, 11-35면.

의'(아리스토텔레스, 귀치아르디니)라고 부른다면, 새로운 것을 '급진적 공화주의'(마키아벨리, 18세기 급진적 휘그당원, 제퍼슨)라고 부르기도 한다.[170] 귀족적 공화주의나 급진적 공화주의자 모두 권력의 집중은 항상 위험하고 그러므로 회피되어야 한다는 데 공감하지만, 그 해법은 서로 다르다. 전자는 일인, 소수, 다수 이익의 균형을 이루는 혼합 정부가 해결책이라고 계속 강조하며, 따라서 그러한 이익들이 군주정, 귀족들의 상원, 평민들의 하원 속에서 각각 반영되도록 추구한다. 다수 인민은 통치에 있어 중요한 역할을 맡아야 하지만 그들은 신뢰의 대상이라기보다 두려움의 대상이기 때문에 그 역할이 제한되어야 했다.

그렇지만, 청교도 혁명에서 수평파의 주장에서 드러나듯이, '왕과 귀족의 지위와 계급을 유지시켜야 할 이유가 무엇인가?'라는 의문이 제기되었다. 로버트 달(Robert Dahl)이 말하듯이,[171] 민주적 공화주의자들에게 상이한 제도에 각각의 이익이 반영되도록 한다는 생각은 더욱 의심스럽고 받아들일 수 없는 것이었다. 과거의 혼합 정부 이론이 가지고 있던 난점은 특히 미국에서 명백하였다. 세습 귀족이 없는 상황에서 누가 가치 있는 소수가 될 것인가? 미국 헌법의 기초자들이 1787년에 발견하였던 것처럼 이 문제는 실제적으로 해답이 없는 것이다. 민주 공화국에서 '소수'의 이익을 지키기 위해 소수만의 상원을 구성할 수 없다고 헌법 기초자들은 결론지었다.

위와 같이 공화주의자들은 그들의 혼합정체에 대한 신념을 세습 군주정과 귀족정에 대한 불신, 심지어 증오와 화해시키려고 노력하였으나, 미국 건국자들의 사례에서 보듯이, 그것은 혼합정부를 분할된 권력 또는 정부의 기능 사이의 견제와 균형에 의존하는 정체로 재해석하는 것으로 귀결되었다. 다시 말하자면, 민주적 공화국을 수립하기 위한 혼합정부를 그려내는 일은 너무도 어려웠기 때문에, 혼합정부라는 고대의 사상을 사실상 새로운 사상으로 바꾸

---

170) 로버트 달, 『민주주의와 그 비판자들』, 조기제 역, 문학과 지성사, 1999, 65면.
171) 로버트 달, 『민주주의와 그 비판자들』, 66면.

어 버린 것이다.[172] 구체적으로 그것은 미국 건국기에 매우 숭앙되던 몽테스키외에 따라 입헌적, 제도적으로 권력을 세 종류, 즉 입법·행정·사법으로 분할하는 것이었다. 몽테스키외는 "권력을 가진 모든 자는 그 권력을 남용하려 한다. 그는 그 권력의 한계에 이르기까지 이를 행사하려 한다."[173]고 하면서 권력이 한 개인이나 집단에 집중될 경우 자유는 존재할 수 없으므로 입법권, 집행권, 재판권이 분리되어야 한다고 주장했다.

> 동일한 인간 또는 동일한 집정관 단체의 수중에 입법권과 집행권이 결합되어 있을 때에는 자유란 없다. 왜냐하면 같은 군주 또는 원로원이 폭정적인 법률을 만들고 그것을 폭정적으로 집행할 우려가 있을 수 있기 때문이다. 재판권이 입법권과 집행권으로 분리되어 있지 않을 때에도 자유는 없다. 만약 그것이 입법권에 결합되어 있으면 시민의 생명과 자유를 지배하는 권력은 자의적(恣意的)일 것이다. 왜냐하면 재판관이 입법자이기 때문이다. 만약 그것이 집행권에 결합되어 있으면 재판관은 압제자의 힘을 가지게 될 것이다. 만약 동일한 인간, 또는 귀족이나 시민 중 주요한 사람의 동일 단체가 이 세 가지 권력, 즉 법률을 제정하는 권력, 공공의 결정을 실행하는 권력, 그리고 죄나 개인의 쟁송을 심판하는 권력을 행사한다면 모든 것을 잃어지고 말 것이다.[174]

정리하자면, 권력을 하나의 중심에 집중하는 것에 바로 독재의 본질이 있으며 따라서 이 권력들은 분리된 제도에 자리 잡고 서로를 견제하여야 한다는 것이 공화정체론의 공리라고 할 수 있으며,[175] 신분·계급질서를 전제로 하여 왕과 귀족, 인민 간의 권력 균형을 추구한 전통적인 혼합정체론은 미국 건국기에 이르러 권력을 입법권과 행정권, 사법권으로 나누어 분산시키는 권력분립 원칙(separation of powers, Gewaltenteilung)으로 변용되었다고 할 수 있다.[176]

---

172) Richard Dagger, "Communitarianism and Republicanism", pp.169-170.
173) Montesquieu, De l'espirit des lois, 11편 4장; 몽테스키외, 『法의 精神 I』, 186면.
174) Montesquieu, De l'espirit des lois, 11편 6장; 몽테스키외, 『法의 精神 I』, 187-188면.
175) 로버트 달, 『민주주의와 그 비판자들』, 67면.
176) 참고로, 우리 헌법재판소는 권력분립제도(원칙)에 대하여 다음과 같이 판시하고

2. 혼합정체론에 대한 비판적 고찰

(1) 혼합정체론의 실효성 문제

최근 우리 학계에서는 폭정과 부패를 방지하기 위한 혼합정체를 바람직하게 보는 공화주의의 역사적 계보가 있었다는 점을 밝히는 연구가 활발하다. 그러나 혼합정체론의 현대적 의미에 대한 평가 혹은 고찰은 부족한 듯하다. 혼합정체론에 대한 기존의 몇 가지 해석에 대해 살펴보기로 한다.

우선, (고대 그리스) 민주정이 당파성(黨派性)과 전제성(專制性)을 가질 수 있다는 위험을 강조하고, 그 반명제로서 다양한 계급과 계층의 이익 모두를 추구한다는 내용으로 공화주의를 자리매김한 다음, 인민의 이익만을 추구하는 민주주의를 극복하기 위한 하나의 대안으로 공화주의를 바라보는 것에서 혼합정의 의미를 찾는 경향이 있다. 그것은 데모스(demos)의 지배(kratia)인 민주정(demokratia)에 있어 '데모스'의 다양한 의미[177] 중 민주정의 부정적인

───

있다. 헌재 1992. 4. 28. 90헌바24, 판례집 4, 225, 229: "우리 헌법은 근대자유민주주의헌법의 원리에 따라 국가의 기능을 입법·사법·행정으로 분립하여 상호간의 견제와 균형을 이루게 하는 권력분립제도를 채택하고…"; 헌재 1994. 4. 28. 89헌마221, 판례집 6-1, 239, 259-260: "우리 헌법은 자유민주적 기본질서의 보호를 그 최고의 가치로 하여, 이를 구현할 통치기구로서 입법권은 국회(헌법 제40조)에, 행정권은 대통령을 수반으로 하는 정부(헌법 제66조 제4항)에, 사법권은 법관으로 구성된 법원(헌법 제101조 제1항)에 각각 속하게 하는 권력분립의 원칙을 취하는 한편, 대통령은 국가의 원수로서 외국에 대하여 국가를 대표하며(헌법 제66조 제1항), 그에게 국가의 독립·영토의 보전, 국가의 계속성과 헌법을 수호할 책무를 부여하고(같은 조 제2항), 조국의 평화적 통일을 위한 성실한 의무를 지우고 있는(같은 조 제3항) 등 이른바 대통령중심제의 통치기구를 채택하고 있다."
177) 데모스에는 크게 2가지 의미가 있었다. 법령과 같은 공식적인 문구에서 시민공동체를 가르키는 데 사용되기도 했고, 문학적인 문구에서 귀족이나 유력자·부자에 상반되는 서민을 지시하기도 하였다. 데모스에게 주권이 있는 민주정도 역시 이렇게 2가지 의미가 있었다. 도시의 체제 수호자의 입장에서 보면 모든 시민의 주권을 말하는 것이고, 반대 진영에서 보면 서민의 다수를 차지하는 가난한 사람들

측면이 거론될 때의 '데모스'-페르시아 전쟁 등을 거치면서 발언권을 넓혀간 다수의 하층민들(thetes)-의 지배를 강조하는 것이다. 이러한 민주정은 1인의 통치나 소수의 통치와 마찬가지로 결국 다수 하층민의 계급적 이익을 추구하는 당파적인 성격을 가지며, 데모스의 수적인 우위로 인해 그들을 제어할 수 있는 장치가 존재하지 아니하므로 전제적 통치로 전락할 위험을 가진다는 것이다. 결국 군주정체, 귀족정체, 민주정체는 각각 군주, 귀족, 데모스의 것이기에 모두 당파적인 성격을 가지고 자칫 전제적인 정치로 흐를 위험이 있지만, 혼합정체는 누구의 것도 아니며 결국 모두의 것이기에 전제 정치의 위험이 적다는 것이다.

그런데, 근대 민주주의 국가에는 고정된 신분과 계급이 없으며 적어도 법적으로는 정치적 권리에 있어 평등하므로 사회의 각 세력 간의 권력과 이익의 균형을 추구하는 혼합정의 논의는 이제 불필요해진 측면이 있다. 프랑스 혁명은 신분과 특권을 없애 버렸고 근대는 그 위에 서 있다. 최소한 형식적으로는 동일한 이익을 가지는 것으로 구성한, 즉 신분적·계급적 이익을 부정하여 하나의 단일한 '국민'을 만들어낸 국민국가(國民國家, Nation State)가 근대국가의 본질이다. 따라서 오늘날 데모스에는 전체 인민이라는 의미가 부여되고 있으며, 이제 민주주의에서는 더 이상 당파성을 표상했던 고전적 의미가 부각되지 않는바, 근대적 의미의 민주주의는 인민 모두의 정치적 공동체이다.[178] 그런 점에서 오늘날 공화국가라는 의미는 민주국가와 다름없다고 할 수 있는 것이다.[179] 결국 근대 민주주의 국가의 이러한 사정은 다수 인민의 자의적 권력 행사를 통제한다는 의미에서의 혼합정체론의 의의에 중대한 한계를 부여한다고 하겠다.

다음으로, 혼합정체론의 변용인 권력분립 원칙에 의해 탄생한 상원은 귀

의 주권을 말하는 것이었다.

178) 이황희, 『플라톤, 「국가」를 넘어서다』, 131면.

179) 정종섭, 『憲法學原論』(2010년 판), 224면.

족정에 해당하는 것으로서 민주정에 해당하는 하원을 견제하여 균형을 잡아 준다는 주장에 대해 생각해 보자. 이러한 주장은 일견 타당해 보이지만, 사실 그것은 오직 추상적인 수준의 논의일 뿐이며 또 위험성도 가지는 것임을 주의할 필요가 있다. 미국에서 양원제가 채택되는 과정에 대해 살펴보자. 미국 건국기에 발생한, 토머스 제퍼슨을 선두로 하는 단원제론과 존 애덤스와 제임스 매디슨을 선두로 하는 양원제론의 대립은 민주주의적 자유주의와 휘그적 자유주의와의 대립으로 볼 수 있다. 즉, 단원제를 반대한 후자는 국민의 직접선거에 의한 단원제 의회는 부와 재산, 사회적 안정을 대표하지 못하고 따라서 균형과 평형의 장치가 없어 결국 혼란을 야기하는 폭도들의 지배와 다수의 전제로 전락하고 말 것이기 때문에 국민의 직접대표기관에 제동을 걸 양원제 의회를 만들어야 한다고 주장하였던 것이다.[180] 따라서 미국 상원의 채택은 공화주의의 혼합정체 사상이 구현된 것으로서 긍정적인 것으로 보기보다는 민주주의가 좌절한 것으로 평가할 수도 있는 것이다.

이후 상원의 역사를 보아도 상원의 보수적인 성격은 잘 드러난다. 자유주의가 발전함에 있어 자유주의 국가는 그 이상에 걸맞게 초기에는 상원의 권력을 약화시키려 했지만, 인민 대중의 힘이 점차 증대하게 되자 인민의 의지와 크게 위배되지 않는 범위 내에서 상원의 결정을 존중하려는 경향이 나났던 것이다. 예를 들면, 19세기 독일의 유명한 자유주의 역사가였던 로테크(Karl von Rotteck, 1775~1846)는 인민 대표인 의회가 재산과 교양에 의해서 좌우된다면 구태여 상원과 같은 또 다른 조직이 필요하지 않을 것이지만, 하층 계급이 의회에서 다수 의석을 차지할 위험이 생겼을 때에는 그것을 견제할 상원이 꼭 필요해진다고 하였다.[181]

사정이 이와 같다면, 헌법 원리로서의 견제와 균형의 원리 및 권력분립 원

---

180) 노명식, 『자유주의의 원리와 역사』, 173면; 이상경, 「미국 연방헌법의 사상적 배경에 관한 연구」, 122-127면 참조.
181) 라인하르트 퀴넬, 『부르즈와 지배체제론』, 56면.

칙이 역사적으로 혼합정체론으로부터 영향을 받았다는 점을 확인한다는 점 외에 혼합정체론이 법학과 같은 규범학에서 어떤 실효성을 가질지는 의문이 다. 결국 혼합정체론의 현대적 의의는 과장할 필요가 없다고 생각된다.

(2) 혼합정체론과 대의제도의 정당화 문제

한편, 혼합정체론이 단일 세력에 의한 자의적인 권력 행사를 막기 위한 것 이라는 점에서, 혼합정체론의 연장선상에 대의제를 위치매김하여, 인민이 선 출한 소수의 대표자에 의한 대의제를 통해 인민의 절제된 의사를 실현함으 로써 전제적·파당적 지배를 막는 것에서 혼합정체론의 의의를 찾는 경향도 있다. 이하에서는 혼합정체론과 대의제에 대한 이런 주장에 대해 검토해 보 기로 한다.

우선 대의제의 역사에 관해 간략히 살펴보도록 하자.182) 고대 그리스와 로마에서는 대의제도를 몰랐고 그것은 르네상스 이탈리아 공화주의자들의 관심사도 아니었다. 사실 대의제도는 민주주의자들에 의해 발명된 것이 아니 라 중세의 군주제 정부 그리고 귀족제 정부의 제도로서 발달되었다. 군주나 귀족에 의해 국가의 중요한 문제들, 세금, 전쟁, 왕위 계승 등의 문제를 다루 기 위해 소집된 회의에서 대의제도의 시작을 찾을 수 있는 것이다. 그것은 영국 내란 중 청교도들이 군주제 대신 공화제를 추구하는 과정에서 선거권 확대 등의 문제와 관련하여 정당화하였으나, 민주주의 이론과 실제에 완전히 부합하는 것으로 하는 데에는 다시 한 세기가 걸렸다.183) 이제 18세기의 논 자들은 인민의 지배라는 민주주의 사상을 대의제도라는 비민주적 실제와 결 합시킴으로써 민주주의는 전적으로 새로운 형태와 차원을 갖게 된다는 것을

---

182) 이하의 한 단락은 로버트 달, 『민주주의와 그 비판자들』, 68-73면을 정리한 것이다.
183) 예를 들면, 로크는 『통치론』(1690)에서 대의제를 거의 언급하지 않았다(『통치론』, 140, 151, 157, 192절 등 참조).

인식하기 시작하였다. 몽테스키외는 영국 헌법을 찬양하면서 대규모의 국가
에서 인민이 입법체에 모두 모이는 것은 불가능하므로 인민들 스스로가 할
수 없는 일들을 하기 위해 대의원들을 선출하여야 한다고 선언했고, 이로부
터 몇 세대 지나지 않아 대의제도는 민주주의를 도시국가에만 적합한 것으
로부터 근대의 대규모 민족국가에 적용 가능한 것으로 변화시키는 해결책으
로 민주주의자와 공화주의자들에 의해 광범위하게 받아들여졌다.

　이처럼 대의제의 역사에 관해 간략히 살펴보았는바, 이제 대의제를 (직접)
민주주의와는 별개의 원리를 가진 것으로서 직접 민주주의를 교정하는 것으
로 자리매김하는 견해를 보기로 한다. 대의제를 이데올로기적인 면에서 본격
적으로 정당화한 사람으로는 영국의 보수적 자유주의자였던 에드먼드 버크
(Edmund Burke, 1729~1797)를 들 수 있다. 그는 무엇이 전체의 복리를 위
하여 요구되는지 이해하는 이성과 식견의 소유자는 엘리트뿐이므로 정제
되지 않은 인민의 의사는 선출된 엘리트에 의해 정제되어야 한다고 하였
다. 그리고 그렇게 선출된 엘리트는 공동선을 추구할 것이라고 보았다.[184]
한편, 『연방주의자 논고』(The Federalist Papers) 제10편에서 제임스 매디슨
(James Madison) 역시 직접 민주주의에 대해 대의제를 정당화하고 있다.[185]
그는 순수 민주정(pure democracy)에 대한 공화정(republic), 즉 대의제의 정당
화론을 2가지 상정한다.[186] 그 하나는 대의제는 고대 직접 민주주의에서 골
치를 썩였던 파벌·파당주의를 막을 수 있다는 점이고, 다른 하나는 현대의
거대한 크기의 국가에서 적당한 정부형태는 대의제라는 것이다. 『연방주의

---

184) 버크의 대의제 정당화론에 대한 더 자세한 것은, 정종섭, 『헌법연구1』, 박영사,
　　 2000, 156-175면.
185) Alexander Hamilton·James Madison·John Jay, The Federalist Papers, 10편; 알렉산
　　 더 해밀턴·제임스 매디슨·존 제이, 『페더랄리스트 페이퍼』(The Federalist Papers),
　　 김동영 역, 한울아카데미, 1995, 61-68면.
186) 여기서 매디슨의 순수 민주정은 직접 민주주의를, 공화정은 대의제를 가리키는 것
　　 이다.

자 논고』의 논리를 그대로 따라가 보기로 한다. 연방을 지지하던 연방주의자들은 연방에는 여러 가지 이점이 있기는 하지만 파벌·파당의 폐단을 막을 방법을 강구해야 한다고 한다. 파벌의 해를 막는 방법은 2가지가 있는데, 하나는 원인을 제거하는 것이고 다른 하나는 그 영향을 조정하는 것이다. 그러나 원인을 제거하는 방법은 부적절하며 또 불가능하므로, 파벌의 영향을 조정하는 방법을 택해야 하는데, '순수 민주정'과 대의제 중 대의제가 2가지 점에서 더 낫다고 한다. 대의제는 선출된 소수의 대표에게 정부를 위임하고, 더 많은 시민과 더 넓은 범위의 국가로 확장될 수 있기 때문이다. 우선, 대중의 의견을 선출된 대표라는 매개체에 통과시킨다면 대중의 의견을 정제하고 확대할 수 있다. 그런데, 그 대표들이 공동선을 배신할 가능성도 있으므로, 결국 대의제의 정당화 문제는 작은 공화국 또는 넓은 공화국 중 어디에서 공동선의 올바른 수호인이 선출될 수 있느냐의 문제가 된다. 여기서 매디슨은 넓은 공화국이 2가지 점에서 더 낫다고 하는데, 그 이유는 큰 공화국에서는 피선출자에 대한 더 많은 선택권이 있으며, 선출자가 광범위하고 많으므로 부도덕한 술책이 성공할 가능성이 줄어들기 때문이다.

이렇게 하여, 대의제 민주주의는 직접 민주주의가 현실적으로 실현되기 어렵기 때문에 차선책으로 선택되는 것이거나 직접 민주주의를 대체하는 수단이 아니라, 직접 민주주의에서 발생할 수 있는 인민의 경솔하고 근시안적인 결정을 공동선을 이해하는 엘리트 대표에 의해 교정한다는 점에서 직접 민주주의와 그 이념에서 전혀 다르다고 주장되기도 하는 것이다.

그러나, 직접 민주주의가 파벌주의의 경향성을 가질 수밖에 없다는 주장은 하나의 구실인 것으로서 과두제를 옹호하는 집단들이 지녀온 인민에 대한 오랜 그리고 늘 되풀이되는 경멸을 다시한번 보여주는 것일 뿐이다. 왜냐하면 대의제 통치 형태라고 할지라도 상호 반대되는 집단들끼리의 분열은 파당의 형성으로 나타날 수밖에 없을 것이기 때문이다. 또한 전문적인 엘리트 대표자들의 숙고에 의한 결정을 통해 공동선이 달성될 것이라는 생각은,

대표자들이 자신의 사익과 선출자라는 특수 이익의 대변자가 아니라 진정한 공익을 위해 봉사할 것이라고 너무 쉽게 믿어버린 것이라 할 수 있다. 결국 옳든 그르든 이익이 되든 불이익이 되든 자기결정이라는 의미에서의 직접 민주주의 대신 대의 민주주의를 지지하는 논변에 무게를 실리게 해 줄 수 있는 유일한 이유는 순전히 근대 국가의 크기의 문제에 집중된다고 할 것이다.187)

　요컨대, 선출된 대표자가 선거인에 비해 보다 전문적이고 경험이 많은 자로서 국가 전체의 이익을 염두에 두고 활동하여야 한다는 점에 대해서는 이의가 있을 수 없다. 그러나 이처럼 대의제를 민주주의의 측면보다는 더 좋은 결과를 산출하기 위한 도구로 파악하는 것이 합당한가의 문제와 또 그렇게 파악한다고 할지라도 그런 이상이 대의제를 통해 실현 가능하냐의 문제가 남는다. 전자의 문제에 관해 보자면 대의제는 아무리 효과적으로 작동할지라도 '간접' 민주주의에 그친다는 측면에서 자기결정·자기통치라고 하는 민주주의의 핵심을 희생할 수밖에 없는 것이다. 그리고 후자의 문제에 관해 보자면, 앞서 다원주의 정치의 문제점에서 살펴보았듯이, 대표자의 활동을 신뢰하기는 힘들다고 하겠다. 그렇다면, 혼합정체 논의를 파당의 폐해를 피하고 모든 세력의 이익을 조화롭게 추구한다는 것으로 위치지운 다음 그런 목표를 선출된 엘리트 대표자를 통해 달성한다는 식으로 대의제 정당화론과 결부시키는 것은 재고를 요한다.

---

187) Norberto Bobbio, *Liberalism and Democracy*, p.26.

제 4 장

한국 헌법에 대한 공화주의적 접근

지금까지 현대 국가와 사회에서 발생하는 모순상황의 근본 원인 중 하나를 자유주의에서 찾은 후 자유주의 정치철학이 헌법에 구현된 모습을 살펴보고 자유주의에 대한 비판으로서의 공화주의 원리들을 검토하였다. 이제 그런 기반을 바탕으로 우리 헌법에 대한 몇 가지 공화주의적 해석(解釋) 혹은 접근(接近)을 시도하려고 한다. 우선, 우리 헌법학이 자유주의를 어떻게 이해하고 있는지 살펴보고, 다음으로 헌법 제1조 제1항 '민주공화국' 조항에 대한 종래의 이해는 무엇인지 검토한다. 그리고 공화주의를 통해 민주공화국의 진정한 의미를 다시 되새기고 공화국에서 시민권과 국민의 의무란 어떤 것이어야 하는지 생각해 본다. 한편, 기본권 해석론과 관련한 몇 가지 논점에서는 공화주의적 기본권 해석론을 시도하고, 공화주의가 추구하는 공익 혹은 공공복리가 우리 헌법과 사법심사에 어떻게 구현되는지 검토한다. 끝으로, 자유주의 법체계의 핵심 원리인 공사분리와 공·사법 이원론 문제를 재검토함으로써 자유주의 법체계의 한계 극복을 위한 시도를 해 본다.

제1절 국가의 성격에 대한 고찰

이하에서는 우선 헌법의 기본원리인 자유주의가 정당하게 취급되고 있지 못하다는 점을 지적한다. 그리고 우리 헌법의 인간상에 대해 생각해 보고, 헌법재판소의 결정례를 통해 우리 사회와 법실무가 어느 지점에 와 있는지 검토하기로 한다. 다음으로는 헌법 제1조 제1항 '민주공화국'이 규정하는 '공화국'은 단순한 비군주국이 아니고 진정한 공화국이 되려면 국가의 성격을 자유주의적인 것으로만 파악해서는 안 되며 공화주의적 접근을 할 필요가 있다는 점을 확인하고자 한다.

1. 한국 헌법학에서의 자유주의에 대한 이해

(1) 헌법의 기본원리로서의 자유주의

앞서 우리 사회에서 자유주의에 대한 이해가 미흡하다는 점을 확인할 수 있었는데, 그러한 만큼 헌법학계에서도 역시 자유주의에 대한 이해 혹은 성찰이 부족한 듯하다. 언제나 자유민주주의, 민주주의 그리고 자유와 권리에 대한 얘기만을 할 뿐 정작 그 바탕이 되는 자유주의에 대한 근본적인 고민은 없는 것이다. 공화주의는 자유주의를 보완하기도 하고 반대하기도 하는바, 우리 헌법학계와 법실무가 자유주의를 어떻게 이해하고 있는지는 공화주의의 전개를 위한 첫걸음이 된다.

헌법의 기본원리(基本原理)라 함은 헌법의 이념적 기초가 되는 것이면서 헌법을 총체적으로 지배하는 지도원리를 의미한다. 그것은 헌법의 전문(前

文)과 본문(本文) 중에 명시되어 있거나 헌법전 중에 명시되어 있지는 않더라도 추상적으로 반영되어 있다. 헌법의 기본원리가 갖는 규범적 의미는 첫째, 헌법의 각 조항을 비롯한 모든 법령의 해석기준이 된다는 것, 둘째, 입법권의 범위와 한계 그리고 국가정책결정의 방향을 제시한다는 것, 셋째, 국가기관과 국민이 함께 존중하고 준수해야 할 최고의 가치규범이 된다는 것, 넷째, 헌법개정에 있어서 개정금지대상이 된다는 것 등이다.[1] 헌법재판소 역시 "대한민국의 주권을 가진 우리 국민들은 헌법을 제정하면서 국민적 합의로 대한민국의 정치적 존재형태와 기본적 가치질서에 관한 이념적 기초로서 헌법의 지도원리를 설정하였다. 이러한 헌법의 지도원리는 국가기관 및 국민이 준수하여야 할 최고의 가치규범이고, 헌법의 각 조항을 비롯한 모든 법령의 해석기준이며, 입법권의 범위와 한계 그리고 국가정책결정의 방향을 제시한다."[2]고 하고 있다.

따라서 헌법의 기본원리가 이와 같은 의의를 가지는 것이라면 이 책에서 주장하는 공화국의 원리 혹은 공화주의가 헌법의 기본원리로 기능할 경우 입법과 법해석의 지침에 대한 많은 시사가 있을 것이다.

그런데, 유독 법학계에서는 '자유민주주의'와 '민주주의'는 몰라도 '자유주의'에 대해서는 함구하고 있기 때문에, 자유주의가 우리 헌법의 기본원리인지부터가 문제된다. 사실, 우리 헌법이 '자유주의' 또는 '자유주의적'이라는 용어를 명시적으로 언급한 바는 없으며, 다만, 헌법 전문(前文)에서 자율과 조화를 바탕으로 '자유민주적 기본질서를 더욱 확고히 하여' 정치·경제·사회·문화의 모든 영역에서 각인의 기회를 균등히 한다고 하며, 제4조는 "대한민국은 통일을 지향하며, 자유민주적 기본질서에 입각한 평화적 통일정책을 수립하고 이를 추진한다."고 하고 있을 뿐이다. 헌법재판소 역시 우리 헌

---

1) 권영성, 『憲法學原論』(2008년 판), 125-126면; 김선택, 「공화국원리와 한국헌법의 해석」, 71면.
2) 헌재 2001. 9. 27, 2000헌마238, 제주4·3사건진상규명및희생자명예회복에관한특별법의결행위취소등, 판례집 13-2, 383, 400.

법이 "국가권력의 간섭을 배제하고, 개인의 자유와 창의를 존중하며 다양성을 포용하는 자유주의와 국가권력이 국민에게 귀속되고, 국민에 의한 지배가 이루어지는 것을 내용적 특징으로 하는 민주주의가 결합된 개념인 자유민주주의를 헌법질서의 최고 기본가치로 파악하고, 이러한 헌법질서의 근간을 이루는 기본적 가치를 '기본질서'로 선언"3)하고 있다고 한 바 있지만, 그밖에 '자유주의' 자체에 대한 정의를 내리거나 '자유주의'라는 용어를 적극적으로 구사하는 경우는 거의 없다.4) 다만, 주로 국가보안법 관련 사안에서이기는 하지만 '자유민주주의'의 의미에 관련해서는 다음과 같은 설명을 하고 있다.

> 자유민주적 기본질서에 위해를 준다 함은 모든 폭력적 지배와 자의적 지배 즉 반국가단체의 일인독재 내지 일당독재를 배제하고 다수의 의사에 의한 국민의 자치, 자유·평등의 기본 원칙에 의한 법치주의적 통치질서의 유지를 어렵게 만드는 것이고, 이를 보다 구체적으로 말하면 기본적 인권의 존중, 권력분립, 의회제도, 복수정당제도, 선거제도, 사유재산과 시장경제를 골간으로 한 경제질서 및 사법권의 독립 등 우리의 내부 체제를 파괴·변혁시키려는 것으로 풀이할 수 있을 것이다.5)

한편, 헌법의 기본원리의 내용에 대한 헌법학계의 논의에 관해 살펴보자면, 학자에 따라 세부적인 차이를 조금씩 보이고 있기는 하지만, 대체적으로 국민주권주의(國民主權主義), 자유민주주의(自由民主主義), 법치주의(法治主義), 사회국가원리(社會國家原理), 문화국가주의(文化國家主義), 평화통일주의(平和統一主義), 국제평화주의(國際平和主義) 등을 헌법의 기본원리로 설명하고 있다.6) '자유주의'만을 우리 헌법의 기본원리라고 보는 경우는

---

3) 헌재 2001. 9. 27, 2000헌마238, 판례집 13-2, 383, 400.
4) 헌법재판소는 죄형법정주의의 근거로서 권력분립의 원리를 언급하면서, 죄형법정주의는 자유주의, 권력분립, 법치주의 등의 원리에 입각한 것이라고 한 적이 있는 정도이다(헌재 1994. 7. 29. 93헌가12, 판례집 6-2, 53, 58).
5) 헌재 1990. 4. 2. 89헌가113, 국가보안법제7조에 대한 위헌심판, 판례집 2, 49, 64.
6) 한국헌법의 기본원리로서, (1) 김철수 교수는 국민주권주의, 기본권존중주의, 권력분립

거의 찾을 수 없다. 물론, 자유주의를 헌법의 기본원리로 인정하고 우리 헌법에 더 많은 자유주의 이념을 요청하는 논의가 없는 것은 아니지만,[7] 대부분의 경우는 '자유주의'와 '민주주의'가 결합된 '자유민주주의'의 한 내용으로 자유주의를 소개하고 있을 뿐이다.[8]

　　自由主義라 함은 국가권력의 간섭을 배제하고 개인의 자유와 자율을 옹호하고 존중할 것을 요구하는 사상적 입장을 말한다. 이러한 의미의 자유주의는 18세기에 와서 신흥시민계급이 주장한 이데올로기로서 개인의 자유를 이상으로 하고, 자유경쟁에 입각한 자율적 행동원리를 그 수단으로 하는 정치철학이요 정치원리라고 할 수 있다. 이에 대하여 民主主義라 함은 국민에 의한 지배 또는 국가권력이 국민에게 귀속되는 것을 내용적 특징으로 하는 정치원리를 말한다고 할 수 있다.[9]

　　정리하자면, 한국 헌법학에서는 자유주의와 관련되는 기본원리로서 법치주의와 권력분립 원칙에 대한 설명에 치중할 뿐 자유주의 원리를 따로 다루고 있지는 않다. 또한 자유주의 자체가 아니라 자유주의와 민주주의의 결합

　　주의와 법치주의, 평화적 통일주의, 문화국가주의, 국제평화주의, 군의 정치적 중립성 보장, 복지국가주의, 사회적 시장경제주의를(『憲法學槪論』(2008년 판), 105면 이하), (2) 권영성 교수는 국민주권의 원리, 자유민주주의, 사회국가의 원리, 문화국가의 원리, 법치국가의 원리, 평화국가의 원리를(『憲法學原論』(2008년 판), 131면 이하), (3) 성낙인 교수는 이념적·법적기초(국민주권주의), 정치적 기본원리(자유민주주의), 경제·사회·문화의 기본원리(사회복지국가), 국제질서의 기본원리(국제평화주의)를(『헌법학』(2010년 판), 121면 이하), (4) 정종섭 교수는 한국헌법의 기본원리: 국가구조원리(민주공화국가, 법치국가, 단일국가), 경제영역의 기본원리(시장경제), 사회영역의 기본원리(사회정의, 복지국가), 문화영역의 기본원리(문화공동체), 국제영역의 기본원리(평화주의, 국제법의 존중)를(『憲法學原論』(2010년 판), 224면 이하) 들고 있다.

7) 이명웅, 「한국헌법의 '자유주의' 이념」, 서울대 박사학위논문, 1996.

8) 다만, 위에서 본 헌법 전문과 헌법 제4조에서 자유민주주의의 명시적 표현을 발견할 수 있으며, 자유민주주의가 자유주의와 민주주의라는 두 개의 이념과 가치가 결합된 것이라고 한다면, 우리 헌법은 자유주의를 명시적으로 정하고 있다고 보는 견해도 있다(정종섭, 「자유주의와 한국 헌법」, 279면).

9) 권영성, 『憲法學原論』(2008년 판), 136면.

으로서의 자유민주주의에 대해 말하기는 하지만, 정작 민주주의에 대한 해설만이 있을 뿐 자유주의에 대한 언급은 별로 없다. 결론적으로, 자유주의에 대한 명확한 인식이 결여되고 그 의미가 제대로 음미되지 못하고 있는 상황이라고 평가할 수 있을 것이다.

그렇지만, 앞서 자유주의 정치철학이 헌법에 구현된 대표적인 몇 가지 사례를 통해 살펴 보았듯이, 우리 헌법뿐만 아니라 구미식의 근현대 헌법은 모두 자유주의 헌법이라 할 수 있다. 우리 헌법은 사회계약론, 자연권론, 사적 영역에 대한 간섭 금지, 소극적 자유론 및 사회권의 자유권에 대한 보충적 지위, 국가중립주의, 그리고 대의제 등을 통한 간접적 정치참여 등 자유주의 정치철학의 원리를 충실히 구현하고 있다. 이처럼 자유주의적인 내용을 온몸으로 말하면서도 정작 '자유주의'라는 말은 한 마디 하지 않는 아이러니한 상황의 이유는 다음과 같이 추측해 볼 따름이다. 무엇보다 우리 헌법이 자유주의 헌법이라는 것은 너무 당연한 전제이기 때문에 굳이 자유주의를 얘기할 생각이 들지 않았을 수도 있다. 그 외에 국가를 침범자 혹은 억압자로 간주하여 그로부터의 자유를 추구하는 서구식의 자유주의가 우리의 국가 전통에 익숙하지 않기에 그것을 명시적으로 표현하기는 거북할 수 있다는 점, 과거 군사독재정권 시절에는 자유를 말할 상황이 아니었다가 자유를 말할 수 있는 시대가 되었지만 그 때도 시대는 자유주의보다는 민주주의를 요청하였다는 점, 끝으로 좌파의 입장에서도 자유주의는 그리 긍정적인 것으로 생각되지 않았기에 굳이 얘기하지 않았다는 점 등이 복합적으로 작용하지 않았을까 한다.

어쨌든, 우리 헌법을 해석할 때 자유민주주의(liberal democracy) 원리가 우리 헌법의 기본이념이고 기본원리에 속한다는 점에는 이견이 없다. 그리고 이 때 자유민주주의가 자유주의와 민주주의의 결합이라고 한다면, 우리 헌법이 '자유주의'를 명시적으로 표현하고 있지는 않다 하더라도, 자유주의 역시 우리 헌법의 기본이념이자 기본원리라고 할 수 있을 것이다. 뒤에 살펴보겠지만, 우리 헌법에 있어 자유주의는 부족/미숙하기도 하고 과잉/조숙하기도 하다. 그렇다면, 자유주의가 부족하고 미숙한 부분에 있어서는 자유주의 이념을 헌법의 기본원리로 보다 확고히 정립할 필요가 있을 것이다.

한편, 이처럼 자유주의가 우리 헌법이 보장하고 있는 헌법적 가치라면 자유주의는 당연히 규범적인 의미를 가지게 되므로 자유주의를 부정하는 국가행위는 헌법에 위반되고 자유주의에 위반되는 개인의 행위도 제약을 받으며 국가정책도 이런 자유주의와 부합하여야 한다.[10] 다만, 자유주의 자체가 관용(寬容)을 그 핵심원리로 하고 있기 때문에 자유주의에 위반된다는 이유로 제재받는 경우는 매우 드물 것이다. 또한 자유주의는 그 의미가 매우 광대하며 다변적이기 때문에 일견 자유주의에 대립되는 것처럼 보이는 사상까지도 광범위하게 포섭할 수 있을 것이다.

(2) 우리 헌법의 인간상

헌법을 목적적이고 가치지향적인 것이라고 할 때, 그렇다면 헌법이 지향하는 인간상은 어떤 것일까? 그러나 한편으로 생각하면, '헌법은 특정한 인간상을 지향할 수 있는가, 그것은 허용되는 일인가'라는 의문도 제기된다. 헌법이 특정한 인간상을 상정하더라도 그것은 가능한 넓게 개방적으로 규정되어야 하는가, 아니면 적극적으로 규정되어도 무방한 것인가?

그간 우리 헌법학계에서 헌법의 인간상에 관한 논의는 그리 깊이 있게 다루어지지 못했다고 생각된다. 여기에는 다양한 이유가 있을 것이다. 바람직한 인간상에 대한 관념, 즉 인간관은 철학과 모든 학문의 끝이기에 그것을 적극적으로 규정하는 것은 오만한 일이라고 생각했을 수도 있고, 또 규범학(規範學)인 법학에서 특정의 인간관을 상정한다는 것은 위험한 일이며 법학보다는 철학이나 정치학에서 담당하는 것이 낫다고 보았을 수도 있다. 그러

---

10) 정종섭, 「자유주의와 한국 헌법」, 281면.

나 무엇보다도, 자유주의적 입장에서 볼 때 그것은, 우리가 자율적이고 독립적인 인간으로서 자신의 선관(善觀)에 따라 합리적으로 인생을 영위하는 개인의 삶을 지향한다면 인간관에 대한 적극적 논의는 적절하지 아니하다고 관념하기 때문일 것이다.

그렇기에 우리 헌법학계에서는 헌법의 인간상을, 지나치게 개인주의적이지도 않고 지나치게 전체주의적이지도 않은 사회에 걸맞는 인간상이라고 하여 매우 추상적이고 일반적인 것으로 묘사하고 있을 뿐이다. 구체적으로 대표적인 헌법학 교과서의 설명에 따르면,11) 사회의 유형은 개인주의 사회-인격주의 사회-전체(집단)주의 사회로 분류되는데, 개인주의 사회에서의 인간이 고립적·이기적·독립적 인간상이라면, 전체주의 사회에서의 인간은 자신의 결단에 의하여 자신을 규율할 자유를 가지지 못하고 국가권력의 객체로 격하된 인간상이고, 인격주의(人格主義) 사회에서의 인간은 인간 고유가치를 유지하면서 사회와 긴밀한 관계를 가질 뿐만 아니라 사회에 의하여 구속받는 인간상인바, 우리 헌법은 극단적인 개인주의나 집단주의를 거부하고 있기 때문에 현행 헌법에서의 인간상은 양자의 중용을 의미하는 인격주의 사회에서의 인간상(사회 속의 인간)에 해당한다고 한다.

한편, 헌법재판소는 우리 헌법의 인간상이 "국민 스스로 선택한 인생관·사회관을 바탕으로 사회공동체 안에서 각자의 생활을 자신의 책임 아래 스스로 결정하고 형성하는 성숙한 민주시민"12)이며, "사회와 고립된 주관적 개인이나 공동체의 단순한 구성분자가 아니라, 공동체에 관련되고 공동체에 구속되어 있기는 하지만 그로 인하여 자신의 고유가치를 훼손당하지 아니하고 개인과 공동체의 상호연관 속에서 균형을 잡고 있는 인격체"13)라고 하고

---

11) 권영성, 『憲法學原論』(2008년 판), 374면.
12) 헌재 2000. 4. 27. 98헌가16, 학원의설립·운영에관한법률 제22조 제1항 제1호 등 위헌제청, 판례집 12-1, 427, 461.
13) 헌재 2003. 10. 30. 2002헌마518, 도로교통법 제118조 위헌확인, 판례집 15-2 하, 185, 201.

있다.14)

그런데 때로는 위와 같은 헌법재판소의 결정태도에 대해 우리 헌법재판소가 공동체주의적 인간상을 따르고 있다는 식의 논의도 보인다. 그러나 특정 사회를 자유주의적인지 공동체주의적인지 혹은 개인주의적인지 집단주의적인지 일도양단적으로 나누어 어느 한쪽에 소속시키려는 시도는 성공하기 어렵다. 예를 들어, 우리 헌법은 개인주의를 전제로 하고 있으므로 개인의 자유에 대한 제한은 있을 수 없다고 하는 것만큼이나 우리 헌법이 공동체적 인간상을 지향하고 있기 때문에 기본권제한이 널리 정당화될 수 있다고 말하는 것도 부적절한 것이다. 결국 우리 헌법 규정과 헌법재판소의 결정례에서 특정한 인간상을 도출하고 그에 따른 결론을 이끌어내려는 무리한 시도보다는, 좀더 개인의 자유를 강조하는 방향으로의 기본권 해석방법은 어떤 것이며, 좀더 공동체의 조화와 질서를 유지하는 방향으로의 기본권 해석방법은 어떤 방법인지 하는 보다 구체적이고 세부적인 시도가 요청된다고 할 것이다.15)

(3) 헌법재판소 결정례를 통해 본 자유주의의 부족과 과잉 상황

우리 사회에서는 자유주의의 부족/미숙 현상과 자유주의의 과잉/조숙 현상이 동시에 관찰된다. 이는 사회의 정신적, 물질적 규범과 제도가 서서히 발

---

14) 한편, 독일 연방헌법재판소 역시 독일 헌법의 인간상은 "고립된 개체로서의 개인주의적 인간상이나 국가권력의 객체로서의 인간상이 아니라 개인 대 사회라는 관계에서 인간 고유의 가치를 훼손당하지 아니하면서 사회관계성 내지 사회구속성을 수용하는 인간상"이라고 본다(BVerfGE 4, 7).

15) 이런 측면에서, 자유주의적 기본권 해석방법과 공동체주의적 기본권 해석 방법을 방법론적으로 상세히 검토하고 있는 것으로는, 이준일, 『憲法學講義』(2008년 판), 홍문사, 2008, 398-413면 참조.

전하기보다는 각기 다른 속도로 급속히 변화하고 있기 때문에 전근대와 근
대 그리고 전통과 현대가 공존(共存)하는 데서 비롯한다고 할 수 있겠다. 이
하에서는 한국 사회에 자유주의가 부족한 징표로서, 사상의 자유와 자기결정
권에 관한 헌법재판소 결정례를 각각 들어 보도록 한다. 자유주의는 개인의
자유를 보호하는 것이며, 개인의 자유는 타인에 의해 생각이 간섭당하지 않
으며(사상의 자유) 스스로 결정하여 행동할 수 있다는 것(일반적 행동의 자유
와 자기결정권)이 그 중핵이기 때문이다. 다른 한편, 간통죄와 혼인빙자간음
죄 사건을 통해 사생활의 자유와 관련한 우리 사회의 인식변화를 확인하도
록 한다. 끝으로, 근자에 자유주의적인 성격이 강하게 나타나고 있는 재산권
분야에 관한 헌법재판소 결정례 중 자유주의의 과잉이라고 할 만한 토지공
개념 관련 위헌결정에 대해 검토하도록 한다.

가. 사상의 자유의 문제 - 국가보안법 문제

우리나라에 자유주의가 미숙하다는 대표적인 징표는 사상의 자유와 표현
의 자유에 대한 보장의 수준에서 잘 드러난다. 지난 수십 년 동안 국가보안
법은 '헌법 위의 법' 혹은 '초헌법적 법률'로서 헌법의 규범력을 국가보안법
이 허용하는 범위 내에 한정시키고 있었다. 즉, 헌법이 하위 법령인 국가보
안법이 규율하고 있는 틀 내에서 운용·해석되고 있었던 것이다. 그러다 1990
년 헌법재판소가 최초로 국가보안법 일부 조항에 대해 한정합헌 결정16)을
하면서 국가보안법에 대한 통제가 이루어지기 시작했다. 그러나 여전히 사상
의 자유 및 표현의 자유에 대한 보장은 미흡하다고 할 수 있다. 이를 확인하
기 위해 자유주의의 핵심인 사상과 표현의 자유에 대한 한국의 상황을 미국
의 경우와 비교하도록 하자.

미국에서는 우리의 국가보안법 위반의 문제에 해당할 만한 사안들에서

---

16) 헌재 1990. 4. 2. 89헌가113, 국가보안법 제7조에 대한 위헌심판, 판례집 2, 49.

'명백·현존 위험의 원칙'(rule of clear and present danger)을 발전·적용시켜
왔다. 이 법리는 국가가 표현의 자유를 규제하기 위해서는 그 표현이 법률상
금지된 해악을 초래할 명백(明白)하고 현존(現存)하는 위험(危險)을 가지고
있음을 입증해야 한다는 것이다. 즉, 자유로운 언론으로 말미암아 중대한 해
악이 발생할 개연성이 있고, 언론과 해악의 발생 사이에 밀접한 인과관계가
존재하며, 또 해악의 발생이 목전에 이르러 절박함에도 다른 수단으로 이를
방지할 수 없을 경우 언론을 제한하는 것이 정당화된다는 이론이다.17) 이러
한 명백·현존 위험의 원칙은 당대의 미국 정치 상황과 법원의 성향에 따라
전진과 후퇴를 거듭하게 된다.18)

　　명백·현존 위험의 원칙은 1919년 Schenck 사건19)에서 처음으로 등장하였
다. 이 사건은 미국의 1차 세계대전 참전에 반대하는 청구인이 징집 대상자
들에게 전단을 보내 전쟁반대를 선동하여 방첩법(Espionage Act) 위반으로 기
소된 사안이었다. 1925년 Gitlow 사건20)은 노동자들에게 파업을 선동하고
정부를 전복해 혁명적 무정부상태를 만들어야 한다는 '사회주의자 선언
서'(socialist manifesto)를 출판해서 문제된 사건이었다. 그리고 1927년
Whitney 사건21)은, Whitney가 미국 공산노동당의 캘리포니아 지부 조직을
위한 전당대회에 참여하면서 정치적 행동을 감행할 것을 촉구했던 것이 기
소된 사안이었다. 한편, 한창 매카시즘이 몰아치던 와중에 명백·현존 위험
원칙이 가장 후퇴했다고 평가받는 1951년 Dennis 사건22)은, 공산당의 당헌·

---

17) 권영성, 『憲法學原論』(2008년 판), 515면.
18) 미국 연방대법원의 반공법 위반 사건 판결들이 법적 논리와 과거의 판례에 따라
　　엄격히 수정헌법 제1조를 해석한 것이라기보다는 대체로 판결 당시의 정치적 상황
　　이나 여론의 동향에 따른 것임을 밝힌 연구로, 장호순, 「미국 연방대법원의 반공법
　　판결을 통해 본 사상과 표현의 자유의 한계」, 『한국언론학보』제40호, 한국언론학
　　회, 1997 참조.
19) Schenck v. United States, 249 U.S. 47(1919).
20) Gitlow v. New York, 268 U.S. 652 (1925).
21) Whitney v. California., 274 U.S. 357 (1927).

강령·성명서 등으로 볼 때 Dennis와 공산당 간부들이 정부를 전복하고자 모의했다는 이유로 일명 Smith법 위반으로 기소되었던 사안이었다. 그 이후 2차 세계대전과 한국전쟁이 끝나면서 미국 연방대법원은 명백·현존 위험의 원칙을 다시 강화하여 적용하기 시작하는바, 1957년 Yates 사건23)은 Yates 외 13인의 공산당 평당원이 무력이나 폭력으로 정부를 전복해야 할 필요성과 의무에 대해 가르치고 옹호했다는 이유로 Smith법 위반으로 기소된 사안이었다.

위 사건들은 우리의 국가보안법 위반 사례와 비교할 때 사안의 과격성이나 국가안보와 사회질서 유지에 대한 위험성에 있어 별 차이를 읽을 수 없다. 물론 위에서 소개된 판례들은 Yates 사건을 제외하고는 모두 유죄판결이 내려졌다는 점에서, 그 결론만을 본다면 정치적 표현의 자유에 있어 미국이 우리보다 더 관대하다고 보기 어려운 측면이 있다. 그럼에도 미국 연방대법원 대법관들은 명백·현존 위험의 원칙을 강화시키기도 하고 약화시키기도 하면서 최대한 사상의 자유와 표현의 자유를 보호해 주기 위해 노심초사하고 있다는 점을 간과해서는 안 된다. 그러한 태도는 미국이라는 국가가 사회주의 사상에 대해 상당히 적대적이며, 20세기 초 이래 사회주의당이 사실상 완전히 붕괴하여 회복하지 못하고 있는 사회라는 점에서 더욱 의미심장하다고 할 수 있다. 결국 미국과 비교하여 볼 때 정치적 의사 표현에 있어 우리의 자유는 확실히 제약되어 있으며 자유주의가 부족하다고 하지 않을 수 없는 것이다.

나. 자기결정권 문제 - 자동차 좌석안전띠 사건

헌법재판소는, 자동차 운전자에게 좌석안전띠를 매도록 하고 이를 위반했

---

22) Dennis v. U.S., 341 U.S. 494 (1951).
23) Yates v. U.S., 354 U.S. 298 (1957).

을 때 범칙금을 납부하도록 한 도로교통법 규정에 대한 헌법소원 사건24)에
서, 자동차 운전자의 일반적 행동의 자유권을 과도하게 제한하는 것은 아니
라고 하여 합헌 결정을 내린 바 있다. 헌법재판소는 좌석안전띠를 착용하지
않는 행위가 행위자 자신의 이익에만 관련된 것인지 아니면 다른 사람과 사
회공동체 전체의 이익과도 관련된 것인지를 검토한다. 도로는 다른 운전자
및 보행자 등의 이익 및 공동체의 이익과 관련된 영역이므로 도로에서 좌석
안전띠를 매지 않고 운전할 자유는 다른 영역에서 이루어지는 위험한 스포
츠를 즐기는 행위 등과 똑같게 평가할 수 없다고 하면서, "이 사건 심판대상
조항들로 인하여 청구인은 운전 중 좌석안전띠를 착용할 의무를 지게 되는
바, 이는 운전자의 약간의 답답함이라는 경미한 부담이고 좌석안전띠미착용
으로 청구인이 부담하는 범칙금이 소액인 데 비하여, 좌석안전띠착용으로 인
하여 달성하려는 공익인 동승자를 비롯한 국민의 생명과 신체의 보호는 재
산적인 가치로 환산할 수 없는 것일 뿐만 아니라 교통사고로 인한 사회적인
비용을 줄여 사회공동체의 이익을 증진하기 위한 것이므로, 달성하고자 하는
공익이 침해되는 청구인의 좌석안전띠를 매지 않을 자유의 제한이라는 사익
보다 크다고 할 것이어서 법익의 균형성도 갖추었다고 하겠다."25)고 판시한
것이다.

그렇지만, 좌석안전띠를 착용하는 가장 큰 목적은 자동차 운전자의 안전
이라고 할 수 있으므로, 자동차 운전자 스스로 사망에 대한 위험까지도 감
수하겠다고 한다면 자유주의적 입장에 따를 때 국가가 나서서 간섭할 명분
은 없다고 할 수 있다. 그럼에도 헌법재판소는 공익을 위해 이 사건 강제가
정당하다고 하는데, 헌법재판소가 들고 있는 공익은 '동승자를 비롯한 국
민의 생명과 신체의 보호' 및 '교통사고로 인한 사회적인 비용의 감소'이

---

24) 헌재 2003. 10. 30. 2002헌마518, 도로교통법 제118조 위헌확인, 판례집 15-2하,
185.
25) 헌재 2003. 10. 30. 2002헌마518, 판례집 15-2하, 185, 202.

다. 그렇지만 좌석안전띠 착용으로 그것을 달성할 수 있을지는 몹시 불분명하다. 어쨌든 자동차 운전자는 자신의 자율적 의사에 의해 전적으로 행위할 수 있는 '자동차 안'이라는 영역에서조차 그 의사에 반하는 행위를 강요당하는 것이다.

결국 헌법재판소는 개인의 일반적 행동의 자유와 자기결정권이라는 가장 근본적인 권리에 대한 제한을 쉽게 인정함으로써 개인의 의사와 책임에 대한 존중을 핵심으로 하는 자유주의의 이념을 제대로 실천하지 못하고 있다고 할 수 있다. 또한, 헌법재판소뿐만 아니라 우리 입법자 역시 기본권에 대한 덜 침해적인 방법으로 입법목적을 달성할 수 있는지를 검토하기보다는 권위주의적이고 행정편의적인 발상으로 좌석안전띠 착용 의무를 강제하고 범칙금을 부과하고 있다는 점에서 미약한 자유주의적 인식을 갖고 있다고 할 것이다.

다. 사생활의 자유 문제 - 간통죄, 혼인빙자간음죄 사건

우리 사회에 자유주의가 부족하다는 점은 성도덕과 사생활의 자유와 관련하여 아직까지 간통죄가 유지되고 있으며 혼인빙자간음죄가 2009년에야 폐지되었다는 점에서도 잘 드러난다.

우선 간통죄의 경우에 대해 살펴보자. 현재 간통죄는 우리나라와 대만, 미국의 일부 주 및 다수의 이슬람 국가에 남아 있을 뿐, 근대 서구 법체계를 취하는 대부분의 국가에는 간통죄가 존재하지 않는다. 일본 역시 2차 세계대전 이후 일찌감치 간통죄를 폐지하였다. 그러나 우리 국민 법감정의 일단을 살필 수 있는 여론조사 결과에 따르면 간통죄 폐지 반대가 여전히 우위를 차지하고 있음을 알 수 있다. 또한 헌법재판소 역시 1990년, 1993년, 2001년, 2008년 모두 4차례에 걸쳐 간통죄 처벌 규정인 형법 제241조에 대해 합헌 결정을 내리고 있다.[26] 그 주된 이유는 간통죄 규정은 "선량한 성도덕과 일부일처주의 혼인제도의 유지 및 가족생활의 보장, 부부간의 성적성실의무의 수호, 간통으로 인하여 야기되는 사회적 해악의 사전예방을 위한 것"으로서 성적자기결정권에 대한 필요·최소한의 제한으로서 자유와 권리의 본질적 내용을 침해하는 것은 아니라는 것이다.

한편, 헌법재판소는 2009년 혼인빙자간음죄를 규정한 형법 제304조에 대하여 동 규정은 과잉금지원칙을 위반하여 성적자기결정권 및 사생활의 비밀과 자유를 침해한다는 이유로 위헌결정을 선고하였다.[27] 위 위헌결정은 혼인빙자간음죄 처벌규정은 사생활의 영역에 속하는 애정 관계에 대한 남성과 여성 모두의 성적자기결정권을 부인하는 것으로서 그 입법목적의 정당성 자체가 인정되지 않는다고 보았고, 가사 혼인빙자간음죄가 혼인을 빙자하여 간음한 남성을 형사처벌함으로써 사회적 약자인 여성의 성적자기결정권을 보호하고자 하는 입법목적의 정당성을 인정해 준다고 하더라도, 그 목적을 달성하기 위해 형사처벌 하는 것은 수단의 적절성과 침해의 최소성을 갖추지 못하였다고 보았다.

그러나 이와 대조적으로 2002년 결정[28]에서는, 혼인을 빙자한 부녀자 간음행위는 피해 여성의 성적자기결정권을 침해하여 기본권행사의 내재적 한계를 명백히 벗어난 것으로서 사회의 질서유지를 위해 그 제한이 불가피하며, 그에 대한 처벌은 성적자기결정권에 대한 필요 최소한의 제한이므로 과잉금지 원칙에 위반되지 아니하고, 아직도 우리 사회에는 남녀 간의 성에 대

---

26) 헌재 1990. 9. 10. 89헌마82, 형법 제241조의 위헌여부에 대한 헌법소원, 판례집 2, 306 (6:3 합헌); 헌재 1993. 3. 11. 90헌가70, 형법 제241조에 관한 위헌심판,판례집 5-1, 18 (6:3 합헌); 헌재 2001. 10. 25. 2000헌바60, 형법 제241조 위헌소원, 판례집 13-2, 480 (8:1 합헌); 헌재 2008. 10. 30. 2007헌가17·21, 2008헌가7·26, 2008헌바21·47(병합), 형법 제241조 위헌제청, 판례집 20-2상, 696 (4:5 합헌).

27) 헌재 2009. 11. 26. 2008헌바58·2009헌바191(병합), 형법 제304조 위헌소원, 판례집 21-2하, 520.

28) 헌재 2002. 10. 31. 99헌바40·2002헌바50(병합), 형법 제304조 위헌소원, 판례집 14-2, 390.

한 신체적 차이, 성행위에 대한 인식과 평가가 다른 것이 현실이므로 남성만을 처벌한다 해도 평등원칙에 위반된다고 볼 것도 아니라고 하여 합헌결정이 내려졌다.

위 혼인빙자간음죄의 위헌결정은 2가지 점에서 의미를 가진다. 첫째, 과거처럼 여성을 자신의 성적자기결정권도 스스로 행사하지 못하는 존재, 오로지 보호받아야 할 '유아와 같은' 존재로 보아 왔던 것에서 탈피하여 성생활의 문제에 있어서도 하나의 독립적이고 자율적 인격체로 인정했다는 점이다. 둘째, 개인의 사적 영역에 대한 국가의 개입은 최대한 자제되어야 한다는 점을 위헌결정이라는 형식으로 확인했다는 점이다. 이는 간통죄 결정에서 사적 영역에 대한 국가형벌권의 간섭 자제를 모토로 내세우면서도 계속 합헌결정을 내렸던 것에 대비된다.

정리하자면, 간통죄의 경우 그것이 여전히 존치되고 있지만 계속적으로 그 법적 위헌성이 문제되고 있다는 점에서, 우리 사회가 개인주의적·자유주의적 방향으로 변해가고 있음은 부인할 수 없을 것이다. 또 자유주의 헌법의 이상에 비추어 보건대 혼인빙자간음죄에 대한 2009년의 위헌결정은 좀더 일찍 나왔어도 전혀 무리가 없는 결정이라고 하겠다. 그렇다면 간통죄에 대한 문제제기와 혼인빙자간음죄에 대한 뒤늦은 위헌결정은, 성도덕과 사생활의 자유와 관련한 문제에 있어 우리 사회의 변화를 지시함과 동시에 여전히 우리 사회에는 자유주의가 부족하다는 점도 알려주고 있다 하겠다.

라. 재산권 보장의 문제 - 토지공개념 관련 사건

앞서 본 3가지 사례들은 주로 개인의 사상이나 행동 그리고 도덕의 영역에 관련된 문제로서 그것들은 아직 우리 사회에 자유주의가 충분하지 않음을 알려주는 것이었다. 마찬가지로 재산권의 영역에 있어서도 우리 사회에는 너무나 강력한 국가주의(國家主義)적 성향이 있기 때문에 국가에 대항하여

개인의 재산권을 지킨다는 관념은 전개되기 어려웠다. 그러나 근자에 들어서
는 재산권에 대한 권리주장이 활발해지고 이에 대한 헌법재판소의 태도도
국가의 편의를 봐주기보다는 국민의 재산권 보장 방향으로 전환되고 있는
것으로 보인다. 이하에서는 재산권의 다양한 유형 중에서도 권리의 성격이
매우 복합적이며 우리 사회의 가장 첨예한 대립지점이 되고 있는 토지 재산
권에 관련된 사례들을 살펴보기로 한다.

  고전적 자유주의 헌법에서 재산권은 전국가적이고 불가침적인 권리로 인
정되었지만, 빈부격차 등 사회 갈등이 격해지고 사회주의 세력이 성장하면서
바이마르 헌법(1919년)에 이르러서는 재산권의 절대성 및 계약의 자유를 제
한하여 재산권의 사회적 구속성을 강조하는 수정자본주의 원리가 대두하게
되었다. 우리 헌법 역시 재산권을 보장하는 한편 재산권의 한계에 대해서도
규정하고 있다. 즉, 헌법 제23조 제1항은 "모든 국민의 재산권은 보장된다.
그 내용과 한계는 법률로 정한다."고 하고 제2항에서는 "재산권의 행사는 공
공복리에 적합하도록 하여야 한다."고 한다. 이 때 재산권의 객체는 '공·사법
상 경제적 가치가 있는 모든 권리'라고 할 수 있는데, 그 중에서도 역사상
언제나 재산권의 왕좌(王座)를 차지해 온 것은 토지였다. 토지는 유한성·고
정성·비대체성·재화생산의 본원적 기초로서의 성질 등을 가지고 있기 때문
에 그 공공성(公共性)이 문제되어 왔다.[29] 특히 우리나라의 경우 토지에 대
한 애착이 남달랐던바 1980년대 후반 토지와 주택에 대한 투기가 발생하게
되자 이른바 '토지공개념'(土地公槪念)이라는 이름으로 이에 대한 해결책이
모색되었다. 즉, 서울 등 수도권의 주택문제를 해소하기 위해 신도시개발사

---

29) 헌재 1989. 12. 22. 89헌가13, 국토이용관리법 제21조 등 위헌심판, 판례집 1, 357,
   372: "토지의 수요가 늘어난다고 해서 공급을 늘릴 수 없기 때문에 시장경제의 원
   리를 그대로 적용할 수 없고, 고정성, 인접성, 본원적 생산성, 환경성, 상린성, 사회
   성, 공공성, 영토성 등 여러가지 특징을 지닌 것으로서 자손만대로 향유하고 함께
   살아가야 할 생활터전이기 때문에 그 이용을 자유로운 힘에 맡겨서도 아니되며, 개
   인의 자의에 맡기는 것도 적당하지 않은 것이다."

업을 추진하는 한편 부동산 투기와 사회갈등을 해소하기 위해 본격적인 토지공개념 논의를 시작하여, 토지초과이득세법과 개발이익환수에관한법률, 택지소유상한에관한법률 등 이른바 '토지공개념 3법'이 제정되었던 것이다. 이에 토지공개념을 둘러싸고 법적으로 토지·주택 재산권의 내용과 행사에 어떤 사회적 의무성을 부과할 수 있는가, 즉 그 헌법적 정당성에 대한 논란이 빚어졌다.

우선, '토지공개념' 자체에 대해 때로는 그 발상 자체가 우리 헌법의 한계를 뛰어넘는 것이라는 주장도 있으나, 토지공개념 이론은 재산권의 사회적 구속성 내지 공공복리 적합의무라는 재산권에 관한 헌법 규정과 헌법의 일반이론에 근거하여 토지의 특수성을 강조하기 위한 것으로서 헌법상 시장경제질서의 원리를 뛰어넘는 초헌법적인 원리는 아니라고 하겠다.[30] 그러나 진짜 난관은 과연 어느 수준에서 사적 소유권과 그 공공성이 조화를 이루느냐 하는 판단의 문제일 것이다.

헌법재판소는 국토이용관리법상 토지거래허가제에 대해서는 합헌결정(1989년)[31]을 내렸으나, 이후 토지초과이득세법 규정에 대한 헌법불합치결정(1994년)[32], 개발이익환수에관한법률 규정에 대한 일부위헌결정(1998년)[33], 택지소유상한에관한법률 규정에 대한 위헌결정(1999년)[34]을 선고하였다. 그리고 1998년 이른바 IMF 사태를 맞아 경기부양을 위한 건설경기 활성화를

---

30) 성낙인, 『헌법학』(2010년 판), 650-651면.
31) 헌재 1989.12.22, 88헌가13, 국토리용관리법 제21조의3 제1항, 제31조의2의 위헌심판, 판례집 1, 357.
32) 헌재 1994. 7. 29, 92헌바49·52(병합), 토지초과이득세법 제10조 등 위헌소원, 판례집 6-2, 64.
33) 헌재 1998. 6. 25, 95헌바35, 개발이익환수에관한법률 제10조 제3항 단서 위헌소원, 판례집 10-1, 771.
34) 헌재 1999. 4. 29. 94헌바37 등, 택지소유상한에관한법률 제2조 제1호 나목 등 위헌소원, 판례집 11-1, 289. 다만, 택지소유상한에관한법률은 이미 1998. 9. 19. 법률 제5571호로 폐지되었다.

추진한다는 명목으로 남아 있던 토지공개념 3법마저도 결국 폐지되기에 이르렀다.

이하에서는 토지공개념 3법 중 개인의 자립적 삶의 근원이 되는 주거 소유 문제와 관련된 택지소유상한법에 관해 살펴보기로 한다. 동 법률은 택지를 소유할 수 있는 면적의 한계를 정하여 국민이 택지를 고르게 소유하도록 유도하고 택지의 공급을 촉진함으로써 국민의 주거생활의 안정을 도모함을 목적으로 제정되었고(법 제1조), 택지소유에 상한을 두는 한편 법인 등의 택지 소유를 금지하고, 허용된 소유상한을 초과하는 경우 이를 처분 또는 이용·개발하는 의무를 지게 한 후, 이 의무를 이행하지 아니할 때에는 부담금의 부과를 통하여 처분과 이용·개발을 유도·강제하는 내용을 가진 것이었다.

그런데 헌법재판소 다수의견(위헌의견)은 "법의 진정한 입법목적은 도시계획구역 안에 거주하는 국민 누구나가 유사한 면적의 택지를 소유할 수 있도록 택지를 분배하고자 하는 것이라기보다는, 실수요자가 아님에도 지가상승을 기대하고 토지투기 등의 목적으로 토지를 필요 이상으로 보유함으로써 실수요자의 토지소유와 이용을 가로막는 사회적·국민경제적으로 유해한 행위를 방지하여, 궁극적으로 택지의 적정한 공급을 가능하게 하고, 이로써 국민의 주거생활의 안정을 꾀하고자 하는 것"[35]이라고 하면서, 그에 비추어 볼 때 택지의 소유상한을 설정하는 것은 헌법적으로 허용되지만 설정된 소유상한의 정도가 지나치게 낮을 경우에는 최소침해성의 원칙에 위반될 소지가 있다고 하였다. 그리고 재산권의 보장은 자유실현의 바탕으로서 자유와 재산권은 불가분의 관계에 있다고 하면서, 200평(660㎡)이라는 택지소유상한은 지나치게 낮은 것으로서 자유실현을 지나치게 제한한다고 하여 헌법에 위반된다고 하였다.[36] 이에 대해 반대의견(합헌의견)은 우리나라 주택 보급현황과 택지분배 상황에 대한 실증적인 자료와 통계를 바탕으로 판단할 때 이 사

---

35) 헌재 1999. 4. 29. 94헌바37 등, 판례집 11-1, 289, 311.
36) 헌재 1999. 4. 29. 94헌바37 등, 판례집 11-1, 289, 315.

건 법률조항은 입법목적의 정당성이 인정됨은 물론 최소침해성의 원칙이나 법익의 균형성 원칙에 위반되지 않는다고 하고 있다.[37]

그런데, 개인의 재산권과 그 행사의 사회적 의무성의 정도는 재산의 종류, 성질, 형태, 조건 등에 따라 달라질 수 있는바, 재산권 행사의 대상이 되는 객체가 지닌 사회적인 연관성과 사회적 기능이 크면 클수록 입법자에 의한 보다 더 광범위한 제한이 허용된다고 할 것이다. 그렇다면 토지의 특성을 고려할 때 토지 재산권 제한에 있어서는 공동체의 이익이 보다 더 강하게 관철될 것이 요구된다고 할 수 있다.[38] 사실 이 결정의 결론을 평이하게 재진술하자면, 갑(甲)이 10평 집에 산다고 해도 을(乙)은 200평 집에 살 자유가 있으며, 10평 집에 사는 다수의 다른 사람들과의 관계를 위해 200평 집에서 살 자유가 있는 사람들의 권리가 제한되어서는 안 된다는 것이라 할 수 있다. 다수의견은 이런 논리를 끌어내기 위해, 반대의견이 예리하게 지적하는 바와 같이, 법 제1조에서 규정된 2가지 입법목적 중 한 가지를 무시한 채, 동법의 진정한 목적은 국민 누구나 유사한 면적의 택지를 소유할 수 있도록 택지를 분배하고자 하는 것이라기보다는 토지 투기를 막아 국민의 주거생활의 안정을 꾀하고자 하는 것이라고 한다. 그리고는 이러한 목적은 택지소유자가 직접 거주하지 아니하는 택지, 개인의 자유실현의 중심적 장소가 아닌 택지에 제한하더라도 충분히 효율적으로 달성될 수 있다고 하였다. 결국 이 사건은 국민들이 동등한 경제적 평등을 누리게 하고 빈자나 무주택자의 상대적 소외감을 해소하기보다는 개인의 재산권 보장을 앞세운 것이라 하겠다.

비록 위에서는 택지소유상한법 한 사건에 관해 검토하였지만 토지공개념 3법이 모두 위헌 폐지되고 최근 종합부동산세 사건 역시 위헌결정이 선고되는 것을 보면, 우리 국민과 헌법재판소는 확실히 과거에 비해 보다 예민한

---

37) 헌재 1999. 4. 29. 94헌바37 외 66건(병합), 판례집 11-1, 289, 357-358.
38) 헌재 1989. 12. 22. 88헌가13, 판례집 1, 357, 372; 1998. 12. 24. 89헌마214등, 도시계획법 제21조에 대한 위헌소원, 판례집 10-2, 927, 945-946 참조.

재산권에 대한 감각을 가지게 되었다고 인정할 수 있을 것이다. 그리고 공동체와의 공존 없는 부에 대한 추구와 무제한적인 재산권 행사가 근래 (신)자유주의가 비판받는 내용이라면, 위와 같은 헌법재판소 결정례들은 우리 사회 역시 사회적 공존보다는 개인의 독립적인 자유와 권리 보호의 방향으로 이동하고 있음을 드러낸다고 할 수 있을 것이다.

이상에서 검토한 바를 정리하자면, 우리 사회는 전반적으로 관찰할 경우 여전히 자유주의가 미숙하거나 부족하다고 평가할 수 있겠지만, 특정 영역에 있어서는 자유주의적 지향성이 강하게 드러나고 있다고 평가할 수 있겠다. 현대 공화주의는 자유주의를 전적으로 부정하거나 대체하려는 시도가 아니라 자유주의의 바탕 위에서 자유주의의 문제점을 보완하려고 한다. 따라서 자유주의의 이상과 같이 공화주의에서도 개인의 자유와 권리는 법적으로 충분히 보장받아야 함을 인정하지만, 그런 자유와 권리가 지나치게 개인주의적이고 공동체와의 조화를 무시한 것이 되지 않을 것을 요구하는 것이다. 그런 점에서 우리 사회에서 아직 자유주의가 부족/미숙한 부분은 자유주의로 충전(充塡)을 하며 자유주의가 과잉/조숙한 부분은 공화주의로 보완(補完)하여야 할 것이다.

2. 헌법 제1조 제1항 '민주공화국'에 대한 해석

우리는 그동안 '공화국'(共和國, republic)을 단순히 '국가'와 같은 뜻으로 사용하기도 하고 '3공'(제3공화국), '5공'(제5공화국)에서와 같이 특정 정부 혹은 정권이라는 의미로 사용하기도 하였다. 그리고 기존 헌법학계에서 공화국은 비군주국을 의미하는 것으로 간주되어 근현대 민주주의 국가에서는 사실상 별다른 의의가 없는 것으로 취급되었다. 그러나 공화주의는 진정한 공화국이 무엇인지 탐구하고자 한다. 이하에서는 공화국의 본래의 의미를 되살리기 위해 공화국의 어원과 유래, 그리고 공화국의 다양한 역사적 의미들을 살펴본다. 그리고 우리 헌법 제1조 제1항의 '민주공화국'을 공화주의의 입장에서 해석해 보기로 한다.

(1) 비군주국으로서의 공화국 이해

가. 공화국의 어원 및 정의

현재 'republic'의 역어로 사용되고 있는 공화(共和)라는 말은, 기원전 841년 서주(西周) 여왕(厲王)이 폭정을 일삼다가 민란으로 쫓겨난 다음 14년간 왕이 없는 시대가 출현하였는데 이 시절을 '共和'라고 불렀다는『史記』「周本紀」에 나오는 이야기에서 유래한 것이다.[39] 19세기 중엽 일본은 서구의 republic을 수입하여 '공화'(共和)라고 번역하였다. republic이 공화(共和) 또는 공화국(共和國)으로 번역되게 된 과정에 대해서는 다음과 같은 설명이 있다. 일본인이 처음에 republic에 대해서 알게 되었을 때, 최초에 이해할 수 있었던 것은 그 정부에는 군주가 없다는 것이고, 그 실태는 '합중국'(合衆國)이라는 것이었다. 다음에 일본어역으로서 '寄合持ノ國' '共和政治' '會治國' 등을 부여하여 그것을 이해하는 것이 가능하였다. 마지막으로, 메이지(明治)시대의 나카에 초민(中江兆民, 1847~1901)은 '自治之國'이 republic에 어울리는 역어라고 제안하였으나, 그 제안은 '공화국'이라는 역어가 이미 정착된 뒤였기 때문에 결국 일반에 수용되지 않았다.[40]

그리고 이것이 다시 19세기 말 중국에 수입되어 중국인들에게는 국민주권

---

39) 사기(史記)에는 이것이 다음과 같이 기록되어 있다: "召公周公二相行政,號曰'共和' 共和十四年,厲王死于彘"; 조승래, 「공화국 담론의 지적 계보」,『공화국을 위하여: 공화주의의 형성과정과 핵심사상』, 길, 2010, 15면.
40) 齊藤毅,『明治のことば-文明開化と日本語』, 講談社學術文庫, 2005, 179면.

곧 '민주'와 같은 의미로 사용되면서 군주제에 대칭되는 정치체제로 이해되었다.[41]

원래 republic(영), Republik(독), république(불)이라는 용어는 로마인들이 사용했던 '레스 푸블리카'(res publica)라는 말의 번역어이다. 그리고 res publica는 다시 거슬러 올라가면 국가 또는 정체를 의미하는 그리스어 '폴리테이아'(politeia)에 이르는데,[42] 키케로는 『국가론』(De Re Publica)에서 그리스어 politeia를 res publica로 번역하였던 것이다. 이러한 의미에서의 res publica는 국가의 전반적인 시스템을 가리키는 것이라 할 수 있으나, 이후 republic은 다양한 의미로 사용된다.

일반적으로 왕이 없는 국가, 군주국이 아닌 국가가 공화국으로 취급된 것은 마키아벨리에서 비롯된 것으로 여겨진다. 마키아벨리는 『군주론』(Il Principe, 1532)의 맨 처음을 정체에 대한 간결한 소개로 시작하는데, 모든 정체는 군주국과 공화국의 둘 중 하나라고 하였다.[43]

한편, 『연방주의자 논고』 제10편에서 제임스 매디슨은 '공화정'(republic)을 '순수 민주정'(pure democracy)에 반대되는 것으로 취급하면서 대의제와 같은 의미로 사용하고 있다. 즉, "순수한 민주정은 한 사회를 구성하고 있는 많지 않은 수의 사람들이 직접 회합을 가지면서 정부를 운영하는 정치체제인 반면, 공화정은 대의제를 통해 운영되는 정치체제이다."[44] 그리고 민주정

---

41) 배경한, 「근현대중국의 공화정치와 국민국가의 모색」, 『역사상의 공화정과 국가만들기』, 제51회 전국역사학대회 발표논문집, 2008. 5, 37-39면; 20세기 초반 중국이나 우리나라에서 '민주'라는 말은 democracy보다는 republic을 가리키는 말로 사용되었다는 것으로는 최정욱, 「'Democracy'는 민주주의가 아니라 다수정이다」, 『비교민주주의연구』, 제5집 제1호, 비교민주주의학회, 2009, 42-45면 참조.

42) R. Gröschner, Die Republik, in: HStR Ⅱ, 3.Aufl., 2004, §23, Rdnr. 16.; 김선택, 「공화국원리와 한국헌법의 해석」, 48면에서 재인용.

43) 니콜로 마키아벨리, 『마키아벨리와 君主論』, 김영국 역, 서울대학교출판부, 1995, 73면.

44) 알렉산더 해밀턴·제임스 매디슨·존 제이, 『페더랄리스트 페이퍼』, 65면.

과 공화정 간의 차이점은 "첫째, 공화정에서는 전체 시민이 선출된 소수의
대표에게 정부운영을 위임한다는 것이며, 둘째, 시민의 수가 늘어나고 국가
의 영토가 커질수록 공화정의 가능성이 확대된다는 것"45)이라고 하였다. 그
러나 매디슨은 『연방주의자 논고』 제39편에서 다시 공화정이란 무엇인가를
물으면서 공화정에 대한 기존의 다양하고 모호한 정의들을 스스로 확인한
후,46) 공화정이란 "직접 혹은 간접으로 그것의 모든 권력을 국민의 다수로부
터 얻으며, 제한된 기간 동안 기쁨에서 우러나온 선한 행동으로 공직을 수행
하는 사람들에 의해 통치되는 정부"47)라고 규정한다. 여기서 매디슨은 공화
정은 모든 권력이 '직접 혹은 간접적으로' 인민에서 나온다고 함으로써, 『연
방주의자 논고』 제10편과 39편에서 서로 모순되는 내용을 말하는 것처럼 보
인다. 이것은 매디슨이 공화정과 민주정을 정의하는 문제를 두고 씨름했다는
것과 두 용어를 둘러싼 당시의 혼란 상황을 설명해 주는 것으로 해석할 수
있을 것이다.48)

한편, 칸트(Immanuel Kant, 1724~1804)는 『영원한 평화를 위해』(Zum
ewigen Frieden, 1795)에서 국가의 형태는 국가의 최고 권력을 소유하고 있는
사람의 차이에 의해 분류되거나(군주제, 귀족제, 민주제) 최고 통치자가 누구
이든 간에 국민에 대한 통치자의 통치방식에 의해 분류될 수 있는데, 후자의
관점에서 정부 형태는 공화정체이거나 전제정체라고 한다. 이때 공화정체는
"입법부로부터 집행권(행정권)을 분리시키는 정치원리"인 반면 전제정체는
국가 스스로 포고한 법률을 국가가 전제적으로 집행하는 정치원리이다. 그리
고 그는 입법권과 집행권이 분리되는 체제를 대의제라고 부르고, 대의주의
형태에서만 공화정체는 가능한데, 민주제는 모두가 지배자이기를 원하기 때
문에 대의주의 정신에 부합하는 통치방식을 취하는 것이 불가능하여 필연적

45) 알렉산더 해밀턴·제임스 매디슨·존 제이, 『페더랄리스트 페이퍼』, 65면.
46) 알렉산더 해밀턴·제임스 매디슨·존 제이, 『페더랄리스트 페이퍼』, 235-236면.
47) 알렉산더 해밀턴·제임스 매디슨·존 제이, 『페더랄리스트 페이퍼』, 236면.
48) 로버트 달, 『미국헌법과 민주주의』, 박상훈·박수형 역, 후마니타스, 2004, 243-245면.

으로 전제정체가 된다고 하였다.[49] 요컨대, 칸트에게 있어 공화정체는 전제 정체의 반대말이고 대의제는 입법권과 집행권이 분리된 것을 가리키며 민주 제는 고대의 직접민주주의를 말하는 것으로, 최소한 그가 하고자 하는 말은 공화정은 자의적이고 전제적인 권력이 아닌 법이 지배하여야 한다는 것이라 할 수 있을 것이다.

나. 비군주국으로서의 공화국 이해

앞서 살펴보았듯이 '공화국'이라는 단어는 때로는 '국가'라는 의미로 때로 는 '비군주국'이라는 의미로 사용되기도 하는바, 단순히 '국가'라는 의미에서 '비군주국'이라는 의미가 되는 과정을 좀더 구체적으로 살펴보기로 한다.

우선 '국가'라는 말로 쓰이는 state와 republic의 변천에 관해 알아본다.[50] 국가라는 뜻의 영어의 state, 프랑스어의 état, 이탈리아어의 stato는 원래 라 틴어 status에서 유래한 것으로, status는 '사물의 상태'를 의미하는 것이었지 만 마키아벨리의 『로마사 논고』와 『군주론』에서 정치적인 의미로 전환하게 된다. 한편, 장 보댕(Jean Bodin, 1530~1596)의 『국가론』(*Six livres de la République*, 1576)[51]에서는 '국가'라는 용어로 état가 아니라 république가 사 용되고 있는데, 그 내용은 stato, état와 같은 것이었다. 이러한 용법은 홉스의 『리바이어던』(*Leviathan*, 1651)에서도 발견되는데, 거기서 state, commonwealth 그리고 republic은 거의 모두 동일한 뜻으로 사용되고 있다. 이와 같이 국가 를 나타내는 말은 근대 이후 현대에 이르기까지, stato-state와 res publica-

---

49) 임마누엘 칸트, 『영원한 평화를 위해』(*Zum ewigen Frieden*, 1795), 이한구 역, 서광사, 1992, 27-30면.
50) 이하의 한 단락은 김효전, 「憲法槪念史의 境界 넘기」, 『公法研究』제36집 제 3 호, 한국공법학회, 2008, 3면의 내용을 정리한 것이다.
51) Jean Bodin, *Six livres de la République*, 1576; 장 보댕, 『국가론』, 임승휘 역, 책세상, 2005.

republic의 두 계열이 사용되고 있었으나, 오늘날에는 보댕이나 홉스의 용어법에서처럼 동의어로 사용되고 있다고 할 수 있다.

이제 '공화국'이 단순히 '국가'를 지칭하는 말에서 '비군주국'이라는 의미로 사용되게 된 과정에 관해 살펴보자.[52] 로마 제정 이후에는 로마 제국을 로마 공화정과 구분하기 위해 공화국을 군주국의 대립개념으로 쓰기도 하였다. 그리고 중세 말 로마 황제의 지배가 종료되면서 res publica는 regnum(왕의 지배)의 반대개념으로 확립되어 공화국은 일반적인 국가 개념으로부터 특별한 국가형태 개념이 되었는데, 이탈리아의 도시공동체들-특히, 베니스 공화국-은 자치권을 정당화하기 위하여 이러한 공화국 개념을 차용하였다.[53] 그러나 실제로는 근대 초기까지도 공화국을 군주제에 대한 반대개념으로 전적으로 규정하는 것에 대한 국가철학적 합의는 존재하지 않았다. 그러다가 공화국을 반군주제적 국가형태로 이해하는 데 결정적인 계기가 된 것은 프랑스혁명이었다. 혁명이 과격화되고 루이 16세가 처형되어 프랑스 공화국이 선포되면서 공화국과 군주제는 더 이상 타협할 수 없는 대립항으로 되었던 것이다.

우리 역사에 있어서도 군주가 없는 국가로서의 공화국은 조선 말기부터 꾸준히 열망되어 왔다. 마침내 조선 왕조(朝鮮 王朝)가 멸망하고 1919년 수립된 대한민국 임시정부(상해임시정부)의 대한민국임시헌장은 "대한민국은 민주공화제로 함."(제1조)이라고 하여 군주제를 부정하고 '공화국'을 건설하게 된다. 그 이후 1948년 대한민국헌법이 제정되고 현행 헌법에 이르기까지 우리나라의 정체는 '민주공화국'으로서 지속되어 오고 있다. 대한민국임시헌장에서 대한민국 건국헌법에 이르기까지의 민주공화국 조항의 변천을 표를 통해 살펴보면 다음과 같다.[54]

---

52) 이하의 한 단락은 김선택, 「공화국원리와 한국헌법의 해석」, 52-53면을 정리한 것이다.

53) Horst Dreier, GG Ⅱ, Art. 20, Rdnr.2; 김선택, 「공화국원리와 한국헌법의 해석」, 52면에서 재인용.

〈민주공화국 조항의 변천〉

헌법안 명칭	제정년도	민주공화국·국민(인민)주권 내용
대한민국임시헌장	1919. 4. 11. 제정	제1조 대한민국은 민주공화제로 함.
대한민국임시헌법	1919. 9. 11.	제1조 대한민국은 대한인민으로 조직함.
대한민국임시헌장	1925. 4. 7.	제1조 대한민국은 민주공화국임.
대한민국임시약헌	1927. 3. 5.	제1조 대한민국은 민주공화국이며 국권은 인민에게 있다.
대한민국임시약헌	1940. 10. 9.	제1조 대한민국의 국권은 국민에게 있되, 광복완성 전에는 광복운동자 전체에 있다.
대한민국임시헌장	1944. 4. 22.	제1조 대한민국은 민주공화국임.
대한민국헌법	1948. 7. 17. 제정	제1조 대한민국은 민주공화국이다.

이렇게 성립된 '민주공화국'에 대한 우리 헌법학계의 주류적 입장은 '공화국'을 예나 지금이나 비군주국(非君主國)으로 이해하고 있다. 공화국을 군주가 없는 국가로 보는 견해는 건국헌법 제정의 핵심인물인 유진오(兪鎭午, 1906~1987)에게까지 거슬러 올라갈 수 있는데, 그는 헌법 제1조 "대한민국은 민주공화국이다."에 대하여 '공화국'은 비군주국으로서의 국체를 가리키며 '민주국'은 권력분립 원칙이 지켜지는 정체를 말한다고 하였다.

> 본조는 대한민국의 국호와 국체와 정체를 규정한 것인데, 보통 공화국이라 하면 세습군주를 가지고 있지 않은 국가를 말하고 또 20세기 초기에 이르기까지에는 공화국과 민주국은 동의어로 사용하였으며 각 민주국가는 '공화국'(Republic)의 명칭만을 사용하는 것이 보통이었다. 그러나 근시에 이르러서는 공화국 중에도

---

54) 이 표는 서희경·박명림, 「민주공화주의와 대한민국 헌법 이념의 형성」, 『정신문화연구』제30권 제1호, 한국한중앙연구원, 2007, 89면의 표를 필자가 약간 변형한 것이다.

> 권력분립을 기본으로 하는 민주정체를 채택하는 국가도 있고 … 공화국의 정치형
> 태가 동일하지 않으므로, 본조에 있어서 우리나라는 공화국이라는 명칭만을 사용
> 하지 않고 권력분립을 기본으로 하는 공화국임을 명시하기 위하여 특히 '민주공
> 화국'이라는 명칭을 사용한 것이다. … 이상을 요언하면, 대한민국의 국체는 '공
> 화국'이며 정체는 '민주국'인데 그를 합하여 '민주공화국'이라 한 것이다.[55]

한편, 위와 같은 국체와 정체의 구분론은 국가권력의 담당자와 국가권력
의 행사방법을 기준으로 국체와 정체를 구분하는 렘(H. Rehm)의 복수기준론
을 모방한 것으로서, 주권의 소재를 기준으로 국가를 분류하는 경우에 이를
'국체'(國體)라 하고, 국가권력의 행사방법을 기준으로 통치형태를 분류하는
경우에 이를 '정체'(政體)라고 보는 견해였다. 이 입장에 따르면, 국체는 군
주국과 공화국으로 분류되고, 정체는 전제정과 제한정, 민주정과 독재정, 직
접민주정과 간접민주정 등으로 구분된다. 그러나 오늘날 우리 헌법학계에서
는 이러한 국체·정체 구별론은 이론적 가치가 없다는 점에 의견이 일치되고
있는바, 헌법 제1조 제1항의 '민주공화국'을 '민주(국)'과 '공화국'으로 나누
어 설명하지 아니하고 '민주공화국' 자체를 대한민국의 국가형태로 설명하는
것이 일반화되어 있다.[56]

어쨌든 비군주국으로서의 공화국에 대한 이해는 오늘날 헌법학계에서도
동일한바, 그 지배적인 견해는 (민주)공화국을 군주국에 대립하는 국가형태

---

55) 유진오, 『憲法解義』, 명세당, 1949, 19-20면.
56) 국체·정체 구별론의 이론적 가치에 대해 회의적이거나 그러한 구별이 별 실익이 없
   다고 보는 견해로는 권영성, 『憲法學原論』(2008년 판), 111면; 성낙인, 『헌법학』
   (2010년 판), 100면 등 참조; 오늘날 국체·정체분류론이 이론적 가치를 가질 수 없
   는 이유는, 첫째, H. Rehm의 이론은 주권의 담당자는 국가라고 하는 국가주권론과
   국가법인론을 전제로 한 것이므로, 오늘날의 국민주권론의 입장에서 수용될 수 없
   는 것이고, 둘째, 그의 이론은 군주국인 경우에도 그 정체는 제한정이나 민주정까
   지도 가능하다고 함으로써 민주주의 혁명으로부터 군주국을 옹호하기 위한 어용이
   론으로 인식되고 있으며, 셋째, H. Rehm의 정체론은 정부형태에 관한 고전적 이론
   에 불과한 것이기 때문이다(권영성, 『憲法學原論』(2008년 판), 111면).

를 가리키는 것으로 형식적이고 소극적으로 이해하는 것이다.[57) 다만, 공화국의 본래의 의미를 간략히 고찰하면서 그것은 결국 민주국가와 다름이 없다는 견해[58)가 있으며, 공화국의 개념을 소극적 개념과 적극적 개념으로 구분하여 공화국을 비군주국으로 보는 소극적 개념의 불충분함을 지적하는 견해[59)가 있는 정도이다.

정리하자면, 한국헌법학계의 주류적 입장에서는 공화국을 비군주국이라는 형태적 개념으로서 이해하는 데 그치고 있고, 실질적인 내용을 가지는 헌법상의 원리로 확충하여 헌법해석학에 대입해 보고자 하는 시도는 찾기 어려운 것이 현실이라고 할 수 있다.[60)

(2) '민주공화국'에 대한 공화주의적 이해

그런데, 위와 같은 공화국에 대한 소극적 개념 규정은 국민주권이 확립된 오늘날 법학적으로 유의미한 구체적인 결과를 생산할 수 없어 개념 자체에 대한 회의를 불러일으키게 된다.[61) 공화국을 군주가 없는 나라, 공화주의를

---

57) 공화국 개념에 대하여 국가형태로서 비군주국으로 보는 견해로는 김철수, 『憲法學概論』(2008년 판), 143면; 권영성, 『憲法學原論』(2008년 판), 111면; 계희열, 『憲法學(上)』(2004년 판), 199-200면; 허영, 『韓國憲法論』(2007년 판), 박영사, 2007, 196면; 성낙인, 『헌법학』(2010년 판), 107면; 정종섭, 『憲法學原論』(2010년 판), 14-15면 등 참조.
58) 계희열, 『憲法學(上)』(2004년 판), 199면 각주 50); 정종섭, 『憲法學原論』(2010년 판), 224면.
59) 성낙인, 『헌법학』(2010년 판), 107-108면; 그 외에 공화국 개념에 대한 더 자세한 분석은, 성낙인, 「國家形態로서의 共和國-프랑스 헌법학 이론을 중심으로-」, 『公法學의 現代的 地平: 心泉 桂禧悅博士 華甲記念論文集』, 博英社, 1995; 「憲法上 國家形態와 政府形態의 體系的 理解를 위한 小考」, 『玄齋 金英勳博士 華甲記念論文集』, 1995 등 참고.
60) 김선택, 「공화국원리와 한국헌법의 해석」, 66-67면.
61) 김선택, 「공화국원리와 한국헌법의 해석」, 66면.

군주가 없는 정체를 추구하는 사상이라고 정의하는 것은 안전해 보일지는 모르지만, 그런 정의는 그리 정확하지도 않고 또 별로 말해주는 바도 없는 것이다. 여기서 그리스-로마 전통에 닿는 공화주의 사상을 통해 공화국에 대한 새로운 실질적 이해를 할 필요가 생긴다. 일단 키케로가 *res publica*에 대해 남긴 유명한 정의를 들어보기로 한다.

> 국가(*res publica*)는 인민의 것(*populi res*)입니다. 인민은 어떤 식으로든 군집한 인간의 모임 전체가 아니라, 법에 대한 동의와 유익의 공유에 의해서 결속한 다수의 모임입니다.[62]

라틴어 res 는 영어로 'thing', *publica*는 'public'이라고 할 수 있으므로, *res publica*는 '공공의 일', '공공의 것', '공적 사항', '모두의 것'이라고 부를 수 있다. 이처럼 *res publica*에는 단순한 정체라는 뜻 이상의 무언가, 즉 공(公 혹은 共)이라는 의미가 녹아 있는 것이다.

사실 그리스인이든 로마인이든 간에 본래의 공화주의자라면 공화국을 단순히 왕이 없는 나라라고 생각하지는 않았다. 적어도 이상적인 것은, 공화국은 시민들이 스스로 행동하고 말하는 자기통치의 한 형태였다. 더구나 역사적으로 공화주의자들은 공직을 가진 자에 의한 권력 남용을 방지하는 데 관심이 있었지 군주제(권력)의 제거에는 별 관심이 없었다.[63] 앞서 보았듯이, 키케로는 일인, 소수, 다수에 의한 정당한 형태와 전제적 형태가 있다고 생각했고, 전제를 막는 가장 확실한 방법은 그런 정체들의 혼합인 '혼합정체'를 통해서라고 주장했다. 만약 키케로와 다른 공화주의자들이 군주제에 반대했다면, 그것은 세습 군주제가 국가 또는 정체를 '공공의 것'(*res publica*)이 아니라 그들의 재산으로 간주하고 마음대로 처분하려는 경향이 있기 때문이었다. 한편, 루소 역시 군주가 있고 없고를 묻지 아니하고, 그 국가가 법에 의

---

62) Cicero, *De Re Republica*, 1권 39절; 키케로, 『국가론』, 130면.
63) Richard Dagger, "Communitarianism and Republicanism", p.168.

해 통치되고 그리고 공공의 이익을 위한 것이라면 공화국이라고 부를 수 있다고 하였다.

> 나는 정부 형태가 어떤 것이든 간에 법에 의해 통치되는 모든 국가를 공화국(共和國)이라고 부른다. 왜냐하면, 이 때 비로소 공공이익이 우위에 서고, '공공의 것'이 중요한 것이 된다. 합법적인 모든 정부는 공화제(共和制)이다.[64]

그리고 루소는 위 '공화국'에 대한 각주에서 덧붙이기를 "공화제라는 말로써 내가 의미하는 것은 귀족정치나 민주정치만을 뜻하는 것이 아니라, 일반적으로 전체 의사에 의해 인도되는 모든 정부를 가리킨다. 왜냐하면, 전체 의사는 곧 법이기 때문이다. 정부가 합법적인 것이 되기 위해서는 그것이 주권자와 혼동되어서는 안 되고, 주권자의 대리인이 되어야 한다. 그렇게 되면 군주정치라도 공화제가 될 수 있다."[65]고 하였다.

요컨대, 공화주의의 핵심은 군주제에 대한 반대가 아니라 정부가 공중(公衆) 자신에 의해 이끌어져야 할 공적인 문제라는 믿음이다. 그리고 이것은 공공성과 자기통치가 공화주의의 토대이자 표식이라는 것을 말해준다.[66] 결국 공화국이란 "법과 공공선에 기반을 두고 주권자인 시민들이 만들어낸 정치공동체"[67]를 의미하는 것으로서, 만약 군주가 없는 국가라고 하더라도 국가가 특정 계급이나 계층과 결탁하여 그들의 이익만을 보호한다거나 시민들의 참여를 배제하고 형식적인 대표 제도에 의해 제정된 법의 지배가 이루어진다면, 그것은 적어도 공화주의적 공화국이라고 할 수는 없는 것이다.

그런데, 주권자로서의 국민이 국가의 일에 대해 애정을 가지고 참여하기 위해서는 국가의 정당성과 권위를 국민이 승인할 수 있어야 하고 국가가 국

---

64) J. J. Rousseau, *Du contrat social*, 2부 6장; 장 자크 루소, 『사회계약론』, 52면.
65) J. J. Rousseau, *Du contrat social*, 2부 6장; 장 자크 루소, 『사회계약론』, 52면.
66) Richard Dagger, "Communitarianism and Republicanism", p.168.
67) 모리치오 비롤리, 『공화주의』, 15면.

민에게 애국심(愛國心)과 의무(義務)를 강요한다고 되는 것이 아니다. 따라
서 국가는 정당성 확보를 위해 노력해야 하는데, 그 정당성 확보의 문제는
정치공동체 성립기의 경우와 성립기 이후의 경우로 나누어 볼 수 있겠다. 이
책이 줄곧 다루는 문제는 후자의 경우에 대한 것이므로 여기서는 전자의 경
우에 대해서만 다루기로 한다. 대한민국은 건국 이후 반세기가 넘어 지나 정
치공동체의 성립기는 아니지만, 우리 정치공동체의 시작에 관한 문제, 즉 대
한민국의 출발조건이 어떠한 것이었는의 문제는 시사하는 바가 매우 많다고
생각되기 때문이다.

마키아벨리는 『로마사 논고』의 서두에서, 국가(도시)의 기원을 3가지 유형
으로 나누고 그 중 당대의 피렌체는 어떤 국가인지를 파악하여 피렌체가 나
아갈 바를 제시하려고 하였다.[68] 도시의 기원에 따른 유형 중 첫째, 신중한
지도자를 배출하여 그가 제정한 법률을 개정할 필요를 느끼지 않고 그 법률
아래서 백성들이 안전하게 살 수 있는 국가는 행운이다. 둘째, 신중한 건국
자를 만날 기회를 갖지 못해 여러 차례 재정비를 해야 하는 국가는 불행하
며, 그 중에서도 좋은 질서가 결여된 도시는 참으로 불행하다. 셋째, 질서가
완벽하지는 않지만 좋은 출발을 했고 개선의 여지가 있는 도시는 적절한 기
회를 제공하는 사태가 일어나면 완벽해질 수 있다. 물론 새로운 질서를 도입
하려는 법률을 환영하려는 사람은 많지 않기 때문에 위험을 감수하지 않고
는 좋은 질서를 도입할 수 없다.

생각건대, 우리나라는 독립지사(獨立志士)들의 많은 노력이 있었지만 불
행하게도 '해방'(解放)이 주어졌고 또 건국과정에서 분열과 분단 그리고 전
쟁이 있었는바, 최소한 대한민국이 프랑스 공화국이나 미합중국의 '혁명'과
같은 계기를 통한 건국처럼 그 건국의 정당성이 널리 인정받고 찬양되지는
않는 것 같다. 그리고 건국 후에는 급격한 서구화와 산업화로 우리의 정체

---

68) Machiavelli, *Discorsi*, 1권 2장; 마키아벨리, 『로마사 논고』, 76-77면; 마키아벨리는
　　자신의 조국 피렌체는 세 번째 유형에 속한다고 보고 있다.

성(正體性)과 주체성(主體性)을 상실하게 되었다. 그런 점에서 위의 마키아벨리의 주장에 비추어 보건대, 우리는 첫째의 유형에 해당하지는 않고 둘째 혹은 셋째 유형에 해당할 것이다. 그렇다면 우리에게는 진정한 공화국이 되기 위해 새로이 좋은 질서를 도입하는 과제가 부여되어 있다고 할 수 있을 것이다.

그런데, 최근 우리 학계에서는 헌법 제1조 제1항에서 공화주의를 도출하려는 작업이 시도되고 있다. 예를 들면, 상해임시정부 임시헌장부터 현행 헌법에 이르기까지의 '민주공화국' 규정, 경제질서에 관한 규정 등을 추적함으로써 우리 헌법에 공화주의의 가치가 존재하고 있었다는 것을 밝히려 하는 연구 등이 그것이다.[69] 물론, 공화주의의 가치를 창조(創造)하기보다는 발견(發見)하는 것이 여러 모로 강점이 많기 때문에 이러한 태도는 충분히 이해할만하다. 그러나 좀더 세심한 접근이 필요하다고 생각된다. 거기에는 우선 '공화국'이라는 개념이 어떻게 생성되고 변천되었는지에 대한 검토가 있어야 하고, '공화주의'에 대한 엄격한 정의와 이해가 요청된다. 또한 대한민국 건국기 '공화국'에 대한 우리 자신의 이해가 어떤 것이었는지 정확히 밝히는 작업이 선행되어야 하며, 그런 이후에 근래 재조명되고 있는 '공화주의'와의 관계 문제가 해명되어야 할 것이다.

이제 위의 사항들을 전제로 하여 건국헌법에서 공화주의를 도출하는 것이 가능하고 적절한 것인지 생각해본다. 사실 우리 제헌자들이 당시 어떤 생각을 했는지에 관해서는 아직 연구가 부족하기는 하지만, 앞서 본 유진오의 저서 같은 헌법제정기의 문헌들이나 우리 헌법학계의 일반적인 논의를 볼 경

---

69) 예를 들면, 서희경·박명림, 「민주공화주의와 대한민국 헌법 이념의 형성」, 『정신문화연구』제30권 제1호, 한국한중앙연구원, 2007. 이에 따르면, 기존의 연구는 건국헌법의 정신, 원칙, 조항에 대한 면밀한 검토 없이 우리 헌법을 미국 등 서구 근대헌법이 수용된 것이라 보았지만, 사실 한국 헌법은 근대 이래 한국 헌법 논의의 산물이며, 그 핵심원리는 개인과 경쟁에 바탕한 자유주의나 시장(경제)주의가 아니라 균평·균등과 공공에 바탕한 '민주공화주의'라 한다.

우 그들이 비군주국 이상으로 공화국을 이해했다고 보기는 어려울 것이다.[70] 또한 건국헌법의 제정과정에는 무시하지 못할 정도의 비중을 가진 국민들이 배제된 한편, 원래의 의원내각제가 개인의 정치적 야욕에 의해 대통령제로 굴절되었다는 사정이 있다는 점 등의 이유에서 헌법의 정당성(正當性)에 대해 의문이 제기되기도 하는바, 그러한 입장에서는 우리 건국헌법이 공화주의적 가치에 대해 합의하였다는 주장은 수용하기 힘들 것이다. 그렇다면, 건국헌법이 개인과 공동체의 조화 혹은 공공성을 적극적으로 추구하였다는 정도의 지적을 넘어, 당시의 공화주의적 논변을 찾아내어 공화주의적 고려와 의사가 헌법 제1조 제1항의 '민주공화국'에 녹아 있다고 적극적으로 발언하는 것은 불가능할 듯하다.

결국 우리 건국헌법에서 공화주의를 발견하려는 노력과 현행헌법을 공화주의적으로 재해석하는 문제는 구별되어야 할 것이고, 우리에게 요청되는 것은 후자의 과제라고 할 수 있다. 그런 점에서 볼 때, 굳이 건국헌법에까지 거슬러 올라가지 않고 '민주공화국'의 현재적 의미를 민주주의와 (자유주의적) 공화주의의 결합양식에서 찾아야 한다고 하거나 거기에서 찾아야 실익이 있다고 하는 견해[71]는 '민주공화국'의 의미가 그렇게 해석되어야 한다는 당위의 측면을 강조한 것으로 수용할 만하다고 하겠다.

미국의 공화주의 연구자들은 공화주의적 헌법(해석)이 타당하다거나 그것이 요청된다는 당위적 주장을 넘어 자신들의 건국의 역사와 또 그 이전의 역사로 거슬러 올라가 미국 헌법에는 공화주의적 정신과 전통이 면면히 흘러왔음을 입증한다. 마찬가지로 우리에게도 공화주의적 정신과 전통이 있었는가, 그것을 역사에서 구할 수 있을 것인지의 문제는 추후에 더욱 연구되어야 할 과제이겠지만, 최소한 말할 수 있는 것은 서구의 공화주의적 입장에서 볼 때 한국에서의 공화국 논의는 공화주의의 '부활'이라기보다는 공화주의의

---

70) 최장집, 『민주화 이후의 민주주의』(2002년 초판), 227-228면 참조.
71) 곽준혁, 「민주주의와 공화주의: 헌정체제의 두 가지 원칙」, 35, 52면.

'발견'이라고 해야 할 것이라는 점이다. 그리고 공화주의 연구를 '공화국'의 본래의 의미를 찾아가는 작업이라고 한다면, 우리 제헌자들이 구미의 공화주의 사상이나 이론을 얼마나 의식하였는지 여부와는 별개로 충분히 헌법에서 공화주의적 가치를 발견해 낼 수 있을 것이다.

제2절 권리와 의무론에 대한 고찰

기존의 헌법 해석에 의할 때 국가와 국민의 관계는 기본권 침해자로서의 국가로부터 자신의 기본권을 보호받아야 하는 국민이라는 관계로 설정되었다. 그리고 기본권은 원칙적으로 국가 이전부터 개인이 가지고 있는 자연권적인 것으로서 최대한 보장받는 것이 바람직하다고 생각되었다. 그러나 이러한 자유주의적 기본권 해석에 의해서는 아무리 정교한 법해석을 동원한다고 해도 권리와 권리의 충돌에서 비롯되는 온갖 불협화음-그것이 법적 문제이든 그렇지 않은 문제이든-을 해소할 수 없다. 이에 국민이란 어떤 존재이고, 기본권의 본질은 무엇이며, 국민의 의무는 어떻게 이해될 수 있는지, 그리고 그런 점을 고려할 때 사법심사시 공익 판단은 어떠해야 하는지에 대해 고찰하기로 한다.

1. 시민권에 대한 재고찰

이하에서는 시민권에 대한 전통적인 관념 혹은 논의를 살펴본 후, 이에 대한 최근 대두되는 새로운 관점을 모색하고, 우리 헌법재판소의 사례를 통해서 시민권의 본질에 대해 생각해보기로 한다.

(1) 권리로서의 시민권에 대한 비판

'시민권'(市民權, 시티즌십, citizenship, Staatsbürgerschaft)[72]이라는 말은 다음과 같이 다양한 용법으로 사용되고 있다. 우선, 미국 시민권을 취득했다고 할 때처럼 법적으로 경계가 확정된 '조직화된 정치공동체의 형식적 또는 명목적 멤버십'을 가리키는 경우로서, 이러한 국가의 멤버십을 뜻하는 시민권은 국적(nationality)과 중첩된다. 다음으로, 멤버십의 실질적·내용적 측면으로 시민권을 정의하고 참여와 연대의 경험, 아이덴티티의 공유와 동일시하는 것으로서 시민권을 바라보기도 한다.73) 한편, 시민권은, ①법적 지위로서의 시민권, ②권리로서의 시민권, ③정치적 행동으로서의 시민권, ④정체성/연대로서의 시민권 등으로 구분되기도 한다.74)

1980년대부터 서구에서는 좌파와 우파를 막론하고, 성원권(成員權) 혹은 시민권 개념의 재조명을 통해 현대 사회의 문제점에 대한 대안을 모색하는 노력이 계속되고 있다. 그 원인은 자유주의-공동체주의 논쟁에서 비롯된 이론적 자극뿐만 아니라, 전세계에 걸친 여러 정치적 사건과 정치적 동향들-예를 들면, 정치적 무관심과 복지의존, 동유럽에서의 민족주의 운동의 부활, 다문화·다인종에서 유래하는 서유럽에서의 긴장 등-에 영향 받은 것이기도 하다. 킴리카에 따르면,75) 1970년대에는 자유주의자들이 공리주의에 반발하여 대안을 규명하려는 시도의 일환으로 정의(justice)와 권리(rights)가 중심 개념이 되었다면, 1980년대에는 자유주의에 반발하여 공동체주의가 주창되어 공동체(community)와 멤버십(membership)이 핵심단어가 되었다고 할 수 있다. 이제 논쟁의 다음 단계는 자유주의적 정의와 공동체적 멤버십의 요구들을

---

72) '시민권'은 citizenship의 번역어인데, 때로는 '성원권', '시민성', '시티즌십'으로 번역되기도 한다. 우리나라에서는 '시민권'이 비교적 널리 사용되고 있으므로 이 책에서도 그 용례를 따르지만, 그것은 어떤 지위나 상태의 의미보다는 권리라는 의미가 더 부각되므로 이 책의 취지를 잘 드러내지 못하는 측면이 있다. 따라서 이 책에서의 '시민권'은 '성원권', '멤버십'의 의미를 강하게 띤 것이라 할 수 있다.

73) 이철우, 「시민권, 어떤 개념인가」, 『한국사회학회 사회학대회 논문집』, 한국사회학회, 2004 참조.

74) Linda Bosniak, "Citizenship Denationalized", *Indiana Journal of Global Legal Studies* 7, 2000, pp.456-458.

75) 윌 킴리카, 『현대 정치철학의 이해』, 397-398면.

통합하려는 시도로 나아가는 것일 텐데, 이러한 작업을 수행할 하나의 확실한 후보가 바로 시민권의 개념이라는 것이다. 시민권은 한편으로는 개인주의적 권리와 자격이라는 자유주의적 개념과 친밀하게 연결되어 있고, 다른 한편으로는 특정한 공동체의 멤버십과 복속이라는 공동체주의적 개념들과도 연결되어 있기 때문이다. 따라서 그것은 자유주의와 공동체주의 사이에 논쟁을 중재할 수 있는 개념을 제공한다.

대개 시민권에 대한 논의는 T. H. 마샬(Thomas H. Marshall, 1893~1981)의『시민권과 사회계급』(Citizenship and Social Class, 1949)[76]에 대한 소개와 분석으로 시작된다. T. H. 마샬의 논의를 간략히 정리해 보기로 한다. 그에 따르면, 시민권은 근본적으로 모든 사람들을 완전하고 동등한 구성원으로 취급하는 것을 보장하는 문제인바, 이를 위해서는 시대의 변화에 따른 각종 권리들이 동등하게 시민들에게 부여되어야 한다. 그는 시민권을 세 가지 범주 혹은 단계로 나누는데, 18세기에는 시민적 권리(civil rights)가, 19세기에는 정치적 권리(political rights)가, 20세기에는 사회적 권리(social rights)가 각각 발생·발전한 것으로 보았다. '시민적 권리'란, 개인적 자유의 행사를 촉진하는 권리로서 언론, 사상, 신앙의 자유와 재산권 등이 속하며, '정치적 권리'는 참정권과 피선거권 등을 말하며, '사회적 권리'는 최소한의 경제적 복지와 사회의 통상적 기준에 따라 문명화된 삶을 누릴 권리로서, 공교육, 보건의료, 고용보험, 노인 연금 등에 대한 권리를 의미한다.[77] 시민적 권리와 정치적 권리는 재산을 소유한 백인 신교도들에게만 한정되었다가 점차 여성, 노동

---

76) Thomas Humphrey Marshall, "Citizenship and Social Class", in *Citizenship and Social Class and Other Essays*, Cambridge, UK; Cambridge University Press, 1950.

77) 그러나 이런 구분에 대해서는 비판이 있다. 마샬의 모델은 기본적으로 영국의 발전사에 따른 것인데 실제 영국의 역사는 기타 유럽 국가들과는 다른 특이한 것이었으며, 영국에 있어서도 '단선적 모델'(unilinear model)보다는 '성쇠 모델'(ebb and flow model)이 타당하다는 등의 이유 때문이다(윌 킴리카,『현대 정치철학의 이해』, 448면).

자, 유태인과 구교도, 흑인 그리고 그 이전에 배제되었던 다른 집단들에게로 확장된 것이었다. 한편, T. H. 마샬의 가장 중대한 기여는 사회적 권리를 도입한 것인데, 시민권의 가장 완전한 표현은 자유민주주의 복지국가를 필요로 하며 사회권이 보장되어야만 한다. 복지 국가는 시민적·정치적·사회적 권리를 모두에게 보장함으로써 모든 사회의 구성원이 사회에서의 공통의 삶에 참여하고 즐길 수 있는 사회의 완전한 구성원이라고 느끼는 것을 보장해 준다. 이러한 권리들 중 어느 것이라도 억제되거나 침해된다면 사람들은 주변화되고 참여할 수 없게 된다.

이러한 '권리로서의 시민권'(citizenship-as-rights)이라는 마샬의 시민권 논의는, 최근 시민권에 대한 재조명이 있기 전까지 별 의심받지 않는 자명한 것이었다. 그래서 킴리카는 사람들에게 시민권이 무엇이냐고 물으면 대부분 책임감이나 참여보다는 아마도 권리에 대해서 이야기하길 원할 것이며 미국 대법원이 언젠가 지적했던 것처럼 "권리들을 가질 권리이다"(the right to have rights)[78]라고 할 것이라고 한다.[79] 그런데, 마샬의 시민권 논의는 주로 권리의 소유라는 측면에서 규정될 뿐이지, 현대 시민권 논의와 공화주의 이론에서 재조명되는 시민성, 시민의 참여, 시민적 덕성, 시민의 적극적 역할에 대해 말해주는 바는 별로 없다. 그것은 종종 '수동적 시민권' 혹은 '사적 시민권'이라고도 불리는데, 수동적인 자격부여(passive entitlement)를 강조하면서 공적인 삶에 참여하는 데는 어떤 의무도 부과하지 않기 때문이다.

따라서 이러한 시민권 개념은 점진적으로 공격을 받게 되었다. 많은 이론가들은 우리가 경제적인 자기절제, 정치적 참여, 그리고 심지어 공손함까지 포함하는 책임감과 덕성들의 시민권을 능동적으로 행사하여 시민권에서의 권리를 수동적으로 받아들이는 것을 보완할(혹은 대체할) 필요가 있다고 주장한다.[80] 이러한 시민권에 대한 재조명은 공화주의 사상과 조응하는 바가

---

78) Trop v. Dulles, 356 U.S. 86 (1958).
79) 윌 킴리카, 『현대 정치철학의 이해』, 402면.

크다. 공화주의는 시민권 논의를 딛고 서 있으며, 최근의 시민권 논의는 공
화주의에서 큰 영감을 얻고 있다. 둘은 구분하기 어려우며, 다만 공화주의의
입장에서 보자면, 시민권 이론으로부터 시민권이라는 용어를 빌리고 시민권
에 대한 과거의 논의를 비판적으로 발전시키고 있다고 하겠다.

(2) 국적과 시민권의 비교

여기서는 시민권 개념 중 법적 자격의 의미를 가지는 국적과 공화주의적
시민권의 관념을 비교해 보기로 한다. 우리는 국적을 가지는 사람이라면 누
구나 똑같이 보장받아야 할 권리를 가진다는 측면에서 시민권을 바라보지만,
사실 국민으로서 동등한 권리가 보장되어야 할 사항도 있으며 국민이지만
서로 다른 취급을 받아야 할 사항도 있다. 그런 점에서, 우선 시민으로서의
권리와 의무가 유기적 결합을 이루고 있었던 고대 그리스에서의 시민권에
대해 살펴보고, 현대 국가에서의 국적 개념을 검토하여 그 형식적 개념의 빈
곤성을 확인하도록 한다.

가. 고대 그리스의 시민권[81]

고대 그리스 아테네에서도 시민권 취득의 원칙적 방법은 출생이었다. 그
렇지만 예외적으로 출생 외의 다른 시민권 취득의 방법도 있었는데, 개인적
취득 방법으로는 아테네를 위하여 특별한 공을 세운 자의 경우 6,000명 이상
의 아테네 시민의 동의를 얻어 시민권이 부여되는 경우가 있었으며, 집단적
취득 방법으로는, 거의 없던 사례이기는 하지만, 펠로폰네소스 전쟁 초기 스

---

80) 윌 킴리카, 『현대 정치철학의 이해』, 402면.
81) 이하의 내용은 클로드 모세, 『고대 그리스의 시민』, 김덕희 역, 동문선, 2002,
    37-77면을 주로 참조한 것이다.

파르타에 파괴당한 다른 폴리스(플라타이아인)에 대해 시민권이 부여된 적이 있었다. 결론적으로 말하여 아테네인이 아닌 자가 아테네 시민이 된다는 것은 매우 까다로운 일이었다고 할 수 있다.

한편, 폴리스에서 시민이 된다고 함은 공동체 생활에 참여한다는 의미였다. 여기에는 3가지 측면이 있는데, 그것은 정치적 참여, 군사적 참여, 종교적 참여로서 경제 활동은 시민 생활 분야에 들어 있지 않았다. 먼저 시민의 정치 활동에 관해 살펴보자. 아테네에서는 대략 3만 명 정도 되는 시민 중 6,000명 정도가 참석하는 민회[82]에서 주요 법안을 의결하거나 주요 정치적 결정을 내렸다. 민회가 수행하지 않는 대부분의 기능은 주로 추첨(제비뽑기)을 통해 선출된 시민들(행정관)에게 위탁되었다. 그리고 가능한 모든 아테네의 시민들이 행정관을 역임할 수 있도록 임기를 1년으로 하는 한편 추첨을 주로 하되 특별한 직책의 경우 선거로 충원하였다.[83] 한편, 아테네 시민들은 추첨을 통해 6,000명으로 구성된 배심원단에 소속되어 원하는 사람은 매일 아침 열리는 시민법정에 참석하였다.[84] 아테네 시민들에게 이러한 정치활동은 시민으로서의 특권이자 의무이기도 하였다. 정치에 무관심한 사람 혹은 공동체의 일에 참여하지 않는 사람은 '우리와는 관계 없는 사람', '폴리스를 거부한 사람'으로 취급받았던 것이다.

---

82) 아크로폴리스 옆 프닉스 언덕에서 열린 민회(에클레시아, Ekklēsia)에서는 거수에 의한 다수결로 의결이 되었으며, 1년에 40회 정기회가 있었고 몇 차례의 임시회가 개최되었다. 한편 민회의 의결 전에 500인 위원회(불레, Boulē)의 사전 토의가 있었다.

83) 아테네에서는 700명 가량의 행정관 중에서 600명 정도가 추첨에 의해 충원되고, 100명 정도가 투표로 선출되었다고 한다. 전자의 경우 임기는 1년이었고 동일한 직책에 연임할 수 없었으나, 후자의 경우 임기는 1년으로 동일하였지만 재선이 가능했다. 대표적으로 페리클레스는 20년이 넘도록 최고위직인 장군(Strategos)으로 선출되었다.

84) 시민법정(헬리아이아, Heliaia)은 기원전 461년 아레오파고스(Areopagus)의 기능을 민주주의자인 에피알데스가 시민법정으로 넘겨오면서 본격적인 궤도에 오르게 된다. 대신 아레오파고스는 아테네의 귀족들이 모여 살인 사건을 전담하는 상징적인 기능을 수행하게 된다. 현재 그리스 대법원의 이름은 아레오파고스이다.

한편, 아테네에서 시민은 곧 군인이었는데,[85] 아테네의 청년들은 20세가 되어 정식으로 정치 공동체에 참여하기 전까지 2년간 일종의 군사훈련기간을 거쳐야 했다. 그들은 전쟁터에서는 지휘관의 명령에 엄격히 복종하는 군인이었으나 전쟁터를 떠나면 다시 자유롭고 평등한 시민으로 돌아왔다. 이러한 폴리스의 시민 기준의 핵심은 중장 보병으로서의 능력, 즉 중장비 한 벌을 갖출 수 있는 능력이었다. '중장보병의 혁명'은 시민들의 평등의식이 발전하는 데 크게 기여하였는데, 출생이 어떻든지 재산 상태가 어떻든지 간에 모든 중장보병은 평등했고 전리품도 동일하게 분배되었기 때문이다.

끝으로, 아테네 시민의 종교적 참여의 측면에 관해 살펴본다. 고대 그리스는 다신교 사회였으며 시민들은 일종의 축제로서의 종교 행사에 참여하였는데 공식적인 교리와 성직자가 없었다. 그리하여 일반 시민이기도 한 행정관들이 제사와 축제(대표 예: 디오니소스 축제와 그 연극 경연 대회)를 주관하고, 부자들은 '봉사의무'라고 하여 제사비용, 연극 공연비용 등을 부담하고 그에 대한 명예를 부여받았다.

아테네 시민들은 이상에서 본 바와 같이 정치 공동체의 정치적·군사적·종교적인 공적 업무에 참여할 권리와 의무가 있었다. 그리고 그 권리(權利)란 아테네 시민으로서 의무와 자격을 다할 때 특별히 누리는 것으로서 일종의 특권(特權)이라 할 만한 것이었다. 그렇지만, 경제활동은 어디까지나 사적 영역에 속하는 것으로서 시민의 소임에는 해당되지 않는 것이었다. 오히려 그들은 경제활동에 몰두하는 것은 훌륭한 시민에게는 바람직하지 않은 저급한 행위라고 보았던 것이다.

---

85) 시민=군인을 보여주는 좋은 사례가 있다. 기원전 411년 펠로폰네소스 전쟁 중 시칠리아 원정이 대실패로 돌아가자 민주정의 반대자들은 과두정을 수립하였다. 그러나 과두정에 반대한 사모스의 아테네 해군·육군은 민주정 지지자를 새로 장군으로 지명한 후 그 일을 프닉스 언덕에서의 집회와 동일시하였다. 이에 아테네 군의 지지를 잃은 과두정은 버틸 수가 없었고 민주정이 복원되었다(클로드 모세, 『고대 그리스의 시민』, 70면).

나. 국적과 시민권의 비교

대한민국 헌법은 원칙적으로 대한민국 '국민'(國民)에 적용되는데, 이때 대한민국 국민이란 국적법(國籍法)에 의한 국적을 가지고 있는 개개의 자연인을 말한다. 우리 헌법재판소가 국적의 의의에 대해 특별히 적극적인 내용을 설시한 바는 거의 찾을 수 없고, "국적은 국가와 그의 구성원 간의 법적유대(法的紐帶)이고 보호와 복종관계를 뜻하므로 이를 분리하여 생각할 수 없다. 즉 국적은 국가의 생성과 더불어 발생하고 국가의 소멸은 바로 국적의 상실 사유인 것이다."[86]라고 한 것 정도가 있다. 한편, 헌법은 "대한민국의 국민이 되는 요건은 법률로 정한다."(제2조 제1항)고 하여 국적법에 국적에 관한 사항을 정하도록 위임하고 있다. 이에 따라 국적법은, 원칙적으로 이중국적을 허용하지 않는 단일국적주의, 출생지가 아니라 혈통에 의해 국적이 취득되는 속인주의(혈통주의), 부모양계 혈통주의를 취하고 있다.

그런데 이러한 우리 헌법상의 국적에서는 국가의 구성원 자격이라는 법적이고 형식적인 의미만을 읽을 수 있을 뿐 시민성, 시민적 덕성, 시민의 정치참가와 같은 적극적인 측면을 끌어내기는 어렵다. 왜냐하면, 자유주의에서 국가는 개인의 자유와 권리를 위해 존재하는 도구적 가치를 가진 존재로서, 그 국가에 태어났다는 이유로 국적을 부여받은 개인에게 있어 국가란 자신의 자유와 권리의 보장과 실현을 위한 도구 이상의 의미를 가지기 어렵기 때문이다. 즉, 국적은 태어나면 자연히 주어지는 것이고, 그것을 유지하기 위한 어떠한 의무나 자격이 전혀 요청되지 않는다. 또 국적의 취득과 변경 그리고 포기 역시 비교적 간단하다. 현대 국가에서의 국적의 관념에는 고대 그리스의 시민권에서와 같은 특권(자격)과 소임(의무)의 유기적 결합이라는 사고가 사라져 버린 것이다. 그러나 앞서 보았듯이, 고대 아테네에서는 이방인이 아

---

86) 헌재 2000. 8. 31. 97헌가12, 국적법 제2조 제1항 제1호 위헌제청, 판례집 12-2, 167, 176.

테네의 시민권을 취득하기 어려운 만큼, 또한 시민이 시민으로서의 의무를 다하기가 쉬운 일이 아니었던 만큼 아테네의 시민권은 소중한 것이었다.

다음으로, 최근 급격히 증가하고 있는 외국인 노동자 및 결혼이주자와 관련하여 귀화에 의한 국적취득 문제를 생각해 보기로 한다. 국적법상 국적 취득의 방법으로는 출생에 의한 국적 취득, 인지에 의한 국적 취득, 귀화에 의한 국적 취득, 국적회복에 의한 국적취득 등이 있는바, 이 중 귀화제도는 선천적 국적과 관계없이 국내법에서 정한 요건을 충족하고 있는 외국인에 대하여 후천적으로 국적을 부여하는 제도이다. 현재 우리는 귀화를 위한 법정 요건으로서 일정기간의 거주 요건과 '대한민국 국민으로서 기본 소질을 갖추고 있을 것' 정도만을 요구하고 있다.[87] 그리고 귀화의 요건이 충족되었는지에 대한 판단은 원칙적으로 법무부장관에게 재량이 있다고 인정된다.

그런데 문제는 아직 이론적으로나 실무적으로 그 요건 충족 여부에 대한 판단기준과 지향점이 확립되어 있지 않다는 점이다. 즉, 귀화를 널리 인정할 것인지 아니면 제한적으로 인정할 것인지에 대한 방향성이 아직 우리 국민 사이에 합의되어 있지 않은 상황이다. 공화주의는 이런 상황에서 하나의 기준을 제시할 수 있을 것이다. 그것은 이방인에 대한 단순한 배타성의 발로, 즉 외국인이라는 이유로, 인종적인 이유로, 못 사는 나라 출신이라는 이유로 귀화를 제한해서는 안 되지만, 공화국의 구성원에게 그 공화국 구성원으로서의 자부심을 느낄 수 있도록 한다는 목적을 위해 국적취득의 수준이 결정되어야 한다는 원칙이다. 따라서 지금보다 귀화에 의한 국적 취득이 다소 엄격해질 수는 있겠지만, 그런 만큼 일단 국적취득이 허용된 다음에는 인종과 출신을 넘어 대한민국 헌법 아래 국민으로서 동등하게 대우받아야 할 것이다.

---

87) 국적법 제4조(귀화에 의한 국적취득) ①대한민국의 국적을 취득한 사실이 없는 외국인은 법무부장관의 귀화허가를 받아 대한민국의 국적을 취득할 수 있다. ②법무부장관은 귀화허가를 신청한 자에 대하여는 제5조 내지 제7조의 규정에 의한 귀화 요건을 갖추었는지의 여부를 심사한 후 그 요건을 갖춘 자에 한하여 귀화를 허가한다.

정리하자면, 이상의 논의는 '능동적' 시민권과 '수동적' 시민권, '자유주의적' 시민권과 '공화주의적' 시민권, '도구적' 시민권과 '정치적' 시민권, '개인주의적' 시민권과 '공동체주의적' 시민권의 대립 문제라고 할 수 있는바, 자유주의 국가에서는 전자의 것이 후자의 것을 압도하여 왔다고 할 수 있다. 왜냐하면, 고양된 시민의식과 시민의 의무라는 것은 '특권'과 대칭되는 것이라고 할 때 자유주의 국가에서 시민권은 단순한 권리이지 특권이 아니기 때문이다. 공화주의는 단순한 권리로서의 시민권에 대해 새로운 관념을 요청한다.

(3) 수형자에 대한 선거권 제한과 시민권의 문제

2004년 헌법재판소는 '금고 이상의 형을 받고 그 집행이 종료되지 아니하거나 그 집행을 받지 아니하기로 확정되지 아니한 자'(이하 '수형자'라 한다)에 대해 선거권을 제한하는 공직선거법 규정을 합헌이라고 결정하였다.[88] 그 후 위 합헌결정의 근거가 된 사정이 변하게 되면서[89] 2009년 헌법재판소는 동일한 내용의 사건에 대해 다시 판단하게 되었는데, 이 2차 판결[90]에서도 역시 합헌결정이 내려졌다. 우리는 이 사건에서 제기되는 '범죄자의 시민권'이라는 주제를 통해 시민 혹은 시민권의 본질이란 어떤 것인지 재고할 수 있을 것이다.

---

88) 헌재 2004. 3. 25. 2002헌마411, 공직선거및선거부정방지법 제18조 위헌확인, 판례집 16-1, 468.

89) 2004년 합헌 결정의 중요한 이유 중의 하나는, 수형자는 선거권 행사를 위한 정보의 취득이 어렵다는 점, 부정선거 등 선거의 공정성이 우려된다는 점 등이었는데, 이 문제는 2008. 12. 22. 시행된 '형의 집행 및 수용자의 처우에 관한 법률'의 시행에 의해 해소되었다.

90) 헌재 2009. 10. 29. 2007헌마1462, 공직선거법 제18조 제1항 제2호 위헌확인, 판례집 21-2하, 327.

가. 대의제 민주주의에서의 선거권의 본질

헌법재판소는 2004년 합헌결정에서 이 사건 법률조항의 입법목적으로 ①
범죄자가 공동체의 운용과 조직의 구성에 직·간접으로 참여하는 것의 방지,
②공동체 질서를 파괴한 자에 대한 사회적 제재 등을 들었다.[91] 그러나 반대
의견은, 범죄자라고 하여도 범죄에 대한 처벌 외에 별도의 기본권인 선거권
을 제한할 수는 없으며 자유민주주의는 범죄자라는 소수자의 정치적 의사도
요청한다고 하면서 위 두 개의 입법목적은 정당한 것이라고 보기 어렵다고
하였다.[92] 이 두 견해는 시민과 기본권의 관계에 대한 입장차를 잘 보여주고
있다. 좀 단순화하여 말하자면, 전자가 공화주의적 성격을 딴다면 후자는 자
유주의적 성격을 보다 강하게 가진다고 하겠다. 그렇다면, 양 입장 중 무엇
이 타당할지 우선 대의제 민주주의에 있어서의 선거권의 의의에 대해 생각
해 보기로 한다.

대의제 민주주의에 있어 선거는 선거권자를 대신할 대표자를 선출하는 단
순한 제도적 메커니즘이 아니라 공동체 구성원이 소속공동체의 의사결정에
직·간접적으로 참여하는 행위이다. 따라서 그 정치적 의사결정의 정당성은
오로지 당해 공동체의 구성원 자격이 있는 자들만의 참여에 의해 확보된다

---

91) 유럽인권재판소(European Court of Human Rights)는 영국 선거법 규정에 대해 위헌
결정을 내리기는 하였으나 수형자에 대해 선거권을 제한하는 입법목적은 정당하다
고 인정하고 있다. 즉, 영국 정부는 ①범죄를 예방하고 범죄자를 처벌한다는 점,
②사회의 기본질서를 심각하게 해한 자들로부터 발언권을 박탈함으로써 시민으로
서의 책임과 법질서에 대한 존중을 강화한다는 점을 입법목적으로 주장하였고, 유
럽인권재판소는 선거권을 제한함으로써 이러한 목적이 달성될지 여부는 알 수 없
다고 하더라도, 변동되는 정치철학이나 형사철학을 고려할 때 위 목적이 정당하지
않다고 판단내리는 것은 자제한다고 하였던 것이다(유럽인권재판소 2005. 10. 6.
Hirst v. The United Kingdom).

92) 헌재 2004. 3. 25. 2002헌마411, 판례집 16-1, 468, 484-486(재판관 김영일의 반대
의견).

고 할 수 있다. 이런 측면에서 수형자 선거권 제한 문제를 다룸에 있어서는, 수형자가 공동체 구성원의 권리(權利)이자 특권(特權)인 선거권을 부여받을 만한 자격을 갖추고 있는지, 타고난 국적 등 소속만을 강조하여 수형자에게 도 공동체의 의사결정에 참여하게 하는 것이 대의제의 정당성을 확보시켜 주는지의 문제를 생각해 보아야 한다.

그런데 정치 공동체의 성립과 운영에 대한 결정권한을 누가 행사할 것인 지의 문제는 국가뿐만 아니라 모든 형태의 공동체가 필연적으로 직면하는 문제이다. 이 때 그 정치 공동체가 대의제 형태를 띠고 있을 경우 그것은 누 가 선거권을 가지는지의 모습으로 나타나게 된다. 즉, 민주주의에 있어 선거 권의 본질은 자신과 타인에 영향을 미치는 정치적 의사결정을 본인 '대신' 내리는 자를 선출한다는 데 있다.

그런데, 오랜 선거법 투쟁의 결과 이제 국민이라면 누구나 선거권을 가진 다는 보통선거 원칙(universal suffrage)이 확립되었다. 즉, 일정한 연령에 이르 기만 하면 성별·재산(납세액)·학력·인종 등에 관계없이 선거권을 행사할 수 있게 된 것이다. 따라서 민주주의가 확대된 결과 원칙적으로 국민 모두가 선 거권자이므로 이제는 누가 선거권을 가질 것이냐 묻는 것은 무의미하고 오 히려 누구에게 선거권이 허용될 수 없는가 묻는가가 타당하다고 할 수도 있 겠다.[93] 이런 상황 속에서도 선거권이 부여되지 않는, 즉 보통선거 원칙의 예외인 두 가지 대표적인 사례가 바로 선거권 연령 미달자와 중범죄자[94]의 경우이다. 따라서 보통선거의 원칙은 무조건 모든 국민이 선거권을 행사할 수 있다는 원칙이 아니라, 연령과 범죄 여부 등 공동체 구성원으로 인정하기 부적합하다는 예외적 배제 사유가 없는 한 모든 국민이 선거권을 행사할 수 있다고 보는 것이 정확할 것이다.

---

93) Roger Clegg, "Who Should Vote?", *Texas Review of Law and Poltics* 6, 2001, p.160.
94) 이 사건 법률조항은 '금고 이상의 형의 선고를 받고 그 집행이 종료되지 아니한 자'에 대해 선거권을 제한하고 있는데, 우리나라의 현실에서 볼 때 이는 곧 중범죄 자를 가리킨다 할 수 있으며, 미국이라면 felony에 해당한다고 할 수 있을 것이다.

나. 시민권과 수형자의 선거권

이제 중범죄자들에 대한 선거권 박탈이 왜 시·공간을 초월하여 지속되어 왔으며 다른 이유에 의한 선거권 제한은 거의 다 사라졌음에도 이것만은 대부분의 국가에 여전히 살아남아 있는지를 생각해 보자. 이는 civil death 사상과 같은 역사와 관행이 고대적·전근대적 유물로서 사라져야 할 잔재에 불과한 것인지, 아니면 그 기저에 면면히 흐르고 있는 의식이 인간사회라면 본질적으로 존재하는 것인지의 문제라고도 할 수 있다.

역사적으로 범죄자에 대한 선거권 박탈제도는 고대 그리스와 로마 시대부터 존재했다. 범죄자들은 민회참석, 공공연설, 법정출석, 군복무 및 투표권 행사를 금지당하였다. 이러한 공동체질서를 파괴한 범죄자에 대한 일정한 권리 제한은 'civil death'라고 하여 로마제국 몰락 이후 유럽 전역으로 퍼져나갔다. 즉, 중세유럽에서 범죄자는 법의 보호를 받을 가치가 없다는 이유로 살해하는 것이 용인된 적도 있었고 사회로부터 추방되기도 하는 등 시민권을 박탈당하였던 것이다.[95]

다시금, 정치공동체와 시민의 관계를 현미경처럼 들여다 볼 수 있는 고대 그리스와 로마로 가본다. 고대 그리스에서 '폴리테이아'(*politeia*)는 정치제도를 가리킴과 동시에 시민권을 가리키는 말이었는데, 앞서 살펴본 바와 같이, 시민권의 핵심은 정치에 참여할 수 있는 권리, 즉 참정권이었기 때문에 폴리테이아를 취득한다는 것은 시민이 된다는 것이고 폴리테이아를 박탈당한다는 것은 참정권을 잃는다는 의미였다.[96] 한편 로마 공화정의 경우, 재산이

---

95) 구미에서의 civil death에 대해서는 William Walton Liles, "Challenges to Felony Disenfranchisement Laws", *Alabama Law Review* 615, 2007; Susan E. Marquardt, "Deprivation of a Felon's Right to Vote: Constitutional Concerns, Policy, Issues and Suggested Reform for Felony Disenfranchisement Law", *University of Detroit Mercy Law Review* 279, 2005 참조.

96) 클로드 모세, 『고대 그리스의 시민』, 59면 이하, 103면 이하 참조.

없는 프롤레타리이(proletarii)는 전쟁세를 낼 의무가 없는 대신 군복무를 할 권리 및 의무도 없었으며 참정권 역시 매우 제한적이었다. 왜냐하면 재산이 있는 자만이 책임감을 가지고 로마와 가족을 위해 희생할 것이고 그렇게 공동체를 위해 희생할 준비가 되어 있는 자만이 로마의 의사결정에 참여할 권리가 있다고 보았기 때문이다.[97]

이와 같이 과거에는 공동체 구성원으로서의, 즉 시민으로서의 권리와 자격 그리고 의무는 분리할 수 없는 총체를 이루고 있었기에 중범죄자에 대해 그 참정권을 박탈하는 것은 그리 의문을 품을 만한 사안이 아니었다. 그렇다면, 공동체의 질서를 심하게 파괴시킨 자에 대한 일정한 권리 박탈이라는 제재가 어찌하여 근현대에 들어와 의문시되었는지를 추적할 필요가 있겠다.

반복하자면, 근대 자유주의 법체계가 전제로 하는 국가와 개인과의 관계, 개인의 권리에 대한 모습은 다음과 같이 묘사될 수 있다: 국가나 사회 등의 공동체는 개별적 개인의 결합에 의해 이루어진 것이고, 그 공동체의 목적은 개인의 권리를 최대한 보장하는 데 있다. 개인은 (자연상태에서 비롯되는 천부인권적 성격을 가지는) 자유와 권리를 가지고 있으며, 국가는 그런 목적을 가능하게 해 주는 도구적인 것이다.

그런데, 이런 국가관과 법이론이 배태하는 결과는 예정되어 있다. 개인과 공동체는 분리되어 개인은 공동체를 자신의 이익을 실현하는 수단으로 취급하고, 공동체 구성원으로서의 책임과 의무에 관한 내용은 설 자리를 잃고 말며, 권리의 행사와 의무의 이행 사이의 관계는 단절된다. 이런 논리가 선거권의 성격 규정에까지 미치면, 선거권은 오직 권리로서의 성질만이 강조되며 대의제 민주주의의 기능원리이자 공동체 조직원리로서의 선거권의 본질은 경시되게 되는 것이다.

그러나 선거권은 자연권으로서의 성질을 지니고 있지 않으며 헌법이 대의제도를 채택하면서 이를 작동시키기 위하여 국민에게 부여한 실정권일 뿐이

---

97) 허승일, 『로마 공화정』, 서울대학교 출판부, 1997, 20면 이하 참조.

다.98) 따라서 선거권의 범위와 수준을 인정함에 있어서는 선거권이 단순한 개인의 권리 차원에 그치는 것이 아니라 정치공동체의 의사결정 원리 혹은 민주주의 원리와 관련되는 것임을 주의해야 한다. 따라서 시민권과 선거권의 관계 그리고 선거권의 본질에 비추어 보건대, 최소한 사회질서를 파괴한 결과 다른 공동체 구성원들이 자신들과 동등한 권리와 자격을 인정해 주기를 거부한 자, 그에게 영향받는 것이 다른 구성원들에 의해 거부되는 자에 대한 선거권 제한은 정당하다고 할 것이다.

요컨대, 수형자 혹은 중범죄자의 선거권을 제한하는 제도는 국민의 정치적 기본권을 침해하는 것이 아니라 오히려 민주주의와 선거권의 본질에 부합한다고 할 수 있다. 즉, '단지 수형자라는 이유만으로' 국민이라면 누구나 향유해야 할 선거권의 행사가 부정되어 문제인 것이 아니라, 그가 바로 '수형자이기 때문에' 선거권은 제한되어야 하는 것이다. 중대한 범죄를 범하여 공동체의 안녕과 질서를 해한 자들이 다시 공동체의 건강한 구성원으로 돌아오기까지 적어도 한정된 형기 동안 선거권을 행사하지 못하도록 제한하는 것은, 수형자의 권리를 제한하는 것이 아니라 오히려 그에게 속죄(贖罪)를 한 후 공동체의 동등한 구성원으로 다시 복귀할 수 있는 기회를 부여하는 것이며, 공동체의 건강을 유지하는 길이다.

2. 기본권 해석론에 대한 공화주의적 접근

여기서는 기본권해석과 관련된 몇 가지 쟁점에 대해 공화주의적 해석을 시도해 보고자 한다. 우선 기본권의 내재적 한계론(基本權의 內在的 限界論)에 대해, 우리 학계는 그것이 독일 헌법 특유의 필요에서 비롯된 것이므로 우리에게는 필요없다고 보고 있다. 그러나 이 책에서는 기본권의 내재적

---

98) 정종섭, 『憲法學原論』(2010년 판), 709면.

한계론은 그 이상의 의미를 내포하고 있음을 논할 것이다. 다음으로 기본권의 제3자효(基本權의 第3者效)와 기본권보호의무론(基本權保護義務論)에 대해서는 제3자효 이론이 자유주의 법체계의 핵심원리인 공사 분리, 공·사법 이원론의 틀을 넘으려고 시도하지만 결국 넘지 못하고 있으며, 기본권보호의무론은 공화주의적 국가관에 의할 때 매끄럽게 설명될 수 있음을 보일 것이다. 끝으로는 앞서 공화주의적 자유 개념, 즉 비지배적 자유 개념을 가상의 예를 들어 사법심사에 적용해 보도록 한다.

(1) 기본권의 내재적 한계론에 대한 재검토

가. 종래 헌법학계의 입장

헌법이 기본권을 보장하고 있다 하여 개인의 자유와 권리가 무제한한 것은 아니며 개인이 공동체 내에서 살고 있는 이상 그의 자유와 권리는 타인의 것과 조화를 이루어야 하므로 일정한 제한을 받게 된다는 점에 대해서는 이론이 없을 것이다. 그러나 기본권이 제한될 수 있는 것이라는 점을 인정한다 하더라도 그러한 결론 도출의 논리는 입장에 따라 동일하지 않다.

기본권 내재적 한계론의 문제상황은 다음과 같은 것이다. 기본권은 원칙적으로 무제한이지만-비유를 하자면, 아무도 없을 경우 세상 끝까지라도 뻗어 나갈 수 있지만- 타인과의 관계가 있기 때문에 불가피하게 타인의 권리와 부딪히는 지점에서 멈추는 것인가, 아니면 기본권은 본래 사회적인 관계에서 형성되고 인정되는 것이므로 '어떤 내재적인 한계를 내포하는 것'인가? 자유주의에 대한 비판 중 하나는 자유주의가 과도한 권리주장을 낳아 공동체를 파편화시킨다는 것인데, 자유주의의 그러한 문제점은 자유와 권리에 대한 자유주의의 기본적인 인식에서 오는 것인지도 모른다.

우리 헌법학계의 지배적인 입장은, 기본권의 내재적 한계론은 독일 헌법의 특유한 사정에서 비롯된 것으로 우리 헌법에서는 불필요한 개념 혹은 이론이라고 주장한다. 즉, 독일헌법은 일반적 법률유보(一般的 法律留保)가 아니라 개별적 법률유보(個別的 法律留保)의 형식을 취하고 있는데, 개별적 법률유보가 없는 기본권을 '절대적 기본권'[99]이라 개념화하고, 이를 법률로써 제한할 수 있게 하는 정당화의 법리를 찾아내기 위하여 '기본권의 내재적 한계'(immanente Grundrechtsschranke)라는 개념을 만들어 냈으며, 그 구체적 내용으로는 '3한계이론', '개념내재적 한계이론', '국가공동체유보이론', '규범조화적 한계이론' 등과 같은 이론구성을 모색하였다는 것이다.[100] 그러나 우리 헌법과 같이 일반적 법률유보 규정(헌법 제37조 제2항)이 있는 경우에는 모든 기본권을 법률로써 제한할 수 있으므로 '기본권의 내재적 한계'라는 개념은 필요 없고 이에 관한 이론도 우리 헌법에는 적용할 여지가 없다고 한다.[101]

---

99) 우리나라에서 '절대적 기본권'이라는 용어 사용은 혼선이 있어, 內心의 자유와 같이 어떤 경우에도 성질상 제한이 불가능한, 그야말로 語義的으로도 '절대적'인 자유를 의미하는 경우도 있으나, 여기서의 '절대적 기본권'이란 법률에 의한 기본권의 제한(=基本權制限的 法律留保)의 문제에서 개별적 법률유보의 형식을 취하여 헌법에서 특정 기본권에 대하여 법률로써 제한할 수 있도록 규정하고 있지 아니한 기본권을 의미한다. 즉, 양심형성과 결정의 자유, 양심을 지키는 자유 등은 처음부터 아무런 한계도 제한도 있을 수 없는 것이기 때문에 이른바 '기본권의 내재적 한계이론'도 논의될 여지가 없다(정종섭,『헌법연구3』, 박영사, 2001, 69-70면).

100) '3한계이론'을 예로 들면, 이 이론은 독일 기본법 제2조 제1항에서 도출되는 타인의 권리 불가침·도덕률의 준수·헌법질서의 존중이라는 3가지 내용을 기본권의 내재적 한계라고 한다.

101) 성낙인,『헌법학』(2010년 판), 347-348면; 정종섭,『憲法學原論』(2010년 판), 363면; 계희열,『憲法學(中)』(2004년 판), 133-134면; 기본권의 내재적 한계에 관해 더 자세한 내용은 허영,「基本權의 內在的 限界에 관한 연구」,『法律研究 4』, 延世大學校法科大學法律問題研究所, 1986. 5.; 김백유,「基本權의 內在的 限界」,『成均館法學』제13권 제2호, 성균관대학교 비교법 연구소, 2001. 10.; 김일환,「基本權의 內在的 限界에 관한 批判的 考察」,『법제연구』12, 한국법제연구원, 1997. 6. 참조.

이에 대해 기본권의 내재적 한계를 인정하는 입장은 소수에 불과하다. 그에 따르면, 개인의 자유의 영역은 전국가적(前國家的)이지만 전사회적(前社會的)인 것은 아니므로 자유와 권리는 무제한적인 것이 아니라 정의·인도·도덕률 등에 어긋나지 않는 내재적 한계 내에서만 행사될 수 있다고 한다.

「나의 자유는 남의 자유가 시작하는 곳에서 멎는다」라는 법언이 있으며, 프랑스 人權宣言(§4)도 「자유란 다른 사람을 해하지 아니하는 한도 내에서 모든 것을 할 수 있는 것임을 의미한다」라고 하여, 타인의 존재로 인한 자유의 한계를 명시하고 있다. 이와 같이 자유도 정의·인도·도덕률·윤리규범 등에 어긋나지 아니하는 범위 안에서 원하는 것을 할 수 있다는 것을 의미하므로, 자유는 절대적인 것이 아니라 상대적인 것일 뿐이다. 따라서 개인의 자유의 영역은 前國家的이지만 前社會的인 것은 아니며, 순수한 內心의 作用(意思)을 제외한 그 밖의 자유와 권리는 헌법유보나 법률유보가 없다고 하여 무제한적으로 행사될 수 있는 것이 아니다. 자유와 권리는 그 내재적 한계 내에서만 행사될 수 있고 내재적 한계 내에서만 보장된다.102)

한편, 헌법재판소는 1990년 간통죄 사건에서 "개인의 성적자기결정권도 국가적·사회적·공공복리 등의 존중에 의한 내재적 한계가 있는 것이며, 따라서 절대적으로 보장되는 것은 아닐 뿐만 아니라 헌법 제37조 제2항이 명시하고 있듯이 질서유지(사회적 안녕질서), 공공복리(국민공동의 행복과 이익) 등 공동체 목적을 위하여 그 제한이 불가피한 경우에는 성적자기결정권의 본질적 내용을 침해하지 않는 한도에서 법률로써 제한할 수 있는 것이다."103)라고 하여, 성적 자기결정권에 대하여 기본권의 내재적 한계를 인정하는 듯한 결정을 한 적이 있다. 또한 2002년 혼인빙자간음죄에 대한 합헌결정에서도 "혼인빙자간음행위는 여성의 성적자기결정권을 침해하는 것이 되어 기본권행사의 내재적 한계를 명백히 벗어난 것으로서, 사회의 질서유지를

---

102) 권영성, 『憲法學原論』(2008년 판), 343면.
103) 헌재 1990. 9. 10. 89헌마82, 형법 제241조의 위헌여부에 관한 헌법소원, 판례집 2, 306, 310.

위해 불가피하다."[104]고 한 바 있다. 다만, 이런 결정례를 두고 우리 헌법재판소가 기본권의 내재적 한계를 인정하고 있다고 말하는 것은 다소 성급한 것이라 하겠다.

요컨대, 우리 학계의 주류적 입장은 기본권의 내재적 한계론은 독일 헌법 특유의 문제상황에서 비롯된 것이므로 우리에게는 불필요한 논의라고 보는 것인데, 그 외에 그런 태도를 취하는 이유를 추측하자면, 내재적 한계 이론을 폐기하는 것이 기본권을 더욱 넓게 보장하는 방법이라고 생각하는 듯하다. 그러나 이 문제가 그렇게 간단히 해결될 수 없는 이유는 그 바탕에 자유와 권리에 대한 본질적인 시각의 차이가 내포되어 있기 때문이다.

나. 공화주의적 접근

기본권의 내재적 한계론에서 제기되는 문제를 좀더 세분화하여 생각해 보자.

① 개인의 자유는 원래 무제한한 것인가?

② 무제한의 자유 영역을 인정하는 것이 사회적인 측면에서 또한 개인의 권리보장 측면에서 더 바람직한 것인가?

첫 번째 물음은 자유와 권리의 본질, 개인과 공동체의 관계에 관한 물음과 통한다. 자유주의에 의한다면 자유와 권리는 제한받기 전까지는 원칙적으로 무제한한 것이 될 것이다. 즉, 자유주의는 자연상태에서 개인이 이미 존재 '한' 상황을 상정하고 개인과 공동체 간의 관계를 구성해 나가는 방식을 취하는바, 개인을 공동체 '이전'의 존재로 보므로 그는 타인이 없는 한 무제한으로 뻗어가는 자유와 권리를 가지게 된다. 그러나 공화주의에 의하면, 개인은 공동체 이전에 존재한다기보다는 공동체와 '함께' 존재하므로, 자유주의와 같이 자유는 원칙적으로 무제한으로 뻗어가되 타인과의 접촉하는 순간

---

104) 헌재 2002. 10. 31. 99헌바40·2002헌바50, 판례집 14-2, 390, 399.

멈춘다는 식으로 권리를 구성하지 않는다. 물론 공화주의는 변동하지 않는 고정된 자유와 권리의 영역이 있다고 보지도 않는다. 그것은 어디까지나 공동체와 타인과의 관계 속에서 확장되고 축소하는 유동(流動)적인 것으로 '구성되는 것'이라 할 수 있다.

따라서 자유와 권리를 원칙적으로 무제한이라고 보는 생각은 어디까지나 자유주의적 사고를 전제로 해서만 도출되는 것이지 그것의 어떤 본질적인 속성이라고 할 수는 없다. 다시 말하면, 자유와 권리에 대한 그런 관념은 자연권론(自然權論)을 기반으로 하는 자유주의의 본질적 속성이라고 할 수도 있을 것이다. 그리고 그러한 자유주의적 권리 관념을 전제로 할 때 '나의 권리가 타인에 의해 방해되고 있다'는 의식이 불가피한바, 아무리 권리에 대한 제한을 정교하게 설정한다 하더라도 권리와 권리의 충돌 해소는 성공하기 어려울 것이다.

그런데, 내재적 한계를 인정하는 견해이든 부정하는 견해이든 양자 모두 타인과의 관계에서 자유와 권리는 현실적으로 조화·제한된다고 보는 점에서 그 결과는 비슷해질 것이다. 여기서 두 번째 물음이 제기되는데, 어차피 기본권 제한에 의해 '비슷한' 결과가 산출된다면, 원칙적으로 무제한의 자유를 인정하는 것이 더 바람직하지 않을까라는 생각이다. 물론 이에 대해서는 충분히 예상할 수 있는 바대로, 내재적 한계를 인정해야 오히려 개인의 자유와 권리가 더 잘 보장되며 질서잡힌 사회가 될 것이라는 반론이 가능하다. 자유주의적인 입장이 전자라고 한다면 공화주의적인 입장은 후자라고 하겠다. 생각건대, 무엇이 더 바람직한 결과를 가져올 것인가 하는 문제는 당해 국가와 사회가 어떤 성격을 가진 공동체인지에 달려 있는 것이지 정해진 답이 있는 것은 아닐 것이다. 만약 극단적인 권리주장과 이기주의가 팽배한 사회라면 자유에 내재적 한계를 인정하는 것이 적어도 장기적으로는 사회의 질서와 안정에 유리할 것이다. 근래 공화주의가 등장한 배경도 바로 그것이라 할 수 있으며, 우리 사회도 그와 별로 다르지 않다고 판단된다.

결국 기본권의 내재적 한계론이 어떤 특수한 헌법규정 형식상 비롯되는 부수적 문제가 아니라 자유와 권리의 본질에 대한 질문이라고 할 때, 그리고 자유든 권리든 그것은 타인 및 공동체와의 관계 속에서 규정되는 것이라고 할 때 기본권의 내재적 한계를 인정하는 것이 타당할 것이다. 다만 주의할 점은, 그 내재적 한계는 법원이나 헌법재판소가 일방적으로 설정하는 것이 아니라 공화주의적 정치, 즉 공적 이성을 가진 시민들의 토론과 합의를 통한 심의적 정치에 의해 그 경계를 설정하고 이를 법원이나 헌법재판소가 구체적으로 확인하는 것이어야 한다는 점이다. 그렇게 본다면, 기본권의 내재적 한계론은 자유주의 헌법의 '권리의 정치'가 야기하는 부작용을 극복할 수 있는 하나의 수단이 될 수 있을 것이다.

(2) 기본권의 제3자효 및 기본권보호의무 이론에 대한 재검토

가. 기본권의 제3자효 이론의 구조

근대 입헌주의 헌법에 규정된 기본권은 그 수용과정이나 법적 성격으로 보아 원칙적으로 국가에 의한 침해로부터 개인의 자유와 권리를 방어하기 위한 대국가적 방어권(對國家的 防禦權)이었고, 그러한 대국가적 방어권이 원칙인 점은 현대 민주국가에서도 동일하다.[105] 그런데 국가기관에 의한 기본권 침해가 주로 문제된 과거와 달리 점차 국가기관만이 아니라 사인(私人)이나 사적 단체(私的 團體)-예를 들면, 대기업, 노동조합 등-에 의한 기본권 침해가 중대하게 되었고 이에 대한 대책이 요청되었다. 그 결과 대국가적인 방향으로 향해 있던 기본권의 적용범위를 사인 간의 법률관계에까지 확대하려는 시도가 나타났고, 이렇게 확장된 기본권의 효력은 독일 헌법학상 기본

---

105) 권영성, 『憲法學原論』(2008년 판), 324면.

권의 제3자적 효력(第3者的 效力, Drittwirkung) 내지 대사인적 효력(對私人的 效力)이라고 불린다.

위와 같이 사인 간에도 기본권의 효력을 관철시키려는 목적은 동일하다 해도 각국마다 그 이론구성은 다르게 전개되었다. 그 대표적인 예로 독일의 이론과 미국의 이론을 간략히 살펴보기로 한다. 독일의 학설로는 제3자효 부정설(사법관계 적용부인설), 직접효력설(직접적용설), 간접효력설(간접적용설) 등이 있는데, 직접효력설의 경우 공·사법 이원체계를 파괴하고 사법의 독자성과 고유성을 부인하는 한편 사회의 자율영역에 국가가 직접 개입하게 되므로 부적절하다고 보아, 간접효력설에 따라 기본권 규정은 사법의 일반조항(公序良俗 條項·信義誠實 條項 등)을 통해 사법질서에도 간접적으로 적용되어야 한다는 입장이 주류가 되고 있다.[106] 기본권의 제3자효가 인정된 대표적 판결로는 1958년 뤼트 판결(Lüth-Urteil)[107]을 들 수 있다. 이는 독일 기본법 제3조 제2항 남녀평등 규정이 사인 간에 직접 적용되고 동일 노동에 대한 남녀의 동일 임금 요구가 직접 이 규정으로부터 도출될 수 있는가에 관한 것으로서, 독일연방헌법재판소는 헌법가치체계설에 입각하여, 기본권은 1차적으로는 방어적 권리이지만 동시에 객관적인 가치질서·가치체계의 구체화이며, 이 가치체계는 모든 법영역, 따라서 사법(私法) 영역에도 타당하므로, 법관은 민사법의 해석에 있어서도 헌법의 기본권 규정에 구속되어야 하고 만일 기본권 규정을 무시한 판결을 한다면 그 판결은 헌법에 위반된다고 하였다.

---

106) 간접효력설은 기본권의 이런 효력을 정당화하기 위해 기본권이론을 구성함에 있어, 기본권은 주관적 권리(主觀的 權利)로서의 면뿐만 아니라 객관적 가치(客觀的 價値) 또는 규범(規範)으로서의 면도 가지고 있다고 하여 기본권의 개념을 다시 설정하고(기본권의 이중성·양면성 이론), 이러한 객관적인 면에서 방사효(放射效, Ausstrahlungswirkung)가 나오고 그 방사효는 국가영역만이 아니라 사적인 영역에도 미치는바, 이로 인하여 제3자적 효력이 인정된다는 구조를 취하고 있다(정종섭, 『憲法學原論』(2010년 판), 336면).

107) BVerfGE 7, 198.

한편, 미국 헌법상 기본권의 효력은 대연방정부적(對聯邦政府的) 효력, 대주정부적(對州政府的) 효력, 대사인적(對私人的) 효력으로 나눌 수 있는데, 앞의 두 경우는 헌법의 명문 규정에 의해 인정되고 있지만 마지막의 것은 법원의 판례에 의해 인정되고 있다. 즉, 헌법 규정에 의해 연방정부와 주정부에 의한 기본권 침해는 구제되는 반면 사인에 의한 기본권 침해에 대한 구제가 공백이 발생하게 되자 판례에 의해 이를 구제하여 온 것이다. 그 방법은, 사인에 의한 기본권 침해행위가 일정한 요건과 징표를 갖춘 경우 연방정부 혹은 주정부에 의한 침해로 간주하는 것으로서, 이는 국가유사론(國家類似論, theory of looks-like government) 또는 국가행위의제론(國家行爲擬制論, state action doctrine) 등으로 불린다. 대표적인 판결은 1948년 Shelly v. Kraemer 사건108)으로 그 내용은 다음과 같다. 1911년 미국의 한 백인 거주지역에서 50년간 흑인에게는 부동산을 팔지 않겠다는 주민계약을 체결하였는데 한 주민이 1945년 이를 위반하여 흑인(Shelly)에게 부동산을 매도하려고 하였다. 이에 나머지 주민(Kraemer)이 주민계약을 근거로 부동산매매의 무효를 주장하는 소를 제기하였고 법원이 이를 인정하였는바, Shelly는 위 주민계약이 인종차별적인 내용을 담고 있음에도 그 효력을 인정한 법원의 판결은 미국헌법에 위반된다며 미국연방대법원에 상고하였고, 연방대법원은 하급법원의 판결이 평등권침해를 인정하는 것이므로 곧 정부가 평등권을 침해하는 결과를 가져온다고 판단하였던 것이다.

우리나라의 경우로 돌아오자면, 우리 헌법학은 독일 헌법학의 영향 하에 헌법에서 기본권의 사인간 직접적 효력을 규정하지 않은 경우 사법상의 일반원칙(민법 제103조, 제2조, 제750조, 751조 등)을 통해 기본권 규정이 사법관계에 간접적으로 적용된다고 보는 간접적 효력설이 일반적인 지지를 받고 있다.109) 헌법재판소는 (주로 적법요건 심사와 관련하여서이기는 하지만)

---

108) Shelly v. Kraemer, 334 U. S. 1(1948).
109) 다만, 기본권의 대사인적 효력에 관한 독일의 학설들을 도입할 필요 없이 기존의

"헌법 제10조에서 국가는 개인이 가지는 불가침의 기본적 인권을 확인하고 이를 보장할 의무를 진다고 선언함으로써 국가는 나아가 적극적으로 국민의 기본권을 보호할 의무를 부담하고 있다는 의미에서 기본권은 국가권력에 대한 객관적 규범 내지 가치질서로서의 의미를 함께 갖는다."110)고 하여 기본권의 객관적 가치질서로서의 성격을 인정하고 있는바, 그런 점에서 기본권의 제3자적 효력도 인정하고 있다고 할 수 있을 것이다. 한편, 법원은 헌법 제35조의 환경권을 근거로 하여 직접 사인(私人)에 대해 골프연습장의 설치를 금지하는 가처분을 신청한 사안에서, 사법상의 권리로서의 환경권이 인정되려면 그에 관한 명문의 법률규정이 있거나 관계법령의 규정취지나 조리에 비추어 권리의 주체, 대상, 내용, 행사방법 등이 구체적으로 정립될 수 있어야 하는데, 본건의 경우는 현행의 사법체계 아래서 인정되는 생활이익 내지 상린관계에 터잡은 권리의 주장이 아니라 그것을 넘은 권리의 주장이므로, 국가가 아닌 사인에 대하여 골프연습장의 설치를 금지하는 가처분을 구할 수는 없다고 판시하여, 헌법상의 환경권에서 사법상의 환경권은 직접 도출되지 않는다고 하고 있다.111)

기본권 이론으로도 제3자효 문제를 해결할 수 있다는 견해도 있다. 정종섭 교수는 '기본권의 객관적인 면'이라는 개념은 매우 불투명한 것인바, 거기에서 도출되는 기본권의 방사효 등의 개념 역시 관념상의 현란함에도 불구하고 현실에서는 별 성과가 없으며, 기본권의 제3자효가 문제되는 상황은 대개 기본권 충돌의 문제가 되는 등 결국 기본권 제한의 문제로 귀착되거나 '국가 v. 사인'의 구조로 돌아가 대국가적 효력을 달리 표현한 것에 지나지 않는다고 본다(정종섭, 『憲法學原論』 (2010년 판), 339-340면).

110) 헌재 1995. 6. 29. 93헌바45, 형사소송법 제312조 제1항 단서 위헌소원, 판례집 7-1, 873, 879-880.

111) 대결 1995. 5. 23. 94마2218: "헌법 제35조 제1항은 '모든 국민은 건강하고 쾌적한 환경에서 생활할 권리를 가지며, 국가와 국민은 환경 보전을 위하여 노력하여야 한다'고 규정하여 환경권을 국민의 기본권의 하나로 승인하고 있으므로, 사법(私法)의 해석과 적용에 있어서도 이러한 기본권이 충분히 보장되도록 배려하여야 할 것임은 당연하다고 할 것이나, 헌법상의 기본권으로서의 환경권에 관한 위

기본권의 대사인적 효력의 문제는 공백이었던 혹은 불충분했던 사인에 의한 기본권 침해 상황을 구제하는 최선의 '이론적' 방법이 무엇인지에 대한 방법론적인 문제에 그치는 것이 아니다. 기본권의 대사인적 효력의 문제는 독일이나 미국, 그리고 우리나라를 가리지 않고 기본권을 대국가적 방어권으로 관념하는 자유주의 헌법체계에 있어서는 필연적으로 제기되는 문제이다. 이것은, 종래 설정되었던 국가와 사회 간의 관계, 헌법과 사법 간의 관계, 헌법 및 기본권의 기능과 효력, 국가작용에서의 의회와 헌법재판소의 역할영역 등에서 근본적인 변화를 가져오는 문제인 것이다.112) 이처럼 기본권의 대사인적 효력의 문제가 헌법이론에서 가장 근본적인 문제 가운데 하나라는 점은 그것이 국가와 사회, 공적 영역과 사적 영역, 공과 사를 분리하여 국가로부터 사적 영역에서의 자유를 보호한다는 자유주의 법체계의 '기본 구조'에

규정만으로서는 그 보호대상인 환경의 내용과 범위, 권리의 주체가 되는 권리자의 범위 등이 명확하지 못하여 이 규정이 개개의 국민에게 직접으로 구체적인 사법상의 권리를 부여한 것이라고 보기는 어렵고, 또 사법적 권리인 환경권을 인정하면 그 상대방의 활동의 자유와 권리를 불가피하게 제약할 수밖에 없는 것이므로, 사법상의 권리로서의 환경권이 인정되려면 그에 관한 명문의 법률규정이 있거나 관계법령의 규정취지나 조리에 비추어 권리의 주체, 대상, 내용, 행사방법 등이 구체적으로 정립될 수 있어야 할 것이다. 그것은 환경의 보전이라는 이념과 산업개발 등을 위한 개인활동의 자유와 권리의 보호라는 상호 대립하는 법익 중에서 어느 것을 우선시킬 것이며 이를 어떻게 조정 조화시킬 것인가 하는 점은 기본적으로 국민을 대표하는 국회에서 법률에 의하여 결정하여야 할 성질의 것이라고 보아야 할 것이기 때문이다. 헌법 제35조 제2항에서 "환경권의 내용과 행사에 관하여는 법률로 정한다"고 규정하고 있는 것도 이러한 고려에 근거한 것이라고 여겨진다. 그러므로 원심이, 신청인들이 주장하는 환경권의 취지가 현행의 사법체계 아래서 인정되는 생활이익 내지 상린관계에 터잡은 사법적 구제를 초과하는 의미에서의 권리의 주장이라면 그러한 권리의 주장으로서는 직접 국가가 아닌 사인인 피신청인에 대하여 사법적 구제수단인 이 사건 골프연습장의 설치를 금지하는 가처분을 구할 수 없다고 판시한 것은 위와 같은 법리에 비추어 수긍할 수 있고, 거기에 소론과 같은 환경권에 관한 법리오해의 위법이 있다고 할 수 없다."

112) 정종섭, 『憲法學原論』(2010년 판), 335면.

관련되는 문제라는 것을 가리킨다.

우리는 미국의 국가행위의제론에서 자유주의 법체계의 골격을 훼손하지 않으려는 노력을 잘 볼 수 있다. 미국에서는 독일과 같이 이론구성하지 않고 자연권으로서의 기본권의 원칙적인 모습을 고수한 결과, 사인에 의한 기본권 침해를 국가 또는 정부에 의한 기본권 침해로 '간주'해야만 하는 이론적 수고로움 혹은 이론적 순수성을 가지는 것이다. 그리고 독일이나 우리나라에서 제3자효 이론의 대립 전선은 주로 직접효력설과 간접효력설 사이에 그어지는데, 간접효력설이 지지받는 이유도 역시 자유주의 법체계의 골격을 넘지 않으려는 데서 기인한다. 즉, 기본권 규정의 대사인적 효력의 인정 필요성에 대해서는 공감하면서도 그 직접적 적용을 주저하는 이유는 바로 공·사법 이원론 혹은 사법 영역의 독자성·고유성 확보라는 대명제 때문이다. 간접효력설은 사법의 일반조항을 통해 사법관계에 기본권 규정이 '간접적으로' 적용된다고 이론구성함으로써 사법 영역의 확보와 사적 자치 원칙을 존중한다는 것이다.[113]

문제는, 사인간의 기본권 침해 상황을 구제하기 위해 기본권의 제3자효 이론을 동원하면서도 정작 간접효력설을 취하여 공·사법 이원론을 고수하는 것은 그 실익이 없어진다는 점에 있다. 즉, 기본권의 제3자효 이론은 자본주의 사회가 발전함에 따라 새로이 발생한 문제상황을 자유주의 법체계의 틀 안에서 해결하기 위해 도입된 것이지만 그 틀 안에 머무르려고 함으로써 스스로 한계를 지우는 것이라고 하겠다.

---

113) 독일의 경우 간접효력설의 대표자 귄터 뒤리히(Günter Dürig)는 "직접효력설은 공·사법의 이원적 구별체계를 파괴하는 것이고, 헌법체계에 대한 사법의 기본적 독자성과 고유법칙성을 부인하는 것"이기 때문에 직접효력설에 반대한다(권영성, 『憲法學原論』(2008년 판), 327면).

나. 기본권보호의무 이론에 대한 공화주의적 해석

근래 기본권보호의무 이론에 의해 기본권 보장에 관한 각종 문제들, 특히 사인에 의한 기본권 침해 문제에 대응하려는 주장이 대두하고 있다.

자유주의 법체계에서 기본권은 원래 국가에 대항한 권리로서 국가에 대해 기본권을 침해하지 말 것을 요청하는 것이다. 그러나 국가는 일반론상 국민의 권리를 보호하고 실현할 의무가 있다는 점에서 국가에는 가장 일차원적인 수준에서 기본권보호의무가 있다고 할 수 있다. 그렇지만 독일의 기본권보호의무 이론은 그런 차원이 아니라 사인에 의한 기본권 침해 문제를 해결함에 있어 기본권의 제3자효 이론 대신 의지하려는 시도인 것이다.

어쨌든 사적 영역에서의 사인에 의한 기본권 침해에 대해 국가의 기본권보호의무를 인정한다고 할 때, 그 이론적 근거는 다를 수 있다. 우선, 기본권의 이중성 이론을 취하는 견해는 기본권의 객관적 면으로부터 국가의 기본권보호의무가 도출된다고 보기도 한다. 그러나, 반드시 기본권의 객관적인 면을 인정하여야 이로부터 국가의 기본권보호의무를 도출할 수 있는 것은 아니며 헌법을 실현하고 국민의 행복을 보장하며 공공복리와 질서를 유지하여야 하는 '국가의 본질적 기능과 목적'에서 기본권보호의무를 인정할 수 있다는 견해도 제기된다.[114]

여기서 국가의 본질적 기능에서 기본권보호의무를 찾는 것은 지극히 합당한 주장이기는 하지만, 문제는 '국가의 본질적 기능과 목적'을 판단하는 일이 그리 간단하지 않은 논쟁적인 과제라는 점이다. 국가의 본질적 목적과 기능이란 무엇인가? 국가가 기본권을 보호한다는 명분으로 사적 영역에 개입하는 것은 법체계를 혼란시키고 오히려 더 나쁜 결과를 초래하는 것은 아닌가?

일반론적인 수준에서 말하면 공적 영역에서나 사적 영역에서나 국가는 국민의 기본권을 보호하고 실현할 의무가 있다는 점에서 그것을 국가의 본질

---

114) 정종섭, 『憲法學原論』(2010년 판), 389면.

적 기능과 목적이라고 할 수는 있을 것이다. 그러나 국가의 사적 영역에서의 기본권보호의무는 결국 사적 영역에 대한 국가의 간섭과 개입이 된다는 점에서 엄격한 수준에서도 그것을 국가의 본질적 기능과 목적이라고 할 수 있는지의 문제가 발생한다. 국가의 성격을 나누어 생각해 보자. 만약 고전적 자유주의 국가라면 사적 영역에 있어서의 기본권보호의무는 국가의 본질적 기능과 목적을 넘은 것이라고 확실히 말할 수 있을 것이다. 그렇다면, 현대 자유주의 국가는 어떠한가? 그것은 고전적 자유주의 국가의 골격을 완전히 탈피한 것인가, 고전적 자유주의의 골격에 현대 자유주의의 살을 입힌 것에 불과한 것인가, 그리고 양자는 서로 잘 조화되고 있는가 아니면 부조화하고 있는가? 이 문제를 해결하지 않고서는 쉽사리 국가의 본질과 기능에 비추어 국가의 기본권보호의무가 있다고 할 수는 없을 것이다.

생각건대, 현대 국가에 있어 사적 영역에서의 기본권 침해에 대해서도 국가가 개입하여 침해를 구제할 수 있다고 보는 것은 사실 현대 국가를 (고전적) 자유주의 국가의 성격을 많이 탈피한 것으로 보는 것이다. 그러나 20세기 들어 복지국가가 되고 국가의 적극적 활동이 당연시 되었다고 하여 자유주의 국가의 본질이 바뀌었다고는 하기는 어렵다. 국가와 사회의 구별, 공사분리를 통해 사적 영역에 대한 국가의 간섭 거부를 원칙으로 하는 자유주의의 법체계의 기본구조는 변하지 않은 것이다. 그렇다면 국가의 성격을 깊이 묻지 아니하고 곧바로 사적 영역에서의 사인 간의 기본권침해 상황을 구제하기 위해 국가의 기본권보호의무를 인정하는 것은 자유주의 국가의 본질을 무시하고 비약한 결론이라 할 것이다.

그런데 공화주의는 국가로부터의 자유, 사적 영역에서의 방임에 강조점을 두기보다는 시민들 간의 동등함과 자유를 확보하기 위해 국가든 사인이든 간에 어떤 지배적 위치에 서는 존재의 권력에 대해 대항하는 것을 주된 과제로 삼아왔다. 즉, 비지배적 자유를 주장하는 페팃 식으로 말하자면, 사인에 의해 발생하는 비지배적 자유의 침해 상황에 적극 대응하는 것이 공화주의 국가의 본질적 목적이자 기능인 것이다. 그런 점에서 국가의 성격을 자유주의 국가가 아니라 공화주의 국가라고 규정할 때 기본권보호의무 이론은 쉽게 설명이 가능해지는 것이다. 물론, 기본권보호의무 이론은 국가의 성격을 이미 자유주의적인 것이 아니라 공화주의적인 것으로 파악하고 있다고 말할 수도 있겠다.

(3) 비지배적 자유 개념의 사법심사에의 적용

앞서 살펴본 현대 공화주의의 총아인 '비지배적 자유'라는 자유에 대한 새로운 개념이 법실무에 어떻게 적용될 수 있을지 가상의 예를 하나 들어 본다:

대기업 계열의 대형할인마트가 동네 상권에 진출하여 동네가게와 재래시장의 영업이 현저하게 위축되고 나중에는 해당 지역 자체가 경제적으로 몰락하는 등 공동체적 유대가 붕괴되는 위기에 처하게 되었다. 이에 반발하는 지역 주민과 동네가게 주인, 그리고 재래시장 상인들은 대형할인마트의 진출을 막고자 언론의 관심을 유도하고, 대형할인마트의 지역상권 진출을 금지하는 입법을 청원하는 한편, 영업허가처분 취소소송을 제기하였다. 결국 이들은 영업허가를 금지할 법적 근거가 없다는 이유로 행정소송에서 패소하였지만, 지역상권 관련자들에 대한 동조적인 사회 여론이 조성되고, 그들을 지지하는 정당의 정치적 공세가 거세지자 마침내 대형할인마트의 지역상권 진출을 금지하는 법률이 제정되었다. 이에 대형할인마트 측은 영업의 자유가 침해되었다는 등의 이유로 헌법재판소에 헌법소송을 제기하였다.

이 사건을 판단함에 있어 헌법재판소는 다음과 같은 기본입장에 서서 고민을 할 것이다.[115] 이 사건 법률은 자율적인 경쟁이 이루어져야 하는 영역-

---

115) 단순화한 가상의 예이므로 각종 소송법적·절차법적 문제들이나, 대형할인마트의 영업이 등록제인지 허가제인지, 지역 상권 진출의 금지인지 제한인지 하는 작은 논점은 문제삼지 않기로 한다.

사적 영역, 경제 영역-에 경쟁을 제한하는 국가의 손이 개입한 것이다. 경제 영역에 국가권력이 개입하는 것은 자제되어야 하므로 이 사건 법률은 일단 적절하지 않은 것으로 여겨진다. 그렇지만, 분명히 다수의 피해자들이 발생하고 있다는 현실적인 문제가 있기 때문에 본격적인 심사에 착수한다. 위헌심판에 있어서는 여러 쟁점이 있겠지만, 그 큰 틀은 대형할인마트의 경제적 자유 혹은 영업의 자유에 대한 제한이 과도한 것인지의 판단이 될 것이고, 그 판단에는 재래시장 상인의 생존권 등의 공익 문제가 제기될 것이다. 최종 판단 결과에 대한 예측은 유보하기로 하자.

그런데 이 문제를 약간 각도를 달리하여 대형할인마트의 영업의 자유와 재래시장 상인의 생존권의 충돌 문제로 관념한다면, 가깝고 확실한 자유권과 멀고 희미한 생존권의 충돌은 자유권의 승리로 결론이 날 가능성이 클 것이다. 왜냐하면, 일단 단순히 매출이 감소하는 등의 사유는 생존권의 문제로 직결되기 어려우며, 가사 생존권의 문제로 인정된다 할지라도 그런 사정은 경제영역에서의 경쟁원칙상 불가피한 사실적인 결과일 뿐이라고 취급될 것이기 때문이다. 좀 더 단순화시키자면, 자유권과 (생존권 같은) 사회권의 충돌이 있을 경우, 자유권은 국가에 의해 직접적으로 보호받겠지만, 사회권의 문제는 원칙적으로 사적 자치의 영역에 속하는 것으로서 국가가 나설 지점이 아니라는 이유로 기각되는 것이다. 자유주의 법체계에서의 자유는 국가에 대항하는 자유이므로, 재래시장 상인의 영업의 위축은 대형할인마트의 영업으로 인한 반사적·사실적 결과일 뿐이고 국가가 직접 재래시장 상인의 영업의 자유를 제한한 바는 없으므로, 그의 문제는 오직 생존권의 문제인데, 이는 사회권의 어딘가에 위치되는바, 사회권은 최소한의 보호만으로 족하다는 식으로 논리구성되기 마련인 것이다.

그런데, 대형할인마트의 동네 상권 진출 문제를 위와 같은 구도로 사법판단하는 것은 충분한 것일까? 재래시장 상인의 생존권뿐만 아니라 동네의 공동체성이 파괴되는 것은 어떻게 구제할 것인가? 이 사안을 정치적·사회적으로 다룰 경우에는 몰라도 적어도 사법기관에 의해 법적으로 다룰 경우에는 위와 같은 결론은 불가피한 것인가? 미국에서와 같이 대형할인마트의 진출을 '지역의 자유에 대한 위협'이라고 부르는 것은 단지 수사적인 표현에 그칠 뿐인 문제인지 생각해 볼 필요가 있다.

여기서 잠깐 이 문제에 대한 미국의 정치적·사회적 대응에 관해 살펴보도록 하자.116) 미국에서는 이미 1930년대에 전국 규모의 연쇄점(chain store)의 증식이 지역경제를 파괴하고 독립점주를 고용인과 점원으로 바꾸어 버리며 동네의 지역적 유대를 파괴하여 자기통치를 쇠퇴시킨다는 이유에서 연쇄점에 대한 반대운동이 발생한 적이 있다. 1990년대에는 월마트(Walmart) 등의 대형 할인점에 대한 비판이 제기되었다. 옛날 마을의 소매점은 관공서, 공원, 학교, 도서관과 같이 일종의 공공의 장과 같은 역할을 담당했지만, 자동차로밖에 이용할 수 없는 메가 스토어의 출현은 커뮤니티와 이웃사귐의 쇠퇴의 한 원인이 되었다는 이유에서였다. 이에 1993년 메사추세츠주의 한 소도시에서는 주민투표에 의해 지역주민들이 승리하여 월마트가 그 마을에 진출하는 것을 막기도 하였다.

그렇다면, 우리 사회에서 이러한 문제가 나날이 발생하고 있음에도, 그리고 위의 미국의 사례에서 보듯이 정치적·사회적 방법에 의한 대응은 허용되며 또 가능함에도, 법원의 사법심사는 '국가로부터의 자유'라는 '소극적 자유' 개념에 얽매여 위와 같은 문제를 방관해야 하는가? 법원 역시, 대기업이든 소매상이든 가리지 않는 맹목적인 경제적 자유를 보호할 것이 아니라 건강하고 활기 있는 지역 공동체 유지라는 공동선을 위해 봉사할 수는 없는지 묻게 되는 것이다. 물론 권력분립의 원칙상 입법부와 행정부의 적극적 형성의 역할에 비해 사법부에는 소극적인 임무가 주어져 있다고 할 수 있지만, 어떠한 방향이 옳다고 한다면 사법부에 대해서도 그 방향으로의 보다 적극적인 역할을 기대하게 되기 때문이다.

---

116) 이하 한 단락은 Michael Sandel, *Democracy's Discontent*, pp.334-335면을 참조한 것이다.

여기서 공화주의의 비지배적 자유 개념에 의하면, 재래시장 상인의 문제는 단순히 생존권의 문제에 그치는 것이 아니라 '자유의 문제'로 전환될 수 있다. 이 사안에서는, 굳이 동네상권까지 진출하지 않아도 사업을 하는 데 전혀 지장이 없는 대기업의 영업의 자유보다는 동네 주민들이 대기업에 종속되지 아니하고 생활을 영위할 수 있는 '자유'가 더욱 보장될 수 있다. 즉, 공동체의 시민이 외적인 힘에 의해 생계를 걱정해야 할 상황에 처할 때 사실은 자유를 박탈당하고 있는 것이라거나 자영업자로서의 독립적 지위를 상실하고 대형할인마트의 직원이라는 종속적 지위로 전환되는 것은 비지배적 자유를 침해당하고 있는 것이라고 자유의 개념을 재정의한다면, 새로운 차원의 법체계가 구성되고 새로운 기준에 의한 사법심사가 이루어질 것이다. 또한 비지배적 자유 관념에 따를 때 재래시장 상인의 자유와 생존권 그리고 지역 상권의 유지는 사법심사시 결코 가볍게 취급될 수 없는, 반드시 고려되어야 할 공익 혹은 공동선이 될 것이다.

법체계는 구조이며 구조의 안정과 유지는 법체계의 자기목적적인 것이라고 할 수 있으므로, 새로운 체계를 구성할 때 법은 또 그 새로운 구조에 봉사하게 될 것이다. 따라서 비지배적 자유 관념을 자유로 인정하여 자유의 체계를 구성한다면, 본건에서도 동네 주민들이 종속되지 않고 자립적으로 살 수 있는 권리가 '자유'로 인정되어 법은 그것을 '자유'의 이름으로 보장하게 될 것이다.

3. 국민의 의무에 대한 재해석

상당수 국가의 헌법에는 국민의 권리와 함께 국민의 의무가 규정되어 있는데, 대개 권리가 폭넓고 상세하게 인정되는 반면 의무에 대한 규정은 빈약하며 그 논의 역시 매우 부족하다. 이하에서는 그 원인이 '국가로부터의 자유'를 최대의 관심사로 삼는 자유주의 헌법의 구조에서 비롯되는 것으로 보고, 국민의 의무의 의의를 자유주의적인 측면이 아니라 공화주의적인 측면에서 재고찰한 후, 국방의 의무 및 근로의 의무를 예로 들어 권리와 의무를 조화롭게 해석할 수 있는 방안을 생각해 보기로 한다.

(1) 자유주의 헌법 하에서의 국민의 의무의 빈곤

가. 국민의 의무의 의의

헌법상 '국민의 의무'(國民의 義務)라 함은, 헌법이 국민으로 하여금 국가 또는 공동체에 대하여 반대급부 없이 특정한 작위 또는 부작위의 행위를 하도록 강제하는 부담[117] 또는 국민의 기본권에 대응하는 개념으로서 국민이 국가구성원으로서 부담하는 여러 의무 가운데서 특히 헌법이 규정하고 있는 의무, 즉 국가에 대한 국민의 헌법적 의무[118]를 말한다. 우리 헌법상 국민의 의무로는 종래 '국민의 4대 의무'라고 하여 국방의무, 납세의무, 교육을 받게 할 의무, 근로의무가 일컬어졌다. 이러한 국민의 의무를 강제함에 있어서는 법치주의의 핵심적 내용인 평등원칙과 과잉금지원칙이 적용되는바, 의무를 수행함에 있어서 불합리한 차별대우가 있어서는 안 되며, 그 수행방법에서도 선택가능한 수단이 복수로 존재하는 경우에는 부담을 가장 적게 주는 수단으로 이를 실행시켜야 하며, 국민이 수인할 수 없는 내용을 의무로 강제해서도 안 된다.[119]

그런데, 국가질서에 있어서 개인의 법적 지위에 대한 완전한 규율은 기본권에 한정될 수는 없고 국가 공동체에 대한 개인의 원칙적인 의무도 포함되

---

117) 정종섭, 『憲法學原論』(2010년 판), 854면.
118) 홍성방, 「국민의 기본의무-독일에서의 논의를 중심으로-」, 『공법연구』제34집 제4
    호, 한국공법학회, 2006, 313면.
119) 정종섭, 『憲法學原論』(2010년 판), 866면.

어야 할 것인바, 개인의 헌법적 지위는 그러한 의무까지도 고려하는 상태에서 제대로 된 외형을 갖추게 된다. 그런 점에서 우리 헌법 제2장은 '國民의權利와 義務'이라는 표제를 달고 있다. 역사적으로 보자면, 이미 1795년의프랑스 헌법은 '인간과 시민의 권리와 의무에 대한 선언'을 포함하였고, 1919년의 바이마르 헌법도 '제2편 독일인의 기본권과 기본의무'라고 하는제목의 장을 가지고 있었으며, 일본제국헌법에는 '臣民의 權利와 義務'라는장이 있었다.

구체적으로 각국 헌법상의 국민의 의무에 대한 규정들을 살펴보면 다음과같다. 우선, 우리 헌법의 경우에는 납세의무(제38조), 국방의무(제39조), 교육을 받게 할 의무(제31조 제2항), 근로의무(제32조 제2항) 및 그 밖에 재산권행사의 공공복리적합의무(제23조 제2항), 환경보전의무(제35조)도 규정되어있다. 이에 대해 비록 헌법상 명문의 규정은 없지만 헌법과 법률의 준수의무, 국가수호의무 등은 국민의 당연한 의무라고 보는 견해도 있으며,[120] 재산권행사의 공공복리적합의무나 환경보전의무는 진정한 의미의 헌법상 의무라고할 수 없다 하고 헌법에 명시되지 않은 의무로서 법준수의무와 타인의 권리존중의무를 제시하는 견해도 있다.[121]

다음으로 외국 헌법의 경우를 보자면, 일본 헌법상으로는 敎育의 義務(제26조 제2항), 勞働의 義務(제27조), 納稅의 義務(제30조)가 국민의 의무로인정되고 있다.[122] 독일 바이마르 헌법의 경우 명예직 활동의 인수 의무(제132조), 국가와 지방단체를 위한 인적 봉사 의무(제133조 제1항), 병역의 의무(제133조 제2항), 취학의 의무(제145조 제1항), 전체의 복지를 위해 노력할

---

120) 성낙인, 『헌법학』(2010년 판), 796면.

121) 정종섭, 『憲法學原論』(2010년 판), 855-856면, 865-866면.

122) 한편, 일본 헌법 제12조는 "이 헌법이 국민에게 보장하는 자유 및 권리는, 국민의부단한 노력에 의해서, 이를 보지하여야 한다."고 규정하고 있으나, 이는 직접적인 법적 효과를 낳지 않는다는 점에서 학설은 일치하고 있다(野中俊彦·中村睦男·高橋和之·高見勝利, 『憲法I』, 有斐閣, 2001, 512면).

의무(제163조) 등이 규정되어 있었고, 독일 기본법은 처음에는 국민의 의무
규정을 두지 않다가[123] 1968년 '제1장 기본권'에서 비로소 병역의 의무 규
정(제12a조) 하나를 두게 된다. 한편, 미국 연방헌법은 명시적인 국민의 의무
규정을 두지 않고 다만 연방의회의 권한으로서 과세권(제1조 제8절 제1항),
군대창설권(제1조 제8절 제12항, 13항)을 규정하고 있을 뿐이다.

나. 자유주의 헌법 하에서의 국민의 의무의 빈곤

과거 우리나라는 국민의 의무를 지나치게 강요했다 싶을 정도로 중시해
온 역사가 있었음에도 정작 법률문헌에는 그 서술이나 강조가 몹시 드물다.
헌법학 교과서상 국민의 의무 부분에 대한 서술은 매우 미미한 분량밖에 되
지 않고 단행 논문도 거의 전무한 형편이다. 즉, 헌법학 교과서에서는 국민
의 의무 일반론(개념, 연혁, 법적 성격, 유형 및 특징)과 개별적 의무(국방의
의무, 납세의 의무, 교육을 받게 할 의무, 근로의 의무 등)가 간결하게 정리되
어 있는 정도이다. 그런 점에서 헌법학은 국민의 의무에 대해서는 이렇다 할
연구 없이 국민의 기본권에 대해서만 치중해 왔다고 평가된다.[124]

그러나 국방의 의무와 납세의 의무는 국민의 삶을 근본적으로 규정하는
요소 중 하나라고 할 수 있으며, 조세에 관한 법률은 따로 세법전(稅法典)으
로 만들어질 만큼 방대하다. 그럼에도 국민의 의무에 대한 헌법규정이 빈약
하며 또 학문적인 논의가 별로 없는 이유는 다음 3가지 정도를 생각할 수 있

---

123) 그 이유는 대강 세 가지로 정리할 수 있는데, 첫째, 기본의무는 사회적 기본권과
마찬가지로 그에 상응하는 입법자의 활동이 있어야만 유효한 것이 될 수 있기 때
문에, 둘째, 나치정권 하에서 의무사상이 무제한적으로 남용되었기 때문에, 셋째,
Bonn 기본법의 제정자들은 기본의무를 법적으로 이해하기 힘들 뿐만 아니라 그
것이 프로그램적이고 윤리적인 성격이 농후하다고 생각하였기 때문에, 현실성 있
고 사법에 의한 구제가 가능한 기본권에 한정시켜 규정하였다는 것이다(홍성방,
「국민의 기본의무」, 311면 참조).
124) 홍성방, 「국민의 기본의무」, 311면.

을 것이다.

우선, 국민의 의무 중 핵심이라고 할 수 있는 병역과 납세의 의무의 유래와 본질을 탐구하면 할수록 국가란 근본적으로 강제권력이라는 점이 드러나고 그 정당화가 힘들기 때문에 외면하는 것일 수 있다.[125] 다음 이유는, 국민의 의무에 대한 강조가 국민의 자유와 권리의 보장을 축소하고 자칫 국가우월주의나 전체주의로 빠질 수 있다는 우려 때문이라고 할 수 있다.[126] 마지막으로는, 헌법체계적으로 국민의 의무의 위치매김이 여의치 않은 점이 그 이유가 될 것이다. 근대 헌법은 시민적 법치국가, 즉 자유주의 법체계를 기본으로 하고 있는바 국민의 의무는 이와 체계적·구조적으로 부조화하는 측면이 있기 때문에 그것을 위치시킬 적절한 장소가 없다. 자유주의 법체계에서 사적 영역은 계약이 지배할 뿐 의무가 들어설 여지는 없으며 오로지 대국가 관계에서만 국민의 의무가 얘기될 수 있는데, 그나마도 국가라는 공권력 주체로부터의 자유와 권리 보호가 자유주의 법체계의 핵심 테제인바 국민의 국가에 대한 의무는 체계적으로 부조화스러운 주제가 되는 것이다.

그래서 일본에서는 생래의 기본권을 보장하는 일본헌법의 기본권보장 규정과 국민의 의무 규정은 조화되지 않는다고 한다. "메이지헌법(明治憲法)의 인권보장은, 생래의 인권이라고 하는 사고방식으로부터는 멀고 오히려 실제의 운용에 있어서는 국민의 국가에 대한 의무가 강조되는 경향이 있었지만, 현재 일본국헌법의 인권보장규정은, 생래의 인권을 강하게 보장하려고 하는 것으로, 이 점에서 본다면, 국민의 의무의 강조는 본래 조화되지 않는 성질의 것이다."[127] 또한, 칼 슈미트(Carl Schmitt)는 『憲法理論』(Verfassungslehre,

---

125) 민주주의에 바탕을 둔 국가권력의 정당성이 인정되고 조세국가론이 일반화되면서 조세의 정당화에 대한 문제 제기가 오랜 동안 사라졌음을 지적하면서 조세정당화론(Steuerrechtfertigungslehre)에 대한 헌법철학적 접근을 시도한 것으로 김성수, 「국가과세권의 정당성 문제-조세헌법이론적 논의를 중심으로-」,『공법연구』제30집 제3호, 한국공법학회, 2002 참조.

126) 정종섭,『憲法學原論』(2010년 판), 855면.

1928)에서 시민적 법치국가에서 국민의 의무란 헌법률이 정하는 의무 이외의 것이 아니며, 가사 헌법에서 국민의 의무를 규정하고 있다고 하더라도 그것은 자유주의적인 국가의 성격을 제거하고 사회주의적인 성격을 고취하는 것이라고 한다. 그리고 그것은 인간의 의무가 아니라 국가의 권력범위 내에 있는 인간들, 즉 국가구성원의 의무에 불과하다고 한다.

> 시민적 법치국에 있어서는, 기본의무라는 것은, 헌법률이 정하는 의무 이외의 아무 것도 될 수 없다. 그것은 그것이 제약되어 있을 때에만 실정법적 의미에 있어서의 의무가 될 수 있을 것이다. 원리적으로 무제한한 의무라는 것은 시민적 법치국가의 이념과는 모순될 것이다. 그러므로 모든 의무는 의무의 전제와 내용을 획정하는 '법률에 의거해서'만 성립할 수 있다. 바이마르 헌법은 기본적 의무를 규정하고 있는데 여기서 이 기본적 의무의 논리적·법적 구조는 기본권의 그것과는 상이하다는 것을 주의하지 않으면 안 될 것이다. … 기본적 의무의 승인은 국가로부터 순수 자유주의적인 성격을 제거하는 것이고, 바이마르 헌법 제2편에서의 기본적 의무의 선언은 바로 이 목적에 봉사하기 위해서이고 개인주의적 자유의 원리를 배격하고 독일국의 사회주의적 성격을 고취시키기 위해서였다. 기본적 의무는 일반적으로 인간의 의무가 아니고, 국가구성원 또는 국가권력에 복종하는 자들, 다시 말하면 국가의 권력범위 내에 있는 인간들의 의무에 불과하다.[128]

한편, 자유주의 헌법은 때로 국민의 의무를 얘기하는 경우에도 그것은 국민의 국가에 대한 것일 뿐 그 외에 공동체나 그 구성원에 대한 의무를 다루지는 않는다는 점에서도 빈곤함을 노정한다. 물론, 권리주체의 권리마다 다른 권리주체의 의무가 대응하고 있기 때문에 기본권의 제3자효가 미치는 한 시민도 기본권에 구속되는 범위에서는 기본의무의 주체라고 할 수 있으므로, 국민의 의무가 전혀 의의를 가지지 못하는 것은 아니라고 볼 수도 있다. 이에 따르면, 국민은 대국가적 의무라는 아주 좁은 의미의 의무만이 아닌 다른 국민에 대한 의무를 가진다고도 할 수 있을 것이다. 그러나 그것은, 앞서 본

---

127) 野中俊彦·中村睦男·高橋和之·高見勝利, 『憲法I』, 511면.
128) 칼 슈미트, 『憲法理論』(Verfassungslehre, 1928), 김기범 역, 교문사, 1975, 196면.

바와 같이 그 자체로 불안한 지위를 가지는 기본권의 제3자효 이론에 의존해야 한다는 점, 그리고 공동체에 대한 직접적 의무가 아니라 국가를 한번 둘러 거쳐야 한다는 점, 그러한 구성은 결국 사법상의 권리-의무 관계와 다른 점이 없게 된다는 점에서 문제를 가진다. 또한, 그 때의 의무는 어디까지나 상대 권리주체 개인에 대한 의무인 것이지 공동체에 대한 의무는 아니라는 점에서 한계를 보인다. 자유주의 법체계는 개인과 국가만을 남겨 놓았을 뿐 사회나 공동체의 존재는 없애버렸다고 할 수 있기 때문이다. 그래서 헌법에는 오로지 개인으로서의 '국민'의 대국가적인 의무만이 있을 뿐 사회와 공동체에 대한 '시민'의 의무에 대해서는 침묵하고 있는 것이다.

요컨대, 위와 같이 자유주의 헌법체계상 정당하게 의무 얘기를 하지 못하는 결과 헌법은 '권리가 있으면 의무가 따른다'라고 하는 일반적인 법감정(法感情)에 어긋나는 모습을 보여 준다. 헌법이 수십 개의 조문에 걸쳐 기본권을 보장하는 등 화려한 듯하지만 오히려 황량하고 부조화스럽다는 느낌을 주는 것은 이 때문일 것이다. 물론 국민의 국가에 대한 의무를 더 상세히 더 많이 규정하지 않은 것 자체가 문제되지는 않는다. 문제는 국민의 의무의 위치매김이 여의치 않음에서 오는 결과인 것이다.

이하에서는 위의 논의를 바탕으로 권리와 의무 사이의 견련관계에 대해 생각해 볼 수 있는 재외국민 선거권 제한 사건을 검토하기로 한다.

헌법재판소는 1999년 합헌결정[129]을 내렸으나 2007년 이를 뒤집고 헌법불합치 결정[130]을 하였다. 전자에서는 선거권은 납세·병역의무와 결부되어 있고 자의에 의해 외국에 거주하여 그런 의무를 이행하지 않는 자에 대해 선거권을 인정할 아무런 논거를 찾을 수 없다고 하였지만,[131] 후자의 변경된

---

129) 헌재 1999. 1. 28. 97헌마253·270(병합), 공직선거및선거부정방지법 제37조 제1항 위헌확인 등, 판례집 11-1, 54.

130) 헌재 2007. 6. 28. 2004헌마644·2005헌마360(병합), 공직선거및선거부정방지법 제15조 제2항 등 위헌확인 등, 판례집 19-1, 859.

131) 헌재 1999. 1. 28. 97헌마253·270(병합), 판례집 11-1, 54, 63: "선거권이 국가에

결정에서는 선거권과 납세·국방의 의무 사이에는 '필연적 견련관계'를 인정할 수 없다고 하였던 것이다.[132]

그러나 선거권을 국민과 시민으로서의 책임·의무와 단절된 것으로 파악하는 것은 권리와 의무 사이의 유기적 견련성을 인정하지 않는 자유주의적 기본권관의 전형을 보여주는 것으로서 재고할 필요가 있다. 자유주의적 기본권관은 인간은 누구나 동등한 권리를 부여받았으며 국가는 국가 이전에 있던 권리를 다시 확인할 뿐인 것으로 본다. 따라서 국민의 권리와 의무 사이에는 원칙적으로 견련관계가 없으며 따라서 특정한 의무의 불이행을 이유로 직접적인 견련관계가 인정되지 않는 권리의 부여를 부정해서는 안 된다는 논리가 도출된다. 본건에서 헌법재판소는 채권-채무 관계와 같은 권리-의무 관계

대한 납세, 병역, 기타의 의무와 결부되기 때문에 이와 같은 의무이행을 하지 아니하는 재외국민에게 선거권을 인정할 수는 없다고 할 것이다. 재일교포와 같이 타의에 의하여 외국에서 거주하는 사람들은 별론으로 하고, 해외에 이민을 목적으로 거주하고 있는 국민들은 자의에 의하여 국가에 대하여 납세, 병역 등의 의무를 전혀 부담하지 아니하고 있고, 장차 그 국가에 동화되어 생활하게 될 이들에 대하여 선거권을 인정하여야 할 아무런 논거를 찾을 수 없다."

132) 헌재 2007. 6. 28. 2004헌마644·2005헌마360(병합), 판례집 19-1, 859, 878: "선거권이 국가에 대한 납세, 병역의무와 결부되기 때문에 이와 같은 의무이행을 하지 아니하는 재외국민에게 선거권 행사를 허용하기 곤란하다는 주장도 다시 생각해 봐야 한다. 헌법 제1조 제2항은 "대한민국의 주권은 국민에게 있고, 모든 권력은 국민으로부터 나온다."라고 규정할 뿐 주권자인 국민의 지위를 국민의 의무를 전제로 인정하고 있지는 않다. 역사적으로 납세 및 국방의 의무이행을 선거권부여의 조건으로 하고 있었는지의 여부는 별론으로 하고, 현행 헌법의 다른 규정들도 국민의 기본권행사를 납세나 국방의 의무 이행에 대한 반대급부로 예정하고 있지 않다. 특히 이 사건 재외국민들은 '이중과세 방지협정'에서 정한 바에 따라 납세의무가 면제되는 것일 뿐이므로 재외국민이 국가에 대한 납세의무를 다하지 않고 있다고 볼 수도 없으며, 병역의무의 경우에도 재외국민에게 병역의무 이행의 길이 열려 있는 점, 이 사건 청구인들 중에는 이미 국내에서 병역의무를 필한 사람도 있는 점, 오늘날 넓은 의미의 국방은 재외국민의 애국심과 협력에 의존하는 바도 적지 않다는 점, 현재 병역의무가 남자에게만 부여되고 있다는 점 등을 감안하면 선거권과 병역의무 간에 필연적 견련관계를 인정하기 어렵다."

를 선거권·납세·국방의 의무 사이에서 발견하지 못했던 것이다.

　그러나 공화주의의 입장은 기본권을 국가로부터의 자유로 보는 자유주의의 기본권관과 달리 국가를 만들어 가는 매개이자 도구로 보므로 기본권의 정치성(政治性)과 동태성(動態性)을 강조하게 된다. 따라서 자유권적 기본권이나 수익권적 기본권이 아니라 정치적 참여의 권리가 기본권 이해의 중심에 서게 된다. 그럴 경우, 정치적 참여의 권리와 동전의 양면을 이루는 기본적 의무(국방, 납세)의 정치적 본질 또한 드러나게 된다.133)

　결국 공화주의에 따르면 공동체 구성원으로서 주어진 임무 혹은 국민에게 주어진 의무를 자의든 타의든 이행하지 아니하는 자에 대한 권리 부여는 적절하지 아니한 것이다. 더구나 공화주의의 기본권 이해에 의할 때 선거권이라고 하는 정치적 권리는 다른 어떤 권리보다 중요한 의미를 가지는 것으로서 그 중요성만큼이나 그에 따르는 의무도 큰 것이다. 따라서 재외국민이 국내에 거주하지 아니하여 국민으로서의 의무를 다하지 않는 상황일 경우 잠시 국민으로서의 권리, 특히 다른 권리도 아닌 선거권의 경우는 그 행사가 '정지'될 수 있는 것이다. 물론 그것은 권리의 박탈이 아니라 잠정적인 정지일 뿐이므로, 그가 신성한 선거권 행사를 위해 귀국한다거나 외국에 있으면서도 납세 등 의무를 다한다면 당연히 선거권이 부여되어야 할 것이다.

(2) 국방의 의무에 대한 공화주의적 접근

가. 자발적이고 공평한 국방의 의무

　우리 헌법은 국가의 안전보장과 국토방위를 국군의 신성한 의무라고 규정하면서(제5조 제2항), 국가안전보장을 실현하기 위한 중요한 수단으로서 국방의 의무를 명문으로 인정하고 있다(제39조 제1항). 또한 국가안전보장을

---

133) 이국운, 「공화주의 헌법이론의 구상」, 144면.

위하여 국민의 자유가 제한될 수 있음을 밝히는 한편(제37조 제2항), 대통령에게 국가긴급권을 부여하고(제76조 제1항), 대통령의 자문기관으로서 국가안전보장회의를 두도록 규정하는(제91조) 등 '국가의 안전보장'을 중대한 헌법적 법익으로 삼고 있다.

헌법재판소는 2004년 양심적 병역 거부 사건에서 "'국가의 안전보장'은 국가의 존립과 영토의 보존, 국민의 생명·안전의 수호를 위한 불가결한 전제조건이자 모든 국민이 자유를 행사하기 위한 기본적 전제조건으로서 헌법이 이를 명문으로 규정하는가와 관계없이 헌법상 인정되는 중대한 법익이며, 국방의 의무는 국가의 안전보장을 실현하기 위하여 헌법이 채택한 하나의 중요한 수단이다."134)라고 하여 국방의 의무의 의의에 대해 설명하고 있다. 한편 제대군인 군가산점 사건에서는 "국방의 의무는 외부 적대세력의 직간접적인 침략행위로부터 국가의 독립을 유지하고 영토를 보전하기 위한 의무로서, 헌법에서 이러한 국방의 의무를 국민에게 부과하고 있는 이상 병역법에 따라 군복무를 하는 것은 국민이 마땅히 하여야 할 이른바 신성한 의무를 다하는 것일 뿐, 국가나 공익목적을 위하여 개인이 특별한 희생을 하는 것이라고 할 수 없다."135)고 하여, 병역 의무는 우리나라의 국민이라면 당연히 이행해야 의무(義務)로서 희생(犧牲)이 아니라고 하였다.

그런데 문제는, 위와 같은 헌법과 헌법재판소의 공식적 견해와는 달리 현실에서의 병역의무는 오로지 의무인 것, 고된 것, 피할 수 있으면 피하고 싶은 것, 그리고 어쩔 수 없이 하는 것으로 인식되고 있다는 점이다. 그렇기 때문에 보통의 국민들은 병역의 의무를 '특별한 희생'을 하는 것으로 보고 있는 것이다. 특별한 희생이 '되어서는 안 된다'고 하는 것과 특별한 희생이 '되고 있는' 것은 전혀 다른 차원의 논의이다.

---

134) 헌재 2004. 8. 26. 2002헌가1, 병역법 제88조 제1항 제1호 위헌제청, 판례집 16-2 상, 141, 153.
135) 헌재 1999. 12. 23. 98헌마363, 제대군인지원에관한법률 제8조 제1항 등 위헌확인, 판례집 11-2, 770, 783.

병역 의무의 본질과 그 이상적 모습을 알기 위해 과거로 가보자. 고대 그리스에서 병역은 그리스 시민의 핵심적 의무였으며 그리스 시민에게 있어 병역 회피란 상상하기 힘든 것이었다. 예를 들어, 소크라테스는 두 번의 전쟁에 나가게 되었는데 두 번째는 45세의 때의 일이었다. 페리클레스는 스파르타와의 전쟁에서 죽은 장병들을 추도하면서 자유롭고 개방적인 도시 분위기에서 자발적인 충성과 용기에 의해 도시를 수호하는 아테네와 아테네 시민들을 칭송하고 있다.

> 또 우리의 군사정책도 적과는 다릅니다. 먼저 우리는 문호를 활짝 열고 소위 외인 추방 등으로 다른 사람의 견문을 방해하지도 않습니다. 설사 이 공개주의 때문에 적이 우리에게서 뭔가를 배워 편의를 도모할지라도 장비나 책략보다 우리의 감투(敢鬪)정신을 확고히 믿고 있습니다. 군사 교육에 있어서도 그들은 아주 어릴 때부터 엄격한 훈련으로 용기의 함양을 추구하고 있지만, 우리는 자유롭게 놔두면서도 그들에 대항해서 조금도 밀리지 않고 있습니다. … 게다가 우리는 훈련이나 군기(軍紀)에 번거롭게 시달리지도 또 서두르지도 않고 태연하며, 용기를 갖고 혼연히 위험에 직면할 뿐만 아니라 다가올 곤경에 전전긍긍하지 않고, 더욱이 일단 전열(戰列)에 서면 평소 훈련에 시달리고 있는 자들보다 훨씬 용감하게 행동합니다.[136]

이제 마키아벨리 시대의 이탈리아를 보기로 한다. 당시 이탈리아 도시국가들은 시민병(市民兵)을 대신하여 용병(傭兵)을 고용하여 전쟁을 수행하였는데, 이처럼 용병에 의존하는 도시방어는 당대의 이탈리아를 황폐하게 만들었다. 마키아벨리는 『군주론』과 『로마사 논고』 전반에서 용병에 대한 증오를 표현하고 있다. 그는 용감하게 훈련된 시민병은 일반적으로 국가의 '품격'을 높이게 되며 이것은 직업적 용병군이 가져오는 품격과 다른 것이라고 생각했다. 예를 들면, 로마 시민이 시민병이었던 시절 로마는 세계를 제패했지만 로마를 용병에 맡기면서 결국 멸망하고 말았다는 것이다.

---

136) 투키디데스, 『펠로폰네소스 전쟁사(상)』, 174-175면.

결국 페리클레스와 마키아벨리가 말하고자 하는 바는, 국가의 방위는 국가에 의해 강요된 의무로 이루어져서도 안 되며 국민이 그것을 회피해서도 안 되는 것으로 오로지 시민의 자발성에 의존한다는 것이다. 그리고 그 자발성이란 국가가 자신과 가족, 동포의 것이라고 느낄 때 생겨난다는 것이다. 그리하여 페리클레스는 연설의 마지막에 약속하기를, "전몰자들과 그 유족에게 나라가 주는 그들에 대한 승리의 관으로서 그들의 자식들이 성인이 될 때까지의 양육비를 아테네가 국고를 통해 보증"한다.137) 앞서 살펴보았듯이, 공화주의는 어떤 공동체가 하나의 가족이나 부족집단과 같이 완전한 유기체(有機體)가 되는 것은 거부하지만 시민들이 자신의 운명을 공동체의 운명과 같은 것으로 여기기를 바라는 것이다.

이처럼 공화국에서는 시민으로서 자발적인 국방의 의무 수행이 요청된다는 관점에서 병역 의무의 본질, 우리나라의 현실 및 병역 의무의 공정성 문제에 관해 검토해 보기로 한다. 사실 국방의 의무는 국민의 의무 중 가장 기본적인 의무라고 할 수 있다. 공동체의 방어는 지배자와 국가가 있기 이전부터 공동체가 존재하는 곳이라면 언제 어디서나 필요하고 또 존재했던 것이기 때문이다. 즉, 국방의 의무는 공동체의 출생(出生)과 사망(死亡)에 이르기까지 함께 하는 것이다. 한편, 납세의 의무는 빈부에 따라 납세액이 차이 날 수 있고 또 세액에 대해 납세자 각자가 느끼는 강도도 다를 수 있다. 그러나, 국방의 의무는 부유한 자든 가난한 자든, 권력이 있는 자든 없는 자든, 오직 그 자신의 '몸뚱이' 하나로만 복무할 수 있다는 점에서 사회의 모든 영역을 통틀어 완전한 평등이 가능한 유일한 영역일 것이다. 조선 왕조(朝鮮 王朝)를 '공화국'이라고 할 수 없는 이유 중 하나는, 법적·공식적으로 병역이 면제된 계층이 존재했고 돈이나 현물로 병역을 대신할 수 있는 길이 인정되고 있었다는 점이다. 조선 왕조는 우리 '모두의 것'이 아니라 '왕의 것'이거나 '양반들의 것'이었다. 국방의 의무가 이런 성격을 가진다는 점에서, 우리 국민들

---

137) 투키디데스, 『펠로폰네소스 전쟁사(상)』, 180-181면.

이 다른 부패에 대해서는 비교적 너그러운지 몰라도 유독 병역의 문제에 대해서는 예민하고 엄격한 태도를 취하는 이유가 설명될 수 있을 것이다.

그런 점에서 병역 의무에는 고도의 형평성이 요구되는데, 지금까지 대한민국의 역사에서 병역 기피자는 주로 특권층(特權層)의 자제였고 그것이 국민들을 분노케 하고 공화국 정신을 붕괴시키고 있음을 부인할 수 없다. 여기서 1980년대의 병역기피자와 2000년대의 국적포기를 통한 병역기피자들의 달라진 반응 양태를 살펴보는 것도 의미가 있겠다. 아마 후자는 국적법에 따라 적법하게 국적 포기를 한 결과 병역이 면제된 것일 뿐 "법을 위반한 것도 아니지 않은가?"라고 반문할 것이다. 자신들은 국적법과 병역법을 위반하지 않았으며 적법한 절차에 따라-물론 불법적인 경우도 많겠지만- 국적선택 및 국적포기라는 자신의 '법적 권리'를 행사한 것뿐인데, 그런 권리를 행사했기 때문에 비난받을 수는 없다는 것이다. 그렇지만, 그들은 적당한 시점이 오면 다시 한국으로 돌아와 높은 사회적 지위를 차지할 것이고, 그런 사정은 그들 자신뿐만 아니라 나머지 국민들 역시 잘 알고 있다. 그들에 대해 도덕적으로 비난할 수 있을 뿐 입법이든 사법이든 법적으로 제재하지 못한다면, 그 국가는 진정한 '공화국'은 못 되는 것이다. 여기서 공동체보다는 개인을 강조하는 자유주의 정신으로는 쉽지 않은 작업-예를 들면, 위와 같은 병역기피자에 대한 공직취임 금지-이 공화주의 정신으로는 가능하게 될 수 있음을 보게 된다.

끝으로, 병역의 의무에 대한 공화주의적 입장과 그렇지 않은 입장의 차이를 잘 볼 수 있는 병역법 규정 하나를 예로 들어 보자. 우리 병역법 제3조 제4항[138]은 병역의무자로서 일정한 형벌을 받은 자는 병역에 복무할 수 없으며 병적(兵籍)에서 제적된다고 규정하고 있다. 관점에 따라 그 입법취지는 다양하게 이해될 수 있을 것이다. 어떤 관점은 중범죄자는 군복무 중에도 각

---

138) 병역법 제3조 제4항: "병역의무자로서 6년 이상의 징역(懲役) 또는 금고(禁錮)의 형을 선고받은 사람은 병역에 복무할 수 없으며 병적(兵籍)에서 제적된다."

종 사고와 문제를 발생시킬 개연성이 크므로 그들을 배제하여 군대의 질서와 기강을 유지하기 위한 목적이라고 할 것이다. 그리고 (특히 부패한 국가에서는) 병역은 의무이자 고역일 뿐 그 면제가 수치스러운 경험이 아니기 때문에, 사람들은 중범죄자에 대해 군대를 갈 자격이 없다고 하기 보다는 오히려 더 많은 병역의무를 부과해야 한다고 주장할 수도 있다. 그러나 공화주의적 관점에서는, 중범죄자는 시민들의 권리이자 의무인 병역을 담당할 '자격'(資格)을 상실했기 때문에 병적에서 제적시키는 것이라고 본다. 그리고 의무를 다하지 않았기에 의무에 따르는 권리 행사에 제한이 가해지게 될 것이다. 이런 점에서 이 규정은 병역 의무의 공화주의적 본질을 잘 말해 주는 것이라 할 수 있으며, 나아가 이 규정을 바라보는 위와 같은 관점의 차이는 국가의 건전성을 말해주는 것이기도 할 것이다.

나. 양심적 병역거부 사건에 대한 사례 분석

이하에서는 앞서 본 우리나라 병역 의무의 현실을 도외시하고는 양심적 병역거부(良心的 兵役拒否, Conscientious objection)가 인정되지 않는 이유를 이해할 수 없다는 측면에서 이 문제를 검토해 보기로 한다.

종래 법원은 양심적 병역거부 문제에 대해 그 근거를 밝히지 않은 채 종교의 교리를 내세워 법률이 규정한 병역의무를 거부하는 것과 같은 이른바 양심상의 결정은 헌법에서 보장한 종교와 양심의 자유에 속하는 것이 아니라고 일관되게 판시하고 있었다.139) 그러다가 하급법원의 위헌법률심판제청이 있고, 급기야 하급심의 무죄판결이 내려지자, 대법원은 2004. 7. 15. 과거와 달리 상당히 자세한 내용을 담아 유죄판결을 선고했다.140) 대법원 판결의

---

139) 대판 1965. 12. 21. 65도894; 대판 1969. 7. 22. 69도934; 대판 1976. 4. 27. 75누
      249; 대판 1985. 7. 23. 85도1094; 대판 1992. 9. 14. 92도1534.
140) 대판 2004. 7. 15. 2004도2965.

요지를 정리하면 다음과 같다: 헌법 제39조 국방의 의무를 구체화하는 병역법 제3조는 대한민국 국민인 남자에게 병역의무를 부과하고 있다. 병역의무가 제대로 이행되지 않아 국가의 안전보장이 이루어지지 않는다면 국민의 인간으로서의 존엄과 가치도 보장될 수 없다. 한편, 병역법 제88조 제1항은 병역의무의 이행을 강제하기 위하여 현역입영대상자들이 '정당한 사유없이' 입영하지 아니하는 경우 이들을 처벌하도록 규정하고 있다. 양심적 병역거부가 여기의 '정당한 사유'에 해당하는지 살피건대, 양심의 자유 중에서 양심 실현의 자유는 제한될 수 있으며, 양심의 자유가 국방의 의무보다 우월한 가치라고 할 수는 없다. 따라서 양심상의 결정을 내세워 병역의무를 거부하는 것은 여기서의 '정당한 사유'에 해당하지 않으므로, 양심적 병역거부자들도 일반 병역기피자들과 마찬가지로 이 사건 법률조항에 의한 형사처벌을 받아야 한다.

그리고 대법원의 위 판결이 선고된 얼마 후에 헌법재판소 역시 양심적 병역거부를 부정하는 병역법 제88조 제1항 제1호에 대해 합헌결정을 내린다.[141] 헌법재판소는 양심의 자유의 내용을 양심형성의 자유와 양심실현의 자유로 나누어, 양심실현의 자유는 상대적 자유로서 법률에 의해 제한받을 수 있다고 한 후, 양심적 병역거부를 양심실현의 자유에 위치시킨 다음, 국가안전보장이라는 공익을 위해 양심적 병역거부를 인정하지 않는 것이 정당화된다고 하였던 것이다. 그리고 양심적 병역거부를 인정할 때 우려되는 문제로는, 첫째, 남북대치의 휴전 상태라는 특수한 상황에서 병역자원의 감소로 국방력 유지에 어려움이 있을 수 있다는 점, 둘째, 병역의무 이행자와의 형평성이 파괴되어 전체 병역제도의 근간이 흔들릴 수 있다는 점을 거론하였다.

그런데 양심적 병역거부자는 매년 400~600명 정도에 불과한바, 일년 현

---

141) 헌재 2004. 8. 26. 2002헌가1, 병역법 제88조 제1항 제1호 위헌제청, 판례집 16-2 상, 141.

역병 인원 30만~35만 명, 보충역 인원 약 4만 명 등에 비추어 볼 때 양심적 병역거부가 전투력 감소를 논할 만큼 우려할 문제가 아님은 명백하다.[142] 따라서 병역자원의 감소는 이유가 될 수 없으며, 병역의무자와의 형평성 문제가 양심적 병역거부를 인정할 수 없는 솔직한 이유가 될 것이다. 쉽게 말해 2~3년의 군복무 기간 동안 희생과 고통을 당한 일반적인 대한민국 남성의 입장을 고려할 때 믿을 수 없는 '양심'이라는 것을 이유로 병역 면제를 한다면 그들과의 형평성이 파괴된다는 뜻일 것이다. 이것을 국가적인 차원에서 보게 되면 작은 형평성의 파괴가 전체 병역제도의 근간이 흔들릴 수 있다는 것까지 연결될 수 있을 것이다. 병역 문제에 있어서의 형평에 대한 강력한 요구는 긴 결정문에 묻혀 잘 드러나지 않지만, 사실 헌법재판소도 명확히 인식하고 있다.[143] 따라서 양심적 병역거부를 인정하려는 입장에서는, 단순 병역 면제가 아니라 대체복무를 인정하되 그 대체복무는 현역복무와 등가성(等價性)을 가질 것이라는 점을 강조한다. 즉, 대체복무의 기간을 길게 하는 등 부담과 어려움이 커질수록 양심적 병역거부를 빙자한 병역기피는 줄어들 것이고, 결국 "부담의 등가성 확보가 국방의무의 형평성 보장과 함께 병역기피 문제를 해결하는 궁극적인 방법이 될 수 있다."는 것이다.[144]

우리는 앞에서 근대 국가론의 토대인 사회계약론에 의할 때 양심적 병역

---

142) 이는 소수의견(위헌의견)도 지적하고 있다. 그러나, 다수의견(합헌의견)은 양심적 병역거부를 인정했을 때의 파급효를 헌법재판소가 판단하기는 어려우므로 명백히 입법자의 판단이 잘못되었을 때가 아니라면 위헌판단을 해서는 안 된다는 점(명백성 통제 기준)을 들어 합헌결정을 내리고 있다.

143) 헌재 2004. 8. 26. 2002헌가1, 판례집 16-2 상, 141, 158: "병역부담평등에 대한 사회적 요구가 강력하고 절대적인 우리 사회에서 병역의무에 대한 예외를 허용함으로써 의무이행의 형평성문제가 사회적으로 야기된다면, 대체복무제의 도입은 사회적 통합을 결정적으로 저해함으로써 국가전체의 역량에 심각한 손상을 가할 수 있으며, 나아가 국민개병제에 바탕을 둔 전체 병역제도의 근간을 흔들 수도 있다."

144) 헌재 2004. 8. 26. 2002헌가1, 판례집 16-2 상, 141, 170(재판관 김경일, 전효숙의 반대의견).

거부 문제는 제기되지 않을 수 없는 문제임을 보았다. 그리고 실제로 징병제를 택하는 구미 국가들은 상당수가 양심적 병역거부를 인정하고 있음도 확인하였다. 적어도 우리가 사회계약에 의해 국가를 구성하고 그러한 국가의 목표 중 하나는 개인의 기본권을 보장하는 것이라는 점을 인정한다면, 양심적 병역거부를 전적으로 부정하는 것은 (자유주의) 국가의 구성원리에도 반하는 것이 될 것이다. 따라서 우리의 역사적 현실-분단국가(分斷國家), 휴전상태(休戰狀態)-이 그것을 완전하게 승인할 처지가 되지 못한다면 최소한 대체복무(代替服務)라도 인정하는 것이 이론적으로나 실천적으로나 모순을 해소하는 길일 것이다.

물론, 이와 같은 입장은 공화주의론과 전혀 모순되는 것이 아니다. 공화주의는 공동체의 안정과 질서를 무조건적이고 일차적인 가치로 간주하지 않는다. 국가의 성립과 정당성이 계속적인 국민의 동의에 의지하는 것이라고 한다면, 국가는 끊임없이 그 정당성을 확인받고 부여받아야 한다. 그런 점에서 양심적 병역거부 문제의 경우, 병역거부를 인정할 수 없(다)는 이유를 국가의 '존재 자체'가 생산하고 있음에도 불구하고 역으로 그 초래된 결과를 전제로 하여 현상을 유지하기 위해 국민의 기본권 보장을 외면하는 일은 정당화될 수 없는 것이다. 공화주의는 국가와 개인을 대척점에 두고서 각자의 길을 가는 존재로 보는 것이 아니라 국가와 개인 간의 끊임없는 상호작용을 요청한다. 따라서 국가는 국민이 자발적으로 의무를 이행할 수 있는 법적·제도적 여건을 만들 임무가 있으며, 그러한 때 국가는 국민에 대해 그 의무 이행을 요구하고, 그 불이행시 강력한 제재를 할 수 있게 된다.

(3) 근로의 의무에 대한 공화주의적 접근

근로의 의무를 헌법에서 정한 것은 20세기 초반 바이마르 헌법에서 비롯되었으나, 바이마르 헌법은 이러한 근로의 의무를 윤리적 의무로 정하였다.145) 그 밖에 근로의 의무를 규정하고 있는 헌법은 일본국 헌법을 꼽을 수 있는데,146) 이를 제외하면 자유주의 국가 혹은 자본주의 국가의 헌법에서 근로의 의무를 규정하는 경우는 거의 찾을 수 없다.

반면, 사회주의 국가의 헌법의 경우, 즉 구 소비에트연방공화국 헌법 제14조147) 및 제60조, 중화인민공화국 헌법 제57조,148) 북한헌법 제29조149) 등에는 노동의 의무에 대해 상세한 규정을 두고 있다. 예를 들어, 구 소비에트연방공화국 헌법 제60조는 "노동능력을 가진 각 소비에트연방시민의 의무와 명예에는 각자가 선택한 사회적으로 유용한 활동분야에서 성실히 노동하고 노동규율과 생활규율을 엄격히 준수하는 것이다. 사회적으로 유익한 노동을 회피하는 것은 사회주의 사회원칙에 모순되는 것이다."라고 규정하고 있었다.

우리 헌법은 제32조 제2항에서 "모든 국민은 근로의 의무를 진다. 국가는

145) 바이마르 헌법 제163조 ① 모든 독일인은 인신의 자유를 침해받지 아니하고 그 정신적 및 육체적인 힘을 전체의 복지를 촉진하도록 활용할 도덕적 의무를 진다.

146) 그러나, 메이지 헌법(明治 憲法)에는 근로의 의무 규정은 없었다. 대신, 병역의 의무 규정(제20조 일본신민은 법률이 정하는 바에 따라 병역의 의무를 진다)과 납세의 의무 규정(제21조 일본신민은 법률이 정하는 바에 따라 납세의 의무를 진다)이 있었다.

147) 소비에트연방공화국 헌법 제14조: "소련인민의 착취가 없는 노동은 사회적 부와 소련 각 시민의 복지증진의 원천이다. 국가는 '각인은 능력에 따라 노동하고 노동에 따라 보수를 받는다'라는 사회주의원칙에 입각해서 노동과 소비에 대한 통제를 실시한다. 국가는 소득세의 규모를 결정한다. 사회적으로 유용한 노동 및 그 결과는 사회에 있어서 인간의 지위를 결정한다. 국가는 물질적·정신적 자극을 조화시키고 혁신과 일에 대한 창조적 태도를 장려함으로써 노동이 각 소련인의 첫째가는 생활의 요구로 전화하도록 조성한다."

148) 중화인민공화국 헌법 제57조: "공민은 공공재산을 애호·방위하고 노동규율을 준수하고 공공질서를 지키고 사회의 공공도덕을 존중하고 국가의 기밀을 지켜야 한다."

149) 조선민주주의인민공화국 사회주의헌법(2009. 4. 개정) 제29조: "사회주의는 근로대중의 창조적 로동에 의하여 건설된다. 조선민주주의인민공화국에서 로동은 착취와 압박에서 해방된 근로자들의 자주적이며 창조적인 로동이다. 국가는 실업을 모르는 우리 근로자들의 로동이 보다 즐거운 것으로, 사회와 집단과 자신을 위하여 자각적 열성과 창발성을 내여 일하는 보람찬 것으로 되게 한다."

근로의 의무의 내용과 조건을 민주주의원칙에 따라 법률로 정한다."고 규정하고 있다. 우리 헌법은 사회주의 헌법이 아님에도 불구하고 특이하게도 건국헌법에서부터 근로의 의무를 규정하고 있다.[150] 따라서 근로의 의무의 본질 및 우리 헌법에서의 의미에 대한 논의가 많이 있을 법하지만 실제 헌법학계의 논의는 별로 없는 형편이다. 간략히 헌법학계의 학설을 살펴보자면, 근로의 의무란 국가가 공공필요에 의하여 근로할 것을 명하는 경우에 이에 복종해야 할 국민의 의무라는 견해(法的 義務說)와 근로의 능력이 있음에도 불구하고 근로하지 않는 자에 대해서는 윤리적·도덕적 비난이 가해져야 한다는 견해(倫理的 義務說)로 나눌 수 있다.[151] 후자와 같은 맥락에서, 자유민주주의 국가에서 국민은 자기의 노동에 대하여 자결권을 가지기 때문에 국가는 국가긴급사태와 같은 예외적인 상황에서만 특정한 목적을 위하여 국민에게 노동을 강제할 수 있고, 그 이외에는 강제노동을 하게 할 수 없으며, 헌법 제32조 제2항은 국민에게 법적으로 노동을 강제하는 것도 아니고 국가가 근로를 하도록 강제하는 데 대하여 기본권으로 대항할 수 없게 하는 것도 아니므로 이는 헌법상의 의무가 아니라는 견해가 있다.[152]

생각건대, 근로의 의무 규정을 내세워 국가가 강제노동을 시킬 수 없다는 점, 일하지 않아 굶어 죽을지라도 그것은 개인의 자유라는 점은 타당하다. 문제는, 이런 기존의 논의는 국가가 국민에 대해 노동을 강제할 수 있느냐 하는 점에만 집중되어 있어 그 내용이 빈약하다는 것이다. 근로의 의무의 성격은 원칙적으로 국가체제와 관련하여 이해되어야 한다. 구 소련과 같은 사회주의 국가에서는 근로의 권리가 적극적 의미(구체적·현실적 권리)를 가졌기 때문에 그에 대응하여 근로의 의무도 비교적 적극적인 성격을 가졌지만, 자본주의 국가에서는 근로의 권리가 소극적으로 보장되는 데 그치기 때문에

---

150) 건국헌법 제17조: "모든 국민은 근로의 권리와 의무를 가진다. 근로조건의 기준은 법률로써 정한다. 여자와 소년의 근로는 특별한 보호를 받는다."

151) 권영성, 『憲法學原論』(2008년 판), 718-719면.

152) 정종섭, 『憲法學原論』(2010년 판), 864면.

근로의 의무도 윤리적·도덕적 의미의 소극적 성격을 가질 뿐이다.[153] 그런 점에서 볼 때 우리 헌법은 재산권 행사에 있어 공공복리 적합성이라는 제한을 두고 있지만(헌법 제23조 제2항) "모든 국민의 재산권은 보장된다."(헌법 제23조 제1항)고 하여 사유재산제를 근간으로 하며, 시장경제질서를 규제·조정하는 각종 규정들을 두고 있지만 기본적으로는 그것을 골간으로 하는 등(헌법 제9장 경제) 자본주의 국가 헌법이라고 할 수 있다. 또한 직업의 자유(헌법 제15조)의 내용으로 무직업의 자유(無職業의 自由)까지도 포함한다. 따라서 이러한 점을 종합적으로 고려한다면 적어도 법적으로 근로의 의무 자체를 강제할 수 없음은 명백하다 하겠다. 그러나 근로의 의무는 일하지 않는 자에 대해 강제로 노동을 시킬 수 있느냐 없느냐 하는 단순한 이분법에 그치는 문제가 아니기 때문에 근로의 의무의 내용과 성격에 대한 논의는 여전히 많은 것을 말해 줄 수 있다.

우선, 우리 헌법을 유심히 관찰해보자. 헌법은 제32조 제1항에서 "모든 국민은 근로의 권리를 가진다."라고 하고 제2항 제1문에서는 "모든 국민은 근로의 의무를 진다."고 하여 대구(對句) 형식으로 규정한 뒤, 제2항 제2문은 "국가는 근로의 의무의 내용과 조건을 민주주의원칙에 따라 법률로 정한다."고 하여 '민주주의원칙에 따라' '법률로' 근로의 의무의 '내용과 조건'을 형성할 수 있도록 하고 있다. 따라서 적어도 우리 헌법의 규정 형식과 내용에 의하면 근로의 의무를 법률로써 보다 구체화할 길은 트여 있다고 할 수 있다.

여기서 최근 근로의 의무를 새롭게 해석하는 일본 헌법학계의 견해를 참고삼기로 한다.[154] 과거 일본에서도 자본주의 체제 아래에서 근로의 의무 규정에 법적 의미를 가지게 하는 것은 가능하지 않고 어디까지나 정신적·도덕적인 지시에 그친다고 하는 소극적인 평가가 주류적 견해였다. 그렇지만 근로의 의무를 '사회국가의 근본원리를 정한 것' 즉, '일하지 않는 자는 먹지

---

153) 권영성, 『憲法學原論』(2008년 판), 719면.
154) 野中俊彦·中村睦男·高橋和之·高見勝利, 『憲法 I』, 514-515면.

말라'의 원리와 그 근본정신을 같이 한다고 해석하여 사회국가적 급부에 내재하는 당연한 조건으로 보아, 일할 능력이 있고 그 기회를 가지고 있는데도 일할 의욕을 가지지 않고 또한 실제로 일하지 않는 자는 생존권의 보장이 따르지 않는 등의 불이익한 취급을 받게 되어도 어쩔 수 없다는 의미가 포함되어 있다고 해석하는 학설이 최근 유력해지고 있다.[155] 그리고 더 나아가 위의 견해 역시 근로의 의무를 윤리적 의무설로 해석하는 것과 그다지 큰 차이가 있다고 할 수는 없으므로 보다 적극적으로, 예를 들어 불로소득자에 대해 생활곤궁자와의 부당한 불균형을 시정하기 위해 일정한 합리적인 제한을 부과하는 조치를 취할 수 있다고 해석하다고 하는 견해도 제시되고 있다.

위와 같은 다양한 입장 중에서 마지막의 견해, 즉 불로소득자에 대해서 일정한 합리적인 제한을 부과하는 조치가 가능하다는 견해는 공화주의적인 해석에 가까운 것이라고 할 만하다. 이런 해석에 의하면, 국가가 노동을 강제할 수 있다는 것은 지나치다는 점, 그렇다고 노동의 의무가 단순한 도덕적 의무에 그친다고 보는 것은 무언가 부족하다는 점 모두를 만족시킬 수 있을 것이다. 공화주의는 경제적 평등이 있는 곳에서 정치적 평등이 달성되며 동시에 사람들 사이의 지배가 없는 상태, 비지배적 자유가 가능하다고 본다는 점에서 '근로의 의무에 대한 강한 해석'을 지지한다. 만약 우리가 전혀 타인

---

155) 실제로 일본에서 생활부조 그 밖의 사회국가적 급부를 정하고 있는 법률에서는 노동의 의무를 다할 것이 급부의 조건으로 되는데, 예를 들어 일본 생활보호법 제4조 제1항에서는 "보호는 생활에 곤궁한 자가, 그 이용할 수 있는 자산, 능력 그 밖에 여러 가지 것을, 그 최저한도의 생활의 유지를 위해서 활용하는 것을 요건으로 하여 실행된다."고 정하고 있다. 한편 우리 국민기초생활보장법 역시 동일한 취지의 규정이 있다: 국민기초생활 보장법 제3조(급여의 기본원칙) ①이 법에 의한 급여는 수급자가 자신의 생활의 유지·향상을 위하여 그 소득·재산·근로능력 등을 활용하여 최대한 노력하는 것을 전제로 이를 보충·발전시키는 것을 기본원칙으로 한다. ②부양의무자의 부양과 다른 법령에 의한 보호는 이 법에 의한 급여에 우선하여 행하여지는 것으로 한다. 다만, 다른 법령에 의한 보호의 수준이 이 법에서 정하는 수준에 이르지 아니하는 경우에는 나머지 부분에 관하여 이 법에 의한 급여를 받을 권리를 잃지 아니한다.

이라면 모르되 적어도 하나의 국가를 이루어 공존하는 국민이라면 고된 노동을 하고도 가난에서 벗어날 수 없는 국민과 타인의 노동에 기생하여 사는 국민이 공존해서는 안 된다. 공화주의 정신에 따라 근로의 의무에 법적인 성격을 부여한다면, 근로의 의무에 대한 헌법 규정은 근로로부터 비롯되는 소득 문제 등에 대해 합당한 조치를 가할 수 있는 원칙으로 자리매김할 수 있을 것이다.

정리하자면, 우리 헌법과 체제가 자본주의를 골간으로 하고 있음에도 불구하고 제헌헌법부터 현행 헌법까지 근로의 의무를 명문으로 규정하고 있는 것은 '땀 흘리지 않는 자 먹지 말라'는 정신이 구현된 것이라 할 수 있다. 그리고 그것은 단순한 윤리적 의무에 그치는 것이 아니라 합리적인 범위 내에서 법적인 의무로서의 성격이 부여된 것으로 해석할 수 있다. 즉, 우리 헌법 제32조 제2항은 내가 근로할지 말지는 국가가 간섭할 사항이 아니며 내가 '굶어 죽거나 말거나'는 나의 자유라고 하는 자유주의 정신이 아니라, 평등한 시민으로 이루어진 공동체에서 타인의 피와 땀으로 살아가는 사람은 없어야 한다는 공화주의 정신이 발로되어 규정된 것이라고 볼 수 있을 것이다.

4. 사법심사에 있어서의 공익 판단 문제

앞서 공화주의 사상은 공익이 사익의 집합일 뿐 따로 존재하는 것이 아니라는 견해나 사익 추구적인 경쟁을 통해 자연적으로 달성될 수 있는 것이라는 관점에 반대하고 그것을 의식적으로 추구해야 할 대상으로 본다는 점을 확인하였다. 이제 사법심사에 있어서의 공익 판단 문제에 관해 검토해보고자 한다. 사법심사에 있어 공익 개념이 정립되어 있지 않으면, 그 판단에 법관의 지나친 재량이 허용되어 법관 개인의 세계관·이데올로기가 공익으로 둔갑하는 사태가 발생하고 결국은 판결 자체가 그릇된 방향으로 내려질 수 있다. 이하에서는 우선 헌법과 법률상 나타나는 공익과 공공복리의 표현을 살펴보고, 그에 대한 우리 헌법학계의 논의 현황을 검토한다. 그리고 사법심사 과정과 현실에서 제기되는 공익 문제를 주요 헌법재판소 결정례를 통해 평가해 본다.

(1) 헌법과 법률에 구현된 공익과 공공복리

우리 헌법은 기본권 제한 사유로서의 '공공복리'를 규정(제37조 제2항)한 외에 따로 공익이나 공동선과 같은 표현을 명시적으로 사용하고 있지는 않지만 다양한 규정들과 표현에서 공익을 지향하고 있음을 읽을 수 있다. 헌법은 전문(前文)에서 "정의·인도와 동포애로써 민족의 단결을 공고히 하고, … 자율과 조화를 바탕으로 자유민주적 기본질서를 더욱 확고히 하여 정치·경제·사회·문화의 모든 영역에 있어서 각인의 기회를 균등히 하고 … 국민생활의 균등한 향상을 기하고 … 우리들과 우리들의 자손의 안전과 자유와 행복을 영원히 확보할 것"을 요청하고 있다. 그리고 국가원수로서의 대통령에 대해서는 그 취임에 있어 "나는 헌법을 준수하고 국가를 보위하며 조국의 평화적 통일과 국민의 자유와 복리의 증진 및 민족문화의 창달에 노력하여 대통령으로서의 직책을 성실히 수행할 것을 국민 앞에 엄숙히 선서합니다."(제69조)라는 선서를 하게 하고 있다. 이처럼 민족의 단결, 각인의 기회 균등, 자유와 권리, 국민 생활의 균등한 향상, 평화 통일, 민족 문화의 창달 등등이 모두 헌법이 인정하는 공익이라고 할 수 있다.

그밖에 공익지향성이 비교적 명백히 드러나 있는 헌법 규정들로는, '국민 전체에 대한 봉사자'로서의 공무원(제7조 제1항), 재산권 행사시의 '공공복리' 적합성(제23조 제2항), 재산권의 수용·사용 및 제한시의 '공공필요'(제23조 제3항), 기본권 제한 사유로서의 '국가안전보장과 질서유지 또는 공공복리'(제37조 제2항), 대통령의 책무로서 '국가의 독립·영토의 보전·국가의 계속성·헌법수호'(제66조), 재판 비공개 사유로서 '국가의 안녕보장 또는 안녕질서'(제109조), 국민 모두의 생산 및 생활의 기반이 되는 '국토의 효율적이고 균형 있는 이용개발과 보전'(제122조) 등을 규정한 조항들을 들 수 있겠다.

한편, 헌법 이외의 실정법 분야에서도 공익 개념은 다양하게 사용되고 있다.156) 특히 그것은 주로 행정법(行政法) 분야에서, 입법의 목적, 규제정책의 목표, 개인의 자유를 제한하는 근거, 인허가 및 그 거부와 취소의 근거, 사정변경의 근거로, 그리고 하위법령에서 구체화되어야 할 목표 및 전제로 매우 다양한 맥락에서 사용되고 있다.157) 실로 행정법의 영역에서는 실무상 학설상 모든 논의가 공익을 둘러싸고 벌어지는 것이다. 민법(民法) 분야에서도 공익 개념은 사적자치와 공공복리 사이의 (우열)관계라는 주제로 언제나 중요하게 다루어지고 있다. 19세기까지 사법(私法)의 영역에서는 사적자치가 지배적이었으나 점차 국가의 권력과 기능이 거대해지면서 '공익'을 위하여 사적자치를 제한하는 법률과 행정규제가 늘어나게 되자, 민법학에서는 사적자치 원칙과 공공복리 간의 관계에 대한 고민이 생겼다. 개인의 사적 자유와 경쟁을 보장하면 개인의 이익은 물론 공익까지도 자연스럽게 달성될 것이라는 19세기적인 낙관론이 현실에서 부정되자 사적자치에 대한 회의가 생겼으나, 동시에 공익과 공공복리라는 명분으로 다시 과거로 돌아가 '자율적인 개인과 자유로운 사회'라는 이상이 훼손될 것을 염려하는 반발도 나타났던 것이다. 이것이 우리 민법학에서는 사적자치와 공공복리 중 어느 것이 민법의 제1원칙이 되어야 하는가에 대한 고민으로 표현된다. 이에 계약자유의 원칙, 소유권절대의 원칙, 과실책임의 원칙 등 근대민법의 3대 원칙은 최상위에 있

---

156) '공익'이라는 용어는 법률 명칭에도 직접 들어가 있는데, 그러한 법률로는 '공익법무관에 관한 법률', '공익법인의 설립·운영에 관한 법률', '공익사업을 위한 토지 등의 취득 및 보상에 관한 법률', '공익수의사에 관한 법률' 등이 있다.

157) 김도균, 「법원리로서의 공익: 자유공화주의 공익관의 시각에서」, 『서울대학교 法學』제47권 제3호, 2006. 9, 157면.

는 공공복리의 원칙에 기속된다는 견해가 제기되며, 민법이야말로 사회의 기본법이며 헌법의 존재이유도 사법적 개념제도를 옹호하는 데에서 찾을 수 있다는 견해158)도 있다.

(2) 공익 개념에 대한 학설과 판례

가. 헌법학에서의 공익 개념

"공익이란 무엇인가?" 라고 물을 때, 각자 직관적으로 알고 있으며 모두가 공감하고 있는 것 같은 문제가 그리 간단하게 답해질 수 있는 것이 아님을 깨닫게 된다. 공익 개념은 매우 모호하고, 공익과 관련되어 있지 않은 것이 없으며, 국가와 사회의 어떤 문제상황 혹은 어느 지점에서 사용되는지에 따라 그 개념이 달라지기도 하기 때문이다. 공익개념과 관련하여 제기되는 질문들은 다음과 같이 정리할 수 있을 것이다159): 첫째, 공익이란 존재하는가?(공익존재론의 문제) 둘째, 공익이 존재한다면 우리는 어떻게 알 수 있는가? 무엇을 공익으로 파악할 것인가? 그리고 누가 공익임을 판단하는가?(공익 인식의 문제, 공익판단의 문제) 셋째, 공익의 실현은 어떻게 이루어지는가? 특히 공익과 사익 사이의 대립은 어떻게 해결되어야 하는가?(공익실현의 문제)

그런데, 법학과 법실무에서는 "공익이란 존재하는 것인가?"라는 정치철학에서 근본적으로 제기되는 문제보다는 공익이란 것이 존재한다는 전제 위에서, 다만 "공익을 어떻게 판단하고 실현할 것인가?"하는 문제를 주로 다루게 된다. 왜냐하면 국가와 법률은 (설사 공익이 무엇인지 확정할 수 없을지라도) 공익을 추구한다는 것을 그 존재의 근거로 삼고 있으며, 법학과 법실무는 철

---

158) 사회의 가장 근본법으로서의 민법을 강조하는 입장에서 헌법과 민법의 관계를 파악하는 입장에 대해서는 양창수, 「헌법과 민법-민법의 관점에서-」, 『서울대학교 法學』제39권 제4호, 1999 참조.

159) 김도균, 「법원리로서의 공익」, 156면.

학적인 수준에서의 논의를 떠나 지금 존재하여 대립하고 있는 권리와 이익들을 다루기 때문에 공익을 판단의 준거점으로 삼을 수밖에 없기 때문이다. 또한 법학과 법실무는 "누가 공익임을 판단하는가?"라는 문제에 있어서도 최종적으로는 법원이 하는 것이라고 이미 어느 정도의 답을 준비하고 있다. 결국 법적인 문제에 관한 한 공익에 대한 철학적이고 원론적인 문제는 덜 고민하게 된다. 그런 점에서 헌법과 행정법 등에서는 '공익' 개념을 별로 의심도 하지 않고 널리 사용해 왔다고 할 수 있을 것이다.

이제 헌법상 공익과 공공복리 개념에 대한 우리 헌법학계의 학설에 대해 검토해 보기로 한다. 대개 공익 개념은 독자적으로 다루어지지는 않으며 주로 헌법 제37조 제2항의 공공복리 개념 논의를 통해 유추할 수 있을 뿐이다. 어떤 견해는, 공공복리 개념에 있어 중요한 것은 "그 개념의 자구해석보다는 기본권 제한의 목적상 한계를 헌법의 통일성에 입각해서 기능적이고 본질적인 측면에서 접근하는 것"이고 그렇게 하는 경우 "개념해석 그 속에서 나오는 것"이라고 보기도 한다.[160] 그리고, 공공복리는 개인의 수준을 넘어 공동체 내의 구성원 전체의 삶을 위한 이익을 의미한다는 견해,[161] 공공복리를 국가안전보장과 질서유지와 구분하여 현대 사회복지국가의 이념을 구현하는 적극적인 의미를 가지는 것으로 보는 견해,[162] "개인적 이익을 초월하여 국가적 차원에서 결정되는 전체적 이익인 국가 절대주의적 공공복리 개념" 뿐만 아니라 "개인적 생활이익을 절대시하는 근대시민국가적 복리"를 부정하고 현대 사회국가 헌법에서의 공공복리는 공동으로 사회생활을 영위하는 사회구성원 전체를 위한 공적인 이익으로 이해하는 견해[163] 등이 있다.

위 견해 중 첫 번째 것은, 공공복리가 자연히 도출될 수 있다고 보아 공공복리에 대한 적극적 해명을 유보하는 입장이며, 나머지 견해들은 공공복리를

---

160) 허영, 『韓國憲法論』(2007년 판), 281면.
161) 정종섭, 『憲法學原論』(2010년 판), 358-359면.
162) 김철수, 『憲法學槪論』(2008년 판), 315면; 성낙인, 『헌법학』(2010년 판), 354면.
163) 권영성, 『憲法學原論』(2008년 판), 350면.

최소한으로 정의하여 공동체 구성원 전체의 이익이라고 보는 점에서 공통점을 가지는데, 사실 그 이상 말해주는 바는 없다고 할 수 있다.[164)]

이상의 논의를 통해 알 수 있는 우리 헌법학계 공익 논의의 특징 중 하나는 공익과 공공복리에 대해 적극적으로 정의하거나 탐구하려는 노력이 별로 없다는 점이다. 다만 최근 들어 '공공성'에 대한 관심의 증가와 더불어 다소의 연구성과가 나오고 있는 상황이다.[165)] 이처럼 공익에 대한 연구가 드문 이유를 생각건대, '공익'이라는 것 자체가 어떤 실체를 가진 것이 아니어서 적극적으로 정의되거나 묘사될 수 없는 것이고 실체가 있다고 하더라도 고정된 것이 아니라 가변적인 것이므로 그것을 확정하기 어렵기 때문이라는 점도 한 이유일 수 있겠다. 한편으로는, 우리 사회가 지금과 같이 민주화·다원화되기 이전에는 공익에 대한 어떤 합의가 있었거나 혹은 적어도 있다고 보았기에 굳이 공익을 정의해야 할 필요성이 크지 않았기 때문일 수도 있을 것이다.

우리 헌법학계의 공익 논의의 다른 특징 하나는, 국가의 목표와 지향으로서의 공익 혹은 공공복리와 헌법 제37조 제2항의 기본권 제한 사유로서의 공공복리의 차이점이 제대로 인식되지 못하고 있다는 점을 들 수 있다. 국가 전체 목표로서의 그것은 비단 사법권에 의한 실현이 아니라 모든 국가권력과 제도가 지향해야 할 바를 가리키는 반면, 기본권 제한 요건으로서의 그것은 기본권을 제한하는 입법이나 행정이 있을 경우 사법권의 입장에서 기본권 보호의 관점에서 그것이 정당화될 수 있느냐를 묻는 것이기에 논의의 측면을 달리하는 것이라 하겠다.

---

164) 조한상, 「헌법 제37조 제2항 '공공복리' 개념에 관한 고찰」, 91면.
165) 김도균, 「법원리로서의 공익」; 조한상, 「헌법 제37조 제2항 '공공복리' 개념에 관한 고찰」; 조한상, 「헌법에 있어서 공공성의 의미」, 『공법학연구』제7권 제3호, 한국비교공법학회, 2006 등.

나. 공익 관련 결정례 분석

사법심사에 있어서의 공익 문제는, 입법이나 정책 혹은 민주주의에 있어서의 공익 문제와는 논의의 평면을 달리한다. 민주주의의 영역에서 공익의 문제가 무엇을 공공정책으로 결정할 것인지, 그리고 어떻게 그것을 실행할 것인지 등에 관한 문제라면, 사법심사에서의 공익의 문제는 법관이 주어진 사건에 있어 어떤 것을 공익으로 판단할 것인지, 공익과 사익의 형량은 어떻게 할 것인지에 관한 문제라고 할 수 있다.

1) 법원의 경우

사실 우리나라 법원에서 공익 개념을 적극적으로 다룬 판례를 찾기는 쉽지 않다. 그래서 이에 대해서는 "우리 법원의 판례에 있어 공익개념이 법적 쟁점으로서 논증의 대상이 되는 경우는 많지 않다. 법원은 공익 또는 공익침해에의 해당 여부를 논증 없는 종국적 판단대상으로 하고 있다. 따라서 공익 자체가 하나의 법적 판단의 기준이 된다기보다는 공익개념은 어떤 실체적 판단을 포장하는 하나의 형식적·포장적 개념으로서 기능하고 있는 경우가 많다."는 비판도 있다.166)

그런데 행정법학과 행정법실무에서는 일반적으로 행정법규가 공익을 위해 제정되었다는 가정 혹은 추정 하에 행정청의 처분이 그러한 행정법규에 비추어 볼 때 위법·부당한지 여부를 판단하게 되는바, 사실상 공익 개념은 당해 행정법규 속에 이미 확정되어 있는 것으로 보므로 공익 개념에 대한 판단을 따로 할 여지가 별로 없다고 할 수 있다. 그렇기 때문에 법원으로서는 당해 사안의 법규와 처분이 진실로 공익을 위해 제정 혹은 발령된 것인지, 그리고 당해 사안에서의 공익이란 무엇인지에 대한 진지한 고려가 필요한 경우는 많지 않은 것이다. 또한 현재 법원에는 위헌법률심판권이 없으며 과거

---

166) 최송화, 『공익론』, 서울대학교출판부, 2002, 242-243면.

법원에 위헌법률심판권이 있었을 때조차도 위헌법률심판을 한 경우가 거의 전무했기에 적극적인 공익 판단이 드물다고 할 수도 있다. 이런 사정들이 행정법 판례에서 공익에 대한 개념분석이 별로 없는 이유가 될 것이다.

따라서, 만약 공익 판단과 관련한 법원 판례에 문제가 있다고 한다면, 그것은 법원의 공익 판단이나 논증이 드물다는 현상 자체가 아니라 어떤 처분이 어떤 사유로 공익에 위반되는지를 구체적으로 판결문에 설시하지 아니하는 태도에 있다고 할 것이다. 그리고 법규와 처분의 공익성이 적극적으로 다투어질만한 (예외적) 사안의 경우에도 행정법 고유의 논리와 법원의 소극적 태도로 인해 공익 판단이 적절히 이루어지지 않는 점도 문제라고 할 것이다. 후자의 문제에 관해 한 가지 예만 들어 간략히 살펴보기로 한다. 법원은 원고적격과 관련하여 행정쟁송을 제기하기 위해서는 원칙적으로 '법적으로 보호되는 이익'(法的 保護利益)이 침해되어야 하며 단순한 사실상의 이익이나 반사적 이익이 침해되어서는 안 된다고 한다. 즉, 관계규정이 전적으로 공익 목적만을 위한 것인 경우 그때 사인이 받는 이익은 행정주체에 제한 또는 의무를 부과한 반사적 효과로서의 이익에 불과하므로 원고적격을 인정하지 않는 것이다.167) 물론 법원은 형식적인 법적 보호이익 판단의 한계를 알고 있기에, 사안에 따라 관계규정을 당해 법규 전체의 목적·취지에 비추어 공익과 동시에 개인적 이익도 보호하는 것으로 보는 방식으로 법적 보호이익을 확대하는 추세에 있다.168) 다만, 이런 법논리는 공익에 대해 독자적이고 적극

---

167) 대판 1993. 7. 27. 93누8139: "행정처분의 직접 상대방이 아닌 제3자라도 당해 처분의 취소를 구할 법률상 이익이 있는 경우에는 취소소송의 원고적격이 인정된다 할 것이나 여기서 법률상 이익이라 함은 당해 처분의 근거가 되는 법규에 의하여 보호되는 직접적이고 구체적인 이익을 말하고 단지 간접적이거나 사실적, 경제적 이해관계를 가지는데 불과한 경우에는 여기에 포함되지 않는다."

168) 그런 경향을 보이는 초기 판례를 간단히 살펴보기로 한다. 주거지역 내에서의 연탄공장 설치허가에 대한 취소를 구한 소송에서 대법원은, 도시계획법과 건축법상의 관계규정이 "주거지역 내에서의 일정한 건축을 금지하고 또한 제한하고 있는 것은 … 공공복리의 증진을 도모하는 데 그 목적이 있는 동시에 주거 지역 내에

적으로 판단하지 못하고 여전히 우회적으로 개인적 이익과 관련시켜야만 한
다는 점, 공익과 개인적 이익의 구분은 실제로 매우 애매하기에 법원이 전향
적인 태도만 보인다면 많은 문제가 해소될 수 있음에도 그런 태도를 보이지
않는다는 점에서 한계를 가진다고 하겠다.

2) 헌법재판소의 경우

헌법재판에 있어 공익 판단은 대부분 비례원칙 심사를 하면서 이루어지는
바, 기본권 제한 사유로서의 헌법 제37조 제2항 '공공복리'의 의의에 대한
헌법재판소의 견해와 몇 가지 공익판단 사례를 살펴본 후, 그에 대한 간략한
분석을 하도록 한다.

헌법재판소가 '공공복리'의 의의를 직접적으로 설명한 예는 찾을 수 없으
며, 다만 하위 법령에서 사용된 '공익'이라는 개념이 명확성의 원칙에 반하
는지에 관해 심사하면서 헌법에서 말하는 공공복리란 무엇인가에 대해 판단
한 사례가 있는 정도이다. 사안은 다음과 같다. 광주광역시 북구청장은 택시
내에 무전기를 설치한 행위가 불법부착물을 부착하여 '공공의 복리를 저해
하는 행위'에 해당한다 하여 관련규정169)을 근거로 과징금 20만원을 부과하
였다. 그러자 청구인은 이 사건 법률조항이 이른바 '공공복리'라고 하는 헌
법에서나 규정하였어야 할 다의적이고 추상적인 개념을 하위법에서 사용하

거주하는 사람의 주거의 안녕과 생활 환경을 보호하고자 하는 데도 그 목적이 있
다고 해석된다. 따라서 주거지역 내에 거주하는 사람이 받는 이익은 단순한 반사
적 이익이나 사실상의 이익이 아니라, 법률에 의하여 보호되는 이익"이라고 하였
다(대판 1975. 5. 13. 73누96·97).

169) 자동차운수사업법 제24조(사업자의 준수사항) ① 자동차운송업자는 사업계획을
이행하지 아니하거나 부당한 운송조건을 제시하거나 정당한 사유없이 운송의 인
수를 거부하거나 공공의 복리를 저해하는 행위를 하여서는 아니된다. ④ 건설교
통부장관은 제1항 내지 제3항의 규정에 위반되는 행위가 있을 때에는 자동차운송
사업자에 대하여 당해행위의 정지 기타 공공복리를 확보하기 위하여 필요한 조치
를 명할 수 있다.

고 있는 것은 '막연하기 때문에 무효'라는 이유로 헌법소원을 제기하였다. 이에 헌법재판소는, 우리 법체계에서 '공공복리'라는 개념은 헌법규정만이 아니라 하위 법규에서도 널리 사용되는 개념이며 다소 명확성의 문제가 있다고 하더라도 각 법령에서 그 문제를 검토할 수 있는바, 이 사건에서는 하위 법령의 내용을 전체적으로 보면 그 의미가 불명확하다고 볼 수 없다고 하였다.170) 다만 '공공복리'라는 개념을 지양하고 세분 개별화하여 개정 입법된 여객자동차운수사업법의 관련 규정이 보다 진보한 것이라는 점도 지적하였다.171)

이제 헌법재판소의 몇 가지 결정례를 통하여 다양하고 구체적인 사안에서 공익이란 무엇인지, 그리고 그것이 어떻게 판단되는지 살펴보기로 한다.

첫째, 헌법재판소는 이른바 5·18 특별법 사건172)에서, 이때의 공익이란

170) 헌재 2000. 2. 24. 98헌바37, 자동차운수사업법 제24조 제1항 등 위헌소원, 판례집 12-1, 169, 180-181: "먼저 우리 법 체계에서 '공공복리'라는 개념은 헌법규정에만 사용되고 있는 것은 아니다. 이 개념은 헌법(제37조 제2항, 제23조 제2항 등)뿐만 아니라 그 하위 법규인 법률 등에서도 널리 사용되고 있으며, 그 예로는 국적법 제9조(국적회복에 의한 국적취득), 항만운송사업법 제10조(운임 및 요금), 해운법 제16조(사업개선의 명령), 항공법 제122조(사업개선명령) 등이 있다. 물론 "공공복리"라는 개념이 가지는 광범성과 포괄성 때문에 하위 법규에서 남용될 경우에는 자칫 행정청의 자의적 법집행이 개재될 수 있으므로 각 그 법령에서 명확성 여부는 검토되어야 할 것이나, 적어도 이와 같은 입법현실은 "공공복리"라는 개념이 헌법뿐만 아니라 법률에서도 사용될 필요가 있다는 입법자의 인식을 반영한 것으로 볼 것이다. … 이 사건 조항들에서 말하는 '공공복리'는 자동차운수사업에 관한 질서확립과 자동차운수의 발달도모를 통한 운송에 있어서의 안전과 쾌적 및 편의 등에 관한 것이라고 예측할 수 있다. … 운송사업 종사자들로서는 법 제24조 제1항과 제4항에서 말하는 '공공의 복리를 저해하는 행위'와 '공공복리를 확보하기 위하여 필요한 조치'가 대강 어떠한 것이라는 것, 예컨대 운행의 안전을 해하거나 승객에게 불편, 불쾌감을 주는 행위 등이 이에 해당하고 운행의 안전 등을 위하여 그런 행위의 정지나 제거지시 등 명령이 내려질 수 있다는 것을 충분히 예측할 수 있는 지위에 있다."

171) 헌재 2000. 2. 24. 98헌바37, 판례집 12-1, 169, 182.

172) 헌재 1996. 2. 16. 96헌가2, 5·18민주화운동등에관한특별법 제2조 위헌제청 등,

'왜곡된 한국 반세기 헌정사의 흐름을 바로 잡아야 하는 시대적 당위성과 아울러 집권과정에서의 헌정질서파괴범죄를 범한 자들을 응징하여 정의를 회복하여야 한다'는 것을 의미한다고 하였다. 나아가 법률이 부진정소급입법을 넘어 가사 진정소급입법이라 하더라도 그것이 허용되는 예외를 인정하고, 이 사건의 경우 공소시효완성으로 인한 반란행위자들 및 내란행위자들의 법적 지위에 대한 신뢰이익이나 법적 안정성보다 월등히 중대한 공익이 추구되고 있다고 하여 합헌결정을 하였다.

둘째, 건강보험제도에의 의무적 가입은 건강보험제도에 가입할 의사가 없는 국민의 행복추구권이나 재산권을 필연적으로 제한하게 되는바, 헌법재판소는 건강보험제도는 '국가의 사회보장·사회복지의 증진 의무(헌법 제34조 제2항)라는 정당한 공공복리를 효과적으로 달성하기 위한 것'으로서, 그리고 건강보험 강제가입 및 경제적 능력에 따른 보험료 차등부과는 '의료보장과 동시에 소득재분배 효과를 얻고자 하는 것'으로서 정당화된다고 판시하고 있다.[173]

셋째, 헌법재판소는 흡연금지건물과 흡연금지구역을 지정하여 흡연권을 제한하는 국민건강증진법시행규칙에 대한 사건[174]에서 흡연은 비흡연자들의 기본권을 침해할 뿐만 아니라 흡연자 자신을 포함한 국민의 건강을 해치고 공기를 오염시켜 환경을 해친다는 점에서 개개인의 사익을 넘어서는 국민 공동의 공공복리에 관계된다고 하면서, 달성하려고 하는 공익(국민의 건강)이 제한되는 사익(흡연권)보다 크기 때문에 법익균형성도 인정된다고 판단하였다.

넷째, 지방자치단체장의 피선거권 요건으로 해당 지방자치단체 관할구역

판례집 8-1, 51.

173) 헌재 2001. 8.30, 2000헌마668, 국민건강보험법 제5조 등 위헌확인, 판례집 13-2, 287.

174) 헌재 2004. 8. 26. 2003헌마457, 국민건강증진법시행규칙 제7조 위헌확인, 판례집 16-2상, 355, 361.

에 선거일 현재 90일 이상 주민등록되어 있을 것을 요구하는 공직선거및선
거부정방지법 규정에 대한 사건175)에서, 헌법재판소는 본건의 공익은 "주민
자치를 기본원리로 하는 지방자치에 있어서 지방자치단체의 장이 그 지역의
문제나 사정을 파악하고 지역주민의 정서에 부응하면서 애향심 및 그 지역
주민과의 일체감에 바탕을 두고 자치사무를 처리하는 것을 가능하게 함으로
써 지방자치의 능률성과 민주성을 제고한다는 요청"이라 하고 있다.

결국 헌법재판소는 당해 사건에 적용되는 법률의 내용과 구조, 그리고 그
속에서 당해 법률조항이 차지하는 체계적 지위와 의의 등을 종합적으로 고
려하여 공익을 판단하고 있다고 할 수 있다.

한편, 헌법재판에 있어 '공공복리' 혹은 '공익'은 비례원칙에 따른 심사를
하면서 두 차례 나타난다. 첫째는, 특정한 법령의 입법목적이 정당한지 여부,
즉 그 법령의 목적이 공공복리나 공익을 위한 것인지의 여부를 판단함에 있
어, 둘째는, 기본권제한으로 달성하려는 공익과 그로 인해 제한받는 사익 사
이의 균형성이 갖추어졌는지 여부를 판단함에 있어, 그 검토가 행해지는 것
이다.

위 첫 번째의 경우에 관해 보자면, 헌법재판소는 법령의 입법목적의 정당
성을 대부분 인정하고 있어 그것을 부정한 사례는 찾기가 쉽지 않다. 국가
혹은 정부의 행위가 원칙적으로 공익을 위한 것으로 추정되며 사법권이란
본래 2차적인 역할을 할 뿐이라는 점에서 그 이유를 찾을 수 있을 것이다.
입법목적의 정당성이 인정되지 않은 예로는, ①동성동본 사이의 혼인을 금
지하고 있는 민법 조항이 혼인에 관한 국민의 자유와 권리를 제한할 '사회질
서'나 '공공복리'에 해당될 수 없다고 한 사례,176) ②노동단체의 정치 활동
을 금지시킬 목적으로 제정된 노동조합법상의 정치자금 관련 규정에 대해,

---

175) 헌재 1996. 6. 26. 96헌마200, 공직선거및선거부정방지법 제16조 제3항 위헌확인, 판
례집 8-1, 550.
176) 헌재 1997. 7. 16. 95헌가6, 민법 제809조 제1항 위헌제청, 판례집 9-2, 1, 18.

이는 노동조합이 근로조건의 향상이라는 본연의 과제만을 수행해야 하고 그
외의 모든 정치적 활동을 해서는 안 된다는 사고에 바탕을 둔 것으로서 헌법
상 보장된 정치적 자유의 의미 및 그 행사 가능성을 공동화시키는 것으로 그
목적의 정당성을 인정할 수 없다고 한 사례,177) ③기초의회의원선거 후보자
에 대해 정당표방을 금지한 공직선거법 조항의 경우, 정당의 영향을 배제하
고 인물 본위의 투표가 이루어지도록 한다는 입법목적은 정당성이 의심된다
고 한 사례,178) ④재외국민에 대해 선거권을 부정하는 공직선거법 조항에 대
해 그 정당성을 인정할 수 없다고 한 사례,179) ⑤혼인빙자간음행위에 대한
처벌규정은 여성의 성적자기결정권을 보호하는 것이 아니라 오히려 여성의
자기결정권을 부인하는 것이나 다름없으므로 그 정당성이 인정되지 않는다
고 한 사례180)가 있는 정도이다.

위 두 번째의 경우, 즉 법익의 균형성 판단에 있어서도 형벌이 과중하다는
이유로 위헌이 선언된 경우를 제외하고는 그 위반이 인정된 사례는 그리 많
지 않다. 대개의 경우 당해 법률로 달성하고자 하는 공익이 그것에 의해 제
한되는 당사자의 사익보다 크다고 하여 합헌결정이 내려지고 있는 것이
다.181) 법익 균형성 위반의 예를 들자면, 헌법재판소는 경찰청장에 대하여
퇴직일로부터 2년 이내에 정당가입을 금지한 법률조항에 대해, '경찰청장 직
무의 독립성과 정치적 중립의 확보'라는 입법목적이 입법자가 추구할 수 있

---

177) 헌재 1999. 11. 25. 95헌마154, 노동조합법 제12조 등 위헌확인, 판례집 11-2,
    555.
178) 헌재 2003. 1. 30. 2001헌가4, 공직선거및선거부정방지법 제47조 제1항 중 앞괄
    호부분 등 위헌제청, 판례집 15-1, 7.
179) 헌재 2007. 6. 28. 2004헌마644·2005헌마360(병합), 공직선거및선거부정방지법
    제15조 제2항 등 위헌확인 등, 판례집 19-1, 859.
180) 헌재 2009. 11. 26. 2008헌바58·2009헌바191(병합), 형법 제304조 위헌소원, 판
    례집 21-2하, 520.
181) 결국 과잉금지원칙 심사를 통해 위헌결정되는 경우는 최소침해성 원칙 위반인 경
    우가 많다.

는 정당한 공익이라는 점에서는 의문의 여지가 없으나, 입법목적의 달성에 기여할 수 있다는 일말의 개연성이 있음에 불과하다는 이유로 위헌결정 한 바 있다.[182]

(3) 사법심사시 공익 판단의 문제상황

정부의 정책과 활동은 공익을 위한 정책인지 의심스러운 경우도 있고 그 반대로 공익을 위한 것임에도 좌초하고 마는 경우도 있다. 달리 말하자면, 때로는 다수의 이익을 위하여 소수의 권리가 무시되고 부정되기도 하며, 때로는 소수의 권리에 의하여 공동체의 중대한 지향과 정책이 좌절되기도 하는 것이다. 예를 들면, 도시개발이나 토지수용과 관련한 사안에서 주거환경 개선·도심 재개발 등을 위한다는 명분으로 수 세대에 걸쳐 살아온 터전과 수십 년 동안 영업해 오던 일터에서 쫓겨나는 경우가 있고, 앞서 본 종합부동산세 사건에서와 같이 경제적 불평등을 완화하고 공동체의 해체를 방지하기 위한 조치가 '국민'의 재산권 보호라는 이유로 폐기되기도 하는 것이다.

사실 헌법학의 최대 쟁점 중 하나는 바로 이 문제를 둘러싼 것이다. 개인의 권리와 사회의 공익을 어떻게 조화시킬 것인가? 권리와 공익의 충돌을 어떻게 해소할 것인가? 물론, 개인 간 권리와 권리의 충돌 상황일지라도 어떤 권리가 사회의 공적 문제를 대표 혹은 상징하는 것이라면 그때 그 권리는 단순한 사익이 아니라 동시에 공익이기도 하다는 점을 주의할 필요가 있다. 집회의 자유와 관련한 예를 들어 보자면, 집회 참가자들의 집회의 자유는 그 개인의 자유일수도 있지만 동시에 매우 공적 성격을 가지는 정치적 자유의 표현이기도 하다. 또한 집회의 자유에 의해 방해받는 평온한 주거의 권리는 그 개인의 권리일 수도 있지만 동시에 사회 전체의 질서와 평온에 대한 권리

---

182) 헌재 1999. 12. 23. 99헌마135, 경찰법 제11조 제4항 등 위헌확인, 판례집 11-2, 800.

이기도 하다. 이런 점에서 권리와 공익의 충돌이나 권리와 권리의 충돌 문제는 일차원적인 것이 아니라 다차원적이고 상호 중첩적인 것이라 하겠다.

어쨌든 권리와 공익의 충돌 문제는, 앞서 사법심사의 정당성 문제에서 보았듯이, 의회에 의해 제정된 법률을 '민주주의'에 위치지우고 개인의 침해될 수 없는 권리 보호를 '헌정주의'에 위치시켜 '민주주의 대 헌정주의'의 대립이라는 문제로 등장하기도 하며, 헌법재판에 있어서는 비례원칙 심사시의 목적의 정당성과 법익의 균형성 판단의 문제로 등장하기도 한다.

법익의 균형성이란, 특정의 기본권 주체가 가지는 기본권을 제한하여 얻고자 하는 이익(=기본권 제한의 목적)이 일반적인 이익이라고 하더라도 기본권의 제한을 통하여 기본권의 주체가 입는 피해와 비교하여 보다 크거나 균형을 이루어야 한다는 것을 의미한다. 헌법재판소 역시 입법에 의하여 보호하려는 공익과 침해되는 사익을 비교형량할 때 보호되는 공익이 더 커야 한다고 한다. 그런데 여기에는 몇 가지 문제가 개재되어 있다. 첫째, 비례성의 원칙은 기본권 제한의 수단 또는 방법이 적합성의 원칙과 필요성의 원칙을 충족시키는 것이라고 하더라도 그 제한을 받는 기본권의 주체가 이를 수인(受忍)할 수 없을 정도의 것이어서는 안 된다는 원칙을 말하는데, 수인가능여부의 판단은 특정 상황에 놓인 특정의 기본권 주체를 기준으로 판단하는 규범적인 성질의 것이기 때문에 판단의 객관적인 기준을 찾기가 쉽지 않다.183) 둘째, 아무리 만인에 관련된 이익일지라도 일인의 권리를 수인불가능할 정도로 제한할 수는 없다라고 한다면, 단 일인에 의해 거대한 공익까지도 좌초되어야 한다는 결과가 발생할 수 있다. 그렇다고 하여 위와 같은 결과를 피하기 위해 개인으로서 수인할 수 없는 기본권 침해까지도 허용한다면 결국 그의 권리는 무시되게 된다. 문제는 이런 딜레마가 예외적이고 가상적인 것이 아니라 수시로 발생하는 것이라는 점이다.

공익과 권리 사이의 위와 같은 진퇴양난 상황은 이론적으로 충분히 상정

---

183) 정종섭, 『憲法學原論』(2010년 판), 376면.

할 수 있는 것이다. 다만, 대개의 경우 개인과 사회는 서로 양보하고 대체수단을 강구함으로써 타협점을 발견하고 있기에 현실에서 진정 문제가 되는 것은 대개 타협점의 수준 혹은 위치 문제로 귀결된다.

공화주의는 사회의 특수 이익들이 나름의 역할과 영향력을 갖는 만큼 책임성과 공공성을 가져야 할 것을 요구하며, 사익은 공익을 대표하는 국가의 제약 하에 놓이지 않으면 안 된다고 본다. 또한 공화주의는 '동등한 시민'을 추구하기 때문에 단순히 다수라고 하여 우선시하지도 않으며 또 소수라고 하여 일단 보호하고 보지도 않는다. 그렇다면, 다수에 의해 부정되는 소수가 진정한 사회적 약자인지 확인하고, 공동체의 지향을 가로막는 소수가 숫적 소수일 뿐 실제로는 힘센 소수인지를 의심할 필요가 있다. 공익과 권리가 충돌할 때 생기는 갈등 상황은, 이처럼 공익으로 상정되는 다수와 사익으로 상정되는 소수가 누구인지, 또 각각이 어떤 성격을 가진 집단인지를 확인함으로써 외견상의 모순을 해결할 수 있는 경우가 많을 것이다. 요컨대, 공화주의적 사법심사는 공익과 사익의 균형점을 판단할 때 이러한 공화주의적 지향점을 추구하는 것이다.

이제 끝으로, 공공성의 회복을 목표로 삼는 공화주의의 입장에서 볼 때 일인 혹은 소수의 자유와 권리에 의하여 공동체의 지향이 좌절되는 '권리우선주의'의 모순이 여실히 드러나는 사례를 하나 들어보기로 한다. 검찰총장에 대해 퇴직 후 2년간 공직취임을 제한하도록 한 규정에 대한 사건[184]에서 헌법재판소는 그 규정이 검찰총장의 직업의 자유와 정당활동의 자유를 침해한다고 하여 위헌결정을 내렸다. 구체적으로, 직업의 자유 침해에 대해서는 법무부장관 등 공직뿐만 아니라 국공립학교의 교수 등에도 임명이 금지되므로 과잉제한이라고 하였고, 정당활동에 대한 제한은 다른 기본권보다 우월한 정신적 자유권 중 결사의 자유와 참정권을 침해하므로 위헌이라고 하였던 것이다.

---

184) 헌재 1997. 7. 16. 97헌마26, 검찰청법 제12조 제4항 등 위헌확인, 판례집 9-2, 72.

검찰총장도 한 명의 국민으로서, 즉 기본권의 주체로서 직업의 자유와 정치활동의 자유를 가져야 함은 물론이다. 그러나 청구인의 직업의 자유 등 기본권과 이 사건 법률규정이 달성하려고 하는 공익에 대한 헌법재판소의 이익형량은 부적절한 것이었다. 자유주의적인 접근은 구체적 개인과 구체적 사안을 추상화·일반화시키는 경향이 있다. 자유주의 법이론에서는 당해 공동체의 정치상황과 역사 경험 등 고유한 문맥에 대한 고려 없이 주로 한 인간으로서의 혹은 한 개인으로서의 권리와 인권을 얘기하고는 한다. 그래서 사법심사의 장에 들어올 때 국민은 침범자로서의 국가권력에 대항하는 자로서 위치지워짐으로써, 검찰총장도 국가권력의 간섭과 침해에 의해 그 자신의 자유와 권리를 제한 받는 일개 국민의 한 사람이 된다. 한국의 특수한 정치적·사회적 사정185)을 전제로 검찰총장의 직을 가진 자에 대해 얘기해야 함에도 그는 단순히 직업의 자유를 가진 자, 정당활동의 자유를 가진 자로 나타날 뿐인 것이다. 헌법재판소는 판사의 변호사 개업지 제한 사건186)에서도 "이는 국민에게 자신이 선택한 직업에 자유롭게 종사할 수 있는 직업행사의 자유를 심히 부당하게 제한하는 것이라 아니할 수 없다."고 판시하여, 법관이라는 존재를 일순간 단순한 '국민'으로 만들고 말았다.

즉, 자유주의의 '국가 대 개인'의 도식은, 이 문제가 단순히 국가에 대한 국민의 관계가 아니라 공동체와 검찰총장·법관의 관계 그리고 국민에 대한 검찰총장·법관의 관계이기도 하다는 것을, 즉 공익에 대한 중대한 문제를 내

---

185) 사실 이 사건 규정의 입법과정에는 복잡한 배경이 있었다. 검찰총장의 정치적 중립 문제는 우리 사회의 중대한 부패 현상 중 하나로 지목되어 왔는바, 1988. 12. 검찰총장에 대해 2년 임기제와 퇴임 후 3년간 법무부장관·중앙정보부장으로의 임명금지제를 신설하는 검찰청법 개정안이 발의되었다. 그러나 집권여당의 반대로 2년 임기제만이 국회에서 통과되고 말았다. 문제는 그 후에도 검찰총장이 퇴임 후 바로 법무부장관이 되거나 국회의원으로 당선되는 사례가 계속되었다는 점이다. 이에 결국 1996. 12. 국회에서 여야합의로 위 규정이 신설되었다.

186) 헌재 1989. 11. 20. 89헌가102, 변호사법 제10조 제2항에 대한 위헌심판, 판례집 1, 329, 339.

포하고 있다는 것을 간과하고 만다. 그러나 공화주의는 때로는 기본권주체의
성격을 당해 사회의 역사와 현실이라는 구체적 맥락에서 파악하여 권리와
공익을 형량할 것이다.

제3절 공사 분리에 대한 재검토

공사 분리는 자유주의의 근본 원리이면서 헌법의 기본체제이기도 하다. 근대 헌법은 근본적으로 '국가에 대항한 개인의 자유', '국가로부터의 개인/사회의 자유'를 골격으로 하고 있다. 비록 근대 초기의 자유주의는 곧이어 '민주주의'라는 원리와 결합되어 '자유민주주의'가 되었고 20세기 초반에는 '사회주의'적인 성격이 가미되어 '사회국가'가 되었지만, '국가로부터의 자유'라는 기본틀은 변하지 않았다고 할 수 있다. 이하에서는 자유주의가 공사 분리를 요청하는 이유를 다시 한번 살펴보고, 공사 분리 문제의 배경을 이루는 국가와 사회의 구별(國家와 社會의 區別)에 관한 내용 및 역사를 검토한다. 그리고 그 구별이 법체계에 적용된 것이라 할 수 있는 공법과 사법의 구별(公法과 私法의 區別)에 관한 문제를 살펴봄으로써, 공사 분리 문제의 극복을 위한 토대를 삼는다. 공화주의는 공사의 구분을 부정하지는 않지만 양자가 완전히 분리된 것으로 보지 않으며 공사의 경계를 필연적 소여(所與)가 아니라 역사적으로 변동되어 온 것으로서 담론에 의해 구성될 수 있는 것으로 생각하고 공적인 것과 사적인 것을 연관지으려고 한다.

1. 자유주의와 공사 분리의 요청

자유주의의 법은 공사를 분리하여 사적인 영역에서의 자유 확보 그리고 개인과 기업이 자유경쟁하는 경제질서의 유지를 핵심 과제로 한다. 라드브루흐(Gustav Radbruch)의 말을 빌자면, "자유주의에서 사법(私法)은 모든 법의 핵심이며, 공법은 사법 특히 소유권을 보호하고 있는 가느다란 울타리이다."[187)

이러한 공사 분리를 다르게 표현하면 국가와 사회의 구별(Unterscheidung von Staat und Gesellschaft)이라고 할 수 있다.

(1) 헌법학과 국가와 사회의 구별

근대 프랑스는 헌법학의 공사 구분에 있어 하나의 전형(典型)을 제공한다.[188] 근대 전야(前夜), 군주는 봉건적·신분적인 중간단체를 해체하고 중앙집권화를 추진한다. 절대군주는 주권자로서 공공성을 표방하고 그 수족이 되는 관료제는 공공성의 담당자로서 위치매김된다. 이 중앙집권화를 완성시키는 것이 프랑스를 전형으로 하는 근대국가다. 근대국가는 중간단체를 갈아으깨어 공공성을 독점하고 사회로부터의 자율을 달성하는 한편, 사회는 일체의 공공성을 박탈당하여 사적인 것으로 여겨진다. 중간단체로부터 해방된 개인에게는 자유롭고 평등한 법인격이 부여되고, 그러한 개인으로 구성되는 시민사회에는 당사자의 의사를 존중하는 사적자치를 원칙으로 한 사법(私法)이 타당하게 된다. 억압자이면서 동시에 보호자이기도 했던 중간단체의 해체에 의해 국가와 바로 정면에서 마주보지 않을 수 없게 된 개인에게는 국가에 대항하는 수단으로써 '국가로부터의 자유'로서의 인권이 승인된다. 이 국가/시민사회를 분리하는 근대의 공사 구분이야말로, 종래의 헌법학이 의거해 온 공사 구분이다.

이처럼 국가와 사회의 필연적인 구별과 대립은 중앙집권적인 근대국가의 성립을 그 결정적인 계기로 한다. 일면에 있어서는 군주에 의해 대표되는 통일적이며 집권적인 정치질서의 형성과 타면에 있어서는 신민으로서의 모든

---

187) 구스타브 라드브루흐, 『법철학』(*Rechtsphilosophie*, 1973(8판)), 최종고 역, 삼영사, 2007, 176면.

188) 이하의 한 단락은 卷美矢紀, 「公私區分批判はリベラルな立憲主義を超えうるのか」, 『憲法1: 立憲主義の哲學的問題地平』, 岩波書店, 2007, 152면을 정리한 것이다.

개인의 평등과 같은 그 주권적 지위가 설정될 때에는, 그 구조와 기능에 있어서 국가와 사회의 구별과 대립은 필연적으로 결과되게 된다. 따라서 이러한 국가와 사회의 대립의 경우에 있어서는 군주에 의하여 대표되는 국가는 정치와 권력을, 개인에 의하여 대표되는 그 사회는 자율과 자유를 상징하게 된다.[189]

이제 공사 분리 혹은 국가와 사회의 구별이 역사적으로 발전되어온 모습이 주요 자유주의 사상가들에게서는 어떻게 나타나고 있는지 살펴보기로 한다. 홉스는 『리바이어던』(1651)에서 자연상태, 사회계약을 통한 국가의 설립, 그리고 자연권의 보장이라는 관념을 명확히 드러내고 있는바, 드디어 여기서 사적 영역과 공적 영역의 분리를 보게 된다.[190] 또한 로크에게서도 사회계약에 의해 구성된 국가는 '자연상태'에서 이미 볼 수 있는 시장사회를 외적으로 보장하고 보다 잘 그리고 안정적으로 운행시키는 것으로 성립된다. 그에게서 국가와 사회를 구별하는 의식은 국가와 교회의 구별에서 보다 선명하게 나타난다. 그는 『관용에 관한 서간』(A Letter Concerning Toleration, 1689)에서 국가란 '오직 시민의 이익을 보장하고 증진시키기 위해서 만들어진 인간의 사회'라고 했다. 이에 대해 교회란 '영혼의 구원을 위해 신에게 받아들여지는 방식으로 신을 예배하기 위해 인간들이 자발적으로 결합한 자유로운 사회'이다. 이러한 의미에서 그는 시민의 이익을 외적으로 보장하는 국가가 개인의 영혼 구원과 관련되는 일에 개입해서는 안 된다고 하면서 신앙의 자유를 주장하고 국가와 교회의 구별을 주장한 것이다.[191] 한편, 미국 독립혁명에 심대한 영향을 미쳤던 토머스 페인(Thomas Paine, 1737~1809)은 『상식』(Common Sense, 1776)에서 국가와 사회는 그 기원과 성격이 상이한 것으로서 명확히 구분되어야 하며 기본적으로 국가는 사악한 것이고 사회는 선한

---

189) 한태연, 『憲法學』(재판), 법문사, 1985, 850-851면.
190) 후지와라 야스노부, 『자유주의의 재검토』, 61면.
191) 후지와라 야스노부, 『자유주의의 재검토』, 61면.

것이며 국가는 최선의 상태에서도 필요악에 불과하다고 하였다.

> 어떤 저술가들은 사회와 국가를 매우 혼동하는 탓에 이 둘을 거의 또는 전혀 구별하지 못한다. 그러나 이 둘은 서로 다를 뿐 아니라 그 기원조차 상이하다. 사회는 우리의 필요에 의해 만들어지지만, 국가는 우리의 사악함 때문에 만들어진다. 사회는 우리의 애정을 결합해 '적극적으로' 우리의 행복을 북돋우지만, 국가는 우리의 악을 억제해 '소극적으로' 행복을 북돋운다. 사회는 상호교류를 조성하지만, 국가는 상호차별을 야기한다. 사회는 보호자지만, 국가는 처벌자다. 사회는 그 모든 상태에서 축복이다. 그러나 국가는 최선의 상태에서도 필요악에 불과하고, 최악의 상태에서는 견딜 수 없는 악이 된다.[192]

그리고 존 스튜어트 밀은 『자유론』(*On Liberty*, 1859)에서 사적인 영역과 공적인 영역 사이의 경계선을 그으려고 노력하였다. 그 경계선을 긋는 방향은, 국가 권력의 침해에 의해서 상처받지 않을 자유에 대한 개인들의 향유를 보장하면서, 그리고 개인적 이해관계와 전체적 이해관계 사이의 조정을 일관성 있게 참작하는 가운데 자유의 공간이 가능한 널리 열려 있도록 보장하는 방향이었다.[193]

정리하자면, 자유주의자들은 국가를 사회와 구분하고 국가는 사회, 즉 개인의 활동과 소유권 및 자율적 시장질서에 간섭하지 아니하면서 그것을 외적으로 보장하는 존재로 보았던 것이다. 따라서 공과 사의 분리는 당연한 것이었으며, 사적인 영역의 자율과 자립은 역사의 진보로 간주되었다.

그러나 이러한 국가와 (시민)사회의 구별은 헤겔(G. W. F. Hegel, 1770~1831)에 의해 그 본질이 지적되고 맑스(Karl Marx, 1818~1883)에 이르러 격렬하게 비판된다. 맑스는 시민사회의 발전을 곧 자본주의 질서가 거침없이 확대되고 물질주의와 이기주의의 확산으로 인간성이 소멸하는 과정으로 파악하여, 시민사회와 국가의 분열을 지양하고 공과 사의 분열을 지양하려고

---

192) 토마스 페인, 『상식·인권』(*Common Sense*, 1776), 박홍규 역, 필맥, 2004, 21면.
193) Norberto Bobbio, *Liberalism and Democracy*, p.60.

한 사실상 최초의 최대의 인물이었다. 그에 의하면 인간은 본질적으로 유적 존재(Gattungswesen)로서, 그 개별적인 힘을 사회적인 힘으로 조직하고 발휘하고 인식했을 때 바로 그곳에서 처음으로 인간은 인간이 될 수 있다. 그러나 자본주의 사회에서 노동자는 노동생산물로부터의 소외, 노동과정에서의 소외, 유적 공동체로부터의 소외, 그리고 인간으로부터의 소외에 직면해 있다고 고발된다.

맑스는 초기작인 「유대인 문제에 관하여」(Zur Judenfrage, 1843)에서 차별받는 유대인 문제에 대한 해결방법을 종교의 폐기에서 구하는 논의를 비판하면서, 그 문제의 근원을 시민사회 그 자체의 속성에서 찾고 있다. 「유대인 문제에 관하여」를 요약하면 다음과 같다. 중세 봉건사회에서는 정치적 요소와 시민사회적 요소가 분화되어 있지 않았다. 재산, 가족, 노동이라는 시민사회적 요소가 영토권, 신분, 직업단체(길드 등)라는 형태로 정치적 요소로까지 이어져 있었다. 말하자면, 사적인 것이 보편적이고 공적인 것이었고 공적인 것이 또한 사적인 성격을 띠고 있었다는 것이다. 그런데 시민혁명에 나타난 정치적 해방의 본질은 정치적 국가로부터의 시민사회의 분리였다. 재산, 가족, 노동이라는 시민사회적 요소는 정치적 국가의 규제에서 해방되고 그 자유로운 활동이 인정되기에 이르렀다(재산의 자유, 결혼의 자유, 직업의 자유 등). 그러나 그것은 동시에 자연적 욕망의 해방이며 시민사회의 원리를 이루는 물질주의와 이기주의의 완성이기도 했다. 시민사회는 스스로를 국가생활로부터 완전히 분리해 내고, 인간의 모든 유적 연대를 갈라내고, 이기주의와 이기적 욕망을 만연시키고, 인간의 세계를 분해해서 서로 적대하는 원자적인 개개인의 세계로 해소해 버린다. 이렇게 해서 자유(自由)란 '타인을 직접 침해하지 않는 한 어떠한 행위도 할 수 있다'는 분리된 원자로서의 개인의 권리이며, 사적 소유권(私的 所有權)은 임의로 그 재산을 획득하고 처분하는 이기의 권리가 된다. 평등(平等)이란 그렇게 할 수 있는 자유에 대한 형식적인 평등 이상의 것은 아니다. 그리고 안전(安全)이란 것은 관련된 권리와 소

유를 보장하기 위한 경찰 개념 이외의 것은 아니다. 물론 개인은 국가의 성
원으로서는 공적인 인격을 보유하고 있는 것처럼 보일지도 모르지만, 시민사
회의 구성원으로서는 이기적 욕망과 사리에 근거한 부르주아로서 존재하고
있는 것이다. 아니, 이러한 공인(公人)과 부르주아의 분열 속에서 추상적 국
가가 시민사회의 모순을 은폐하고 보장하는 것으로 존재하고 있는 것이다.

(2) 공사 분리의 요청과 그 문제점

가. 공사 분리의 요청

위에서 국가와 사회 구별론의 역사 및 그 옹호와 비판에 대해 검토하였다.
이제 몇 가지 국가와 사회의 관계 유형을 생각해 보고, 현대 사회에서 국가
와 사회의 분리가 요청되는 이유에 대해 알아보기로 한다.

국가와 사회의 관계에 대한 순수한 이념형을 상정한다면, 한쪽 극단에 무
정부주의(Anarchismus)의 모델을 다른 한쪽 극단에 전체주의(Totalitarismus)의
모델을 놓을 수 있을 것이다. 전자는 사회의 절대적 우월성의 입장에서 국가
의 완전한 해소를 그 이상으로 하는 것이고, 후자는 국가에 의한 사회의 모
든 과제의 인수를 그 이상으로 하는 것이다.[194] 달리 말하자면, 무정부주의
는 순수히 사법적인 법질서를 요구하는 것이고, 사회주의는 사법이 공법 속
에 거의 완전히 해소된다는 것을 의미한다고 할 수도 있겠다.[195]

---

194) 한태연,『憲法學』, 849면; 한편, 국가와 사회와의 관계에 있어서 이 두 유형을 상
　　반적으로 대표하고 있는 것이 바로 마르크스주의이다. 왜냐하면, 프롤레타리아 독
　　재를 위해 개인의 모든 사고와 행위가 국가의 규율에 통제되는 한편, 궁극적으로
　　는 국가의 고사(Absterben des Staates)를 주장하기 때문이다. 그러한 의미에서 마
　　르크스주의에 있어서는 '사회의 국가화'와 같은 전체주의적 경향과, 또한 '사회에
　　의 국가의 해체'와 같은 무정부적 경향이 서로 상반된 채로 동시에 전개되고 있는
　　것이다(한태연,『憲法學』, 849면).
195) 구스타브 라드브루흐,『법철학』, 174-175면.

한편, 국가와 사회의 관계 유형은 다음과 같이 생각해 볼 수도 있다.196) 첫째, 사회 저변에서 직접 민주주의가 원만하게 운영되는 것을 염두에 두고 지배자와 피지배자, 엘리트와 대중을 구별하지 않을 수 있다. 이는 국가는 사회를 지배하지 않으며 사회의 활동을 조정하지도 않는다는 인상을 투사하는 입장이다. 둘째, 사회가 국가에 완전히 지배되어 지배계급의 패권이 사회에 완전히 침투해 있는 상황을 상정할 수도 있다. 셋째, 둘째와는 반대로 국가가 사회의 단순한 연장으로 기능하고 있는 상황을 주로 염두에 두는 경우이다. 이는 국가가 사회에 미치는 영향을 경시하고, 사회의 연장인 국가라는 공동체가 이해 조정과 공공재 공급을 위하여 수행하는 역할을 강조하는 입장이다. 이들 입장을 평가하자면, 첫째는 공동체주의를 과도하게 이상화한 것이며, 둘째는 맑스주의를 지나치게 단순화하여 평가한 것이고, 셋째는 자유주의를 지나치게 이상화한 것이라고 할 수 있을 것이다.

그래서, 콘라드 헤세(Konrad Hesse)는 공사 분리, 즉 국가와 사회의 구별은 ① 국가와 사회의 동일성에 대한 대안을 표시하며, 그럼으로써 ② 전체국가(totaler Staat) 또는 전체사회(totale Gesellschaft)의 위험을 방지하며, ③ 국가 기능의 제한의 필요성을 인정하게 된다고 하면서 국가와 사회의 구별의 의의를 지적한다.197) 이와 같이 공사 분리는 사적 영역에 대한 국가의 지나친 간섭을 방지하고 국가가 전체국가화되는 것을 막음으로써 개인의 자유를 보호하는데 필수적으로 요청된다.

이제 보다 철학적인 의미에서 자유주의에 있어 공사 분리가 어떤 의미를 가지는지, 자유주의가 왜 공사 분리를 핵심 원리로 요청하는지에 관해 살펴보자.198) 자유주의는 사상과 양심의 자유, 경제적 자유 등 '국가로부터의 자

---

196) 이노구치 타카시(猪口 孝), 『국가와 사회』, 60-61면.
197) Konrad Hesse, "Bemerkungen zur heutigen Problematik und Tragweite der Unterscheidung von Staat und Gesellschaft", Die Öffentliche Verwaltung, 1975. 7.; 콘라드 헤세, 「國家와 社會의 구별이 갖는 現代的 問題性과 意義에 관한 몇 가지 所見」, 『憲法의 基礎理論』, 계희열 역, 삼영사, 1985.

유', 즉 국가의 강제와 개입·간섭으로부터 해방되어 있다고 하는 의미에서 자유를 옹호하는 입장이라 할 수 있다. 물론 자유주의는 국가가 개입·간섭하지 않는 영역이라면 자유가 무제한적으로 인정되어야 한다고 주장하는 것은 아니다. 각자가 마음대로 자유를 추구한다면 각 개인이 가진 자유 사이에 충돌·대립이 불가피하게 생겨나고 말 것이기 때문이다. 그래서 자유와 자유 사이의 충돌을 사전에 회피하기 위해 한 개인의 자유를 다른 개인의 자유와 양립 가능한 형태로 만들고 각자의 자유의 범위를 확정하는 공통의 원리가 추구된다. 이 원리는 분명 자유를 일정한 범위로 제한하는 것이기는 하지만, 동시에 자유의 영역을 분명하게 구획화함으로써 각자가 자유를 안심하고 추구할 수 있도록 하는 의미를 가진다. 종종 이 공통의 원리는 (현대 자유주의자들에 의해) '정의'(正義, justice)라는 이름으로 얘기된다. 그리고 이 정의의 원리가 전원에게 받아들여지도록 제도적으로 보장하는 법적 틀이 요구된다. 이렇게 자유주의는 정의의 원리를 모든 자유롭고 평등한 사람들이 준거할 수 있는 공통의 기반 및 배경으로서 공공적인 제도에 따라 보장하려고 한다. 이러한 법적 틀 하에서 개인의 자유는 충돌을 피하고 상호 조정 가능한 권리로서 보장되게 된다. 여기서 각 개인은 그 공통의 원리와 틀에 대해 필요최소한도의 합의를 할 필요가 있으며 그것이 합의된 이상 그 이외의 모든 사항은 사적인 영역에 속한다고 추정된다. 결국 개인은 법적 틀에 의해 권리를 보장 받고 그리고 공권력으로부터 격리된 사적 영역을 부여 받음으로써 각자의 자유를 누구에게도 개입당하는 일 없이 최대한으로 누릴 수 있게 된다. 이처럼 '공적인 것'을 필요최소화하고, '사적인 것'을 최대화하는 형태의 공사 분리야말로 각자가 자유를 추구하기 위해 요구되는 것이다. 요컨대 자유주의에 있어서 공사 분리란 개인의 자유를 실현하기 위해 불가결한 하나의 기본원리인 것이다.

---

198) 이하의 한 단락은 大森秀臣, 『共和主義の法理論-公私分離から審議的デモクラシーへ』, 67-70면을 정리한 것이다.

나. 공사 분리의 문제점

그러나 공사 분리는, 마치 양날의 칼과 같이, 위와 같은 긍정적인 측면이 있는 반면 부정적인 측면도 가진다. 물론, 공사 분리의 어두운 면이 반드시 필연적으로 발생한다고 보기는 어려우며 근현대의 자유주의적 가치와 결합됨으로써 발생되고 악화된 것이라고 할 수 있다. 사실 자유주의의 공사 분리는 정치학·법학·사회학 등에서 오래 전부터 비판되어 온 것이다. 특히 구미에서는 여러 사회문제가 분출하는 80년대 이후 그 문제의 원인이 자유주의의 공사 분리에 있다고 하여 그 비판이 재연된다.199) 공사 분리의 문제점을 다시 한번 간략히 살펴보기로 하자.

첫째, 공사 분리 후 사적 영역에서의 자유가 인정되어 도덕적 규범이나 가치에 대해 공동체적인 압력이 제거되자 나타난 것은, 부당한 권위로부터의 개인의 완전한 자율이 아니라 사회와 개인의 도덕적 무규범 상태라는 점을 들 수 있다. 공동체주의에 의하면 자유주의의 공사 구분은 '윤리적·도덕적 정신분열증'(ethical and moral schizophrenia)의 정치처럼 보인다. 왜냐하면 공사 구분은 사적 영역에서는 윤리적 신념에 기반해서 행동하는 것을 인정하는 한편, 공적 영역에서는 윤리적 신념을 괄호에 넣어 공평무사할 것을 요구하기 때문이다. 예를 들면, 미국에서 1980년대 중반 등장한 '신 종교론자'(New Religionist)에 따르면, 공사 구분이 요구하는 종교의 사사화(私事化), 특히 공적 토의에서의 종교적 신념의 배제는 자아를 분열시켜 정신적 부담을 강요한 것으로서 비판된다. 즉, 자유주의의 공사 구분은 '인격의 통합위기'라는 심각한 문제를 품고 있는 것처럼 보인다.200)

둘째, 근대에 공사 분리가 행해지게 된 핵심이유가 개인의 자유, 사적 영역을 보호하기 위한 것이었던 만큼, 공적 영역은 오로지 사적 영역을 위한

---

199) 卷美矢紀,「公私區分批判はリベラルな立憲主義を超えうるのか」, 151면.
200) 卷美矢紀,「公私區分批判はリベラルな立憲主義を超えうるのか」, 154-155면.

수단으로 간주되고 국가 역시 개인의 자유와 권리를 보호하는 도구 혹은 수단으로 취급되게 되었다.[201] 그 결과 국가는 공동선의 추구를 위한 존재에서 개인의 이익과 자유를 보장하기 위한 도구로 격하되었다. 그리고 사익 보장을 위한 국가권력 획득 투쟁이 공공연히 승인되고 말았다. 이것은 앞서 보았듯이, 다원주의 정치이론에 잘 드러나고 있다.

셋째, 공사 분리는 경제적 불평등과 같은 사적 영역에서의 각종 불평등을 방치하는 결과를 낳았다. 이러한 비판은 특히 맑스주의 진영에서 강하게 제기하여 온 것이다. 공사 분리에 의해 사적 영역은 사법상의 사적자치 원칙에 의해 지배받게 되고 사적자치의 원칙은 계약자유의 원칙을 그 핵심으로 하는데, 이 때 사법은 원칙적으로 양 당사자가 계약을 자유롭게 체결할 수 있는 '대등한' 당사자인지 묻지 아니한다. 그 결과 발생하는 것은 거대한 사적 주체-기업, 재벌, 언론 등-의 횡포이다. 사적 영역에서의 경제적 불평등에 대한 외면은 사법심사에 있어서도 그대로 관철된다. 사법부가 사적자치 원칙, 경제적 자유라는 미명 하에 기존의 재산관계, 경제적 불평등을 보호하며 유지하는 데 기여하고 있다는 것은 부인할 수 없다.[202] 자유주의에서 정치적 평등은 인정되지만 경제적 평등은 인정되지 않는 이유는 바로 공사 분리, 경제와 정치의 구분이라는 논리·이론·명제 때문인 것이다.

---

201) 예를 들면 한태연, 『憲法學』, 851면: "개인의 자유, 그리고 그 인권의 보장은 바로 국가의 목적과 그 작용을 규제하는 유일한 요소를 의미하지 않을 수 없다. 여기에서 비로소 국가와 사회의 구별과 그 대립이, 바로 개인의 자유를 보장하기 위한 필수적인 전제로 간주되게 되는 이유가 있다. 여기에서 볼 수 있는 바와 같이 개인의 자유와 그 권리의 보장이 국가존재의 이유로 규정될 때에는, 그 국가권력의 내용과 범위도 또한 이러한 개인의 권리에 의하여 그것이 규제되지 않으면 안된다. 뿐만 아니라 국가의 목적이 개인의 자유와 그 권리의 유지와 보장에 있을 때에는, 개인의 자유와 권리는 고유한 의미에 있어서 당연히 전국가적인 자유와 권리를 의미하지 않을 수 없다."
202) 물론 노동법, 경제법 등의 법영역 혹은 법분야가 새로이 등장·발전하였지만 이런 법분야는 법학과 법실무에 있어 어디까지나 2차적이고 보충적인 지위밖에 차지하지 못하고 있다.

넷째, 시민의 적극적인 정치참여를 강조하는 공화주의적 측면에서 볼 때, 정치참여를 등한시하는 사적 인간의 양산도 공사 분리의 문제점으로 들 수 있다. 국가와 사회를 구분하여 공적 영역에의 참여와 사적 영역에서의 자유가 대립하는 구도에서는, 지속적인 공적 참여를 독려하지 않는 이상 개인은 사적 영역으로 빠져들 수밖에 없다. 자유주의 국가의 대의제는 국민들에게 참정권·선거권이라는 이름으로 정치참여의 기회를 보장하고 있지만, 불행히도 그 결과는 앞다투어 권리를 행사하는 것이 아니라 선거권 행사를 다른 사적인 일과 비교하여 우선순위를 정하는 것으로 귀결되었다. 대의제는 공적 영역에의 참여를 오로지 선거권 행사의 문제로 치환해 버렸고, 선거권 행사 여부를 결정하는 것마저 다른 일반적인 선택 사항들 중의 하나로 전락시켜 버린 것이다. 정치에의 참여는 선거'권'이라는 '권리'일 뿐이다. 따라서, 선거권을 행사할지 말지는 전적으로 나의 일신전속적인 것이며 정치참여의 여부도 사적인 영역에의 자유로 취급되어 그 행사를 할지 말지를 결정할 '자유권'의 행사로 전환하게 된다. 자유주의의 시민은 투표일 당일 투표장에 나갈 때에만 공인(公人)이 되는 것이고 투표장을 나오는 순간 순수한 사인(私人)으로 돌아간다. 결국 "부르주아의 자유가 '사적 영역'으로 표현되고, 그 사적 영역이 정치적 영역과 대조된 것이다. 부르주아의 자유가 사적 영역에서 누리게 되는 자유라고 이해한다면, 예를 들어 집회·결사의 자유는 '정치적인 것' 내지는 '공적인 것'이 아니라 私的인 自由로 분류된다."[203]

2. 공·사법 구별의 의의

사실 앞서 본 국가와 사회의 구별은 법학에 있어서는 공법(公法, *ius*

---

203) 김승환, 「국가와 사회의 구별」, 『공법연구』제26집 제1호, 한국공법학회, 1998, 443면.

pubulicum)과 사법(私法, *ius privatum*)의 두 개 부분법 질서로 분할하는 것에 상응한다. 공·사법 이분론에 의하면 사법은 사회의 활동을 규율하고, 공법은 국가적 권력의 질서와 행사에 관하여 규율한다. 즉, 공법과 사법의 구별을 조금만 상황에 맞게 고치면 이것은 그대로 국가와 사회를 구별하는 양상으로 바뀌는 것이다.[204]

전통적으로 대륙법계에서는 공법관계와 사법관계는 본질적으로 다르다는 관념에서 출발하여, 공법관계에는 공법(öffentlich Recht)이 적용되고 사법관계에는 사법(private Recht)이 적용되며, 공법관계란 국가 혹은 정부와 국민의 관계를, 사법관계란 개인과 개인 사이의 관계를 대상으로 삼는 것이라고 본다.

공·사법 구별의 최초의 모습은 이미 로마법에서부터 시작되었다고 할 수 있다.[205] 그러나, 로마법상의 공법은 국가로부터 나온 것 혹은 그에 의해 승인된 공공복리의 목적상 구속력 있는 모든 법을 의미하는 것으로서, 우리가 오늘날 사법이라고 부르는 것까지 모두 포함하는 것을 의미하였다.[206] 로마법에서의 공·사법 구별은 가장 기초적인 구별, 즉 '법규'에 대한 기술적·관념적 구별이었던 것이다. 이것이 '법률관계'와 나아가 '법영역'에 관한 제도적 구별 또는 당위적 구별로 발전하기 위해서는 근대국가의 주권 개념, 국가행위에 대한 재판제도, 법학의 학문적 발전을 기다려야 했다.

여기서 공법과 사법의 구별 문제에 관해 비교적 자세한 논의가 있는 우리

---

204) Kahl Wolfgang, "Die rechtliche Bedeutung der Unterscheidung von Staat und Gesellschaft", *Jura* 2002, 칼 볼프강, 「국가와 사회를 구별하는 법적 의미」, 변무웅 역, 『법과 정책연구』제4권 제1호, 한국법정책학회, 2004, 325면.

205) 로마의 법학자 울피아누스(Ulpianus)는 『로마법대전』의 첫머리 다음과 같이 쓰고 있다: "법학의 공부에는 公法과 私法의 두 분야가 있다. 公法이란 로마의 국가적 사안에 관한 법이고, 私法이란 개개인의 이익에 관한 법이다. 공적인 이익사항이 있고, 사적인 이익사항이 있는 법이다. 公法은 국가의 제의·종교관·정부관에 관한 법으로 구성되어 있고, 私法은 세 부분인데 自然法·萬民法·市民法상의 법규들로 이루어져 있는 것이다."(Ulpianus Digesta 1. 1. 1. 2.).

206) M. Kaser, 『로마법제사』, 윤철홍 역, 법원사, 1998, 197면.

행정법학상의 논의를 살펴보기로 한다. 행정법학에서는 적용 법규나 법원리의 결정을 위해-사안에 공법규정·원리를 적용할지 사법규정·원리를 적용할지-, 그리고 소송절차의 결정을 위해-민사소송에 의할 것인지 아니면 행정소송(항고소송)에 의할 것인지- 공·사법 구별이 필요하다고 한다. 그리고 우리 학계는 공·사법의 구별을 전제하고 그 구별기준의 문제에 관심을 기울여 왔다. 구체적으로 그 구별기준에 대해서는 주체설, 권력설, 이익설, 생활설, 귀속설 그리고 복수기준설 등 다양한 견해가 혼란스럽게 제시되어 왔는바, 그 결과 공·사법 구별을 전제로 한다고 하면서도 실제로는 공법과 사법의 구별이 가능한지, 실효성이 있는지가 문제되기도 한다. 그런데, 소송절차의 구별을 위해 공·사법 구별이 필요하다는 견해는 소송절차라는 기술적인 이유로 실체가 규정되어야 한다는 것이므로 본말이 전도된 논리라고 하겠다. 결국 행정법학에서의 공·사법 구별의 과제는 법적용 및 법해석 기준으로서 어떤 법을 채택하는 것이 사안의 합리적 해결을 위해서나 법체계적으로나 합당한지의 문제라고 하겠다. 이 책은 이러한 행정법학의 문제의식을 같이 하지만, 근본적으로 왜 공법과 사법의 구별이 성립되었으며 그것은 어떤 점에서 문제를 가지고 그 극복의 방법은 무엇인지에 관한 지점을 다룬다고 할 수 있겠다.

라드브루흐가 정확하게 지적한 바와 같이, 하나의 법질서의 성격은 그것이 공법과 사법을 서로 대립시키는 관계에 의하여, 또 사법과 공법 사이에 법률관계를 분배하는 방법에 의하여 무엇보다도 명백히 드러난다. 구체적으로 보자면, 봉건제도의 극복은 사법과 공법의 구별이 의식된 것과 때를 같이 하였고, 경제국가에로의 발전은 사법적인 불순화(Verunreinigungen)로부터의 공법의 해방을 말해 주는 것이며, 법치국가의 초기의 발전은 반대로 사법을 공법적 구속에서 해방하는 것이었다. 그리고 이와 반대로 자유주의적 법에서 사회주의적 법에로의 전환은 사적 권리 특히 소유권과 계약의 자유에 부과되어 있는 새로운 공법적 제한 속에 나타나고 있다고 할 수 있다.207)

이처럼 공법과 사법의 관계는 당해 국가와 사회의 성격, 달리 말하면 법질서의 성격을 말해주는 것이라 할 수 있다. 구체적으로 머튼 호위츠(Merton J. Horwitz)가 설명하는 미국에서의 공·사법 구별의 역사(歷史)와 부침(浮沈), 그리고 공사 분리에 대한 비판의 역사를 통해 공법과 사법의 관계에 대해 생각해 보기로 한다.

우선 그는, 공적 영역과 사적 영역의 구분의 유래를 근대 정치적·법적 사상에 있어서의 이중적 움직임, 즉 한편으로는 16-17세기 국민국가의 성립과 주권이론의 완성에서 찾으면서, 다른 한편으로는 무한 권력을 요구하는 군주와 동일했던 나중의 의회에 대한 반작용, 다시 말하면 국가권력의 침입으로부터 보호받아야 할 사적 영역을 확보하려는 노력에서 찾고 있다. 그는 역사를 관찰해 볼 때, 분리된 사적 영역이라는 관념의 근원은 로크와 그 후계자들의 자연권적 자유주의(natural-rights liberalism)에서 찾을 수 있지만, 공사 구분은 19세기 들어서야 미국의 법이론과 정치이론에 있어 무대의 중심에 들어오게 되었다고 한다. 시장의 출현이 있었던 19세기가 우리가 지금 이해하는 방식으로 법에 대한 근본적인 관념적·건축적 분리를 만들어내었다는 것이다. 그 19세기 법사상의 중심적 목표 중 하나는 헌법, 형법 그리고 규제법-공법과 사적 거래에 관한 법-계약법, 불법행위법, 그리고 상법-을 명확하게 구분하는 것이었다.208)

---

207) 구스타브 라드브루흐, 『법철학』, 179면.

208) 호위츠는 19세기에 만개한, 엄격한 공·사법 분리의 노력과 현상의 실례를 몇 가지 들고 있다. 그 중 가장 유명한 것 중 하나는, 1819년 Dartmouth College 사건 (Trustees of Dartmouth College v. Woodward, 17 U.S. (4 Wheat.) 518, 559, 669-73 (1819))에서의 공법인과 사법인 사이의 완전하고 새로운 분리이다. 그 목표는 새롭게 대두하는 사업 법인(business corporation)을 이전에 법인을 규율하였던 규제 공법으로부터 자유롭게 해주려는 것이었다. 다른 예는, 불법행위법에서 징벌적 손해배상(punitive damages)을 제거하려는 운동을 들 수 있다. 징벌적 손해배상의 목적은 개인의 손해에 대한 배상을 해주려는 것이 아니라 행위를 규제하기 위해 불법행위법을 이용하는 것이었기 때문에, 그것의 부과는 공법적 기능의

이제 호위츠는 19세기 동안 관념적으로 그리고 실제적으로 공법과 사법을 분리시키려는 강박관념이 왜 생긴 것인지를 묻는다. 그는 그 원인을, 정치로부터 법을 분리시키려는 법적 과학(legal science)을 창조해 내려는 전통적인 판사들과 배심원들의 노력 때문이었다고 한다. 즉, 법사상가들은 법원칙과 법적 논증에 대한 중립적·비정치적 시스템을 위험하고 불안정한 경향을 가진 것으로 생각된 민주 정치로부터 자유롭게 하기 위해, '다수의 폭정' 문제를 조정하고자 한 것이다. 19세기 정치·경제가 시장을 중립적이고 비정치적이라는 가정적 기초 위에서 재화를 분배하는 영원한 제도라는 지위에까지 끌어올렸듯이, 사법은 자발적 시장 거래를 촉진하고 사적 권리에 대한 침해를 방어하는 중립적인 제도로 이해되기에 이르렀다.209)

그러나 엄격한 공사 분리 독트린은 미국 연방대법원의 1905년 Lochner v. New York 사건210)에 대한 반작용으로 공격받기 시작했다. 그 이후 약 30년 동안, 지금까지 미국에서 가장 총명하고 독창적인 법사상가들이 공사 분리의 보수적 이데올로기적 기초를 노출시키는 데 그들의 에너지를 쏟아 부었는데(법현실주의 운동), 그들은 "공사 분리 뒤에 숨어 있는 법적 전제들을 공격하는데 헌신"했고, "사법(私法)이 중립적이고 비정치적일 수 있다는 가정 뒤에 있는 보이지 않는 손이라는 전제를 비웃었다."211) 1948년 내려진 Shelly v. Kraemer 사건212)은 아마도 공사 분리 공격에 있어 가장 성공적이고도 유명한 사례일 것이다.

하지만, 호위츠는 공사 구분이 사라질 것이라고 예상한 진보적 법사상가들의 생각과는 달리 엄격한 공사 구분은 그 뒤로도 계속 살아 남았고 지금

불법사용으로 간주되었다. 이에 따라 여러 주에서 공법과 사법의 기능을 통합하는 것은 건강하지 못하고 위험한 일이라는 이유에서 징벌적 손해배상을 폐지했다 (Morton J. Horwitz, "The History of the Public/Private Distinction", p.1425).

209) Morton J. Horwitz, "The History of the Public/Private Distinction", p.1425.
210) Lochner v. New York, 198 U. S. 45 (1905).
211) Morton J. Horwitz, "The History of the Public/Private Distinction", p.1426.
212) Shelley v. Kraemer, 334 U. S. 1 (1948).

더 그 영향력을 증대하고 있음을 지적한다. 그는 그 원인을 2차 세계대전 이후 변화된 사회 분위기에서 찾고 있다. 즉, 2차 대전의 경험은 공익에 대한 어떤 실질적인 관념도 전체주의(totalitarianism)에 이르는 길이라고 간주하게 만들었고 다시 공사 구분을 엄격하게 하는 결과에 이르렀다는 것이다. 그리고 최근의 법이론과 정치이론의 자연권적 개인주의(natural-rights individualism)의 부활은 "사적 이익 위에 있는 공적 영역에 대한 믿음의 붕괴의 징후이고 공동체라는 의미의 실을 끄러버리는 위험한 징후일 뿐만 아니라 정치는 약탈적이고 사악한 것이라는 관념으로의 퇴보"라고 지적한다.[213]

3. 공사 분리의 극복

따라서 공화주의는 공사 분리의 문제점을 극복하기 위해 노력하는데, 그 첫단계로 우선 공과 사의 경계는 어떤 필연적 소여(所與)가 아니라 역사와 관점에 따라 그 경계가 변해 왔다는 점을 확인하고 다음으로 공과 사가 상호 연관된 것임을 검토하도록 한다.

먼저 고대 그리스에서 엄격히 구분되었던 공적 영역과 사적 영역이 근대에 들어 '사회'의 출현으로 변화되는 모습을 살펴보자. 아리스토텔레스의 논의에 전형적으로 나타나는 것처럼, 고대 그리스에서의 공사 구분은 공공=폴리스(polis)/나(私)=오이코스(oikos)[214]의 분리라고 할 수 있다. 그것은 폴리스와 오이코스의 엄격한 분리와 '공적인 것의 사적인 것에 대한 우위'라고 관념되고 있었다. 그런데 아렌트에 의하면, 서구의 근대에 이르러 사적 영역에도 공적 영역에도 속하지 않는 '사회' 혹은 '사회적 영역'이 출현하였다고 한

---

213) Morton J. Horwitz, "The History of the Public/Private Distinction", p.1427-1428.
214) 오이코스(oikos)란 가족, 가정, 가내(家內) 영역 등을 가리키는 말인데, 당시의 경제는 가내 영역에서 완결되고 있었으므로 오이코스는 가족과 함께 경제활동을 의미하였다.

다. 이 사회의 출현은 "가계의 활동, 문제 및 조직형태가 가정의 어두운 내부로부터 공론 영역의 밝은 곳으로 이전된 것을 말한다. 이로 말미암아 사적인 것과 공적인 것을 구분하던 옛 경계선은 불분명하게 되었고, 두 용어의 의미와 이것이 개인과 시민의 삶에 대해 갖고 있던 의미도 거의 식별할 수 없을 정도까지 변하였다."[215] 고대와 중세에 걸쳐 그 어느 시기에도 가정의 유지나 경제 문제, 즉 먹고사는 문제가 공적인 문제가 된 적은 없었으나, 이제 가정의 유지와 관련된 모든 문제가 집단적 관심사가 된 것이다.

한편, 1960년대 미국을 중심으로 발생한 제2차 여성해방운동(제2물결 페미니즘)의 주장에서도 공사 경계의 변동과 공사의 상호연관성을 확인할 수 있다.[216] 그에 의하면, 자유주의는 젠더와 성적 역할에 관련된 문제를 '사적인 것'으로 파악해 공적인 논의의 대상으로 취급하기를 부정한다. 하지만 그것은 역사적·사회적으로는 우연의 산물에 지나지 않는 공사의 분리 방법을 합리적 이유도 없이 자연화·고착화한 것에 지나지 않는다. 예를 들면, 자유주의의 대표적 논자인 로크는 정치사회를 사회계약에 의한 인위적인 것으로서 설명하기 위해, '자연'적인 것으로 생각되고 있던 가족을 정치사회와 절단하여 가족에는 정치와 다른 원리가 적용된다고 하였다. 그러나, 사실 시대와 사회에 따라 다양한 가족의 형태가 존재하는 것에서 알 수 있듯, 가족은 그 자체가 사회적 구축물이며 나아가 혼인이나 상속 등의 법제도에 의해 구성되는 실로 정치적인 것이다. 그럼에도 자유주의는 가족과 성의 문제를 사적인 것으로 취급하고 공적 영역 속의 논제는 될 수 없다고 함으로써 결국 사적 영역뿐만 아니라 공적 영역에서도 불평등 또는 불의가 존재하도록 방치하고 있다. '개인적인 것은 정치적인 것이다'(The Personal is Political)라는 슬로건은 사적 영역이 남성 지배에 의해 구조화된 것을 폭로함과 동시에 사

---

215) 한나 아렌트, 『인간의 조건』, 90면.
216) 이 단락은 卷美矢紀, 「公私區分批判はリベラルな立憲主義を超えうるのか」, 153-154면을 정리한 것이다.

적인 사항들이 정치적인 문제가 될 수 있음을 대단히 극단적인 형태로 고발·규탄하고 있는 것이다. 물론 이러한 제2차 여성해방운동이 비판하는 자유주의의 공사 구분은 국가(·사회)/가족의 분리이므로 국가와 사회의 구별이라는 자유주의가 상정하는 공사 구분과 꼭 일치하는 것은 아니지만, 공사의 상호관련성을 잘 지적하고 있다고 할 수 있다.

요컨대, 위의 사례들에서 알 수 있듯, 공적 영역과 사적 영역의 구분은 어떤 선험(先驗)적인 결론에 의해 이미 고정된 것이 아니며 유동한다. 공적 영역과 사적 영역은 서로 섞이기도 하고, 사적 영역이 공적 영역을 침식하기도 하며, 때로는 공적 영역이 사적 영역으로 사적 영역이 공적 영역으로 전환되기도 한다. 이처럼 공사 구분의 경계선은 변동하기 마련이며, 또 어떤 지점에서는 경계선이 너무 굵어 공사 양측에 넓게 걸쳐 있어 공과 사를 구분하기 몹시 어려운 경우도 있다. 결국 공사를 나누는 경계선은 담론에 의존하는 유동적인 것이지, 담론 이전의 것, 정치 이전의 것은 아니다. 그렇다면 이제 어떻게 공적 영역과 사적 영역을 설정하느냐가 관건이 될 것인바, 공화주의는 공공성과 비지배의 측면에서 그 경계를 설정하려고 한다. 예를 들면, 고용·파업·임금 문제에 대해 자유주의는 이를 원칙적으로 사적 영역의 문제로 보아 국가의 개입을 거부하려고 하겠지만, 공화주의는 그것은 사적 문제이기도 하지만 동시에 공적 문제이기도 한 것으로 보아 강한 공적 조정을 시도할 것이다.

위에서 공사 경계의 공화주의적 재설정 문제를 검토하였다면, 이제 공화주의에서 요청하는 '사적인 것'과 '공적인 것'의 연관짓기에 대해 살펴보도록 한다.[217] 고전적인 공화주의는 '사적인 것'을 단순한 생존을 위해 필요한 사항, 즉 '인간적'이라기보다 '동물적'인 사항으로 파악하고, '공적인 것'을 '인간적'인 존재에 있어서 필수불가결한 영역과 목적이라고 본다. 이런 입장

---

217) 이하의 한 단락은 大森秀臣, 『共和主義の法理論-公私分離から審議的デモクラシーへ』, 44-45면을 정리한 것이다.

에서 보자면 인간은 '정치적 동물'이기 때문에 사생활에 은거하는 타락한 생활을 중단하고, 정치 공동체와 운명을 같이하면서 다른 일반시민과 공유할 이익을 추구하지 않으면 안 된다. 즉, 고전적 공화주의는 공적인 것과 사적인 것을 엄격히 구분한 후 사적인 것에 대한 공적인 것의 우위를 주장하는 것이다. 그러나 현대의 공화주의는 고전적 공화주의와는 달리 공사 구별을 엄격하게 하지 않고 오히려 '공적인 것'과 '사적인 것'을 서로 이어주려고 한다. 고전적 공화주의는 사적 이익을 포기하고 순수하게 공동의 목적을 실현할 것을 주장하지만, 그것은 현대사회의 문맥에서 보면 결코 현실적이지 않다. 현대는 다원주의적 사회이기 때문에 사회에 공통되는 이익 및 가치가 무엇인지, 공동선이란 무엇인지가 반드시 확실히 제시될 수는 없다. 따라서 현대 공화주의는 각자가 사적 이익을 추구하는 사실을 인정하고 각자에게 사적 영역이 존재한다는 것을 전제로 하고 있다. 그래서 '사적인 것'을 포기하게 하는 것이 아니라 그대로 가지게 하면서 정치활동을 통해 '공적인 것'과의 연관성을 부여하려 한다. 이러한 공사의 결합은 현대 공화주의자들에 의해 다양한 형태로 이루어지고 있다. 예를 들면, 개인의 삶이 정치적 공동체의 삶과 융합되어 있으며 개인이 공동체와 같은 운명을 공유하는 것을 예증하는 접근도 있다. 그리고 정치공동체의 공동선을 촉진하는 방법으로 자기이익을 조정하는 접근법도 있다. 또 프라이버시의 권리를 보호의 대상으로서가 아니라 '정치적인 권리'로서 다시금 재정립하려는 접근법도 있다. 요컨대, 이들은 하나같이 '사적인 것'을 전제로 한 위에서 '사적인 것'을 '공적인 것'으로 연관지으려 하고 있는 것이다.

제 5 장

결 론

서구 근현대의 정치철학을 한마디로 규정한다면 자유주의(自由主義, liberalism)라고 할 수 있다. 서구에서 자유주의는 17세기 이래 도덕, 철학, 정치, 법률 등 모든 영역에서 지배적이었고 이제는 삶의 한 양식이 되어 있다. 그런데 자유주의는 법과 정치에 있어 지금 우리가 누리고 있는 빛나는 성과를 이룩하였지만 그 지나친 성공으로 말미암아 모순과 한계에 처하고 있다. 즉, 사적 영역에 대한 외부의 간섭 배제는 개인의 사적 자유는 확보해 주었지만, 정신적인 면에 있어 과도한 가치상대주의·다원주의를 낳아 도덕적 무규범 상황을 초래하였고, 경제적인 면에서는 부자와 빈자의 불평등과 차이를 유지·확대하는 데 기여하였다. 특히 후자의 문제에 대응하기 위해 20세기 초에는 고전적 자유주의 국가를 지양하고 사회국가(社會國家) 혹은 복지국가(福祉國家)를 도입하는 등 반전을 꾀하였으나 그것은 어디까지나 미봉책일 뿐이었다. 이제 자유주의는 그 합리적·개혁적 활력이 다한 나머지, 서구에서도 자유주의에 대한 비판이 맹렬하게 전개되고 있다. 1980년대의 자유주의-공동체주의 논쟁, 그리고 1970년대부터 시작되어 최근 급속히 공감을 얻고 있는 공화주의(共和主義, republicanism) 사상이 자유주의에 대한 불만을 표현하고 있다.

자유주의는 역사가 오랜 만큼 다양하게 정의될 수 있지만, 그 핵심은 개인의 자유와 권리에 대한 강조 및 보호, 제한 정부, 소극적 자유론, 국가중립주의 등이라고 할 수 있다. 그리고 이런 외형의 밑바탕에는, 사회계약론(社會契約論)에 의해 국가를 구성하고 그렇게 형성된 국가는 개인의 자연권(自然權), 즉 자유와 권리, 특히 재산권을 보호한다는 논리가 깔려 있다. 또한 국가와 사회를 구별하여 국가는 자율적인 사회, 즉 개인들의 사적 영역에 대한 간섭과 개입을 해서는 안 된다는 도그마가 녹아 있는바, 공사 분리(公私分離)는 자유주의의 핵심 원리라고 할 수 있다.

그런데 이와 같은 자유주의 정치철학의 교리가 가장 선명하게 그리고 전형적으로 드러나는 곳이 바로 법학, 특히 헌법학(憲法學)이라고 할 수 있고, 위와 같은 골격은 우리 헌법의 경우에도 동일하게 구현되어 있다. 문제는 자유주의의 대립항으로서의 공화주의의 관점에서 볼 때 우리 법학 및 법실무가 얼마나 자유주의적 성격을 가지고 있는가 하는 점이다. 국가보안법 사건·간통죄 및 혼인빙자간음죄 사건·토지공개념 사건 등 헌법재판소의 주요 결정례를 통해 보건대, 서구와 비교할 때 우리의 경우는 전반적으로 자유주의적 가치가 충분히 발현되고 있지 못하다고 평가할 수 있는 한편, 특정 분야에서는 자유주의가 부족하고 특정 분야에서는 자유주의가 과잉하다고 볼 수 있다. 어쨌든 자유주의(정치철학)에 대한 불만으로 탄생한 공화주의 이론은 정치철학에서 만큼이나 법학에서도 유용하다고 할 수 있을 것이다.

공화주의는 1960년대에 사상사(思想史) 연구로 시작되었으나 1970년대를 거치면서는 그 연구의 성과를 이어받아 정치철학이나 법학에도 공화주의 사상을 적용시키는 시도가 매우 활발히 행해지고 있다. 일반적으로 공화주의의 내용으로는 시민적 덕성, 정치적·경제적 평등, 자기지배로서의 자유와 비지배로서의 자유, 법의 지배, 심의적 정치, 공동선의 추구, 그리고 혼합정체론 등이 얘기되는바, 이 모든 것들은 *res publica*, '모두의 것', '공공의 것' 즉 진정한 공화국(共和國)을 실현하기 위한 방편이라고 할 수 있다. 이 책에서는 주로 법적인 문제와 관련지어 공화주의적 인간관과 국가관, 그리고 시민적 덕성, 공화주의적 자유, 법의 지배, 심의적 정치, 혼합정체론을 다루었다.

우선 공화주의는 자유주의적 인간관에 대비되는 공화주의적 인간관에 기초하여 그 바람직한 인간과 사회를 실현하기 위한 것이라 할 수 있는바, 자유주의가 공동체 이전의 개인을 상정한다면 공화주의는 공동체 속의 개인을

강조한다. 그리하여 제한국가 원칙에서 잘 드러나듯 국가를 자유의 침해자로
서 적대시하는 자유주의와 달리 공화주의에서는 공동체 혹은 국가의 적극적
인 역할을 긍정한다. 그리고 공화주의에서는 다른 정치철학에서 간과되어 왔
다고 할 수 있는 시민적 덕성(市民的 德性)을 강하게 요청하는 한편 그것을
함양하기 위한 조치를 취한다. 왜냐하면 민주주의가 제대로 작동하기 위해서
는 단순한 제도설계만으로는 안 되고 자발적이고 적극적인 시민적 덕성이
반드시 필요하기 때문이다. 물론 공화국에서 요청되는 그것은 도덕적 미덕이
아니라 정치적 덕성(政治的 德性)인 것이다.

　현대 공화주의 이론의 백미라고 할 수 있는 자유론에 있어서는, 주로 자유
주의적 자유 관념과 그에 대비되는 공화주의적 자유 관념을 대조시킴으로써
우리 헌법이 알고 있는 자유의 관념이 주로 자유주의적인 것이며 그것이 내
포하는 부족과 한계를 확인하였다. 고대 그리스에서는 정치적 평등과 경제적
평등 그리고 자유를 서로 분리된 것으로 보지 않았는데, 이는 경제적으로 평
등한 조건에서 동등한 시민이 나타나며 동등한 시민 사이에서 정치적 평등
이 가능하고 정치적으로 평등해야 결국 자유롭게 되기 때문이다. 사실 공화
주의적 자유 관념에는 다양한 견해(학파)가 있지만, 적어도 자유주의적 자유
관념, 즉 '외부의 간섭으로부터의 자유' 혹은 '국가로부터의 자유'라는 '소극
적 자유'(消極的 自由)에 불만족한다는 점에서는 일치한다. 이 책에서는 전
통적으로 공화주의적 자유로 간주되어 왔던 '적극적 자유'(積極的 自由)의
내용을 살펴보는 한편, 최근에 제3의 자유로 각광을 받고 있는 '비지배적 자
유'(非支配的 自由, liberty as non-domination)의 의의와 강점을 검토하였다.
적극적 자유는 자기지배가 있을 때 자유롭다고 보는 것이고, 비지배적 자유
는 공동체 구성원 사이에 지배-예속 관계가 없는 상태를 자유라고 부를 수
있다는 것으로서 국가적인 혹은 외부적인 간섭이 없을지라도 비공식적이고
사적인 예속 관계가 있을 경우에는 자유가 없다라는 주장이다. 법과 정치가
이러한 자유 관념을 지향할 때 법학과 법실무에 심대한 변화가 있을 것이라

고 기대할 만하다.

　다음으로는, 공화주의에서 말하는 법의 지배(rule of law) 혹은 법치주의라
는 이상에 대해 살펴보았다. 근대 자유주의 헌법은 인치(人治)가 아닌 법치
(法治)를 실현하기 위한 다양한 법적·제도적 노력을 기울였고 최소한 형식적
이고 절차적인 법의 지배는 실현하고 있다고 할 수 있다. 그러나 공화주의적
입장은 단순한 권력분립 원칙과 법률에 따른 법집행만으로는 충분치 않다고
보며 공화주의적 이상에 따라 법의 지배를 생기 있게 유지시킬 수 있는 방안
들을 요청한다. 그리고 공화주의는 법의 지배의 목적은 앞서 본 시민들 사이
의 자유와 평등을 유지하기 위한 것임을 잊지 않는다. 그런 점에서 공화국이
부패하지 않고 건강하기 위해서는 권력자에 대해 일반 시민보다 오히려 더
강한 법적 통제가 필요하다고 보았다. 한편 법의 지배와 관련한 현대의 대표
적 제도인 사법심사(의 정당성) 문제에 있어서는 기본적으로 민주주의를 보
강하는 차원에 사법심사를 위치지우면서도 그 민주주의는 공화주의적 정치
가 되어야 함을 강조하고, 사법부 역시 적극적인 공익의 판단자가 됨으로써
정당성을 획득할 수 있다고 하였다.

　그리고, 공화주의에서는 앞서 본 공화주의적 인간과 사회, 그리고 공화주
의적 자유를 구현하기 위한 적절한 정치제도를 요청하는데, 현대 국가에서
있어 공화주의적 정치는 다원주의 정치를 거부하는 한편 심의적 정치(審議
的 政治)라는 형태로 제시된다. 각자의 사익과 선호를 정확하게 반영하는 것
이 정치이고 그 반영을 위한 경쟁의 결과 일정한 정치적 균형점이 달성된다
는 다원주의 정치가 아니라, 시민들의 정치참여를 널리 인정하면서 대화와
토론 및 의사소통을 통해 집단적 의사를 형성해 가는 심의적 정치에 의해 공
동선(共同善)과 공익(公益)이 추구되어야 한다는 것이다.

　끝으로, 바람직한 정체에 관한 공화주의의 전통적 사상인 혼합정체론(混
合政體論)의 역사와 발전에 대한 검토를 통해 근대의 권력분립 원칙이 공화
주의의 혼합정체론에서 기원한 것임을 확인하였다. 동시에 혼합정체론이 다

양한 계급과 계층 간의 조화와 균형을 강조한다는 점이 오해되어, 공화주의 가 그런 구별을 인정하는 전제에서 다수 인민의 의사를 부정하고 엘리트에 의한 의사결정을 지지함으로써 결국 (직접) 민주주의에 반대하는 것으로 취 급되는 것을 경계하였다.

이 책은 이러한 공화주의의 원리들을 기초로 할 때 우리 헌법과 헌정질서 에 대한 새로운 이해와 접근이 가능할 것이라고 보고 몇 가지 지점에서 우리 헌법에 대한 공화주의적 접근을 시도하였다. 우선 공화주의에 비추어 보면 우리 헌법과 헌법해석이 보여주는 특성, 즉 그것의 자유주의 지향성과 자유 주의의 모순과 한계를 보다 명확히 파악할 수 있게 된다. 종래 우리는 헌법 제1조 제1항 "대한민국은 민주공화국이다."의 '공화국'(共和國)을 이제는 역 사적 의의밖에 말해주는 바가 없는 단순한 비군주국(非君主國)으로 이해하 여 왔다. 그러나 공화국의 어원과 유래, 그리고 공화주의 전통에 따를 때 공 화국이란 사적 개인의 자유과 권리 보장을 위한 수단적 연합이 아니라 법과 공공선에 기반을 두고 주권자인 시민들이 만들어낸 정치공동체, 즉 '인민의 것' 혹은 '모두의 것'(res publica)으로 이해된다.

한편 자유주의 헌법은 근본적으로 국가를 적대시하고 국가로부터의 개인 의 자유를 보장하는 데 전념한 결과 개인의 국가에 대한 적극적인 관계설정 이 불가능하다. 동시에 자유주의 헌법은 국가와 개인에 대한 공식적이고 법 적인 관계만을 얘기할 뿐 국가가 아닌 비공식적인 영역, 즉 시민사회 영역에 서의 개인의 존재에 대해서는 침묵한다.

이 책에서는 이런 점을 시민권과 관련시켜 보았다. 국가의 법적인 성원자 격을 의미하는 국적은 시민권의 내용 중 최소한의 것임을 확인하고, 종래 성 원자격과 권리로 주로 이해되던 시민권 관념에서 벗어나 시민의 권리를 시 민의 소임과 유기적으로 결합하여 이해할 것을 요청하였다.

또한 같은 맥락에서 자유주의 헌법은 본질적으로 국민의 의무에 대한 논 의가 빈약할 수밖에 없음을 확인하되 국민의 의무는 일방적으로 강요되어서

도 안 되지만 경시되어서도 안 되는 것으로서, 국가는 국민에 대해 그 의무
를 다할 것을 요구하지만 국민이 자발적으로 의무를 다할 수 있도록 공공성
을 회복하고 법과 정치의 정당성을 갖추어야 한다고 하였다.

한편, 공화주의를 국가의 공공성(公共性)을 회복하자는 하나의 논의라고
할 때, 과연 국가가 지향해야 할 공익이란 무엇이며 그것을 어떻게 발견할
수 있는지와 관련하여 헌법재판소의 사법심사시 공익 판단 문제에 대해 검
토하였다. 사법심사는 정치적 결정과 달리 법관이 단독으로 일회적으로 판단
을 하게 된다. 그런 만큼 법관은 공익이 무엇인지 이익형량을 어떻게 할 것
인지에 대한 중대한 책무를 지고 있다 할 수 있다. 이 때 공익판단에 있어서
는 자유주의적 관점보다는 공화주의적 관점에서의 공익이 지향점이 되어야
할 것이다.

그리고 기본권의 본질과 관련하여 몇 가지 기본권 해석론에 대해 공화주
의적 해석을 시도하였다. 우선 기본권의 내재적 한계론 문제에 관해 보건대,
그것은 단순히 독일의 헌법구조에서 비롯되는 특유의 문제로 치부될 것이
아니라 권리의 본질에 관한 물음이고, 내재적 한계를 인정하는 것이 자유주
의 헌법의 '권리의 정치'가 야기하는 부작용을 극복할 수 있는 하나의 수단
이 될 수 있음을 지적하였다. 그리고 기본권의 제3자효 이론 문제의 경우, 기
존의 논의는 헌법의 공사 분리 구조를 극복하기 위해 도입되었지만 결국 다
시 그 틀로 돌아가고 있다는 점에서 한계를 가진다고 보았다. 한편, 국가의
기본권보호의무론에 대해서는, 자유주의 헌법과 국가관을 전제로 할 경우 그
것은 이론적인 부조화가 발생하며 공화주의적 국가관을 전제로 할 때에만
매끄럽게 설명될 수 있다고 하였다. 마지막으로는 비지배적 자유 관념을 헌
법재판에 적용하는 시도를 해 보았는바, 비지배적 자유라는 자유에 대한 새
로운 관념을 사법심사에 적용한다면 자유권-사회권의 대립 구도가 완화되고
시민들 간에 비지배적이고 대등한 관계가 형성될 수 있는 계기가 마련될 수
있을 것이라고 보았다.

우리 헌법을 비롯한 근대 자유주의 헌법은 기본적으로 국가와 사회의 구별(國家와 社會의 區別)에서 비롯된 공사 분리(公私 分離) 독트린에 기반하고 있다. 그리하여 공적 영역과 사적 영역을 분리한 후 사적 영역에 대한 국가의 간섭을 금지하고 거기서의 자유(정신적·경제적 자유) 확보에만 주력하였다고 할 수 있다. 그 결과 발생한 것은 진정한 자유와 자율이 아니라 공허한 자유였으며, 경제적 불평등에 대한 묵인이었고, 정치와 법에 대한 경시였다. 공화주의의 주요 목표 중 하나는 공사 분리로 인해 발생하는 문제점을 극복하려는 것이다. 그런 목표를 위해 공화주의는 자유의 개념을 재검토하기도 하고, 공과 사의 경계를 재설정하며 공과 사를 연관지음으로써 공·사의 분리를 지양하는 등 공·사의 동학(動學)을 이루려고 한다.

이제 마지막으로, 이 책의 한계 혹은 이 책에서 다루지 못한 점에 관해 정리하기로 한다. 사실 이상의 논의는 우리 헌법 전체를 공화주의적으로 재구성(再構成)한 것이라기보다는 공화주의적 해석이 잘 적용될 만한 몇 가지 주제를 골라 낸 것이라 할 수 있다. 그리고 이 책은 자유주의의 이론과 실제에 있어 핵심이라고 할 수 있는 경제적 영역에 대한 개입 반대, 사회권 보장에 대한 소극적 태도 등을 화두로 하는 경제 헌법에 대한 연구를 미루었다. 또한 무엇보다도 공화주의의 가치를 강조하였을 뿐 경제, 사회, 도덕, 문화 그리고 일상생활의 모든 영역을 지배하는 국가를 어떻게 통제할 것인가라는 과제를 별로 다루고 있지 않다.

'국가'라는 이름 아래 개인과 사회의 자율성을 종속시키는 생각을 널리 '국가주의'(國家主義, statism)라고 부른다면, 국가주의를 극복하는 일은 자유주의의 최대의 과제였고 여전히 우리가 당면한 최대의 숙제이기도 하다. 국가에 대해 더 많은 개인의 권리를 주장하는 것, 국가로부터의 자유를 확보하는 것, 그리고 국가의 권위를 더 의심하는 것이 필요하다. 이런 맥락에서 볼 때 우리 법학과 법실무에서는 더 많은 자유주의가 요청된다는 지적도 가능하다. 분명 여기에는 공화주의와 상치되는 측면이 존재한다. 공화주의는 자유와 자율이라는 명목으로 사적 지배가 횡행하는 현상을 방지하기 위해 보다 적극적인 국가의 활동을 요청하게 되는데, 그것은 사회와 개인의 자율성에 대한 침해와 국가에 대한 종속과 의존으로 연결될 수 있기 때문이다. 자율적 인간과 사회를 실현하기 위해서는 국가의 간섭(干涉)이나 국가에 대한 의존(依存) 모두가 최소화되어야 한다는 자유주의의 이상은 지극히 타당하다. 그러나 그것은 공사 분리를 통한 국가로부터의 사적 영역에 대한 보호라는 자유주의의 전략으로는 달성할 수 없는 것이다. 공화주의는 자율적 인간이 자유롭게 사는 세상을 만들기 위해서는 불가피하게 최대·최후의 후원자로서의 국가에 기댈 수밖에 없다는 현실을 인정하면서, 그렇다면 그 국가를 어떠한 존재로 만들 것인가를 고민한 끝에 공공성(公共性)을 구현한 존재로 만들기 위해 노력하는 것이라 할 수 있다.

공화주의 사상은 어찌 보면 지극히 상식적인 내용이기도 하지만 때로는 사안을 해결하는 데 전혀 생각지 못했던 빛을 던져주기도 한다. 또한 누가 보아도 공감할만한 이상향(理想鄕)을 그리는 것이기도 하지만, 과연 실현가능한지 오히려 부적절한 결과를 초래할 가능성은 없는지 의심이 생기기도 한다. 더구나 우리 사회는 유교 문화의 전통과 민족주의적·국가주의적 성향이 강하므로 공화주의의 주장이 자칫 오해되고 악용될 가능성도 크다. 그럼에도 불고하고, 전통과 단절되고 극단적인 사익 추구와 사생활 중심주의가 판을 치며 정치적 무관심과 공공성의 붕괴를 경험하고 있는 우리의 현실을 생각한다면, 과거의 공화주의 전통을 밝혀내고 그것을 현대에 되살리는 작업은 반드시 필요한 것이라 하겠다.

참고문헌

■ 국내문헌

1. 단행본

계희열, 『憲法學(上)』, 박영사, 2004
＿＿＿, 『憲法學(中)』, 박영사, 2004
권용립, 『미국의 정치 문명』, 삼인, 2003
권영성, 『憲法學原論』, 법문사, 2008
김도균, 『법치주의의 기초-역사와 이념』, 서울대학교 출판부, 2006
김동춘 외, 『자유라는 화두-한국 자유주의의 열 가지 표정』, 삼인, 1999
김영국, 『마키아벨리와 군주론』, 서울대학교 출판부, 1995
김영국 외, 『레오 스트라우스의 정치철학』, 서울대학교출판부, 1995
김철수, 『憲法學槪論』, 박영사, 2008
김정오, 『현대 사회 사상과 법』, 나남출판, 2007
김효전, 『근대 한국의 국가사상』, 철학과현실사, 2000
금 민, 『사회적 공화주의』, 박종철 출판사, 2007
노명식, 『자유주의의 원리와 역사』, 민음사, 1991
박상섭, 『국가와 폭력: 마키아벨리의 정치사상연구』, 서울대학교 출판부, 2002
박호성, 『공동체론』, 효형출판, 2009
성낙인, 『헌법학』, 법문사, 2010
송석윤, 『헌법과 사회변동』, 경인문화사, 2007
우석훈, 『촌놈들의 제국주의』, 개마고원, 2008
이병천·홍윤기·김호기 엮음, 『다시 대한민국을 묻는다』, 한울, 2007
이준일, 『憲法學講義』, 홍문사, 2008
이황희, 『플라톤, 「국가」를 넘어서다』, 금붕어, 2009
임채원, 『공화주의적 국정운영』, 한울, 2008
장동진, 『현대 자유주의 정치철학의 이해』, 동명사, 2001
정경희, 『中道의 정치: 미국 헌법 제정사』, 서울대학교 출판부, 2001

정종섭,『헌법연구 1』, 박영사, 2001

_____,『헌법연구 3』, 박영사, 2001

_____,『憲法學原論』, 박영사, 2010

정문식,『독일헌법 기본권 일반론』, 전남대학교출판부, 2009

조승래,『국가와 자유-서양 근대 정치 담론사 연구-』, 청주대학교 출판부, 1998

_____,『공화국을 위하여: 공화주의의 형성과정과 핵심사상』, 길, 2010

최장집,『민주화 이후의 민주주의』, 후마니타스, 2002

한상범,『현대법의 역사와 사상』, 나남출판, 2001

한태연,『憲法學』, 법문사, 1985

허승일,『로마 공화정』, 서울대학교출판부, 1997

허 영,『韓國憲法論』, 박영사, 2007

홍윤기 외,『진보와 보수』, 사회와 철학연구회, 이학사, 2002

2. 논문

강정인,「2000년대 한국의 바람직한 정치적 인간상: 선진산업사회와 탈시장적 인
      간형의 모색」,『자유민주주의의 이념적 초상-비판적 고찰-』, 문학과 지성
      사, 1993

_____,「보수와 진보-그 의미에 관한 분석적 고찰」,『에드먼드 버크와 보수주의』,
      강정인·김상우 역, 문학과지성사, 1997

_____,「민주화 이후 한국정치에서 자유민주주의와 법치주의의 충돌」,『서울대학
      교 法學』제49권 제3호, 2008

강희원,「독일적 법사유와 한국법학의 반성」,『慶熙法學』제35권 제1호, 경희법
      학연구소, 2000

고승덕,『公共福利에 관한 硏究』, 서울대 석사논문, 1982.

곽준혁,「갈등, 혼합정체 그리고 리더쉽: 마키아벨리의「로마사 논고」를 중심으로」,
      『정치사상 연구』제9집, 2003

_____,「심의 민주주의와 비지배적 상호성」,『국가전략』, 제11권 제2호, 2005

_____,「민주주의와 공화주의: 헌정체제의 두 가지 원칙」,『한국정치학회보』제
      39집 제3호, 2005

_____,「사법적 검토의 재검토: 헌법재판과 비지배적 상호성」,『한국정치학회보』
      제40집 제5호, 2006

_____, 「키케로의 공화주의」, 『정치사상연구』제13집 제2호, 한국정치사상학회, 2007

_____, 「왜 그리고 어떤 공화주의인가」, 『아세아연구』제131호, 고려대학교 아세아문제연구소, 2008

국순옥, 「자유민주적 기본질서란 무엇인가」, 『민주법학』제8권 제1호, 민주주의법학연구회, 1994

_____, 「헌법학의 입장에서 본 자유민주주의의 두 얼굴」, 『민주법학』제12권 제1호, 민주주의법학연구회, 1997

김경희, 「비르투 로마나(Virtu romana)를 중심으로 본 마키아벨리의 공화주의」, 『한국정치 학회보』제39집 제1호, 한국정치학회, 2005

_____, 「마키아벨리의 국가전략: '저변이 넓은 정체'(governo Largo)에 기반한 힘과 유연성의 전략」, 『정치사상사연구』제11집 제1호, 2005

_____, 「데모크라티아(Demokratia)를 넘어 이소노미아(Isonomia)로: 아테네 민주정의 전개과정에서 나타난 혼합정의 이념에 대하여」, 『한국정치학회보』제40집 제5호, 한국정치학회, 2006

김도균, 「법원리로서의 공익: 자유공화주의 공익관의 시각에서」, 『서울대학교 法學』제47권 제3호, 2006

_____, 「근대 법치주의의 사상적 기초: 권력제한, 권리보호, 민주주의 실현」, 『법치주의의 기초: 역사와 이념』, 서울대학교 출판부, 2006

김상현, 『현대 공화주의와 민주주의에 관한 연구』, 부산대 박사논문, 2009

김선택, 「공화국원리와 한국헌법의 해석」, 『법제』제609호, 법제처, 2008. 9.

김성수, 「국가 과세권의 정당성 문제-조세헌법이론적 논의를 중심으로-」, 『공법연구』제30집 제3호, 한국공법학회, 2002

김숙자, 『제임스 헤링턴의 오세아나공화국에 관한 연구』, 전남대 박사논문, 1996

김승환, 「국가와 사회의 구별」, 『공법연구』제26집 제1호, 한국공법학회, 1998

김영기, 「자유주의와 공동체주의: 국가의 중립성을 중심으로」, 『철학연구』제95집, 2005

김영한, 「H. 바론의 '시민적 휴머니즘'에 대한 논의」, 『사학논지』, 4·5호 합본, 1977

김정오, 「자유주의 법체계에 대한 구조적 분석과 비판-던컨 케네디의 비판법담론을 중심으로-」, 『연세법학연구』제2집, 1992

_____, 「법과 자유주의」, 『사회비평』제16권, 나남출판사, 1996

_____, 「공동체주의와 법에 관한 연구」, 『법철학연구』제3권 제1호, 2000

김형렬, 「필립 페팃(Philip Pettit)의 자유론 연구: 비지배 자유(freedom as non-domination) 개념을 중심으로」, 서울대 석사논문, 2009

김효전, 「憲法槪念史의 境界 넘기」, 『공법연구』제36집 제3호, 한국공법학회, 2008

박남준, 「자유주의적 국가중립주의의 한계와 유교적 국가완전주의의 모색」, 연세대 석사논문, 1999

박세일, 「공동선(공익)을 어떻게 찾아야 하는가?」, 『철학과 현실』제50호, 철학연구소, 2001

박종민, 「한국인의 정부역할에 대한 태도」, 『한국정치학회보』제42집 제4호, 한국정치학회, 2008

배경한, 「근현대중국의 공화정치와 국민국가의 모색」, 『역사상의 공화정과 국가만들기』, 제51회 전국역사학대회 발표논문집, 2008.

서희경·박명림, 「민주공화주의와 대한민국 헌법 이념의 형성」, 『정신문화연구』제30권 제1호, 한국한중앙연구원, 2007

성낙인, 「국가형태로서의 공화국-프랑스 헌법학 이론을 중심으로-」, 『公法學의 現代的 地平: 心泉 桂禧悅博士 華甲記念論文集』, 박영사, 1995

_____, 「憲法上 國家形態와 政府形態의 體系的 理解를 위한 小考」, 『玄齋 金英勳博士 華甲記念論文集』, 1995

송기춘, 「국가의 기본권보장의무에 관한 연구」, 서울대학교 박사학위 논문, 1999

송석윤, 「대표제개념의 헌법사적 연구」, 『헌법학연구』제6권 제1호, 2000

_____, 「고전적 침범개념과 그 확대」, 『헌법과 사회변동』, 경인문화사, 2007

송석주, 「아리스토텔레스의 정치적 우애와 비지배적 상호성」, 경북대 석사논문, 2008

신호재, 「마키아벨리의 준법에 근거한 공화주의적 시민성 연구」, 서울대 석사논문, 2008

안준홍, 「이사야 벌린의 두 가지 자유개념에 대한 연구」, 서울대 석사논문, 2003

양창수, 「헌법과 민법-민법의 관점에서-」, 『서울대학교 法學』제39권 제4호, 1999

오동석, 「계륵이 되어 버린 헌법재판소」, 『월간 사람』2006년 8월호, 인권재단 사람, 2006. 8.

유홍림, 「미국의 공동체주의 정치사상」, 『미국 사회의 지적 흐름: 정치·경제·사회·문화』, 서울대학교출판부, 1998

이국운, 「공화주의 헌법이론의 구상」, 『법과사회』20호, 2001

_____, 「입헌적 공화주의의 헌법이해」, 『헌법실무연구회발표문』, 2005. 6.

_____, 「한국 헌정에서 입법자의 권위 실추: 진단과 처방-입헌적 공화주의의 관점-」, 『공법연구』제35집 제2호, 한국공법학회, 2006

_____, 「현대헌법이론에서 '타자(他者)'의 복권-자유주의와 공동체주의의 맥락에서」, 『법철학연구』제6권 제2호, 2003

이명웅, 「한국헌법의 '자유주의' 이념」, 서울대 박사학위논문, 1996

이봉철, 「서구 자유주의 권리이론에 나타나는 '일방향 권리-의/책무관계구조'의 오류 비판」, 『한국과 국제정치』제20권 제2호, 2004

_____, 「현대 자유주의적 정치이론과 그 문제점-John Rawls, Robert Nozick, Bruce Ackerman」, 『한국정치학회보』제21집 제2호, 1987

이수석, 『混合政體의 政治思想史的 硏究: 古代 混合政體論의 展開와 復活을 中心으로』, 고려대 박사논문, 1997

이승우, 「헌법과 국가론」, 『憲法의 規範力과 法秩序: 涏泉 許營 博士 停年記念 論文集』, 박영사, 2002

이승환, 「유학과 자유주의와의 대화」, 한국사회·윤리연구회 편, 『사회계약론』, 철학과현실사, 1993

_____, 「한국에서 자유주의-공동체주의 논의는 적실한가?-아울러 '유사 자유주의'와 '유사 공동체 주의'를 동시에 비판함-」, 『철학연구』제45권 제1호, 철학연구회, 1999

_____, 「한국 및 전통에서 본 공(公)과 공익(公益)」, 『철학과 현실』제50호, 철학연구소, 2001

이철우, 「시민권, 어떤 개념인가」, 『한국사회학회 사회학대회 논문집』, 한국사회학회, 2004

임병철, 「브루니와 르네상스 공화주의」, 『서양사연구』제40집, 한국서양사연구회, 2009

임지봉, 「명백·현존하는 위험의 원칙과 우리나라에서의 적용 실제」, 『세계헌법연구』제12권 제2호, 2006

장미경, 「시민권(citizenship) 개념의 의미 확장과 변화: 자유주의적 시민권 개념을 넘어서」, 『한국사회학』제35집 제6호, 한국사회학회, 2001

장세룡, 「퀜틴 스키너의 자유론」, 『영국 연구』제2호, 1998

_____, 「콩스탕의 자유주의: 고대인의 자유와 근대인의 자유」, 『프랑스사연구』제2호, 한국프랑스학회, 1999

장철준, 『Mark Tushnet의 법이론 연구-사법심사에 관한 거대이론 비판을 중심으로-』, 연세대 석사논문, 2000. 2.

장호순, 「미국 연방대법원의 반공법 판결을 통해 본 사상과 표현의 자유의 한계」,
　　『한국언론학보』제40호, 한국언론학회, 1997

정종섭, 「자유주의와 한국 헌법」, 이근식·황경식 편, 『자유주의란 무엇인가』, 삼성
　　경제연구소, 2001

정윤석, 「아렌트와 공화주의의 현대적 전개」, 서울대 박사논문, 2001

정태욱, 「해방 60년과 한국사회의 자유주의」, 『다시 대한민국을 묻는다』, 참여사
　　회연구소 기획, 한울, 2007

조수영, 「헌법과 공동체주의」, 숙명여대 박사논문, 2009.

조승래, 「근대 초 영국의 적극적 자유론」, 『사회과학논총』제23권 제2호, 청주대사
　　회과학연구소, 2001

＿＿＿, 「소극적 자유론의 전통」, 『영국연구』제6호, 영국사학회, 2001

＿＿＿, 「누가 자유주의를 두려워하랴?」, 『역사와 담론』제54집, 호서사학회, 2009

조한상, 「헌법 제37조 제2항 '공공복리' 개념에 관한 고찰」, 『헌법학연구』제12권
　　제5호, 한국헌법학회, 2006

＿＿＿, 「헌법에 있어서 공공성의 의미」, 『공법학연구』제7권 제3호, 한국비교공법
　　학회, 2006

최장집, 「민주주의와 헌정주의: 미국과 한국」, 로버트 달, 『미국헌법과 민주주의』,
　　박상훈·박수형 역, 후마니타스, 2004

최종고, 「동아시아 법철학에서의 자유주의와 공동체주의」, 『법철학연구』제6권 제
　　2호, 2003

최정욱, 「'Democracy'는 민주주의가 아니라 다수정이다」, 『비교민주주의연구』제5
　　집 제1호, 비교민주주의학회, 2009

최준화, 「자유의 개념에 대한 비판적 연구: 자유주의와 공화주의의 통합적 관점을
　　중심으로」, 서울대 박사논문, 2010

한상범, 「현대 한국인의 법의식·법사상과 법학-그 현황과 문제-」, 『숭실대학교 법
　　학논총』제13집, 2003

한상희, 「민주공화국의 헌법적 함의」, 『일감법학』제3집, 건국대학교 법학연구소,
　　1998

＿＿＿, 「'민주공화국'의 의미-그 공화주의적 실천규범의 형성을 위하여-」, 『헌법
　　학연구』제9권 제2호, 한국헌법학회, 2003

한수웅, 「憲法訴訟을 통한 社會的 基本權 實現의 限界(上)-法的 權利說로부터
　　의 訣別」, 『고시연구』, 1996. 6

홍성방, 「국민의 기본의무-독일에서의 논의를 중심으로-」, 『공법연구』제34집 제4

호 제1권, 한국공법학회, 2006,

3. 번역서

E. H. 카, 「자유주의의 도덕적 파산」, 노명식 외 편, 『자유주의』, 종로서적, 1983

H. D. F. 키토, 『古代 그리스, 그리스인들』, 박재욱 역, 갈라파고스, 2008

J. S. 샤피로, 『자유주의』, 노명식 외 편, 『자유주의』, 종로서적, 1983

Kahl Wolfgang, 「국가와 사회를 구별하는 법적 의미」("Die rechtliche Bedeutung der Unterscheidung von Staat und Gesellschaft", *Jura*, 2002), 변무웅 역, 『법과 정책연구』제4권 제1호, 한국법정책학회, 2004

L. T. 홉하우스, 『자유주의의 본질』, 김성균 역, 현대미학사, 2006

M. Kaser, 『로마법제사』, 윤철홍 역, 법원사, 1998

노르베르토 보비오, 『자유주의와 민주주의』, 황주홍 역, 문학과지성사, 1992

니콜로 마키아벨리, 『군주론』, 강정인·문지영 역,

_____, 『로마사 논고』, 강정인·안선재 역, 한길사, 2003

데이비드 헬드, 『민주주의의 모델들』, 박찬표 역, 후마니타스, 2010

라인하르트 퀴넬, 『부르즈와 지배체제론: 자유주의와 파시즘』, 서사연 역, 학문과 사상사, 1987

레오나르도 브루니, 『피렌체 찬가』, 임병철 역, 책세상, 2002

로렌스 프리드만, 『미국법입문』, 서원우·안경환 역, 대한교과서주식회사, 1987

로버트 달, 『미국헌법과 민주주의』, 박상훈·박수형 역, 후마니타스, 2004

_____, 『민주주의와 그 비판자들』, 조기제 역, 문학과지성사, 1996

로버트 퍼트넘, 『사회적 자본과 민주주의: 이탈리아의 지방자치와 시민적 전통』, 안청시 외 역, 박영사, 2006

로베르토 웅거, 『근대사회에서의 법』, 김정오 역, 삼영사, 1994

루쉰, 『아침꽃을 저녁에 줍다』, 이욱연 편역, 예문, 2003.

리처드 대거, 「신공화주의와 시민경제」, 『시민과세계』제10호, 참여연대참여사회연구소, 2007

마르쿠스 툴리우스 키케로, 『키케로의 의무론』, 허승일 역, 서광사, 2006

마이클 왈쩌, 『자유주의를 넘어서』, 김용환 외 역, 철학과현실사, 2001

_____, 『정의와 다원적 평등』, 정원섭 외 역, 철학과현실사, 1999

모리치오 비롤리, 『공화주의』, 김경희 김동규 역, 인간사랑, 2006

모제스 I. 핀리, 『서양고대경제』, 지동식 역, 민음사, 1993
_____, 『고대 세계의 정치』, 최생열 역, 동문선, 2003
버나드 마넹, 『선거는 민주적인가』, 곽준혁 역, 후마니타스, 2004
버트런드 러셀, 『러셀 자서전』(상, 하), 송은경 역, 사회평론, 2003.
베나드 베일린, 『미국 혁명의 이데올로기적 기원』, 배영수 역, 새물결, 1999
벤자민 바버, 『강한 민주주의』, 박재주 역, 인간사랑, 1992
사이토 준이치(齊藤 純一), 『민주적 공공성』, 윤대석 외 역, 이음, 2009
샹탈 무페, 『민주주의의 역설』, 이행 역, 인간사랑, 2006
_____, 『정치적인 것의 귀환』, 이보경 역, 후마니타스, 2007
세일라 벤하비브, 『타자의 권리: 외국인, 거류민, 그리고 시민』, 이상훈 역, 철학과
        현실사, 2008
스테판 뮬홀·애덤 스위프트, 『자유주의와 공동체주의』, 김해성·조영달 역, 한울아
        카데미, 2001
아담 스미스, 『국부론』(상·하), 김수행 역, 비봉출판사, 2007
아리스토텔레스, 『정치학』, 천병희 역, 숲, 2009
알란 헌트 외, 『자본주의 국가와 법이론』, 조성민 편역, 태백, 1987
알래스데어 매킨타이어, 『덕의 상실』, 이진우 역, 문예출판사, 1997
알렉산더 해밀턴·제임스 매디슨·존 제이, 『페더랄리스트 페이퍼』, 김동영 역, 한
        울아카데미, 1995
앤서니 아블라스터, 『서구 자유주의의 융성과 쇠퇴』, 조기제 역, 나남, 2007
에른스트-볼프강 뵈켄회르데, 『헌법과 민주주의』, 김효전·정태호 역, 법문사, 2003
오카모토 세이지(岡本清一), 『자유의 문제』, 진흥문화사, 1983
요제프 슘페터, 『자본주의·사회주의·민주주의』, 이상구 역, 삼성출판사, 1990
윌 킴리카, 『현대 정치철학의 이해』, 장동익 외 역, 동명사, 2006
윌리엄 시어도어 드 배리, 『중국의 '자유' 전통, 표정훈 역』, 이산, 1998
이노구치 타카시(猪口 孝), 『국가와 사회』, 이형철 역, 나남, 1990
이노우에 다쯔오(井上 達夫), 『타자에의 자유』, 최기성 역, 아침, 2008
이사야 벌린, 『이사야 벌린의 자유론』, 박동천 역, 아카넷, 2006
장 자끄 루소, 『사회계약론』, 이환 역, 서울대학교 출판부, 1999
제임스 번햄, 『자유주의의 운명』, 이택미 역, 을유문화사, 1987
조지 세이빈·토머스 솔슨, 『정치사상사1』, 성유보·차남희 역, 한길사, 1997
존 그레이, 『자유주의』, 김용직·서명구 역, 성신여자대학교 출판부, 2007
존 로크, 『통치론』, 강정인·문지영 역, 까치글방, 1996

존 롤즈, 『정의론』, 황경식 역, 이학사, 2003

_____, 『정치적 자유주의』, 장동진 역, 동명사, 1999

존 스튜어트 밀, 『자유론』, 김형철 역, 서광사, 1992

존 하트 일리, 『민주주의와 법원의 위헌심사』, 전원열 역, 나남출판, 2006

찰스 A. 비어드, 『미국헌법의 경제적 해석』, 양재열·정성일 역, 신서원, 1997

칼 슈미트, 『憲法理論』, 김기범 역, 교문사, 1975

_____, 『정치적인 것의 개념』, 김효전 역, 법문사, 1992

콘라드 헤세, 「國家와 社會의 구별이 갖는 現代的 問題性과 意義에 관한 몇 가지 所見」, 『憲法의 基礎理論』, 계희열 역, 삼영사, 1985

퀜틴 스키너, 『근대 정치사상의 토대 1』, 박동천 역, 한길사, 2004

_____, 『 틴 스키너의 자유주의 이전의 자유』, 조승래 역, 푸른역사, 2007

클로드 모세, 『고대 그리스의 시민』, 김덕희 역, 동문선, 2002

키케로, 『국가론』, 김창성 역, 한길사, 2007

테렌스 볼·리처드 대거, 『현대 정치사상의 파노라마』, 정승현 외 역, 아카넷, 2006

토마스 페인, 『인권·상식』, 박홍규 역, 필맥, 2004

토머스 홉스, 『리바이어던』, 진석용 역, 나남, 2008

투키디데스, 『펠레폰네소스 전쟁사』(상·하), 박광순 역, 범우사, 1993

프리드리히 하이에크, 『노예의 길』, 김이석 역, 나남출판, 2006

한나 아렌트, 『인간의 조건』, 이진우·태정호 역, 한길사, 1996

해롤드 라스키, 『서구자유주의의 기원』, 강문용 역, 지문사, 1962

_____, 『현대 국가에 있어서의 자유』, 김학준 역, 서울대학교 출판부, 1987

헤로도토스, 『역사』(상·하), 박광순 역, 범우사, 2005

후지와라 야스노부, 『자유주의의 재검토』, 이용철 역, 백산서당, 2005

휴 콜린즈, 『마르크스주의와 법』, 홍준형 역, 한울, 1986

■ 외국문헌

1. 영어문헌

Arendt, Hannah. *The Human Condition*. Chicago: University of Chicago Press, 1958.

_____, *On Revolution*. New York: Viking Press, 1963.

Berlin, Isaiah. "Two Concepts of Liberty," in *Liberty*, Henry Hardy ed., Oxford: Oxford University Press, 2002

Bobbio, Norberto. *Liberalism and Democracy*, M. Ryle and K. Soper trans., London: Verso, 1990

Bobbio, Norberto & Maurizio Viroli. *The Idea of the Republic*, Allan Cameron trans., Cambridge, UK: Polity Press, 2003

Bosniak, Linda. "Citizenship Denationalized", *Indiana Journal of Global Legal Studies* 7, 2000

Braithwaite, John, and Philip Pettit. *Not Just Deserts: A Republican Theory of Criminal Justice*. Oxford: Oxford University Press, 1990

Burtt, Shelly. "The Politics of Virtue Today: A Critique and a Proposal", *American Political Science Review* 87, 1993

Christodoulidis, Emilios. *Law and Reflexive Politics*, Boston: Kluwer Academic Publishers, 1998

Clegg, Roger. "Who Should Vote?", *Texas Review of Law and Poltics* 6, 2001

Constant, Benjamin. "The Liberty of the Ancients Compared with that of the Moderns", in *Benjamin Constant: Political Writings* Biancamaria Fontana ed., Cambridge: Cambridge University Press, 1988[1819]

Dagger, Richard. *Civic Virtues: Rights, Citizenship, and Republican Liberalism*. Oxford: Oxford University Press, 1997.

_____, "Neo-republicanism and the civic economy", *Politics, Philosophy, and Economics*, vol.5, no.2, 2006

Ely, John Hart. *Democracy and Distrust: A Theory of Judicial Review*, Cambridge, MA: Harvard University Press, 1980

Fallon, Richard. "What Is Republicanism, and Is It Worth Reviving?", *Harvard Law Review* 102, 1989

Galston, William. *Liberal Purpose: Goods, Virtues, and Duties in the Liberal State*, Cambridge: Cambridge University Press, 1991

Gutman, A. and D. Thompson, *Democracy and Disagreement*, Cambridge: Belknap Press, 1996

Harrington, James. *The Commonwealth of Oceana*, J. G. A. Pocock ed., Cambridge: Cambridge University Press, 1992

Hartz, Louis. *The Liberal Tradition in America*, New York: Harcourt, 1955

Heater, Derek. *What is Citizenship?*, Oxford: Polity Press, 1999

Honohan, Iseult. *Civic Republicanism*. London: Routledge, 2002

Horwitz, Morton J. "The History of the Public/Private Distinction", *University of Pennsylvania Law Review*, Vol. 130, No. 6, 1982

Kramer, Matthew. "Liberty and Domination", in Republicanism and Political Theory, Cecile Laborde and John Maynor eds., Malden: Blackwell Publishers, 2008

Kymlicka, Will. *Liberalism, Community, and Culture*, Oxford: Clarendon, 1989

Larmore, Charles. "The Critique of Philip Pettit's Republicanism," in Social, Political, and Legal Philosophy (Philosophical Issues Vol.11), Ernest Sosa & Enrique Villanueva eds., Oxford: Blackwell Publishers, 2001

Liles, William W. "Challenges to Felony Disenfranchisement Laws", *Alabama Law Review* 615, 2007

MacCallum, Gerald. "Negative and Positive Freedom"(1967), in *Liberty*, David Miller ed., Oxford: Oxford University Press, 1991

MacIntyre, Alasdair. "A partial response to my critics", in *After MacIntyre: Critical Perspectives on the Work of Alasdair MacIntyre*, J. Horton and S. Mendus eds., Cambridge, UK: Polity, 1994

Marquardt, Susan E. "Deprivation of a Felon's Right to Vote: Constitutional Concerns, Policy, Issues and Suggested Reform for Felony Disenfranchisement Law", *University of Detroit Mercy Law Review* 279, 2005

Marshall, Thomas H. "Citizenship and Social Class", in *Citizenship and Social Class and Other Essays*, Cambridge, UK: Cambridge University Press, 1950

Michelman, Frank. "Traces of Self-Government", *Harvard Law Review 100, 1986*
_____ , *"Law's Republic"*, *Yale Law Journal* 97, 1988.

Mill, John Stuart. *Considerations on Representative Government*, in H. B. Acton ed., *Utilitarianism, Liberty, and Representative Government*, London: Dent, 1951

Nadeau, Christian. "Non-Domination as a Moral Ideal", in *Republicanism: History, Theory and Practice*, D. Weinstock and C. Nadeau eds., Portland: Frank Cass, 2004

Offe C. and U. Preuss. "Democratic institutions and moral resources," *in Political Theory Today*, D. Held ed., Cambridge: Polity, 1991

Pangle, Thomas. *The Spirit of Modern Republicanism*, Chicago: University of Chicago Press, 1988

Patten, Alan. "The Republican Critique of Liberalism", *British Journal of Political Science* 26, 1996

Per Mouritsen, "Four models of republican liberty and self-government", Iseult Honohan and Jeremy Jennings eds., *Republicanism in Theory and Practice*, Oxford: Routledge, 2006

Pettit, Philip. *Republicanism: A Theory of Freedom and Government*. Oxford: Clarendon Press, 1997

_____ , "Keeping Republican Freedom Simple: On a Difference with Quentin Skinner," *Political Theory*, Vol. 30, No. 3, 2002. 6

_____ , "Deliberative democracy, the discursive dilemma, and republican theory," in *Debating Deliberative Democracy*, J. Fishkin and P. Laslett eds., Oxford: Blackwell, 2003

Pocock, J. G. A. *The Machiavellian Moment: Florentine Political Thought and the Atlantic Republican Tradition*. Princeton: Princeton University Press, 1975

Putnam, Robert. *Making Democracy Work: Civic Traditions in Modern Italy*, Princeton, NJ: Princeton University Press. 1993

Rahe, Paul A. *Republics Ancient and Modern: Classical Republicanism and the American Revolution*. Chapel Hill: University of North Carolina Press, 1992

Rawls, John. *Political Liberalism*, New York : Columbia University Press, 2005 (1st edition, 1993)

Rotunda, Ronald. *The Politics of Language*, Iowa City: Iowa University Press, 1986

Russell, Bertrand. *Autobiography*. New York: Routledge, 2000

Sandel, Michael. *Liberalism and the Limits of Justice*, Cambridge: Cambridge University Press, 1982 (2nd edition, 1998)

_____ , "Political Liberalism", *Harvard Law Review* 107, 1994

_____ , *Democracy's Discontent: America in Search of a Public Philosophy*, Cambridge, MA: Harvard University Press, 1996

Sellers, M. N. S. *Republican Legal Theory: The History, Constitution and Purposes of Law in a Free State*, New York: Palgrave Macmillan, 2003

Skinner, Quentin. *The Foundations of Modern Political Thought, vol. 1: The Renaissance*. Cambridge: Cambridge University Press, 1978

_____, "The Idea of Negative Liberty," in *Philosophy of History: Essays on the Historiography of Philosophy*, R. Rorty, J. Schneewind, and Q. Skinner, eds., Cambridge: Cambridge University Press, 1984

_____, "The Paradoxes of Political Liberty," in *Liberty*, David Miller ed., Oxford: Oxford University Press, 1991

_____, *Liberty Before Liberalism*. Cambridge: Cambridge University Press, 1998

Sunstein, Cass R. "Beyond the Republican Revival". *Yale Law Journal* 97, 1988

_____, *The Partial Constitution*. Cambridge, MA: Harvard University Press, 1993

Tamanaha, Brian Z. *On the Rule of Law: History, Politics, Theory*, Cambridge: Cambridge University Press, 2004

Taylor, Charles. "What's Wrong with Negative Liberty", in *The Idea of Freedom: Essays in Honour of Isaiah Berlin*, Alan Ryan ed., Oxford: Oxford University Press, 1979

_____, "Cross-purpose: the liberal-communitarian debate", in *Liberalism and the Moral Life*, N. Rosenblum ed., Cambridge, MA: Harvard University Press, 1989

Tomkins, Adam. *Our Republican Constitution*, Oxford: Hart Publishing, 2005

Tushnet, Mark. Red, *White, and Blue: A Critical Analysis of Constitutional Law*, Cambridge, MA: Harvard University Press, 1988

Van Gelderen, Martin et al. *Republicanism: A Shared European Heritage*, Martin van Gelderen and Quentin Skinner eds., Cambridge: Cambridge University Press, 2002

Viroli, Maurizio. *Republicanism*. Antony Shugaaar trans., New York: Hill and Wang, 2002

Wood, Gordon S. *The Creation of the American Republic: 1776 - 1787*. Chapel Hill: University of North Carolina Press, 1969

2. 일본어문헌

野中俊彦・中村睦男・高橋和之・高見勝利, 『憲法 I』(第3版), 有斐閣, 2001
大森秀臣, 『共和主義の法理論-公私分離から審議的デモクラシーへ』, 勁草

書房, 2006

佐伯啓思・松原隆一郎 編著, 『共和主義ルネサンス―現代西歐思想の変貌』, NTT出版, 2007

駒村圭吾, 「共和主義ルネッサンスはか立憲主義の死か再生か」, 『憲法1: 立憲主義の哲學的問題地平』, 岩波書店, 2007

卷美矢紀, 「公私區分批判はリベラルな立憲主義を超えうるのか」, 『憲法1: 立憲主義の哲學的問題地平』, 岩波書店, 2007

齊藤毅, 『明治のことば-文明開化と日本語』, 講談社學術文庫, 2005

田中秀夫, 「復活する共和主義」, 『社會思想史研究』(特輯 共和主義と現代), No.32, 2008

小田川大典, 「現代の共和主義」, 『社會思想史研究』(特輯 共和主義と現代), No.32, 2008

犬塚元, 「擴散の融解のなかの'家族的類似性'」, 『社會思想史研究』(特輯共和主義と現代), No.32, 2008

厚見惠一郎, 「初期近代共和主義研究への視角」, 『社會思想史研究』(特輯共和主義と現代), No.32, 2008

김동훈

경북 상주 출생
서울대학교 법과대학 졸업
동대학원 박사학위 취득(헌법 전공)
사법시험 합격
현재 헌법재판소 헌법연구관

韓國 憲法과 共和主義

초판 인쇄 ┃ 2011년 9월 5일
초판 발행 ┃ 2011년 9월 10일

저　　자 ┃ 김동훈
발 행 인 ┃ 한정희
발 행 처 ┃ 경인문화사
등록번호 ┃ 제10-18호(1973년 11월 8일)
편　　집 ┃ 신학태 김지선 문영주 안상준 김송이 맹수지 김우리
영　　업 ┃ 이화표
관　　리 ┃ 하재일 서보라
주　　소 ┃ 서울특별시 마포구 마포동 324-3
전　　화 ┃ 718-4831~2
팩　　스 ┃ 703-9711
홈페이지 ┃ www.kyunginp.co.kr
이 메 일 ┃ kyunginp@chol.com

ISBN　978-89-499-0803-8 93360
값　27,000원